다문화총서 2

다문화주의의 이론과 실제

Theory & Actuality of Multiculturalism

이 저서는 정부(교육과학기술부)의 재원으로 한국연구재단(구 한국학술진흥재단)의 지원을 받아 수행된 연구임(KRF-2007-411-Jo2000).

다문화 총서2

Theory & Actuality of Multiculturalism

다문화주의의 이론과 실제

문화콘텐츠기술연구원 다문화콘텐츠연구사업단 엮음

도서출판 경진

발간사

다문화 연구의 정착

무더운 여름이었다. 30년만의 더위라는 것을 각인시키기라도 하듯 하늘은 연일 불볕을 쏟아냈다. 그 염천 내내 우리는 굵은 땀방울을 흘리며 다가오는 풍요의 결실을 꿈꿨다. 그 작은 결실이 우리 앞에 놓여 있다. 『다문화주의의 이론과 실제』가 그것이다.

중앙대학교 문화콘텐츠기술연구원은 '다문화 사회에서의 소통과 공존을 위한 문화콘텐츠 연구 개발'이란 아젠다로 2007년 12월 한국연구재단(구 한국학술진흥재단)의 중점연구소로 선정되어 다양한 연구 활동을 진행해 왔다. 그중 하나가 학술총서다. 그동안 우리는 '주체와 타자의 존재방식과 재현양상'에 주목한 학술총서 『다문화의 이해』를 발간하여 학내외 많은 관심과 성원을 받았다. 그 성원에 보답하고자 금번에는 다문화 현장의 다양한 목소리를 중심에 둔 『다문화주의의 이론과 실제』를 상재上梓하고자 한다.

전지구적 차원에서 벌어지는 세계화에 의해 국가 간 장벽이 무너지고 자본, 노동, 인구의 이동이 자유로워지면서 한국사회는 인종적 편견, 전통적 윤리와 현대적 가치의 충돌, 세대 간의 가치관 차이로 적지 않은 갈등이 조성되고 있다. 다문화 사회의 도래와 함께 양산되는 문제들을 해결하기 위해 정부와 학계는 물론이고 민간 차원에서까지 다양한 활동이 진행되고 있다.

〈다문화가족지원법〉(2008)과 〈재한외국인 처우기본법〉(2007) 등과 학교 교육과 각종 언론매체에서 이루어지는 다문화사회에 대한 인식 전환을 위한 프로그램은 물론이고, 다문화축제와 생필품지원 등은 그동안 우리 사회가 이룩한 소중한 성과들이다. 그러나 이러한 노력에도 불구하고 다문화사회가 야기하는 많은 문제들을 해결하기에는 역부족이다. 특히 일시적 대책이나 고립적이고 개별적으로 행해지는 연구, 그리고 행사 위주의 지원활동으로만 그치는 실천 활동은 전체 다문화사회를 유기적으로 조직하는 데 한계를 지닌다.

중앙대학교 다문화콘텐츠연구사업단은 다문화사회로 진입한 한국사회가 직면한 문화적 차이와 충돌, 그리고 갈등을 해결하는 방안으로 단기적 처방이나 대책보다는 인간에 대한 근본적인 이해를 추구하는 인문학이 뒷받침되어야 한다고 판단했다.

이 총서는 이러한 문제의식을 '다문화주의의 이론과 실제'틀로 국내외 다문화이론에 대한 비판적 고찰은 물론이고 다문화 현장의 목소리에 대한 인문학적 성찰을 담아내고자 하였다. 이 총서는 개별 필자들이 자신의 전공분야에서 다문화와 관련해 발표한 연구논문들을 '다문화주의의 이론과 실제'란 타이틀로 분류하여 묶었다. 제1부 「다문화주의의 이론」에는 국내외 다문화 관련 이론과 민족관련 담론 등 7편의 논문이, 제2부 「다문화주의의 실제」에서는 한국사회에서 생활하는 다문화주체(다문화가정, 새터민, 이주노동자, 결혼이민자)의 정체성·지원현황·치료 및 교육 등과 관련한 11편의 논문을 실었다.

이번 총서에 실린 글들은 지난 1년 동안 진행되었던 문화콘텐츠기술연구원 다문화콘텐츠연구사업단의 연구 성과 중 일부이다. 여기에 실린 글들은 주로 중점연구소 기관지 『다문화콘텐츠연구』에 게재한 것을 수정 보완했지만, 국내 유수한 전문학술지에 실린 논문을 일부 수정하여 모은 것 또한 적지 않다.

이번에 총서에 실린 연구 성과들은 다문화 연구를 인문학적 시각으로 접근하여 그 해결책을 찾으려 했다는 측면에서 유의미하다. 그러나 이 총서가 다문화콘텐츠연구사업단이 지향하는 학제 간 연구에는 아직 미흡한 점이 있고, 개별 분과학문의 한계점 또한 노출하고 있다. 이에 필자들은 유의미한 성과는 계승 발전시키기는 한편 한계점들은 지속적으로 비판·성찰할 것이다. 이러한 작업만이 한국사회에 걸맞은 다문화 연구와 다문화 이론정립에 기여할 수 있는 밑거름이라 확신하는 바이다.

끝으로 어려운 출판 환경에도 불구하고 작년에 이어 올해에도 이 책의 출판을 기꺼이 맡아준 도서출판 경진의 양정섭 사장을 비롯한 출판사 관계자 여러분의 노력에 심심한 감사의 말씀을 드린다.

2010년 9월

문화콘텐츠기술연구원 다문화콘텐츠연구사업단장 이찬욱 삼가 씀

차 례

1부 다문화주의의 이론

2부 다문화주의의 실제

1부 다문화주의의 이론

다문화주의와 타자의 문제

최성환

1. 통합과 갈등의 변증법

사회 문제의 진단과 대안제시에서 최근 '대화와 소통의 요구'가 자주 등장하고 있고, 심지어 철학에서도 독백보다는 대화를 강조하는 주제들이 관심을 끌고 있다. 이는 역설적으로 그만큼 대립과 갈등, 대화적 융합보다는 독백적 담론이 더 지배적이라는 사태 혹은 위기에 대한 문제의식의 발로라 할 수 있다. 내부로부터 야기되는 사회통합의 과제와 외부로부터 야기되는 다문화현상 등 오늘날 전체 사회적인 과제로 제기되고 있는 것이 바로 '갈등'의 문제이다.

그러나 좀 더 차분하게 살펴보면 갈등은 인간 사회에서 완전히 해소될 수 없는 '인간학적 상수常數'일지도 모른다는 생각에 도달하게 된다. 따라서 사회의 갈등을 바라보는 시각 혹은 분석하는 태도와 상관없이 "중요한 것은 크든 작든, 드러나 있든 감춰져 있든, 갈등 자체로부터 자유로운 사회는 존재할 수 없다는 사실이다." "이런 점에서 사

* 중앙대학교 철학과 교수

회갈등이란 도처에 무시로 편재하는 것이고 그런 만큼 그것은 정상적일 뿐만 아니라 사회발전을 위해 필요한 순기능을 수행하기도 한다. 따라서 사회문제는 사회 갈등 그 자체가 아니라 그것을 합리적으로 잘 관리하는 일이다. 곧, 사회 갈등이 사회의 분열이나 파국을 초래하는 것이 아니라 사회적 안정과 통합으로 되돌아가는 일이다."[1]

오늘날 제기되는 갈등의 문제는 단순히 정치적－경제적 갈등에서 문화적 갈등으로 번져가면서 총체적인 사회문제로 드러나고 있다.[2] 이미 종교 영역에서 다른 종교를 배제하는 배타적 관계는 오래전부터 문제시되어 왔다. 종교적·문화적 갈등은 "한 사회가 공유하고 있는 문화적 정체성과 삶의 좌표, 가치체계, 인지구조 및 이해관계"[3]가 쉽게 다른 집단과 혼융되기 어렵기 때문이다. 그러나 이러한 부정적인 측면에도 불구하고 최근 전세계적으로 번지고 있는 갈등 양상을 고려할 때 가능한 파멸적인 결과를 피하고 공동체의 원만한 운영을 위해서는 무엇보다도 대화와 소통이 필요하다는 공감대가 급속도로 확산되고 있는 것 또한 분명히 긍정적인 사실이다. "이러한 가공할 재난을 피하려면 자기중심적인 독백의 심성에서 벗어나 타종교들을 우리의 독백에서 투영된 대로가 아닌 있는 그대로를 보면서 그들과 대화하기 위해 노력해야 한다. 요컨대, 우리는 독백의 시대에서 대화의 시대로 옮겨가야 하는 것이다."[4] 그러나 이러한 '이행'은 결코 쉬운 길이 아니며, 이를 위해서는 다양한 방식의 소통과 수렴의 노력이

1) 전상인, 「앵그리(angry) 시대의 사회갈등과 사회통합」, 『철학과 현실』 제76호, 철학문화연구소, 2008, 32쪽.

2) 마르코 마르티니엘로, 윤진 역, 『현대사회와 다문화주의 : 다르게, 평등하게 살기』, 한울, 2002, 63쪽 참조. 마르티니엘로는 비록 문화적 다양성에 관한 논의가 중요한 사회문제인 것은 분명하지만 "인류의 역사가 경제적이고 이념적인 연대, 갈등, 전쟁이 아니라 문화적인 연대, 갈등, 전쟁이 일반화된 시대에 이르렀다는 것은 그 어느 누구도 증명할 수 없다"고 주장하고 있다.

3) 정재식, 「성스러움의 독점과 공유 : 잃어버린 초월성을 찾아서」, 한국학술협의회 편, 『지식의 지평』 제4호, 2008, 14쪽.

4) Leonard Swidler, John B. Cobb, Jr., Paul F. Knitter and Honica K. Hellwig, *Death or Dialogue: From the Age of Monologue to the Age of Dialogue*(London : SCM, 1990), viii (오강남, 종교적 갈등과 그 극복의 길 : 한국에서의 불교와 기독교를 중심으로」, 한국학술협의회 편, 『지식의 지평』 제4호, 2008, 60쪽 아래에서 재인용).

필요하다는 것 또한 자명한 사실이다.

이제 우리 사회도 잠재적 갈등의 원천이 될 수도 있는 다문화사회라는 새로운 현실과 마주하면서 이것은 앞으로 한국사회의 발전에 있어서 결정적인 의미를 가질 수도 있다. 이런 배경에서 이 연구는 다문화사회에서의 연대의 가능성을 모색하기 위한 기초작업으로서 '타자의 문제'를 다루고자 한다. 타자의 문제는 사회학적 고찰과 철학적 고찰이라는 두 가지 방향에서 접근하게 될 것이다. 사회학적 고찰에서는 라이너 촐R. Zoll이 『오늘날 연대란 무엇인가』에서 서술한 타자의 문제에 대한 다양한 학자들의 입장을 개괄할 것이며, 철학적 고찰에서는 레비나스의 관점을 중심으로 주체중심적 사고방식 혹은 일원론적 사고방식의 문제점과 그 귀결 그리고 타자 사유의 필연성(요청)에 대해 살펴보고자 한다. 그 다음 선언적 의미의 다문화주의가 실제적인 의미를 가질 수 있는 전망을 제시하기 위해서 세계시민주의와 관용의 문제를 다루게 될 것이다. 거의 시대적 상투어가 되어버린 다문화주의가 좀 더 내실 있는 성과를 거두기 위해서는 '사실과 객관성'의 토대를 진솔하게 제시하는 것이 무엇보다도 중요하다는 점을 강조하고자 한다.[5)]

2. 다문화사회에서의 연대의 문제

여전히 혈연, 지연, 학연 등에 강한 집착을 보이고 있는 한국 사회에서 다문화사회, 다원화사회, 공존이라는 표현은 매우 이상적으로 들린다. 더 나아가 '동질적인 사회'에서도 '연대' 자체가 사회적 문제로 취급되는 지금 다문화주의를 위한 연대의 형성이라는 것은 매우 조급한 기대처럼 보인다. 나름대로 단일한 문화적 정체성을 유지해 온 우리나라에서도 다른 의견을 가진 사람과 집단 사이의 대화와 연

5) 윤평중, 「담론에서 융합으로 : 지식 패러다임의 변환」, 『철학과 현실』 제76호, 철학문화연구소, 2008, 67쪽 c마조.

대는 쉽지 않다. 하물며 인종적 차이와 문화적·종교적·언어적 차이를 전제하고 있는 다인종·다문화 사회에서 과연 조화롭고 평화로운 삶의 관계를 유지한다는 것이 가능할 것인가라는 회의가 든다. 하지만 다문화사회는 우리의 호불호를 떠나 형성되는 현실이고, 현실은 한계와 장벽으로 다가오기도 하지만 희망이 실현될 수 있는 장場이기도 하다. 따라서 우리가 다문화사회라는 새로운 현실을 출발점으로 하여 지금까지의 삶의 방식과는 다른 연대형식을 추구하는 것은 그것의 실현가능성 여부와 상관없이 우리에게는 필연적인 요구 혹은 사명이라 할 수 있다. 따라서 다문화주의에 대한 논의는 그 이념적 지향점으로서 새로운 공동체 형식을 제시할 수 있어야 하며, 이 공동체는 적어도 새로운 형식의 연대를 기초로 삼아야 할 것이다.

이런 배경에서 다문화사회로의 진입은 선택이 아니라 역사발전의 필연적인 과정이며, 관건은 분열된 사회 혹은 조화로운 사회의 건설의 선택이라는 입장도 충분히 용인될 수 있다. 그러나 우리는 아직 충분한 논의를 수행하지 않은 채 이론적으로 혹은 정책적 필요에 의해서 '통합의 얼개'를 성급히 제시하는 것도 많은 문제를 야기할 수 있다. 이에 대한 사례들은 이미 다문화정책이 실패한 여러 나라에서 충분히 찾아볼 수 있다. 그러므로 우리에게 필요한 것은 현상에 대한 좀 더 치밀한 고찰과 분석이라 할 수 있다. 어려움을 회피하거나 혹은 아무런 실천적 의미도 갖지 않는 해명을 제시하려는 형식적 틀에서 탈피하여 문제는 문제대로 적시하고 가능한 범위 내에서 해결책을 모색하는 자세가 요구된다. 로티R. Rorty의 말처럼 최고라는 이념을 버리는 것이 강박관념에서 탈피하여 우리를 상대적으로 자연스럽게 타자를 포괄하는 공동체에 의미를 부여할 수 있을 것이다.

타자에 대해 거부감과 불편함을 느끼는 것은 이제 세계화의 과정에서 우리가 도처에서 경험하는 생활세계적 체험이다. 종교적 입장과 연관된 배타적 대립관계, 근본주의의 득세 등 우리에게 낙관적인 전망보다는 암울한 미래상을 보여주는 현상들이 매우 많다. 최근 우리나라에서도 이주노동자의 경우 경제적으로 열악한 처우와 함께 한국인들의 문화적 폐쇄성에 의해 차별과 무시의 대상이 되는 사례가 드물지 않게 생겨나고 있다.[6] 그러나 이방인 혹은 외국인에 대한 거부감은 '이데올로기' 혹은 '세계관'의 차이에 따른 자연적인 선입견 내지 태도는 아닌지, 또한 어린 시절 우리가 흑인이나 다른 인종들에게 가졌던 배타적인 태도와 편견은 물론 세계개방적 경험을 통해 변해가지만 그러나 결코 완전히 탈색될 수 없는 인간의 색깔, 인간학적 상수常數는 아닌지 성찰해볼 필요가 있다. 애덤 스미스는 그의 『도덕감정론The theory of Moral Sentiment』(1759)에서 도덕적 상상력의 한계에 대해 의미심장한 표현을 제시한다. 그는 '중국이라는 대제국'을 집어삼키는 있는 지진을 상상하면서 1억 명이나 되는 인류가 죽는 것에 대한 (미래적) 불안보다는 내일 자신의 새끼손가락을 잃게 된다는 "자신에게 일어날 수 있는 재앙 중에서 가장 사소한 재앙이야말로 현실적으로 더 큰 불안을 야기한다"고 주장한다.[7] 이는 그만큼 이타적인 관계를 실천적 규준으로 삼기 어렵다는 점을 잘 표현해주고 있다. 평등한 연대의 실행은 더욱 어려운 일이 아닐까 하는 의구심도 든다. R. 로티도 연대의 문제를 인간의 보편적 본성에 기초한 것이 아니라 구체적인 역사적 상황 속에서 '우리-의식'을 확대해나가는 문제로 바라보고 있다. 결국 모든 인간의 내적인 본성을 인정하지 않게 되면 모든 인류를 포괄하는 우리-의식은 보유한다는 것은 당연히 현실적으로 어렵게 될 것이다.[8]

그러나 단지 비관적인 입장만 존재하는 것은 아니다. 기든스A. Giddens는 세계화를 서구 지배의 확산으로 보는 관점을 거부하는데, 이는 새로운 형태의 상호의존적 관계에서 어떤 특정한 문화도 더 이상 강한 의미의 타자로 존재하기 힘든 만큼 문화 간의 대화가 활성화되며, 이런 대화의 기저에는 서구적 민주주의가 놓여 있다고 주장한다. 새로

6) 한건수, 「타자 만들기 : 한국 사회와 이주노동자의 재현」, 『한국의 소수자 실태와 전망』, 한울, 2004 참조.

7) 콰메 앤터니 애피아, 앞의 책, 270쪽 참조.

8) 이유선, 『리차드 로티』, 이룸, 2003, 213쪽.

운 형태의 상호의존적 관계는 특히 개인들이 지역공동체의 맥락으로부터 벗어나 광범위한 사회적-문화적 관계들을 형성하는 탈맥락화distanciation 현상을 통해 이루어질 것이라고 기든스는 전망하고 있다.[9] 그러나 이런 견해는 지나치게 낙관적으로 보인다. 왜냐하면 실제로 탈맥락화를 통해 활성화되는 문화들 간의 만남은 곧바로 대화와 상호소통으로 이어지기보다는 갈등과 분쟁으로 이어지는 경우가 많으며, 서구식 절차적 민주주의는 다문화현상에 그다지 성공적으로 대응하지 못하고 있기 때문이다.[10]

연대의 문제를 하나의 방향이나 입장에서 해결하려는 것 자체가 상이한 집단 사이의 연대라는 본질적 과제를 '환원주의적인' 입장에서 일방적으로 바라보려는 성급한 시도일 수도 있다. 그것이 연대 문제에 대한 철학적 고찰이든 사회학적 고찰이든 상관없이 지금 우리에게 필요한 것은 문제에 대한 좀 더 치밀한 분석이며, 이 연구에서는 이러한 분석을 '타자의 문제'에 집중하고자 한다.

3. 타자의 문제 : 사회학적 고찰

이미 위에서 언급한 것처럼 갈등과 거부감은 인간 사회의 일반적 현상으로 간주될 수 있다. 문제는 결국 정도의 문제라고 할 수 있다. 그렇다면 이러한 현상의 원인에 대한 좀 더 철저한 분석이 조금은 완화된 형태의 갈등과 거부감의 표출로 인도할 수 있을 것이다. 갈등의 가장 일반적인 근원으로 간주되어지는 '타자'(의 문제)도 긴 역사적 기원을 가지고 있다. 촐은 연대의 기원, 발전 그리고 전망을 제시하려는 노력 가운데서 타자의 문제를 중요한 부분으로 간주하고 있으며 『오늘날 연대란 무엇인가』의 독립된 장에서 여러 학자의 견해를 상세

9) 앤서니 기든스, 이윤희·이현희 역, 『포스트모더니티』, 민영사, 1991, 32쪽 아래 참조.
10) 진은영, 「다문화주의와 급진적 인권」, 『철학』 제95집, 한국철학회, 2008년 여름, 256쪽.

히 다루고 있다. 여기서는 촐이 다루고 있는 학자들의 입장을 정리함으로써 '문제로서의 연대'의 출발점으로서 타자를 고찰하고자 한다.

발덴펠스B. Waldenfels가 제시하는 가장 일반적인 타자성Fremdheit의 정의는 고유성Eigenehit과 정상성Normalität과의 경계 혹은 피안으로 특징지어진다.[11] 이러한 경계설정은 자립적인 개인의 출현이라는 근대의 현상에 상응하는 근대의 특징적인 산물 중의 하나이다. 『타자에 관한 보론』에서 짐멜G. Simmel은 타자를 "오늘 오고, 내일 머무르는", 방랑자로서 규정한다. 이러한 타자규정보다 더 중요한 것은 짐멜이 타자와의 연대의 물음에 관한 시금석이 집단이 그와 어떻게 교제하는가에 달려있다고 본 점이다.[12] 즉 집단과 타자의 관계정립이 연대 가능성의 단초를 제공한다는 짐멜의 견해는 타자 문제에 대한 고전적인 정의로 간주되고 있다.

미헬스R. Michelet는 타자를 "미지의 것에 대한 대변자로서" 규정한다. 그에 따르면 "미지의 것은 결사(結社, Assoziation)의 부재이자 맹아적인 반감을 일으킨다." 이 반감에서 그는 "외국인 혐오의 토대"를 인식했다. 미헬스는 또한 한 국가의 경제발전의 과정에서 실행된 대량 이주가 가져올 수 있는 경제적으로 심각한 문제들(타자에 대한 의식적인 적대감)을 이미 인식하였다.[13] 이러한 논의는 앞으로 경제의 많은 부분을 외국인 노동자에게 의존하게 될 우리나라에서도 충분히 고려되어야 할 상황이라 할 수 있다.

타자에 대한 '상황의존적' 해석과는 달리 슈츠A. Schütz는 타자를 근본적으로 소통의 문제로서 다룬다. 타자는 "그가 접근하는 집단에 의해

---

11) B. Waldenfels, *Der Stachel des Fremden*, Franfurt/M, 1990, p. 59(라이너 촐, 최성환 역, 『오늘날 연대란 무엇인가』, 한울출판사, 2008, 181쪽에서 재인용).

12) G. Simmel, *Soziologie. Untersuchungen über die Form der Vergesellschaftung*, München/Leipzig, 1908, p. 509. 당시 짐멜과 에밀 졸라는 특히 유럽의 유대인에서 타자의 관점이 전형적으로 구현되어 있다는 세인들의 시각을 잘 드러내주고 있다. 주지하다시피 독일의 국가사회주의자들의 지배 아래에서의 유대인은 유대의 별(Judenstern)에 의해 다른 사람으로서, "타자"로서 표시되어졌고, 그렇게 그들의 파멸이 예정되었다.

13) R. Michels, "Materialien zu einer Soziologie des Fremden", in: G. Salomon(Hg.), *Jahrbuch für Soziologie*, I. Bd., Berlin, 1925, p. 303(라이너 촐, 앞의 책, 183쪽에서 재인용).

지속적으로 수용되거나 적어도 감수될 수 있는" 성인으로 규정된다.[14] 타자에 대한 집단의 태도를 이해하기 위해, 슈츠는 무엇보다 현상학적인 접근방식에 관한 몇몇 본질적 인식들과 집단적인 삶의 "문명의 표본(Zivilisationsmuster)" 혹은 "고정적이고 표준화된 도식"에 대해 논하였다.[15] 결론적으로 말하자면 타자는 이러한 표본과 도식을 받아들이지 않고 거의 모든 규율과 규범들에 의심을 품기 때문에 집단에서의 새로운 구성원으로서 위기를 야기한다. 동질적인 집단에 있어서 그들의 문화와 문명의 틀이, 그들의 사적인 기호가 어떤 자명함과 보호를 의미하는 반면, 타자에 있어서는 모험의 광야이다.

현상학적 사회학의 전통에 속하는 한A. Hahn은 타자는 "사회적 구성물eine soziale Konstruktion"이라고 명백히 규정한다. 이것은 동질적 집단과 타자가 본래적으로 구분되어지는 것이 아니라 "끊임없이 공통점과 차이의 충만함"이 분리 또한 생산되어 진다는 것을 의미한다.[16]

전통적인 타자의 경계는 고전적인 '동지–적이라는 도식'에서 이루어졌다 그러나 바우만Z. Bauman은 동지인지 적인지 식별불가능하기 때문에 "결정 불가능한 자"인 타자의 제3의 이상적인 형태가 존재한다고 말한다. 타자는 "정신적으로 멀리 머무르는 반면 육체적으로 가깝다." 타자는 "불치병, 여러 가지의 부적합성을 통해 타격을 입게 되고", "이러한 근거에서 근대의 치명적인 독약"이라고 바우만은 평가한다.[17] 그는 동질적인 집단의 타자와의 교제에 관한 슈츠의 물음을

14) A. Schütz, "Der Fremde", in: ders., *Gesammelte Aufsätze*, Bd., 2, Den Haag, 1972, p. 53(라이너 촐, 위의 책, 183쪽에서 재인용).

15) 위의 책, p. 58 아래 참조. 1) "생활 그리고 특히 사회적 생활이, 과거에 그러했던 것처럼 계속해서 그렇게 존재할 것이다"; 2) "우리의 부모, 교사, 정부, 전통, 관습 등에 의해 전승된 지식에 관해 믿을 수 있다"; 3) "일의 일반적인 진행에서 사건의 일반적인 유형과 양식에 관한 어떤 것을 아는 것만으로 충분하다"; 4) "해석 도식들과 증명 도식들(Auslegungs- und Ausweisungsschemen)로서의 처방–체계들(Rezept–Systeme)도, 근간을 이루는 근본 가정도 우리의 사적인 문제가 [아니며]", 오히려 사회적인 본보기이다.

16) A. Hahn, "Der soziale Konstruktion der Fremden", in: W. M. Sprondel(Hg.), *Die Objekltivität der Ordnung und ihre kommunikative Konstruktion*, Frankfurt/M, 1994, p. 140(라이너 촐, 앞의 책, 184쪽에서 재인용).

17) Z. Bauman, *Moderne und Ambivalenz. Das Ende der Eindeutigkeit*, Hamburg, 1992, p. 82.

더욱 구체적으로 대답하고 있다. 첫째 방법은 민족국가의 추방행위에서 나타나는 타자를 멀리 떨어지게 강요하거나 혹은 그들을 제거함으로써, 부적합성의 매듭den Knoten von Inkongruenz을 근본적으로 자르는 것이며, 두 번째 수단은 게토Getto에서 상징적으로 나타나는 "문화적 울타리" 즉 고립 정책이다.[18]

바우만에 따르면 고립전략의 강화는 낙인을 찍음으로써 실제로는 그저 조금 다른 즉 '평범한' 집단 구성원을 타자로 만드는데 기여하게 된다. "낙인의 본질은, 원리상 사라지지 않는 차이, 그 결과 지속적인 분리를 정당화하는, 차이의 강조이다."[19] 바우만은 자유주의자들이 지지하는 해결책인 통합은 그 자체가 "자유주의적 해결"의 관철을 위해 수행되어진 통합의 압력에서 내적인 모순을 드러낸다고 비판한다.

나중에 바우만은 사회적 공간의 범주를 도입함으로써 지금까지의 타자 규정에 대한 논증을 더욱 분명하게 시도한다. "생활공간에서 타자의 육중한 진입은 사회적 공간들의 조직의 전근대적 메커니즘을 진부하고, 무엇보다 지독히 부적합하게 만들어 버린다."[20] 근대의 사회적 공간에서 개인들은 "인식부족, 인식의 무규정성과 불확실성의 조건 아래" 계속하여 타자와 더불어 살아야만 한다.[21] 근대적인 사회 공간에서 인간은 항상 되풀이하여 타자를 마주치게끔 강요받으며, 또 심리적-물리적으로 만남을 피하기 위하여 "상대편을 무시하는 만남의 애매모호한 기술"(obskuren Kunst der Vergegnung)을 익힌다. 사교적인 존재로서의 인간이 자신이 잘 적응할 수 없거나 무기력한 상황을 혐오스럽게 생각한다는 것은 너무나 자연스러운 일이기 때문이다. 이를 통해 인간이 향유할 수도 있는 '타자의 자유' 혹은 '타자로서의 자유'가 줄어들게 되고, 이와 마찬가지로 사회적 공간의 분배를 통제

18) Ibid., p. 82.

19) Ibid., p. 91.

20) Z. Bauman, *Postmoderne Ethik*, Hamburg, 1995, p. 237.

21) Ibid., p. 237.

하려는 인간의 노력이 존속하게 된다.

발덴펠스에 따르면 대체로 "타자성의 억제Bändigung der Fremdheit"는 인간의 깊이 박힌 충동이다.[22] 그는 포함(동화Assimilation)부터 배제에 이르기까지, 타자와의 교제의 수많은 가능성들 중에서 가장 지배적인 것이 배제라고 고찰한다. "타자는 비시민으로서의 자신의 지위에 근거하여 평등국가(Egalisator Nation)에 속하지 않기 때문에 근대 국가의 (…중략…) 평등주의는 자동적으로 타자의 배제를 낳는다."[23] 이 때문에 "우리 시대"에는 누가 시민이고 누가 시민이 아닌가?"[24]라는 물음이 중심적인 의미를 가지게 된다. 이 물음의 해결은 한 지역의 모든 거주자들에게 시민권을 양도한다는데 놓여 있다. "특히 똑같이 분배된 자유는 모든 시민들의 협동을 요구하는데, 이 요구는 사람들이 가장 적게 우대한 사람에게 최소한의 사회적 시민권을 부여함으로써 이루어진다."[25] 그럼에도 타자들이 "더 이상 공간적으로 거리를" 유지할 수 없게 되거나 혹은 "사람들이 일시적인 만남들로 제한할 수 없다면", 그들은 "법적으로 거리가 두거나 차별받을" 것이다.[26] 결국 배제의 연속선은 타자의 존재와 더불어 지속되는 것이다.[27]

바우만은 레비스트로스C. Lévi-Strauss[28]와 더불어, 다른 분야에서 외국인에 대한 선호와 혐오로 표현되는 '통합적 전략'과 '추방적 전략'을 구분한다. 어떤 경우에는 타자의 차이가 절대화되기도 하고, 드물게는 그 동등함이 받아들여지기도 한다. 타자에게는 차이와 동등함이라는 양가적 감정이 결합된다. 타자는 그가 다른 문화로부터 왔기 때

---

22) B. Waldenfels, op. cit., p. 60.

23) A. Nassehi, "Der Fremde als Vertrauter", in: *Kölner Zeitschrift für Soziologie und Sozialpsychologie 3*, 1995, p. 451(라이너 촐, 앞의 책, 186쪽에서 재인용).

24) S. Lukes, "Solidarität und Bürgerrecht", in: K. Bayertz(Hg.), *Solidarität -Begriff und Problem*, Frankfurt/M, 1998, p. 392(라이너 촐, 위의 책, 186쪽에서 재인용).

25) Ibid., p. 396.

26) B. Giesen, *Die Intellektuellen und die Nation; eine deutsche Achsenzeit*, Frankfurt/M, 1993, p. 96(라이너 촐, 위의 책, 186쪽에서 재인용).

27) Ibid., p. 99 참조.

28) C. Lévi-Strauss, *Traurige Tropen*, Frankfurt/M., 1981.

문에 다르기도 하지만, 그 역시 인간이라는 점에서 같기도 하다. 이런 인식이 특히 촐이 강조하는 유기적 연대의 근본 토대로 간주될 수 있는 것이다.[29)]

다문화 사회 혹은 다문화 현상과 연관된 타자의 문제는 주로 국내에 거주하는 외국인에 해당한다고 볼 수 있다. 한A. Hahn은 "국내의 외국인들"이 "타자의 전형"이 된다고 주장한다. 근대의 문제는 타자들 사이의(unter) 연대가 아니라, 타자와 함께하는(mit) 연대다. 왜냐하면 타자는 항상 생존해 있는 '토착' 집단, 나아가 공동체와 만나기 때문이다. 그렇지 않다면 그는 타자가 아닐 것이다. 단순화 시켜보면 타자의 문제는 다수의 동질적 집단과 소수의 타자 관계라 할 수 있다. 심지어 속죄양이 요구되기 때문에 인간이 타자로 설명되는 경우에서서 조차, 속죄양이 소수인 반면, 모든 경우에서 낙인찍기를 실행하는 것은 다수이다. 그렇지 않다면 속죄양들은 그 역할에 적합하지 않을 것이다.[30)]

브룬크호르스트H. Brunkhorst의 표현을 빌려 촐은 "연대의 보편화"[31)]는 분명 도덕적 진보이자 헤겔적 의미에서 "자유 의식에서의 진보"이지만, "동지들 사이의 연대에서 타자들 사이의 연대로의 전환"[32)]이 문제가 아니라 기계적 연대에서 유기적 연대로의 전진이 중요하다고 역설한다.

지금까지의 논의를 요약하면 다문화사회에 직면한 우리에게 이제 필요한 연대는 타자로서의 외국인과 함께하는 물리적 병존이 아니라 화학적으로 결합할 수 있는 즉 내면적 소통을 통해서 서로 연결될 수 있는 삶의 방식(연대형식)이며, 이를 위해서는 타자를 새롭게 평가하

29) 라이너 촐, 앞의 책, 189쪽 아래 참조. 촐은 전통적으로 특정한 계급과 계층 혹은 직업의 동질성에 기초한 기계적 연대와, 사회적 다양화와 개인화의 증가로 새롭게 추구되는 유기적 연대를 구별한다.

30) A. Hahn, op. cit., p. 163.

31) H. Brunkhorst, *Solidarität unter Fremden*, Frankfurt/M, 1997, p. 8(라이너 촐, 앞의 책, 187쪽에서 재인용).

32) Ibid., p. 8(같은 곳).

고 자리매김하여 공동체적 삶 안에서 서로 혼융할 수 있도록 하여야 할 것이다.

4. 타자의 문제 : 철학적 고찰

다문화주의에 대한 철학적 논의의 중요성은 먼저 현실문제의 해결을 위한 규제적 이념을 제공하고, 둘째 실천적인 지평에서 생겨난 철학적 사유의 철저함에서 근본적인 관점의 전환 혹은 성찰의 계기를 찾을 수 있다는 데에 있다. 굳이 니체의 '관점주의Perspektivismus'를 언급하지 않더라고 우리가 세상을 순수하게 객관적으로 바라보는 것이 아니라 각자 자신의 관점(이론, 선입견)에 의해 세계를 해석한다는 주장은 어느 정도 타당해 보인다. 그런 배경에서 사회생활에서의 대화나 공존의 문제는 바로 이러한 자신의 관점에 대한 비판적 성찰이 전제되지 않는 한 끊임없이 평행선을 그을 수밖에 없을 것이다. 자신의 주장은 참이며 상대방의 주장은 틀린 것이며 심지어 상대방을 '악의 화신'으로 간주하려는 태도는 아주 '자연스러우며'(?) 그만큼 많은 문제를 안고 있다. 결국 이러한 문제를 극복하기 위해서는 소통의 주제나 강도 혹은 방식의 변화를 꾀하는 것으로는 불가능할 것이다. 오히려 타자의 인정 혹은 자신(주체)의 유한성에 대한 근본적 인식 혹은 성찰의 필요성이 요구되는 것이며, 여기에 바로 철학 본연의 과제가 있다고 할 수 있다.

일반적으로 타자의 문제는 철학적으로 동일성과 차이의 사고에서 비롯된다고 할 수 있다. 동일성과 차이의 사고는 또한 '보편과 특수 및 전체와 부분의 문제'라는 철학의 본질적인 과제와 결합된다. 이러한 사고의 토대위에서 '평등(동일성)과 차이(다양성) 및 조화와 구별'이라는 현실적인 문제가 제기되며, 이런 문제에 대한 입장 차이에 따라 다양한 문제들 즉 "인간과 다른 존재자들 간의 관계, 인간과 문화의 공통점(보편성)과 차이점(다양성), 개인과 사회(집단)의 관계"가 정립되어진다. 결국 동일성과 차이의 사고에 따라서 존재론적·인식론적 귀결뿐만 아니라 실천적인 삶의 문제가 동시에 결정된다고 할 수 있다.[33] 쉽게 표현하면 사물 자체의 특성이 아니라 세계 이해 방식(세계관)의 차이에 따라 각기 다른 존재의 질서, 삶(실천)의 질서가 부여되게 되는 것이다. 이런 배경에서 이 연구는 특히 일원론적 사고를 비판하고 '타자'의 위상을 새롭게 정립하고 시도한 레비나스의 관점이 다문화사회에서의 타자와의 연대 형성에 큰 기여를 할 수 있을 것이라고 생각한다.[34]

레비나스는 존재론적 전통(파르메니데스 이래 하이데거까지)에서 일관되게 나타나는 일원론적 전통이 가져올 수 있는 폭력성을 경고한다. "일원론적 사유전통은 헤겔의 변증법적 관념철학이나 하이데거의 동일성 철학에서 정점에 이른다. (…중략…) 하이데거에게서나 헤겔에 있어서나 모두 동일자의 행위 양식은 자신에로의 집중, 자신을 중심으로 한 전체성의 형성이라 할 수 있다. 이 같은 형태의 철학적 사유는 자아중심의 의식철학 안에서는 심각한 문제로 제기되지 않을지라도 자아와 타인의 관계에서, 특히 윤리적 관계에서는 심각한 문제를 일으킬 수 있다. 왜냐하면 자아의 자기화, 동화과정은 타인과의 관계에서 적대적이고 폭력적으로 나타날 수 있기 때문이다."[35] 레비나스는 공동체적인 모든 철학에서와 마찬가지로, 하이데거의 사회성은 홀로 있는 주체 속에서 완벽한 모습으로 재현되며, 하이데거가 제시하는 그 본래적 형식 속에서의 현존재에 관한 분석은 고독과 관련하여 이루어진다고 비판한다.[36]

레비나스 철학('타자윤리학')은 바로 폭력과 인종주의의 파멸적 귀결에 대한 경고를 담고 있다. 그는 '폭력과 인종주의의 뿌리'를 노출시

33) 강희복, 「동양사상에서의 '같음'과 '다름'의 문제에 관해」(오경석 외, 『한국에서의 다문화주의. 현실과 쟁점』, 한울아카데미, 2007), 324쪽.

34) 당연히 이 연구에서 받아들이고자 하는 것은 타자의 자리매김에 대한 레비나스의 철학적 시도인 것이지 그의 철학적 결론과 지향점 자체는 아니다.

35) 김연숙, 『레비나스의 타자윤리학』, 인간사랑, 2001, 97쪽

36) 에마뉘엘 레비나스, 서동욱 역, 『존재에서 존재자로』, 민음사, 2003, 160쪽.

킴으로써 일원론적 사유의 문제점과 한계, 심지어 '근본악'을 드러내고. '다르게 사유함'을 통해 이 모든 것을 극복해보려는 치열한 철학적 사유를 전개하였다. "'다르게 사유함'은 나와 다른 이, 내가 아닌 이, 곧 타자를 전혀 다른 방식으로 생각하는 것이다. 타자에 대한 사유를 전쟁과 폭력, 타민족 말살의 대안으로 들고 나온 까닭은 이들 모두 타자를 거부하는 공통점이 있기 때문이다. (…중략…) 타자배제는 나의 '존재'와 존재 유지를 최고의 가치를 삼는 데에서 비롯된다." 레비나스는 나의 '존재'를 내세우면서 타자를 거부하고 말살하는 것은 악, 그것도 모든 다른 악의 근원이 되는 '근본악'이라고 규정한다. 근본악과의 투쟁을 선언한 레비나스는 타자를 수용하고 환대하며 타자에게 선을 행하고 타자를 위해 책임지는 행위를 함으로써 이 근본악을 극복할 수 있는 길을 제시하려고 시도한다. 레비나스는 이러한 근본악이 인간의 '자연적 태도'에 뿌리 깊게 은폐되어 있기 때문에 이를 극복하기 위해서는 니체가 말하는 '가치의 전도' 즉 새로운 가능성을 위한 도약같은 것이 요청된다고 역설한다.[37]

그렇다면 이러한 '전도'는 어떻게 가능한 것인가? 레비나스는 인간을 포함한 존재가가 '자신에게 전념'[38]하는 것을 당연한 일로 간주한다. 마치 자연적 태도처럼 인간은 자신의 욕구에 따라 세계를 향유jouissance하고 관리하려는 존재론적 사유의 경향이 있다는 것이다. 그러나 인간은 동시에, 자신의 존재유지를 위해 대상을 소유하고자 하는 욕구besoin와는 다른 욕망désir 즉 자신과 전혀 다른 자, 내가 어떤 방식으로도 규정할 수 없는 무한자에게로 가고자 하는 '형이상학적 욕망'을 가지고 있다고 한다. "형이상학적 욕망은 (나 자신의 세계 안으로) 회귀하고자 않는다. 왜냐하면 그것은 우리가 태어나지 않은 땅에 대한 욕망이기 때문이다."[39] 이러한 욕망을 통해서 내게 부여되는 상황

37) 강연안, 『타인의 얼굴 : 레비나스의 철학』, 문학과지성사, 2005, 23쪽 아래 참조.

38) E. Levinas, *Le Temps et l'autre*, Paris: P.U.F., 1983, 초판: 1947, p. 36; 서동욱, 『차이와 타자』, 문학과지성사, 2000, 142쪽에서 재인용.

39) E. Levinas, *Totalité et infini*, la Haye: Martinus Nijhoff, 1961, p. 3; 서동욱, 위의 책,

즉 타자와 마주치는 상황은 타자가 모든 것이 박탈된 궁핍한 '얼굴', 고통받는 얼굴의 모습으로 나에게 현현하게 된다. 이때의 타자는 우리가 소유하거나 사용할 수 있는 대상으로서의 타자가 아니라 나에게 환원되지 않으며 저항하는 얼굴로 나타난다. 이 저항은 대상세계를 지배하려고 하는 나의 힘을 무력화시키고 나의 윤리적 행동을 촉구하는 '윤리적 저항'으로 나타나는 것이다.[40]

타자의 얼굴과의 만남은 정서적인 혹은 심리적인 체험이라기보다는 "존재자체의 궁극적 사건"이다. 사건으로서의 만남은 진정한 나를 찾아 갈 수 있는 새로운 지평을 열어주는 것이다. 존재 안에 머무르려는 경향'에 따라 욕구를 충족시키는 것이 주체성의 근본을 이루는 것이 아니라, 타자의 얼굴과의 관계를 통하여 비로소 근본적으로 나의 주체성이 구성된다. 왜냐하면 존재유지의 욕구보다 더 앞서서 무한자에게로 초월하고자 하는 욕망을 인간이 가지고 있기 때문이다. 이런 배경에서 레비나스는 인간의 본질이 '존재 안에 머무르려는 경향이 아니라 아듀adieu라고 규정한다.[41] 역설적이지만 인간의 많은 한계와 문제점에도 불구하고 형이상학적 욕망을 통해서 인간에게는 진정한 자신을 회복하는 길 즉 연대의 가능성이 주어지는 것이다.

타자에 대한 철학적 고찰 특히 레비나스의 관점을 통해 타자의 수용문제는 단순히 제도적인 차원에서 이루어지는 개선이 아니라 새로운 세계를 바라볼 수 있는 관점의 전환에 의해 가능하다는 것을 알게 되었다. 이러한 관점의 전환에는 자연적 태도의 극복, 선입견을 야기하는 이데올로기의 포기, 특정한 종교적 관점에서의 탈피 등이 포함된다고 할 수 있다. 물론 이러한 정신세계의 변화가 모두에게 적용될 수 있는 일반적인 의미나 가치 심지어 가능성을 가졌다고는 말할 수

142쪽 아래에서 재인용.

40) E. Levinas, *En Découvrant l'existence avec Husserl et Heidegger*, Paris: J. Vrin, 1982, p. 173; 서동욱, 위의 책, 143에서 재인용.

41) E. Levinas, *Dieu, la Mort et Temous*, Paris: Grasset, 1993, p. 24; 서동욱, 위의 책, 144쪽에서 재인용. 아듀(adieu)의 어원적 의미는 크게 세 가지로 구분 가능하다: 1) 타자에게 하는 인사 혹은 축복; 2) 모든 작별 인사 혹은 축복; 3) '신에게로'(à Dieu) 가다.

없다. 그러나 이러한 정신세계에 대한 강조는 다문화사회에서의 타자와의 연대는 외적인 결합이 아니라 내적인 소통을 위한 제도적·정책적 차원의 지원이 절실하다는 점을 부각시키기 위한 의미에서 이루어졌다.

5. 다문화주의의 지향점 : 세계시민주의와 관용

오늘날 우리는 다양한 통신매체의 도움으로 전세계적 연결망 안에 거주하고 있다. 많은 부분 우리는 이러한 발전을 '문명의 이기'가 가져다온 혜택으로 간주하며 개인적 삶의 향유라는 차원에서 받아들인다. 그러나 이러한 연결망 안에서 우리가 단순히 수용자가 아니라 영향력을 행사하는 주체로서 기능한다면 상황은 달라진다. "물론 전세계적인 정보망 (…중략…) 덕분에 우리는 모든 곳에서 삶에 영향을 미칠 수 있을 뿐만 아니라 어디에서든지 삶에 대해 배울 수 있다. 우리가 알고 있는 영향을 줄 수 있는 개개인이 있다면 우리는 그에게 책임의식을 느껴야 한다. 즉 이것은 바로 도덕 이념을 긍정하는 것이다. 이제 우리의 당면과제는 지난 수천 년 동안 지역의 주민으로 살면서 형성된 우리의 정신과 마음에 세계민족global tribe으로 살아가도록 해주는 관념과 제도를 갖추는 것이다. 우린 이미 세계 민족이 되었다."42)

세계민족의 길은 그렇다면 무엇인가? 이에 대해 애피아K. A. Appiah는 다음과 같이 선언한다. "그렇다면 어느 쪽으로 가야 하는가? 세계화globalization는 아니다. 세계화란 용어는 한 때는 마케팅 전략이었고, 그 다음에는 거시 경제의 한 주제였으며, 지금은 모든 것을 포괄하지 못하는 것처럼 보인다. 다문화주의multiculturalism도 아니다. 또 다른 방향전환인 다문화주의는 질병을 치료하겠다고 자처하지만 다문화주의 자체가 질병으로 지칭되곤 한다."43) 이러한 배경에서 애피아는 오랜

42) 콰메 앤터니 애피아, 실천철학연구회 역, 『세계시민주의』, 바이북스, 2008, 18쪽 아래.

역사적 연원을 가지고 있는 세계시민주의의 새로운 전통을 수립할 것을 주창한다. 그러나 만약 우리가 다문화주의라는 입장을 고수한다고 해서 크게 문제가 될 것은 없다. 다만 다문화주의muliculturalism가 "세계화에 따른 다문화현상이 내포한 갈등과 긴장의 현실을 해결하기 위해 문화적 다양성의 존중을 하나의 윤리적·정치적 원리로 제안하는 이론"[44]으로 기능할 수 있기 위해서는 좀 더 세부적인 논의가 요청되며 그 방향은 적절한 관용의 모델을 제시하는 것에 있다고 보여진다. 관용이 바로 내면적 소통의 가능성을 담보하기 위한 조건이기 때문이다.

회페O. Höffe는 관용을 세 가지 층위로 구분한다. 먼저 수동적인 관용이다. 그는 다원주의를 자유롭게 인정하는 사람은 관용을 베풀 줄 안다고 주장하며, 이때 의미하는 관용은 수동적인 관용으로서 타인의 개성(고유성)을 소중히 여기고 보장하는 데서 성립한다고 한다. 그는 "인간의 욕구, 관심, 재능은 각각 다르므로, 또한 어느 누구도 오류, 편견, 결함이 없을 수는 없으므로, 수동적 관용은 문명화된 상호교제의 조건에 속한다."고 말한다.[45]

두 번째는 적극적 관용으로서, 이는 '이미 타인에게 법적으로 허용된 것만'을 보장하는 수동적 관용의 차원을 넘어서서 타인의 생존권인 자유와 발전의 의지를 자발적으로 긍정하는 노력을 의미한다. "이런 관용은 모든 인간의 자유와 존엄성을 발판으로 삼아, 자신을 남다르게 실현할 수 있는 능력을 타인에 대한 인정과 똑같은 가치를 지닌 것으로 연결한다. 적극적 관용을 베푸는 인간은 내적인 자유로부터 폭력으로의 전환이나 적대자를 극복하는 데 집착하는 삶이 아니라, 오히려 동등함과 상호 간의 이해를 토대로 삼는 관계를 추구한다. 인간의 관용은 정당화의 토대가 손상되는 곳, 즉 인권에서 드러나는 모

43) 콰메 앤터니 애피아, 실천철학연구회 역, 『세계시민주의』, 바이북스, 2008, 19쪽.

44) 진은영, 앞의 논문, 257쪽.

45) 오트프리트 회페, 박종대 역, 『정의(Gerechtigkeit) : 인류의 가장 소중한 유산』, EJB, 2004, 150쪽.

든 인간의 자유와 존엄성이 손상되는 곳에서 비로소 소멸한다."46)

그러나 회페는 수동적 관용과 적극적 관용을 넘어서는 국가시민적 관용을 제시한다. 공동체의 모든 구성원은 서로 자기 고유의 신념을 형성할 권리를 인정하고, 신념이 오류나 잘못된 선입관에 속아 넘어갈 위험이 있다는 것도 알고 있다. 그러나 공동체적 삶에 있어서 필요한 것은 개인적 차원에서 형성된 신념을 넘어서는 것이다. '구속력'있는 결정을 만들어내기 위해서는 고유한 신념들이 토론에 부치거나 경우에 따라서는 처분에 맡길 수 있고, 또한 그렇게 할 준비가 되어 있다는 자세가 국가시민적 관용이다. "물론 모든 신념이 다 중요한 것은 아니다. 중요한 것은 오직 공동의 법질서에서 커다란 비중을 차지하는 신념들뿐이다. 전략적이거나 실용적인 이유에서, 예컨대 민주주의의 적대자라는 평판을 듣지 않기 위해서만 관용을 베푸는 사람은 (…중략…) 민주주의에 대한 불만이 늘어날 때, 위기에 처해 있는 민주주의를 방치한다. 오로지 실용적인 측면에서만 더욱 더 잘 근거되어진 국가시민적 관용은 다원적 민주주의를 가능하게 하는 조건에 속한다."47)

회페가 제시하는 관용의 층위들은 일종의 해석학적 순환을 이룬다. 상대적으로 고차적인 관용을 실행하기 위해서는 더 기초적인 그리고 더 고차적인 관용의 차원이 모두 전제 조건 혹은 지향점으로 필요하며, 개인은 공동체 안에서, 공동체는 개인의 권리와 의무의 연대를 통해서 이루어진다는 사실은 다문화시대에게 직면한 우리에게 지극히 평범하면서도 벗어날 수 없는 연대의 울타리를 제공해준다.

46) 위의 책, 같은 곳.

47) 위의 책, 150쪽 아래. 회페는 국가시민적 관용을 다시 3단계로 구분해서 설명한다. 먼저 가장 하부의 단계로서 합법적인 권한의 단계는 사람들이 다원적 민주주의의 유효한 법률에 의지하는 능역과 그럴 대비(준비)가 되어 있는 상태에서 성립한다. 이 단계에는 기초적인 시민의 덕인 법의식에 상응한다. 둘째 단계인 토의하는 능력의 단계는 각각 자신의 내적 신념으로부터 거리를 두고 서로의 신념에 대해 토론할 수 있는 능역과 그럴 대비가 되어 있는 상태이다. 셋째 단계이자 최고의 단계인 처분할 수 있는 능력의 단계는 사람들이 자신들의 신념들을 처분하고 필요한 경우에는 그것들을 근본적으로 수정하여 사려 깊은 논증으로 바꾸는 일에 관여하는 상태에 이르는 단계이다. 회페는 다원적 민주주의 사회의 이상적인 시민이 분명 마지막 단계에 맞게 행동하지만, 이것은 결코 강제되어서는 안 된다고 역설한다.

6. 다시 출발점에서

지금까지의 논의를 통해서 우리는 개인과 공동체 사이의 소통, 상이한 공동체 사이의 대화적이고 공존의 관계형성을 위해서는 무엇보다도 국가시민적 차원에서 모든 시민적인 권리와 의무의 평등원칙을 재확인하는 것이 중요하다는 것을 확인하였다. 이는 종교나 성적 선호도, 피부색, 문화적 소속에 관계없이 모두에게 타당한 것이다. 마르티니엘로M. Martinielle는 다문화사회에서는 동등한 권리의 향유, 동일한 의무의 준수, 상이한 문화적 정체성을 주장하는 개인과 집단사이의 상호 인정의 조치, 기회의 균등 그리고 문화적 민권의 인정 등 다양한 차원에서 공동체의 발전되고 조화로운 삶을 위한 노력과 개선노력이 지속되어야 한다고 주장한다.48)

그러나 더욱 중요한 것은 우리는 이론적 논의를 통해서 사회 통합과 갈등해소를 위한 대안이 제시될 수 있다고 생각해서는 안 될 것이다. 왈쩌는 『관용에 대하여』에서 관용은 이성이 아니라 '조정'의 결과라고 역설하고 있다. 물론 그는 박해와 내전으로 진행될 조정이 안정적인 조정보다는 못한 것이며, 평화적 공존과 기본인권을 유의하지 않는 조정은 도덕적 선택이라 말할 수 없다는 점도 분명히 하고 있다. 그러나 선택은 항상 주어진 맥락 혹은 한계 내에서 이루어지는 것이며, 그런 의미에서 최상의 정치적 조정은 조정하려는 사람들의 삶이 속한 역사와 문화와 관계하는 것이라 할 수 있다.49) 그러므로 이제 제한된 이론적 논의의 지평은 단지 실천적 노력에 의해서만 확장될 수 있고, 이론과 현실의 괴리도 메워질 수 있다는 작은 결론에 도달하게 된다.

48) 마르코 마르티니엘로, 앞의 책, 137쪽 아래.

49) 마이클 왈쩌, 송재우 역, 『관용에 대하여』, 미토, 2004, 16쪽 아래 참조.

프랑스의 문화다양성과 사회통합정책

이산호

1. 서론

오늘날 세계화의 급속한 진행은 유형의 상품뿐만이 아니라 인간과 문화까지도 장벽 없이 국경을 넘나드는 추세를 더욱 가속화시키고 있다. 그 결과 다문화사회의 도전은 몇몇 특정 국가에 나타나는 문제가 아니라 전 세계적인 현상이 되어가고 있다. 문화 단일성을 견지해오던 많은 국가들은 다양한 인종과 문화의 유입으로 인하여 다문화사회의 도전에 직면하고 있으며, 자국 내에서의 사회통합을 위협하는 인종적, 문화적 갈등과 대립을 방지하기 위해 노력하고 있다. 국제사회 역시 문화다양성을 보호하고 증진시키기 위한 논의를 활발하게 진행하고 있다.[1] 2008년 7월 22일 우리나라를 방문한 마쓰우라 고이치로 유네스코 사무총장은 '문화다양성과 유네스코' 포럼에서

* 중앙대학교 불어불문학과 교수

1) 2005년 10월 20일 유네스코 33차 총회는 인류의 다양한 문화의 보호와 육성을 목표로 하는 '문화적 표현의 다양성 보호와 증진에 관한 협약(la Convention sur la protection et la promotion de la diversité des expressions culturelles)'을 채택했다.

"세계는 빈부격차의 확대, 종교분쟁 등 문화 다양성을 위협하는 도전에 직면해 있다"고 진단하며, 세계가 "문화 다양성을 위해 노력하지 않으면 문화발전이 정체할 위험이 있다"고 경고했다. 그리고 "국제사회에서 문화적 다양성을 확대해 세계화로 인한 문제를 해결"해야 한다고 강조했다.[2] 국제적으로나 국내적으로 문화들이 서로 소통하지 않으면 경직될 것이고, 문화다양성을 인정하지 않으면 문화들 간의 충돌현상이 더욱 심화될 것은 자명한 일이다.

다문화국가는 미국이나 캐나다에서처럼 국가 출범 초기부터 다양한 인종과 문화가 뒤섞여 형성된 경우도 있고, 프랑스처럼 동질적인 문화를 가졌던 전통적인 국민국가에 다른 인종과 문화가 유입되어 형성된 경우도 있다.[3] 역사적으로 대부분의 다문화국가들은 인종적, 문화적 소수 집단의 수용방식으로 차별적 포섭과 배제, 동화주의, 다문화주의를 채택해 왔다. 프랑스의 경우에는 동화주의에 기초한 사회통합을 국가적인 이념으로 추구해 왔다. 그러나 성공적인 것으로 평가받아 오던 프랑스의 사회통합 정책은 오늘날 위기에 직면해 있다. 도처에서 문화들 간의 갈등과 대립이 폭동과 소요로 나타나고 있기 때문이다. 프랑스 정부는 이를 프랑스식 사회통합모델에 대한 심각한 도전이자 위기로 인식하고, 사회통합을 위한 효과적인 정책 마련에 고심하고 있다.

우리나라는 오랫동안 단일민족국가를 표방하며 '전통문화의 계승·발전과 민족문화의 창달'을 헌법에 명시하고 있을 만큼 강한 문화정체성을 고수해 왔다. 우리는 순혈주의적인 민족주의를 견지해 왔으며, 이것이 순기능이 되어 국가 발전에 크게 기여한 것도 사실이다. 그러나 1988년 올림픽 개최 이후 우리나라도 다문화사회로 급격하게 진입했으며,[4] 향후 이주노동자와 국제결혼자 등의 증가로 다문화사

2) 중앙일보, 2008년 7월 28일.

3) 김남국, 「유럽에서 다문화의 도전과 대응」, 『국회도서관보』 제43권 제5호, 2006, 4쪽.

4) "1988년 올림픽 개최를 계기로 한국은 아시아의 주요한 이주노동력 유입 국가의 위상을 갖게 된다. 1988년 이후 국내 이주자의 규모는 급속도로 증가해서, 2006년 3월 현재 국내에

회는 더욱 확대될 것이다. 우리나라에서도 다문화는 더 이상 학술대회의 주제가 아니라 문화정책 혹은 사회정책의 현실에 진입해 있다. 우리도 프랑스가 경험했던 문화들 간의 대립과 갈등을 겪게 될 가능성이 높기 때문에 다문화사회의 도전에 대비한 종합적이고 체계적인 국가정책이 필요한 시점이다. 본 연구는 우선 프랑스 다문화사회의 형성 배경과 현황을 검토하고, 다음으로 이주민 문제와 관련한 사회통합정책을 살펴볼 것이다. 프랑스 사회통합정책의 변화에 대한 검토가 우리나라가 추구해야 할 사회통합의 이념과 정책의 방향을 모색하는 기회가 되기를 기대한다.

2. 프랑스의 다문화사회 형성

프랑스는 여러 민족과 문화가 유입되어 형성된 국가이다. 프랑스를 '문명의 융합처creuset de civilisation'라고 부르는 이유가 여기에 있다.[5)]선사시대부터 북방형type nordique과 산악형type alpin 그리고 지중해형type méditerranéen 인종이 프랑스에 정착했고, 이들은 골족Gaulois이라 불리며 프랑스 민족의 기본을 이루었다. 기원전 1세기에 로마제국이 골 지방을 정복하면서 라틴족이 대거 프랑스에 유입되었다. 4세기부터는 게르만족들이 남하하여 프랑스 사회의 주요 구성원이 되었다. 11세기에는 노르만족이 침입하여 대규모로 노르망디 지방에 정착했다. 이러한 다양한 민족들의 유입은 프랑스 문화의 풍요로움과 다양함을 증가시켰으며, 프랑스는 '유럽 문명의 축소판raccourci de la civilisation européenns'이

체류 중인 외국인의 규모는 80만 3,000명으로 전체 인구의 2%에 이른다." 오경석, 「어떤 다문화주의인가? : 다문화사회 논의에 관한 비판적 조망」, 오경석 외, 『한국에서의 다문화주의 : 현실과 쟁점』, 한울아카데미, 2007, 29쪽.

5) "la France a été de tout temps un creuset de civilisation: lieu d'échanges entre pays atlantiques et pays méditerranéens et, depuis cinq siècles, entre l'Ancien et le nouveau Monds." Guy Michaud et Alain Kimmel, *le nouveau Guide France*, Paris, Hachette, 1994, p. 9.

되었다. 프랑스인들은 자신들이 켈트족으로부터는 개인주의를, 라틴족으로부터는 법과 단호한 질서에 대한 사랑을, 게르만족으로부터는 건설적 재능을, 노르만족으로부터는 진취적인 기상을 물려받았다고 긍정적으로 평가하고 있다.[6] 또한 정복, 전쟁, 이주, 합병 등에 의해서 코르시카, 카탈랑, 브르타뉴 등이 프랑스에 통합되었다. 프랑스에는 여전히 독특한 민족적 특성을 지닌 소수 민족이 존재하고 있다. 오늘날 이들은 자코뱅주의적 전통[7]에 문제를 제기하며 코르시카처럼 정치적인 분리나 독립을 요구하는 경우도 있고,[8] 브르타뉴처럼 고유한 문화, 언어 보존의 권리만을 주장하는 경우도 있다.[9] 그러나 이들은 프랑스 문화에 어느 정도 영향을 끼치기는 했지만 기존 문화의 구조를 크게 변화시키지 않았고, 프랑스 문화에 동화되었다. 프랑스인들은 이를 자랑스럽게 '프랑스 정신esprit français'이라고 불러왔다.

르네상스 이후로도 프랑스는 매력적인 이주지였다. 이탈리아, 스페인, 폴란드, 러시아 등지에서 많은 이주자들이 문화, 정치, 경제적인 이유로 프랑스에 유입되었다. 르네상스 시대에는 레오나르도 다빈치, 프리마티스 등 이른바 '기술 이민'이라 할 수 있는 문화예술 분야의 인력들이 프랑스에 유입되어 프랑스의 문화예술의 발전에 크게 이바지했다.[10] 프랑스 대혁명 이후에는 많은 이주자들이 정치적, 종교적 자유를 찾아 프랑스로 이주했다. 1973년 이후로 프랑스는 이민을 제

6) "les Français devraient aux Celtes leur individualisme, aux Romains leur amour du droit et de l'ordre formel, aux Germains leur génie constructif, aux Normands leur esprit d'initiative." Guy Michaud et Alain Kimmel, *le nouveau Guide France*, Paris, Hachette, 1994, p. 17.

7) '자코뱅클럽(Club des Jacobins)'은 프랑스혁명 직전에 결성된 정치단체로 자유, 평등, 박애의 프랑스 혁명 이념 수호에 전념했다. 또한 자코뱅들은 1793년 헌법을 제정하면서 프랑스는 '분리되어 질 수 없는 공화국'임을 천명했다.

8) 코르시카는 1976년 '코르시카 민족해방전선(Front de libération nationale de la Corse)'이 결성되면서 프랑스의 중앙집권체제에 저항하며 분리주의 운동을 지속적으로 펼치고 있다. 원래 이탈리아의 제노바의 지배하에 있던 섬 코르시카는 1768년 베르사유 조약에 의해 프랑스에 편입되었고, 1790년 프랑스의 행정구역인 도로 지정되었다.

9) 프랑스 북서부 브르타뉴는 5세기에 색슨인의 압박을 피해 캘트족이 집단 이주한 지역으로 프랑스에서 코르시카와 함께 문화적 정체성이 강하게 남아 있는 지역이다.

10) 서울대학교 불어문화연구소, 『프랑스 하나 그리고 여섯』, 강, 2004, 169~170쪽.

한하는 정책을 펼치고 있으나 정치적 망명만은 이러한 전통 때문에 예외로 인정하고 있다. 현재 프랑스에는 12만 명의 정치 망명자가 거주하고 있으며, 매년 4천 명 정도의 정치 망명자를 받아들이고 있다.

산업혁명 이후로는 노동 이주자의 유입이 증가하기 시작했다. 제2제정 시대에 프랑스에 거주하는 노동자의 수는 80만 명에 이르렀다. 당시에 노동자들의 대부분은 벨기에와 이탈이아의 출신이었다. 이후로도 프랑스는 지속적인 출산율 감소에 따라 더 많은 노동력이 필요하게 되었고, 부족한 노동력을 적극적인 국제이주정책을 통해서 해결하였다. 프랑스는 식민지 국가들로부터 대규모의 노동 이민을 받아들였다. 특히 제1차 세계대전으로 인한 인명 손실과 전후복구의 필요성 때문에 많은 노동자들이 유입되어 1931년에는 전체 인구의 7%인 3백만 명에 이르렀다. 제2차 세계대전 이후에는 국가를 재건하기 위해 보다 적극적으로 노동자를 받아들였다. 제4공화국은 이민국을 창설하여 알제리·모로코·튀니지·세네갈·말리 등 주로 프랑스령에서 보다 조직적으로 이주노동자를 선발했다. 이때까지만 해도 누구도 이주노동자들의 존재를 심각하게 받아들이지 않았다. 대부분의 프랑스인들은 그들의 존재는 한시적인 것으로 노동시장에서 노동력의 결핍이 해소되면 그들은 당연히 본국으로 귀환할 것이라고 믿었다.

1793년 오일쇼크로 경제성장이 둔화되면서 프랑스는 가족의 합류와 정치적 망명의 경우를 제외하고 공식적으로 이민을 중단했다. 그리고 귀국보조금 지원하며 이주노동자들의 귀국을 권장하였으나 대부분의 이주노동자들은 프랑스를 떠나지 않았다. 오히려 이주자 수는 가족의 합류, 정치적 망명, 불법 이민자의 유입 등으로 매년 6만 명씩 증가했다. 1974년 비인도적인 이주노동자들의 처우에 분개한 프랑스 지식인들의 투쟁으로 정부는 인도적인 차원에서 이주노동자의 가족 합류를 허용했다. '가족 재결합 정책regroupement familial'의 실시를 계기로 '기간계약 노동이주'가 '정착 이주'로 자리 잡았고, 마그레브 여성과 미성년 가족의 합류로 프랑스에 마그레브라는 이주민 공동체가 본격적으로 형성되기 시작했다. 1981년 집권한 사회당의 미테랑 대통령은 이민자 통합정책을 추진하여 13만 명의 불법 이민자에게 합법적인 지위를 부여하고, 가족 재결합의 제한을 해제하여 25만 명의 추가 이주자를 받아들였다.11)

이후에 집권한 우파 정부에 의해서 엄격한 이민통제정책12)이 시행되고 있기는 하지만 프랑스는 여전히 OECD 국가 중에서 이민자를 많이 받아들이는 국가에 속한다. 프랑스에서 이민자를 인종이나 종교별로 분류한 공식적인 통계는 존재하지 않는다. 1872년부터 프랑스는 인구조사에서 거주자들의 종교와 인종적 기원을 조사하는 것을 공식적으로 금지시키고 있기 때문이다. 또한 인종에 근거한 통계를 이용하는 것 역시 법으로 금지되어 있다. 대부분의 통계는 인구학자들의 표본조사를 통해서 작성된 것이다.13) 현재 프랑스에는 대략 400만 명 이상의 이민자가 존재하고 있는 것으로 추산되고 있다. 이는 전체 프랑스 인구의 6.2%에 해당하며, 파리는 인구의 13%가 이민자이다. 국가별로는 포르투갈(86만), 이탈리아(42만), 스페인(38만) 등 유럽 국가 출신, 알제리(78만), 모로코(52만), 튀니지(21만) 등 북부 아프리카 출신, 중부 아프리카(20만) 출신, 인도차이나(10만) 출신, 터키(20만) 출신 등이다.14) 또한 불법 이민자는 30만 명 정도로 추산하고 있다. 프랑스에서 '제로 이민'은 실재로 환상에 불과할 뿐이며 이민의 압력은 더욱 높아지고 있다. 한편 프랑스는 이민자의 유입을 완전히 억제할 수만은 없는 상황에 처해있다. 프랑스가 지금부터 2050년까지 현재의 인구를 유지하기 위해서는 매년 2만 7천 명 이상, 총

11) 드바쉬 & 퐁티에, 김지은 외 2인 역, 『프랑스 사회와 문화』 I, 서울대학교 출판부, 49쪽.

12) 우파의 이민통제정책은 프랑스 내 이민자 증가의 주요 원인이었던 결혼과 가족재결합제도의 규정 강화에 맞추어져 있다. 2006년 제정된 '이주와 통합에 관한 법률(loi du 14 novembre 2006 relative à l'immigration et à l'intégration)'은 결혼에 의한 국적취득 기간을 2년에서 4년으로 연장하고, 이주민의 가족 결합에 필요한 거주 기간을 12개월에서 18개월로 연장하였다.

13) 박단, 「2005년 프랑스 '소요사태'와 무슬림 이민자 통합문제」, 『프랑스사연구』 14호, 2006, 233쪽.

14) 제2차 세계대전 당시 유태인 명부가 나치에게 악용된 이후로 프랑스 정부는 이민자와 관련된 통계를 기관별로 분산하여 관리하고 있다. 또한 이민자가 국적을 취득한 이후에는 출신 국가를 기록에서 삭제한다. 서울대학교 불어문화연구소, 앞의 책, 168쪽.

147만 명 이상의 새로운 이민자를 필요할 것이라고 예측된다.[15)]

3. 동화주의의 위기

프랑스는 국적과 시민권 정책에 있어서 특유의 속지주의를 채택하고 있다. 속지주의는 프랑스 대혁명 이후의 '국가' 혹은 '국민'이라는 개념에 토대를 두고 있다. 1791년에 프랑스 정부는 국내에 거주하는 모든 사람들을 프랑스인으로 간주하였다. 프랑스는 누구나 의지를 표명하고, 공화주의 원칙에 동의하는 모든 사람은 프랑스 사회의 구성원이 될 수 있다고 천명했던 것이다. 대혁명 이후에 만들어진 프랑스의 공화주의는 정교 분리의 세속주의를 원칙으로 하며, 자유, 평등, 박애, 애국주의의 가치를 지향했다. 개인은 시민으로서 공공활동에 적극적인 참여를 통해 스스로의 자유를 완성해야 하고, 국가는 공동체의 가치를 보호하고 육성해야 한다. 프랑스는 "시민공동체, 즉 특히 모든 사람이 수호해야하는 보편적 가치들을 정의하는 사회계약에 의해서 공통적으로 국가에 결합된 개인들의 총체만을 인정"하며,[16)] 개인의 민족, 문화, 종교적 정체성은 공적 영역이 아니라 철저하게 사적 영역으로 취급된다. 구성원들은 개인의 정체성과는 관계없이 동일한 권리와 의무를 지닌다. 이렇듯 프랑스는 혈통이나 문화의 동질성과 단일성을 기반으로 하는 민족주의적 국민주의가 아닌 공화주의적 국민주의를 추구해 왔다. 프랑스의 국적에 관한 법률의 국적 취득 조건에는 두 개의 전통, 즉 속인주의Jus sanguinis와 속지주의Jus soli가 공존한다. 최소한 부모 중 한명이 프랑스인이면 자식은 프랑스인이고, 부모가 프랑스인이 아니어도 프랑스에서 태어난 사람은 '쥐 솔리' 규정에 의해서 프랑스인이다. 이처럼 프랑스는 이주민 통합정책에서

15) 드바쉬 & 퐁티에, 김지은 외 역, 앞의 책, 63쪽.

16) 마르코 마르티니엘로, 윤진 역, 『현대사회와 다문화주의』, 한울, 2007, 69쪽.

속지주의라는 모델을 만들어냈다. 원래 속지주의는 프랑스가 해외에 개척한 식민지에서의 법률 적용을 원활하게 하기 위해 만든 원칙이었다.

프랑스는 오랫동안 인종적 혹은 문화적 다양성을 하나의 가치, 즉 공화주의적 가치에 용해시키기 위한 포섭정책으로 동화주의 전략을 구사해 왔다. 동화주의는 소수 집단의 고유한 것을 주류 집단의 그것으로 대체시키는 것을 말한다. 프랑스 제 5공화국 헌법 전문 1조에 따르면 "프랑스는 분리되어 질 수 없는 비종교적, 민주적, 사회적인 공화국이다." 이러한 통합정신에 따라 프랑스는 언어, 교육, 사회 정책 등을 통하여 다양한 문화를 흡수하여 공화국의 단일성을 지키려고 노력했다. 그 결과 문화적 동질성과 단일성은 사회적 규범으로 간주되었으며, 문화적 다양성은 배제되었다. 역사적으로 학교와 군대가 프랑스 동화주의의 첨병 역할을 해왔다. 누구도 학교와 군대에서는 특수한 인종적, 문화적 이유로 특별대우를 받지 못한다. 또한 '통합수용계약Contrat d'Accueil d'Intergration'은 대표적인 동화주의 정책으로 신규 국적 취득자와 프랑스 정부가 맺는 쌍무계약이다. 이 계약에 따르면 신규 국적 취득자는 프랑스어 능력 배양과 시민성 함양을 위한 교육과정을 반드시 이수해야 하며, 정부는 이들의 프랑스어 능력을 평가해 상응하는 프랑스어 수업을 제공해야 한다. 이처럼 정부의 동화주의적인 제도가 국민적 정체성을 만들어 냈고, 이를 이민자들에게 예외 없이 받아들이게 했다. 프랑스 정부는 이러한 동화주의 전략을 통해서 소수의 이민자 집단이 언젠가는 주류 집단에 동화될 것이라고 낙관적으로 판단하였기에 이들을 위한 별도의 법적, 제도적 정책을 개발하고 시행할 필요성을 느끼지 못했다.

프랑스 다문화사회의 존재는 1970년대 이후 주류의 프랑스인들과 확연하게 구분되는 인종적, 종교적, 문화적 특징을 가진 무슬림 집단이 출현하면서부터 부상하기 시작했다. 오늘날 이들의 존재는 프랑스의 공화주의적 국민주의를 위협하는 지경에 이르렀다. 특히 집단적인 사회 부적응과 좌절 그리고 인종주의를 겪는 비유럽 출신 이민자들과 그 후손 세대들의 도전이 거세졌다. 이전에도 인종주의나 이주노동자들에 대한 프랑스의 노동자들의 집단 적대감이 없었던 것은 아니었다. 유대인에 대한 인종주의와 이주노동자에 대한 차별이 존재했었고, 광산, 건설 분야에 종사했던 벨기에와 이탈리아의 노동자들은 '싸구려 노동자' 혹은 '파업의 방해꾼'으로 불리면 멸시와 조롱의 대상으로 전락하기도 했었다. 그러나 이들 대부분은 프랑스 사회에 무리 없이 동화되어 사회의 일원이 되었다. 프랑스의 주류 사회도 이들을 더 이상 이민자로 분류하지 않는다.

유럽 출신 이민자들이 프랑스인들과 어느 정도 문화적, 종교적 가치관을 공유한다는 점에서 사회통합에 큰 어려움이 없었다면, 비유럽 출신 무슬림 이민자들은 문화와 종교의 차이 때문에 주류 사회에 쉽게 통합되지 못했다. 또한 이들은 주로 비전문적이고 저임금의 노동을 담당하여 왔으나 경기 침체로 인하여 일자리를 잃게 되었고, 극빈 소외 계층으로 전락했다. 게다가 계층 분리적인 도시계획에 따라 대도시 외곽의 빈민촌에서 집단 거주하여 생활환경은 더욱 열악해졌다.[17] 이민 2세대, 3세대들 역시 프랑스 사회에 쉽게 통합되지 못하고 사회 하층민으로 전락하였다. 이들은 자신들이 태어나고 국적을 가지고 있는 프랑스에서 완전한 시민으로 인정받지 못하고 사회적 분리와 배제를 경험하면서 정체성의 갈등을 겪었다. 이들은 자신의 문제가 개인의 문제가 아닌 인종에 있다고 믿으며 부모 세대의 문화로 회귀하여 프랑스의 주류 사회에 대한 적개심을 키워왔다.

프랑스는 1970년대 이후로 대도시에서 차량을 불태우거나, 상가를 약탈하는 소규모의 인종 소요사태들을 종종 경험해 왔다. 그러나 프랑스는 이를 본격적인 다문화사회의 도전으로 인식하지는 못했기에 주류 사회에 관용을 호소하는 수준에 머물러 있었다. 1983년에는 인

17) 제5공화국에서는 '영세민임대아파트(HLM)' 건립 계획을 세우고, 아파트가 건립되어지는 동안 이민자들을 수용할 대규모 임시 주거 단지를 만들었다. 그러나 이들은 임대아파트 완성 이후에도 경제적인 이유로 임시 주거 단지를 떠나지 못하고 있다. 서울대학교 불어문화연구소, 앞의 책, 180쪽.

종차별 철폐를 기원하며 10만여 명의 시민과 소수 인종들이 마르세이유에서 파리까지 행진하는 사건이 발생했으며, 1984년에는 반인종주의 단체 'SOS 인종주의'가 조직되기도 했다. 이를 계기로 프랑스는 공공기관의 모든 인종 차별적 행위와 언사를 처벌하는 비차별의 법제화를 이룩해냈다. 그러나 관용이나 비차별의 법제화만으로 소수 집단의 도전을 막아 낼 수는 없었다. 2005년 10월부터 한 달여 동안 프랑스 전역의 300여 개 도시에서 인종 폭동이 발생하였다. 거주민의 70%가 무슬림인 파리 북서쪽 근교에 클리시 쉬 보아 지역에서 2명의 무슬림 청년이 경찰의 검문을 피해 달아나다 변압기에 추락하여 감전사하면서 시작된 이 사건으로 9천여 대의 차량 방화, 약탈, 2,000여 명의 체포, 민간인 1명 사망, 다수의 부상자가 발생했다. 이 사건은 정부와 무슬림 집단이 이 사건을 서로 다르게 해석하면서 갈등이 증폭되었다. 특히 당시에 내무부 장관이었던 사르코지 현 대통령의 무분별한 발언으로 사태는 더욱 확대되었다. 그는 무슬림 청년들을 공공연하게 '쓰레기racaille'라고 표현하며 '진공청소기로 쓸어버려야 한다'고 발언했다. 무슬림 집단은 인종 차별적인 경찰의 추격으로 무슬림 청년들이 사망했다고 주장했으나, 경찰이 이들을 추격하지 않았다고 반박하면서 불평등과 차별이 구조화되어 있다고 느끼고 있던 무슬림들의 불만이 폭발하였다. 다급해진 프랑스 정부는 본토에서 사용한 적이 없는 '비상사태 법l'état d'urgence'을 발효시켜 소요를 진압하였다.[18] 많은 프랑스의 지식인들은 쿠르드족에 대한 터키의 인종청소를 떠올리며, 정부가 무슬림들을 국민국가의 안전을 위협하는 요소로 인식하여 이들을 제거하거나 최소화하는 이민자 배제정책을 도입하려는 것은 아닌지 심각하게 우려했다. 이 사건은 이민자들에 대한 주류 사회의 적대감을 자극하기도 했지만 인종 차별과 이민 문제에 대한 프랑스 사회의 의식을 촉구하는 계기를 마련하기도 했다.

---

18) 프랑스의 비상사태 법은 1955년 식민지 알제리의 소요사태를 진압하기 위해 만들어졌다. 그러나 1984년 해외 영토인 누벨 칼레도니의 소요사태 당시에 한 번 발효되었을 뿐 본토에서의 소요를 진압하기 위해 발효된 적은 없었다. 박단, 앞의 논문, 227쪽.

국제적으로도 이 사건은 인종적, 문화적 충돌과 사회적 불안에 대한 경각심을 고취시켰다. 2007년에도 파리북부 무슬림 집단거주 지역에서 인종적 갈등에 의한 소요사태가 발생하여 학교와 관공서가 불탔고, 상점들이 약탈당하는 폭력사태가 벌어졌다.

이민자들을 동등한 프랑스인으로 인정함으로써 평등한 시민만이 존재한다는 프랑스식 동화주의의 이상과 열등한 시민이 존재할 수밖에 없는 현실 사이에 괴리가 발생하기 시작했다. 그러나 프랑스의 동화주의 전략은 사회 내에 실재하는 객관적인 민족적, 문화적 다양성을 축소하고, 문화적 동질성과 단일성만이 존재하는 '상상의 공동체 communautés imaginées'를 만들어 구성원들이 다양성을 인지할 수 없도록 은폐하여 왔던 것이 사실이다.[19] 프랑스 정치권은 이민 문제에 대해서 일종의 은폐정책인 '타조정책 la politique de l'autruche'[20]으로 일관하면서 현존하는 인종 차별을 마치 없거나 심하지 않은 것처럼 느끼게 하여 많은 프랑스인들이 이민자 문제를 심각하게 인식하지 못하게 했고, 프랑스가 다문화국가가 되었다는 것을 인정하지 않으려 했다.[21] 그러나 극우파 정당인 '국민전선'에 의해서 이민자 문제는 프랑스 정치의 가장 핵심적인 쟁점이 되었다.[22] 그리고 1990년에 촉발된 '차도르 사건'은 이민자들의 존재를 더욱 부각시켰다.[23] 그리하여 더 이상 이민

---

19) 마르코 마르티니엘로, 윤진 역, 앞의 책, 25쪽.

20) 타조정책은 타조가 적의 공격을 피하기 위해 모래에 머리를 파묻듯이 현존하는 어떤 위험사태를 없는 것처럼 가장하고 얼버무리는 정책을 말한다.

21) 박단, 앞의 논문, 244쪽.

22) 국민전선은 국가 정체성과 실업 문제의 원인이 이민자들에게서 있다고 주장하며 이민자들을 배척하는 분위기를 고조시켰다. 이들은 이민자들과의 사회통합은 불가능하다고 주장하며, 프랑스의 국가 정체성 회복을 정치목표로 삼았다. 국민전선은 1983년부터 유럽의회선거와 시의원선거에서 돌풍을 일으키면서 이민자 문제는 프랑스의 핵심적인 정치 쟁점이 되었다. 2002년 대선에서 국민전선의 후보 르펜에 대한 지지율은 19%에 이르기도 했다.

23) 이 사건은 종교적인 상징물을 겉으로 드러낼 수 없다는 비종교성(läicité) 교육의 원칙에 따라 학교 측에서 차도르를 쓴 여학생의 등교를 막으면서 촉발된 사건이다. 이슬람 여학생이 교내에서 차도르를 쓸 수 있느냐하는 논쟁은 모든 언론, 학계, 정치계를 뜨겁게 달구었다. 프랑스는 1905년 정교분리법에 따라 공공생활에서 종교를 철저하게 배제시킨다. 공교육 기관 내에서도 학생이나 선생은 자신의 종교를 겉으로 드러내는 표시를 하는 것을 금지하고 있다. 서울대학교 불어문화연구소, 앞의 책, 22쪽.

자 문제에 대해서 타조정책으로 일관할 수 없게 된 프랑스 정부는 현존하는 문화다양성과 소수 집단에 대한 인종 차별을 공식적으로 인정하고, 이들에 대한 체계적인 지원을 검토하기 시작했다.

4. 프랑스의 사회통합정책의 변화

다문화사회의 도전에 대한 프랑스의 대응 방식은 세 단계로 변화해 왔다.[24] 첫 번째 대응 방식은 다수자들에게 소수자에 대한 톨레랑스tolérance, 즉 관용을 호소하는 것이다. 이는 프랑스의 다문화사회의 기본 가치를 형성하는 주요 이념이며, 프랑스가 오랜 역사적 경험을 통해서 터득한 중요한 덕목으로 타인에게 내가 동의하지 않는 견해나 신념이라도 자유롭게 표현할 수 있게 허용하는 것을 말한다. 그러나 톨레랑스는 다수 집단의 정당성이 부정되지 않는 한도 내에서의 허용을 의미한다. 대량학살이 감행됐던 종교전쟁을 거치며 신앙과 종교의식의 자유와 관련되어 등장한 톨레랑스는 18세기부터 하나의 사회적 가치로 자리 잡기 시작했다. 볼테르는 신교도라는 이유로 처벌된 칼라스의 무죄를 입증하기 위해 종교적 톨레랑스를 호소했고, 몽테스키외는 이민족에 대하여, 루소는 정치이념에 대하여 톨레랑스를 강조했다.[25]

19세기에 톨레랑스가 자유주의와 평등사상에 기반을 둔 공동체에서 구성원들의 공존을 가능하게 하는 '공존의 원리'로 자리 잡았다면 20세기에 들어서는 문화적 차이를 존중하는 가치관으로 주창되고 있다. 국제연합은 다문화 세계에서 이 가치를 인정하여 1995년을 '세계 톨레랑스의 해'로 선포하기에 이른다. 그러나 오늘날 다문화의 도전

24) 김남국, 앞의 논문, 5~6쪽.

25) 볼테르는 「톨레랑스론」을 통해서 "불관용(intolérance)은 우리와 똑같지 생각하지 않은 사람을 선험적으로 유죄라고 평가하도록 유도하는 정신적 자세"라고 했으며, 루소는 볼테르에게 보내는 서한에서 "자기와 똑같이 생각하지 않는 사람들에게 냉혹하게 저주를 내리는 모든 사람은 관용적이지 않다"고 했다. 서울대학교 불어문화연구소, 앞의 책, 49~50쪽.

에 대한 대응 방식으로써의 톨레랑스는 한계를 드러내고 있다. 2005년의 소요사태 이후 프랑스에서는 소수 집단에 대한 '톨레랑스 제로' 열풍이 이민제도를 중심으로 불고 있다.[26] 소수 집단 역시 더 이상 주류 집단에게 톨레랑스를 호소하지도 않는다. 그들은 다수의 정당성을 부정하고, 자신들의 문화정체성을 생존의 권리로 주장하고 있는 상황이다.

두 번째 대응 방식은 비차별의 법제화와 정책기구의 강화이다. 이는 임의적 덕목인 톨레랑스보다는 구체적이고 강제적이다. 소수에 대한 주류의 차별은 표현, 자격이나 직업 혹은 거주지에 대한 접근 방해, 물리적 폭력 등의 형태로 나타날 수 있다. 비차별의 법제화와 정책기구의 강화는 이러한 차별들을 법적으로 처벌하거나 제도적으로 방지함으로써 인종 차별의 문제를 개선하여 사회통합을 이루려는 정책수단이다. 프랑스에서는 공적 영역에서 행해진 표현 형태의 인종 차별은 중대한 범죄에 해당하며, 인종 차별 범죄는 보통의 범죄보다 가중처벌을 받는다. 정부는 '기회균등법loi pour l'égalité des chances', '통합과 차별퇴치 지원기금Fonds d'Action et Soutien pour l'Intégration et la Lutte contre les Discriminations' 등을 통해서 차별 퇴치를 위한 법과 제도를 강화하였다. 인종 차별의 금지를 위한 '차별퇴치평등고용청Haut Autorité de Lutte contre les Discriminations et pour l'Egalité'을 대통령 산하에 설치하여 인종 차별을 할 경우 개인에게는 5천 유로, 법인에게는 2만 5천 유로의 벌금을 부과할 수 있도록 했다. 법과 제도의 강화를 통하여 프랑스는 법으로 금하는 차별의 영역의 확대도 꾀하고 있다. 차별 행위에 대한 사실관계 증명의 책임을 가해자에게 부과하였으며, 노조와 시민단체가 피해자를 대신하여 고발할 수 있도록 하였다. 인종 차별에 관련된 증인은 처벌과 해고로부터 법적 보호를 받는다. 또한 정부는 공공, 민간 기관들과 인종 차별 퇴치 협정을 체결

26) 프랑스 정부는 정치 망명의 허가를 엄격하게 제한했으며, 10년 동안 거주한 이주민에게 프랑스인과 동등한 권리를 부여했던 제도를 폐지했고, 무슬림들의 일부다처제 관습을 불법화하여 그 동안 묵인해왔던 첫 번째 부인이외의 부인들의 체류를 허용하지 않고 있다. 이러한 이민 통제 조치들로 매년 증가해 오던 이민자 수가 2006년부터 감소하기 시작했으며, 추방당한 불법 체류자의 수는 큰 폭으로 증가하였다.

하여 각 기관 내에 이를 전담하는 부서를 만들고, 인종 차별 퇴치 전문가를 양성하고 있다. 정부는 '통합과 차별 퇴치 지원 기금'을 조성하여 이러한 사업을 지원하고 있으며, 정부와 참여기관들은 다양한 인종 차별 퇴치의 실천 방안들을 개발하고 시행하고 있다. 이처럼 정부는 소수 집단의 주류 사회 편입 기회를 확대하고, 구조적인 불평등과 차별을 퇴치하기 위한 법과 제도가 시행하고 있다. 프랑스가 다문화 사회의 도전을 극복하고, 성공적으로 사회통합을 이루기 위해서는 보다 적극적인 소수 문화의 인정과 권리 보호의 법제화가 요구된다.

세 번째 대응 방식은 다문화주의이다. 동화주의가 문화의 우열을 인정하면서 소수 문화는 주류 문화에 일방적으로 흡수된다는 논리에 바탕을 두고 있는 것에 반하여 다문화주의는 소수 인종의 문화정체성을 생존의 권리로 중시하여 그들의 문화를 단일 문화로 동화시키지 않고, 그들의 정체성과 권리를 공적 영역에서 인정하고, 소수 문화를 보호하고 지원하는 것이다. 비차별의 법제화가 다소 소극적인 사회통합 방식이라면 정책적으로 모든 구성원들의 문화적 권리를 인정하고 지원하는 다문화주의는 보다 적극적인 대처 방식이다. 1980년대 후반 미테랑 정부는 모든 '차이에 대한 권리'를 인정하면서 다문화주의를 본격적으로 모색하기 시작했다. 정부는 동화라는 용어 대신에 '통합'이라는 용어를 사용하기 시작했다. 문화적 통합intégration이란 소수 문화의 고유성이 전체를 훼손하지 않는 범위 내에서 유지되고, 고유한 문화들이 상호 침투하여 사회 전체가 문화의 다양성으로 더욱 풍요로워지는 것이다.

프랑스 정부도 소수 문화를 더 이상 통합의 대상으로만 보지 않고 사회 다양성의 원천으로 파악하여 동화주의적인 소수 집단 차별 방지의 법제화에서 다문화주의적인 소수 집단의 권리 보호의 법제화를 추진하고 있다. 우리나라를 방문했던 프랑스 문화비평가 기 소르망이 역설했듯이 사회통합정책이 성공을 거두기 위해서는 이주민을 대상으로 하는 정책뿐만 아니라 주류 집단의 다문화성 제고를 위한 정책들이 추진되어야 한다.[27] 프랑스 정부는 주류 집단의 추상적이고 이상적인 타문화 이해보다는 타문화에 대한 수용성 제고를 위해 교육기관에서의 다문화교육 강화, 방송에서의 문화다양성 확보,[28] '국립이민문화관Cité nationale de l'histoire de l'immigration' 개관 등의 정책을 펼치고 있다. 정부는 비종교성원칙을 견지하면서도 소수 문화 인정 정책으로 파리 도심에 아랍 문화관을 건립하고, 전국에 수많은 이슬람 사원의 걸립을 지원했다. 1965년 당시 4개에 불과하던 이슬람사원과 기도실이 정부의 지원으로 오늘날에는 천개 이상으로 증가했다.[29] 또한 이민자 2세들을 위해 공교육기관에서 아랍어 교육을 실시하고 있으며, 몇몇 공장에서는 무슬림을 위한 기도소를 설치하기도 했다. 이러한 변화는 동화주의에 기초하여 문화의 단일성을 지향해왔던 프랑스의 사회통합정책이 제한적이기는 하지만 다문화주의를 채택하고 있음을 의미한다. 한편 그 동안 주류 사회로의 진입에 어려움을 겪었던 소수집단 출신자들도 서서히 자리를 잡아가고 있다. 1989년 이들은 시의원 선거에 1,000명이 출마하여 500명이 당선되었으며, 두 명이 유럽의회 의원에 당선되기도 했다.

5. 결론

프랑스의 이주민 통합정책은 그들의 인종적, 문화적 다양성을 인정하지 않고, 동화를 통하여 그들을 주류 사회에 편입시키려는 동화주의 전략을 구사해왔다. 그러나 프랑스의 이주민 통합정책의 위기는 동화주의가 지향하는 이념과 현실과의 괴리에서 비롯되었다. 문

---

27) 기 소르망은 "40세 이상의 연령층은 프랑스가 이제 완전한 다민족국가, 다문화국가로 변모했다는 사실을 받아들이지 않는다. 프랑스 사회가 바뀌었다는 명백한 사실을 인정하지 않는 정치인, 지식인의 자기반성 없이는 문제해결을 기대할 수 없다"고 주장했다. 중앙일보, 2005년 11월 13일.

28) 2006년 제정된 '기회균등법'은 대중매체에서 문화다양성 확보, 차별방지, 사회통합 등의 조치를 취할 것을 규정하고 있다.

29) 서울대학교 불어문화연구소, 앞의 책, 25쪽.

화적 동질화를 추구하는 동화주의는 각 구성원들이 권리와 의무의 동등함을 받아들이고, 사회의 일원이 되었다는 것을 받아들이라고 요구한다. 그러나 오늘날의 이민자 그룹은 과거의 유럽계 이민자들과는 다른 비유럽계로 인종, 종교, 문화적 측면에서 주류 프랑스인들과 차이가 크기 때문에 주류 사회와의 동화가 매우 어렵다. 또한 이들이 주류 문화에 어느 정도 동화되었다고 해도 이들에 대한 사회적 분리와 배제가 여전히 존재할 수밖에 없는 것이 현실이다. 프랑스의 소수 집단은 청년실업 문제에 직면해 있는데 프랑스의 청년실업률이 전체적으로 12%인 것에 비해서 소수 집단의 청년실업률은 33%에 이른다. 이들은 직업도 없이 빈민지역에 갇혀 있는 것이다. 이렇듯 동화주의 모델은 소수 집단에게 기회의 평등을 제공했다고 믿었을 뿐 현실적으로 존재할 수밖에 없었던 결과의 불평등에 대해서는 외면했던 것이다.

프랑스의 사회통합정책이 다문화주의 이념을 어느 정도 받아들이기는 하겠지만 급격하게 다문화주의로 전환되지는 않을 것이다. 현재의 우파 정부는 이민의 억제, 국적취득의 통제, 통합 교육의 강화 등 사회통합을 보다 효과적으로 작동시킬 수 있는 정책 추진에 강한 의지를 보이고 있기 때문이다. 또한 대다수의 프랑스인들은 다문화주의의 최대 약점으로 지적되고 있는 국가 정체성의 약화와 다양한 문화 집단들 사이의 갈등으로 인한 사회적 분열을 우려하고 있다. 향후 프랑스의 사회통합정책이 성공을 거두기 위해서는 주류 중심의 사회가 근본적으로 변화해야 하며, 주류 집단의 다문화성 인정을 전제로 해야 한다. 주류 사회는 소수를 이해하고 수용하는 것뿐만 아니라 소수자 보호를 위한 예외적인 역차별 제도로 할당제를 도입하고, 소수 집단의 부분적인 자치 허용까지도 적극적으로 검토해야 할 것이다. 다문화사회의 도전에 직면하게 될 우리나라 역시 이주민 정책을 추진함에 있어서 동화주의 이념만을 고수할 것이 아니라 이주민의 사회통합을 효과적으로 실현할 수 있는 다문화주의적인 정책을 적극적으로 수용해야 할 것이다.

하버마스의 공론장과 프랑스의 다문화 정책

김휘택

1. 들어가며

프랑스의 이민정책은 통합·동화정책 모델의 대표 격으로 자리매김한지 오래다. 이민 1세대가 자신의 필요에 의해 프랑스로 이주한 것과는 달리 이민 2~3세대는 1세대들이 강요하는 전통 문화의 유지, 프랑스 사회가 가하는 동화의 요구 사이에서 혼란을 겪고 있다. 이민자 2~3세대의 불만은 여러 형태로 터져 나왔고, 최근에는 이것이 폭력 사태로까지 발전하였다. 이는 이민 정책의 성공이 정부의 의지를 통한 통합과 동화의 시도로만은 불가능하며, 사회 구성원들 사이에서 문화적 존중과 사회적 인정(Reconnaissance)의 과정을 거쳐야 한다는 것을 보여준다.

프랑스가 택하고 있는 통합정책의 골자는 이민을 군대 혹은 교육을 통해서 프랑스인으로 만들고, 이들에 대해 자국민과 같은 복지혜택을 주어, 결국 프랑스인으로서의 정체성을 가지게 하는 것이다.[1)]

* 중앙대학교 문화콘텐츠기술연구원 연구교수

이러한 정책은 프랑스가 선진국임을 생각하면 효과적일 수 있다. 프랑스 국적으로 프랑스 안에서 경제활동을 영위한다는 것은 상당한 매력이 있기 때문이다. 그렇다면, 프랑스인으로서 정체성을 가지고 있는 이민자들이 프랑스 자국민들과 동등하게 경제·사회적 가치를 공유하고 있는지가 또 문제시 된다. 본고의 문제의식은 바로 여기서부터 시작한다. 프랑스의 2005년 소요사태는 프랑스의 불안한 이민정책의 실태를 여실히 보여준다. 이 사태는 단순히 이민들의 불만이 폭력적 형태로 나타난 것으로만 보아서는 안 된다. 이 사태를 통해 드러난 것은, 이민자들이 사회적 가치를 자국민과 동등하게 추구하지 못하고, 공론장에서도 철저히 배제되고 있는 프랑스의 현실이다.

우리는 본고에서 하버마스의 공론장 이론을 통해 프랑스 2005년 파리외곽 소요사태와 일련의 문화 분쟁들을 재구성해 보려고 한다. 이를 통해, 프랑스의 이주민들이 공론장에서 좌절하는 현실을 보여주고 이를 개선할 수 있는 일말의 방안도 제시하고자한다. 현대 사회의 공론장은 이제 존폐의 여부를 논할 수 없을 정도로 활발히 확대 발전해 가고 있다. 그러한 측면에서, 프랑스의 공론장의 다문화주의에 대한 폐쇄성을 살펴보는 것은 앞으로 다문화주의 운동이 나아갈 방향과 그 안에서의 공론장의 역할의 중요성을 다시 한 번 상기시켜 주리라 생각한다.

---

1) 프랑스의 국가 정체성의 문제는 가장 큰 정치적 관심사이며, 매 선거 때마다 정치인들이 당선을 위해서 가장 중요시 가는 주제 중에 하나이다. 물론 선언적일지라도, 국가 정체성에 대한 후보의 태도는 매우 중요한 유권자들의 참고사항이다. 프랑스 일간지 리베라시옹은 「니콜라 사르코지가 말하는 국가정체성(Identité nationale selon Nicolas Sarkozy)」(2009.11.2)에서 2007년 당시 대통령 후보였던 사르코지 현 대통령의 국가 정체성에 대한 태도를 잘 드러내 보여준다. 신문을 인용하면 "2007년 3월 라 마르티니끄에서 있었던 회의 석상에서 그[사르코지]는 '나는 우리의 국가 정체성에 대해서 계속해서 말할 것입니다. 왜냐하면 나는 정체성이라는 것은 우리 국민에게 가장 중요한 어떤 것이기 때문입니다'라고 말했다. 그리고 '우리가 국가 정체성에 대해서 언급하는 것에 대해 지나치게 비판하며, 국가 정체성에 대한 위협을 휘두르는 것을 나는 거부하는 바입니다'라고 말했다. 그는 정기적으로 자신의 대변인을 통해서 '프랑스는 매우 화가 난 상태입니다. 국가 정체성에 대한 비판, 허가받지 않은 이민, 사기, 낭비들 때문에 말입니다'." 이는 다문화적 요소가 강한 프랑스와 같은 국가에서 국가 정체성의 중요성을 강조한 것이며, 이민의 증가가 국가 정체성에 어떠한 영향도 끼칠 수 없다는 대통령후보자의 단호한 의지를 보여준 사례라고 할 수 있다.

2. 하버마스의 공공영역과 다문화주의

공공영역 혹은 공론장에 대한 이론은 대부분 위르겐 하버마스Jürgen Habermas의 이론을 전형으로 삼고 있지만, 공론장 관한 논의는 매우 다양하게 전개되어 왔다. 주선미[2]는 공공영역에 대한 다양한 연구들을 다음과 같이 열거한 바 있다.

> Ernst(1988 : 47)는 공론장을 개인들이 정치적으로 강력한 세력을 행사할 수 있도록 결합된 '매우 광범위한 공간'으로, Carey(1987 : 10)는 토론을 위해 이방인들이 모인 장소를 일종의 사회영역인 공론장으로 해석하며, 정부와 사권력 부문의 간극을 메우는 권력을 지닌 것으로 파악한다. Downing(1988 : 164, 168)은 공론장이 입법기관 내외에서 벌어지는 공적 토론·공적 행위 및 여론을 가리키며, 나아가 운동·활동 및 교환의 의미를 갖는다고 본다. 이 경우는 공공포럼이나 공적 활동무대의 의미에 가깝다고 할 수 있다. Gripsund(1992 : 89)는 사적 행위들을 비합리적으로 고려하거나 독단적 결정을 내리는 것들로부터 시민들을 보호하기 위해 국가·국왕과 사적 영역 사이의 일종의 "완충지대"를 공론장으로 본다. 그는 특히 신문이 정치문화 일반에 대해 공적 논의기구 또는 포럼의 역할을 하였다고 봄으로써 공론장에서의 신문의 중요성을 강조한다.

위의 이야기를 종합해보면, 공론장은 개인이 지배 권력에 영향을 미칠 수 있도록 하는 최소한의 통로이다. 개인은 여기에 어떤 식으로든 참여할 수 있어야, 사회적 가치를 공유할 수 있고 자신의 최소한의 인권을 보장받을 수 있는 기본적인 기반을 얻게 된다. 공론장의 존재는, 사회에는 사회 구성원들 간에 공유하는 영역이 있는 반면에, 사적 측면으로 분류되는 부분이 있다는 것을 인식론적으로 보여준다. 이러한 두 영역의 존재의 문제와 그 영역 간의 관계 변화를 이론적으로 포착하여 공식화한 것이 바로 하버마스이다.

---

2) 주선미, 「공론장의 정치사회적 함의 : 지방정치 및 시민성과 관련하여」, 『한국 사회와 행정연구』 제14권 제1호, 2003, 223쪽.

하버마스는 1962년 『공론장의 구조변동: 부르주아 사회의 한 범주에 대한 연구Strukturwandel der Öffentlichkeit: Untersuchungen zu einer Kategorie der bürgerlichen Gesellschaft』[3]를 출판하였다. 이 책은 교수 자격 논문(Habilitationschrift)으로 작성된 것으로 1989년 영역본이 나오면서 각광을 받게 된다. 최근 국민국가가 시민 사회의 형태를 띠면서 공론장의 역할이 주목받게 되었다. 현대의 국민국가는 민주주의와 자본주의라는 두 가지 대전제를 가지고 있다. 이러한 두 전제 때문에, 국가는 국민들의 공통된 의견, 관심사, 문제점들을 정치에 반영해야 하고, 국민들은 자신들의 사회적·경제적 문제 해결을 국가에 요구할 수 있다. 공론장은 바로 이러한 과정을 원활하게 수행되도록 매개하는 역할을 한다. 공론장은 하버마스의 정의상 사적 영역에 속하지만, 시민이 지배 권력이나, 정치 세력과 공유하는 영역이다. 이것이 가능해진 이유는 공론장의 위치가 근대나 그 이전의 봉건사회와는 달라졌기 때문이다. 하버마스가 위의 저서에서 담론사의 방식으로 연구한 것이 바로 이러한 공론장의 위상 변화였다.

하버마스는 우선 사적 부문과 공권력의 영역을 구분하였다. 현대 민주사회에서 공권력의 부분과 사적 영역은 밀접한 관계를 가지고 있다. 이는 정치적 변화가 그 근본적인 원인이 아니라 아이러니하게도 통신기술의 발달과 인간의 제2의 생활 영역인 인터넷 때문에 가능하게 된 것이다. 하버마스가 18세기에 제시했던 공론장의 위치는 [표 1]과 같이 도식으로 제시되었다.

하버마스는 18세기에 있었던 위와 같은 엄격한 형식의 공론장의 영역이 어떻게 그 경계가 희미해지고 현대적 의미의 공론장이 되었는지 살펴보려고 한다. 19세기 말의 국가의 간섭은 위와 같은 공론장의 모습을 붕괴하는데 결정적인 역할을 했다. 국가가 개인들의 사적 영역에 간섭하기 시작하면서, 국가는 사적 영역에서 나오는 요구 역시 들어주어야 했다. 이러한 교환의 형식은 "국가의 점진적 사회화와

3) 본고에서는 한국어 번역판 사용. 위르겐 하버마스, 한승완 역, 『공론장의 구조변동 : 부르주아 사회의 한 범주에 관한 연구』, 나남출판, 2001.

[표 1] 18세기 공론장의 개요[4]

사적 부문		공권력의 영역
부르주아 사회 (상품교환과 사회적 노동의 영역) 핵가족의 내부공간 (부르조아 지식인)	정치적 공론장 문예적 공론장 (클럽, 신문) (문화적 재화 시장) '도시'	국가 (내무행정의 영역) 궁정 (궁정·귀족 사교계)

동시에 관철되어 가는 사회의 국가화의[4]변증법"[5]의 모습을 띠게 된다. 다시 말해, 국가는 부르주아에게 집중된 경제적 특권을 인정하고, 부르주아는 국가의 사적 영역 통제를 또한 인정하는 체제, 즉 '야경국가' 건설에 대해 합의하였기 때문에 사적 영역과 공적 영역의 경계가 불분명해질 수 있었다. 이러한 현상은 공론장을 붕괴의 위험에까지 몰고 갔다. 하지만 하버마스가 예로 든 것처럼, 비스마르크의 보통선거권 인정, 나폴레옹 3세의 개혁을 통한 국민투표 실시 등은 경제적 약자들이 경제적 이유로 빼앗겼던 기회균등을 정치적으로 보상받을 수 있는 영향력을 확보하게 했다. 이는 공론장이 사적 영역에서 급격히 이탈하는 현상을 막아냈다.

경제적 약자들의 정치적 영향력의 확보[6]는 '분배'라는 가치를 요구할 수 있는 기회의 확대를 의미한다. 이미 사적 영역에 개입하고 있는 국가는 공론장에서 시민들의 요구조건들에 귀 기울여야 정치권력을 유지할 수 있게 되었다. 이제 개인의 정치적 영향력은 경제적 차별이나 적대에 대한 대응책을 넘어서서 개인이 정치권력에 사적 영역 안에서의 경제적 위상 확보를 요구할 수 있는 정도에까지 이르렀다. 이는 최근 한국과 경제 선진국에서 벌어지고 있는 실업문제 및 기초 생활보장에 대한 요구가 잘 보여준다.

4) 위의 책, 98쪽.

5) 위의 책, 246쪽.

6) 하버마스는 그 의의를 다음과 같이 표현하고 있다. "지난 세기 말부터 사적 영역에 대한 국가의 간섭을 통해 알 수 있는 것은, 이제 공동결정을 하도록 허용된 광범위한 대중이 경제적 적대를 정치적 갈등으로 전화시키는데 성공하였다는 점이다."(위의 책, 250쪽)

3. 다문화 시대의 공론장의 역할 변화

하버마스의 공론장의 개념은 현대에는 새로운 양상으로 변화하고 있다. 우선 공론장에서 다루는 문제가 정치·경제적 헤게모니 문제에서 벗어나 있다. 공론장 개념의 일대 변화는 공론장에서 다루어지는 이슈에 따라 공론장이 사적영역이나 공권력의 영역과 가지는 관계가 달라지는 데서 비롯한다. 사이토 준이치는 이제 담론의 장에서는 다룰 수 있는 문제는 무한하며, "담론에 참여하는 사람들이 그 장(場)에 어울리는 주제를 선택할 수 있는 능력"[7]이 중요하다고 지적한다. 그는 이제 공론장에서 다루어져야할 주제가 미리 정해져 있는 것은 아니라고 단언한다.

> 이 문제가 중요한 것은, 무엇을 '개인적인 것', '사적인 것'으로 정의하는 가에 의해 '공공적인 것'이 반사적으로 정의되기 때문이다. 공공적 영역과 사적 영역의 경계는 고정된 것이 아니고 무엇을 '사적'이라고 하는가 하는 담론에 따라 달라질 수 있다. 근대의 '공공성'정의에서 결정적인 의미를 가진 것은, 종교나 신앙을 '사적인 것'(privatize)으로 다룸으로써 공공적인 쟁점에서 제거하는 것이었다. 신체 특히 성적인 것도 한편으로는 '생명－권력'의 표적이 되면서도 비가시적인 개인적인 차원으로 자리매김 되었다. 근대의 '공공성'은 많은 테마를 '사적인 것'으로 규정함으로써 스스로를 정의해 온 것이다. 거꾸로 말하면, 공사(公私)를 나누는 경계선은 담론에 의존하는 유동적인 것이지, 담론 이전의 것, 정치 이전의 것은 아니다.[8]

공론장에서 다루어지는 문제가 이제 정치·경제의 문제에서 탈피하게 된 것은 바로, 사적 영역과 공권력 영역 사이의 경계가 붕괴되어 가고 있기 때문이다. 유럽은 68혁명 이후로 정치권력이 더 이상 시민

7) 사이토 준이치, 윤대석·류수연·윤미란 역, 『민주적 공공성』, 도서출판 이음, 34쪽.
8) 위의 책, 35쪽.

을 부당하게 전통적인 기준에 따라 억압할 수 없게 된 것이 그 붕괴의 큰 이유가 되었다. 또한 무한히 사적이라고 생각했던 가정 내의 여러 문제들조차 공론장에서 다루어지고 있다. 예를 들어, 가정 내 폭력이라든지, 성차별 등의 주제는 이제 사회 성원들 사이에 어느 정도의 합의된 해결책까지 존재한다.

본고에서 다룰 다문화의 문제가 공론장에서 다루어 졌을 때, 그 주제가 될 수 있는 것은 크게 두 가지로 나눌 수 있다. 그 첫 번째는 차이의 인정이다. 이것은 문화의 문제인데, 이미 이민이 고착화된 여러 국가에서 문화와 관련된 갈등은 많이 해소된 것으로 보인다. 그럼에도 불구하고 이민들이 요구하는 차이의 인정과 국가 정체성의 갈등은 아직도 계속 되고 있다. 이제 이러한 문제를 해결하는 데 있어서 중요한 것은, 그 사회나 국가의 사정에 맞는 해법을 찾는 것이다.

> 프랑스도 1970년대의 지역주의자들의 정치적 운동이 현재는 수그러졌지만 문화적 요구는 오히려 늘어나고 있다. 특히 현재의 문화 정체성 운동은 예전 보다 많이 평화적인 방법을 사용하며 국가 특히 문화부로부터 공시적으로 인정받고 있기도 하다. 프랑스의 경우 이러한 지역 특수성에 관한 관심은 너무나도 기능화된 도시 생활에 불만족하고 있고 자신들의 지방에 뿌리를 찾고자 하는 대다수 프랑스인들의 지지와 함께 이루어지고 있는 실정이다.[9]

두 번째는 사회적 가치의 공유이다. 실제로 많은 이민들이 그 1세대를 지나서 2세대로 향해가고 있다. 2세들은 자신의 국가 정체성과 가족들의 고유문화에 대한 강요 사이에서 혼란을 겪고 있다. 하지만 이들에게 이제 고국은 부모들이 말하는 어떤 지역일 뿐이다. 이제 그들은 지금 살아가고 있는 사회에서 교육받고, 그 사회로 진출해야 한다. 이제 적응을 위한 문화 차이의 극복이나 언어 문제 해결 등은 2세들에게는 절실하지 않다. 그들의 관심은 바로 사회적 가치의 공유

9) 김규원, 「문화정체성과 세계화」, 『문화정책논총』 13집, 2001, 61~62쪽.

이다. 이들 2~3세들의 삶에서 크게 문제가 되는 것은 그 지역 토착 시민들과의 문화적·언어적인 이질감의 극복이라기보다, 그들이 시민으로서 누려야할 사회적 가치를 그들이 이주해 살고 있는 곳의 자국민과 동등하게 공유할 수 있는가에 있다.[10] 최근 전 세계적으로 불어닥친 경제적인 어려움은 일자리 부족을 심화시키고 있다. 이러한 상황에서 사회적 가치를 향한 노력은 배제의 원칙이 작용할 수밖에 없다. 사회적 가치를 어떻게 적절한 방식으로 다문화 사회의 성원들에게 분배할 수 있는가 하는 문제는 공론장이 풀어야 할 또 하나의 주제가 될 수 있을 것이다.

4. 프랑스에서 일어난 다문화 관련 사건들

프랑스의 다문화 정책 기조는 선행 연구에서 많이 알려진 바와 같이 '통합정책intégration'과 '동화정책assimilation'이 그 뼈대를 이루고 있다. 프랑스의 이민은 크게 두 가지 부류로 나눌 수 있는데, 옛 식민지 시대에 유입된 이주자들과 현대 산업사회의 발전에 기인한 노동력으로서의 이민들이다. 꼭 역사적인 사실을 언급하지 않더라도, 20세기 세계대전들로 인해 많은 인명이 살상된 데 반해 출산율은 더욱 떨어져서 노동력 수급이 절실하였다. 프랑스는 이에 이른바 마그렙Maghreb 지역[11]의 이민들을 적극 받아들이게 된다.

이민의 숫자는 지속적으로 늘어나서 1931년 노동자 수가 전체 인

10) 프랑스의 국민전선(FN)과 같은 정당은 이민자들이 프랑스 자국민들이 가져야 할 사회적 가치를 빼앗고 있다는 박탈감을 이용하여, 선거에서 상당한 성공을 거두기도 하였다. 양미애는 이를 다음과 같이 언급한 바 있다. "또한 국민전선은 이민과 실업을 일치시키는 선전활동을 통하여 이민 통제 정책의 정당성을 피력한다. 프랑스가 가장 높은 실업률을 가진 국가라고 설명하면서 상대적으로 이민이 없는 일본은 가장 낮은 실업률을 가지고 있다고 주장한다. 즉 실업과 이민이 서로 밀착된 것으로 간주하는 것으로 2백만의 이민은 2백만의 실업이라고 주장하기도 했다." 양미애, 「프랑스의 이주민 갈등과 통합: 마그렙 이주민을 중심으로」, 『프랑스학연구』 45집, 2008, 267~285쪽.

11) 마그렙은 보통 알제리, 모로코, 튀니지를 삼국을 가리킨다. 프랑스 이민의 대부분은 북아프리카의 마그렙 출신이다.

구의 7%인 3백만 명에 이를 정도였다. 이민의 수는 사회적·경제적 필요에 의해서 계속 늘어났고, 가족결합정책Le regroupement familial 등으로 인해서 그 속도는 점차 빨라졌다. 프랑스인들은 오일쇼크 이후에 경제적 어려움을 겪으면서 이민에 대해 노골적으로 불만을 표시하기 시작했다. 프랑스 정부는 이민자들의 수를 줄이기 위해 지원금까지 주면서 이민들에게 고향으로 돌아갈 것을 권했지만 쉽지 않았다. 김정희는 그 상황을 다음과 같이 논평하고 있다.

> 프랑스 정부는 74년 이후 이들을 본국으로 돌려보내기 위해 다양한 조치를 취했으나 대부분 실패한다. 그것은 무엇보다 이들의 자녀 때문이었다. 프랑스에서 태어나 속지주의에 따라 프랑스 국적을 받았고 프랑스 학교에서 프랑스 문화에 동화된 이 아이들은 언어도, 문화도 낯선 부모의 나라에 돌아가기를 원치 않았다. 이들의 비극은 부모의 나라뿐 아니라 이들이 태어나고 자란 프랑스에서도 '동화 불가능한' 이방인으로 간주되는 데서 나온다. 이들이 크면서 부딪친 프랑스 사회에는 보이지 않는 차별이 곳곳에 존재했다. '기회의 평등'이나 '능력에 따른 출세'라는 공화주의 원칙들은 이들에겐 다만 근사한 수사에 불과했다.12)

프랑스의 이민들이 당시 이렇게 오도 가도 못하는 상황이 된 이유는 프랑스에서 이민 자체를 자신의 시민으로 받아들인 것이 아니라 그저 과거 식민지 국가에서 유입된 노동력으로 생각하고 있었기 때문이다. 이렇게 이민자 감소 정책과 가족결합정책이 줄다리기를 계속하면서 시간은 흘러갔다. 그러면서, 이민 2~3세들이 자라났고, 이들이 사회에 진출하기 시작하면서, 이민문제는 또 다른 국면으로 접어든다. 이민자 2~3세들이 사회에 요구하는 것은 그 부모들이 요구하는 것과 완전히 다른 것이었다. 이들은 프랑스에서 태어나 자라났고, 위에 언급한 바대로 기회의 평등이라든지 사회적 성공 등을 프랑스에서 꿈꾸기 시작했다.13) 문제는, 프랑스인들은 소위 사회적 가치

---

12) 김정희, 「프랑스 통합정책의 실패」, 중앙일보, 2005년 11월 8일자.

라고 하는 이러한 요소들을 마그렙 이민자들과 함께 나누고 싶어 하지 않았다는 데 있다. 이에 프랑스에서는 이들의 불만이 다음과 같은 양상으로 터져나오기 시작했다.

4.1. 문화적 갈등 : 히잡hijab 사건

프랑스 이민자들의 문제는 이전의 마그렙인 자체에 대한 반감에서 종교적인 문제로 이어지기도 한다.14) 이슬람을 믿는 무슬림들과 유태인들 사이의 반목은 이미 역사적으로 그 뿌리가 깊은 것이지만, 2001년 미국 뉴욕에서 발생한 9.11 테러와 같은 사건들이 발생하면서, 이슬람에 대한 서구의 의심과 반감은 극에 달해 있다. 프랑스에서는 이미 학교 내의 종교와 관련된 복장이 문제가 된 사건이 있었다. 그것은 바로 1989년의 '히잡사건'이었다. 프랑스에서는 학교 내에서 라이시떼laïcité라는 비종교성의 원칙을 강조하고 있다. 이 원칙은 어떠한 종교적 강요나 색채도 학교 내에서 허락되지 않는다는 프랑스의 오래된 이념 중 하나이다. 이 원칙에 반해 중학생 3명이 수업 중에 히잡이라는 이슬람 복장을 착용했고, 이에 대한 학교의 저지를 거부하여, 학생들이 퇴학당하는 사건이 벌어진다. 이 사건은 이민 2세들이 겪고 있는 정체성의 문제를 극명하게 보여주는 한 예이며, 이슬람에 대한 프랑스 사회의 반감으로 해석되기도 한다. 그렇게 해석하게 된 이유 중 하나는 유태인들이 착용하는 "키파"라는 조그마한 모

13) 양미애는 이를 다음과 같이 정리한 바 있다. "프랑스 정부의 지원 아래 오래 계속된 이민의 역사는 이제 2세대를 넘어 3세대로 이어지고 있다. 이들 2세대는 부모 세대와 달리 프랑스인이자 프랑스 사회의 작동논리를 체득한 세대이기도 하다. 그렇기 때문에 이민자 사회의 절대다수를 차지하며 소요사태의 주축을 이루는 아랍, 마그렙 이민자들은 일반의 예상과 달리 기존 사회 시스템의 전복이나 새로운 가치를 주장하지 않는다. 그들은 그들의 자존심이며 문화적 정체성의 일단을 이루는 이민자로서 사회적으로 인정받기를 원하는 것이다." 양미애, 「프랑스 이주민의 갈등과 통합」, 『프랑스학연구』 45집, 2008, 276쪽.

14) 프랑스의 『*L'Express*』지는 「뵈르들의 행진 20년 후(Vingt ans après la Marche des beurs)」 제목 하에 사건이 일어났던 리옹지역의 외곽에서 그곳에 살고 있는 거주민들의 현재의 삶의 모습을 20년 전과 비교하는 특집기사를 작성하였다. 기사는 그곳에 살고 있는 젊은이들이 "프랑스는 이제 반아랍에서 반이슬람으로 진행하고 있다" 믿고 있다고 전한다. Boris Thiolay, "Vingt ans après la Marche des beurs", *L'Express*, 2003.11.20.

자는 아직 금지된 적이 없었기 때문이다. 이러한 종교적인 갈등은 프랑스에서 계속되고 있다. 이는 프랑스가 해결해야 할 가장 큰 숙제 중 하나이고 계속해서 불안의 불씨가 되고 있다.

4.2. 사회적 가치의 문제

4.2.1. 뵈르들의 행진Marche des Beurs/Marche pour l'égalité et contre le racisme

1980년대는 이민 2세대들이 드디어 사회에 진출할 정도로 성장했던 시기였다. 1983년 마그렙계 청년 투미 자이다Toumi Djaïda가 폭행당한 사건은 마그렙 출신의 사람을 가리키는 "뵈르Beur"들의 대대적인 시위로 이어졌다. 다행히 마틴 루터 킹이나 간디와 같은 평화적 방식을 택한 시위대들은 인종차별 반대와 평등을 요구하는 뵈르들의 행진Marche des beurs이라고 일컫는 대규모 행진을 벌인다. 이 행진은 프랑스 마르세이유에서 시작하여 파리에 이르렀다. 이들의 시위는 프랑스에서 상당한 반향을 일으켰다. 프랑스인들은 이들의 시위를 통해, 이민 2세대에 대해서 새로운 시각을 가지게 되었으며, 이들의 사회통합이 심각한 사회문제임을 인식하게 되었다. 하지만 당시 프랑스는 국민전선FN이 대표하는 극우파들이 84년 유럽선거에서 11퍼센트라는 경이적인 득표율을 올릴 만큼 힘을 얻을 때였다. 다수의 중도우파 유권자들이 극우파에 표를 던질 만큼 이들 이민자들에게는 상황이 좋지 않았다. 당시 미테랑 대통령 역시 이들의 시위에 동감을 표시했지만 그것이 충분한 정책적 조치로 이어지기 까지는 상당한 시일이 걸렸다.

4.2.2. 2005년 파리 외곽의 폭동

2005년 프랑스 파리 외곽에서는 이민자 2세들의 폭동이 일어났다. 이 폭동이 주목을 받는 이유는 폭동 자체의 규모보다는, 그 폭동이 서구 선진국들의 현실의 단면을 그대로 보여주고 있었기 때문이다.

2005년 10월 경찰의 불심검문을 피해 청년 세 명이 근처 변전소로 도주하던 중, 두 명이 감전사고로 사망하는 사건이 벌어졌다. 현 프랑스 대통령이며 당시 내무장관이었던 니콜라 사르코지Nicolas Sarkozy는 이 사건을 겨냥하여 '관용제로zéro tolérance'를 선언한다. 그 내용은 폭력에 대해서는 조금의 관용도 없어야 한다는 것이었다. 이에 화가 난 파리 외곽 지역에 거주하는 젊은이들이 연쇄적으로 차에 불을 지르는 등, 각종 폭력과 불법 행위를 자행했다.

당시 프랑스는 전 세계적인 경제 문제와 실업문제로 골머리를 앓고 있었다. 특히 9.11사태 이후 국민들의 치안에 대한 불안감은 점점 고조되고 있었다. 그리고 정치적으로도 프랑스는 상기한 문제들 때문에 상당한 우경화의 길을 걷고 있었다. 2002년의 프랑스 대선에서 극우파 장-마리 르펜 국민전선 당수의 돌풍은 프랑스 사회의 빠른 우경화 속도를 증명해준다. 르펜은 1차 투표 결과 20%에 육박하는 득표를 했고, 극우파는 1962년 직접선거로 대통령을 선출하기 시작한 이후 처음 대선 2차 투표에 진출하게 되었다. 이에 충격을 받은 리오넬 조스팽 당시 총리이자 사회당 대선후보는 정계은퇴를 선언했고, 사회당은 62년 이후 최초로 2차 결선투표에 후보를 내지 못하게 되었다.

급속한 사회의 우경화 속에, 파리 외곽 폭동 며칠 전 사르코지 장관은 소수민족 출신 청년들을 "쓰레기racaille"라고 불러 파장을 일으켰었다. 따라서 파리 외곽의 사건은 우발적인 이민 청년들의 범행이 아니라 "국가의 작품"15)이라 규정할 만하다. 이주민 2세들과 파리 외곽의 불우한 청년들에 대한 연이은 사르코지 장관의 발언은 프랑스 사회가 이민자들에게 던지는 시선을 대변하는 것이라 할 수 있다. 프랑스는 소요사태 이후에도 그다지 신통한 개선책을 내놓지 못하고 있다. 실제로, 이민의 역사는 뿌리 깊은 것이기 때문에, 해결책 역시 근본적인 것이 아니라면, 프랑스의 사회적 불안요소를 제대로 해결할

15) 엄한진, 「프랑스 이민통합 모델의 위기와 이민문제의 정치화 : 2005년 '프랑스 도시외곽지역 소요사태'를 중심으로」, 『한국사회학』 제41집 3호, 262쪽.

수 없을 것이다. 이민자들이 원하는 것은 단순한 금전적 지원이나 프랑스 사회로의 문화적 동화가 아니다. 이민자와 그 자녀들이 원하는 것은, 위에서도 언급한 바와 같이, 프랑스인들이 가지고 있는 사회적 가치를 이들도 동등한 자격으로 공유하는 것이다.

프랑스의 통합·동화정책은 이민들과 그들을 프랑스라는 국민국가의 진정한 시민으로 만들어주지 못했다. 보다 더 심각한 것은, 이들이 자신이 겪고 있는 사회·경제적 불평등 문제를 국가에 정당한 방식으로 제기하지 못하는 것이다. 그리고 그러한 현실조차도 이민자들에 대한 소액의 지원금 지급이나, 외국어 교육 등과 같은 현상적 대처에 가려져 있다. 이 문제를 해결하기 위해서는 이민들이 적극적으로 프랑스 사회의 공론장에 활발하게 진입할 수 있어야 한다. 우리는 다음에서 프랑스 사회의 이민자들이 공론장과 관련하여 어떠한 위치에 있는지 살펴보려고 한다.

5. 프랑스 사회의 공론장과 이민

다문화 문제는 우리 사회의 새로운 패러다임이다. 새로운 패러다임이라고 이야기 할 수 있는 이유는 이것이 결부된 문제가 비단 한 국가 안에서의 인종의 다양화에만 그치지 않는다는 데 있다. 과거의 사상적·경제적 헤게모니나 정치적 갈등 등은 이제 새로운 변수, 즉 다문화적 상황과 만나 더욱 복잡해지고 있다. 프랑스에서는 다문화 상황이 역사적으로 오래 진행되어 왔음에도 불구하고, 이러한 상황을 사회가 해결해야 할 문제로 공식적으로 다루지 않았다. 하버마스식으로 말하면, 공론장에서 다문화의 문제는 용인되지 않는 주제였다. 더욱 심각한 문제는 프랑스 내의 이민자와 그들의 2~3세 역시 이 문제에 대해서 사회에 청원할 수 있는 사회적 위치와 정치적 역량, 법적인 도구들을 가지고 있지 않다는 것이다. 한승준은 이민정책의 역사를 다음과 같이 표로 일별하였다.

[표 2] 프랑스의 이주민 정책 변화

집권당 (시기)	이주민관련정책
사회당정부 (1981~1986)	불법 이주민의 합법화 조치 이주민 가족합류 제한 폐지
1차동거정부 (1986~1988)	입국조건 강화 공공질서 위배 외국인에 대한 체류증 거부 권한
사회당정부 (1988~1993)	이주민 통합을 위한 고위통합위원회 설치
2차동거정부 (1993~1995)	국적법 제정을 통한 통제 및 국적취득조건 강화
우파정부 (1995~1997)	이민법 제정(Loi Debré)을 통해 외국인에 대한 경찰 감시 강화 및 외국인 장기 체류 요건 강화
3차동거정부 (1997~2002)	반소외법 제정을 통한 이주민 주거지역 개발
우파정부 (2002~현재)	CESEDA법을 통한 이주민에 대한 법규 종합 및 강화

프랑스의 이민은 19세기 초 산업화 과정에서 인력 수급을 목적으로 허용되었고, 1~2차 세계 대전을 거치는 동안 급격히 감소한 인구를 회복하고자 더욱 가속화 되었다. 위에서도 볼 수 있듯이, 1980년대 초·중반 사회당 좌파정부 때에는 불법 이주민의 합법화 조치와 이주민 가족합류 제한 폐지와 같은 비교적 이민들에 대한 우호적인 정책들도 있었다. 하지만 세계적으로 경제공황이 심화되고, 이른바 베이비 붐 세대가 사회로 진출하자 일자리 문제의 악화 등 경제 문제가 심각해지자 국민들은 점차 우경화되었다. 이는 곧바로 이민들에 대한 경계로 이어지게 된다. 2002년의 르펜의 대선에서의 성공은 프랑스 국민의 경제·사회적인 이기주의가 직접적으로 발현된 것이다.

프랑스 사회는 이민자들의 고립과 차별의 문제가 공론장에서 다루어지기 어렵게 구조화되어 있다. 국민들의 인식도 부족하지만, 프랑스가 표방해온 공화주의는 동화정책을 내세워 프랑스 국민과 이민을 분리하고, 이민들이 어떻게 해서든 프랑스 국민이 되도록 강요하는 정책을 제도화하는 기반이 되었다. [표 2]에서 볼 수 있듯이, 프랑스 정부는 이민 문제에 대해서 반 이민 정책의 강화와 기존 이민자들에 대한 통제와 감시를 제도화하는 법규들을 제정하는 것으로 대응해 왔다. 이러한 방식 때문에 표면적으로는 이민자들이나 프랑스인들이나 프랑스 시민으로서 사회적 가치를 공정하게 추구하는 것으로 보이지만, 극복하기 힘든 문화·교육 등의 차이는 이민자들이 불공평한 게임에 참여할 수밖에 없는 상황을 만들고, 실제로 프랑스는 사회적 가치의 대부분을 프랑스인들만 독식하는 사회구조를 갖게 되었다. 더욱 심각한 문제는, 프랑스 정부가 이민자들과 그 2~3세대들이 겪는 차별의 문제를 제도적으로만 해결하고자 한다는 데 있다.16) 프랑스 정부는 이민자들이 지닌 본래적인 차이를 제한하고, 차이가 들어나면, 차별하는 정책들을 펼치면서 이민자들이 프랑스인으로 빠르게 편입하기를 바란다. 이러한 프랑스 정부의 태도는 공권력이 직접 사적인 영역에 개입함으로써, 사적 영역과 공적 영역의 경계를 무너뜨리고, 시민들이 자발적으로 공론장을 형성하려는 의지를 무력화한다.17)

위에서 우리가 예로 들었던 히잡사건의 경우 역시, 공론장을 통해서 시민 사회의 자발적인 해결책을 구한 것이 아니라 결국은 "종교적 상징 착용 금지법"18)을 제정하면서 일단락 지어졌다. 종교는 개인의 정신생활을 지배하고 있는 가장 중요한 요소 중 하나이다. 프랑스의 모슬림 인구가 5~6백만으로 언급19)되고 있는 상황에서 이 문제가 법조항만으로 해결될 수 있을지는 의문이다.

---

16) 김복래는 이를 다음과 같이 기술하고 있다. "프랑스 이민정책의 두 번째 특징은 공화주의 모델이라는 원리 원칙 엄수 때문에 이민정책이 뜻하지 않은 제약이나 어느 정도 예견된 방해를 받은 적이 비일비재 했다는 점이다. 그래서 프랑스에서는 공식적으로 허용되지 않는 인종개념보다는 종교에 관련된 규칙이나 입법을 통해 통합문제를 다루는 편이 훨씬 용이했다." 김복래, 「프랑스, 영국, 미국의 다문화주의에 대한 비교고찰 : 삼국의 이민통합정책을 중심으로」, 『유럽연구』 제27권 1호, 2009, 221쪽.

17) 공론장 형성을 무력화 한 예는 한국의 역사에서도 찾아 볼 수 있다. 그 수단은 대부분은 법적인 제제로, 공권력은 이를 통해 직접 사적인 영역에서 까지 그 영향력을 행사하려고 한다. 그 예를 보면, "1948년 대한민국 정부를 수립한 뒤 곧장 '언론단속조항'을 공표한 이승만 정권은 그 해 12월에 국가보안법의 법적 체제를 '완비'해 사상의 자유와 의사표현의 자유를 원천적으로 제약하고 나섰다. 처음부터 민중의 자유로운 정치경제적 요구를 배제하려는 의도에서 출발한 국가보안법은 한국의 공론장 자체를 분단하는 '분단 입법'의 전형이다." 손석춘, 『한국 공론장의 구조변동』, 커뮤니케이션북스, 2005, 106쪽.

18) 이 법의 공식 명칭은 "정교분리원칙에 입각한 공립 중고등 학교에서 종교적 모습을 나타내는 상징이나 옷의 착용에 대한 내용을 아우르는 2004년 3월 15일의 법(Loi n.2004-228 du 15 mars 2004 encadrant, en application du principe de laïcité, le port de signes ou de tenus manifestant une appartenance religieuse dans les écoles, collèges et lycées publics, Journal Officiel du 17 mars 2004)"이다.

19) 사르코지는 '종교적 상징착용법'과 관련하여 언급하는 와중에 이와 같이 언급한 바 있다. 박단, 「2005년 프랑스 '소요사태'와 무슬림 이민자 통합문제」, 『프랑스사연구』 제14호, 232쪽.

또한 2005년의 소요사태에서도, 국가는 근본적인 해결책을 제시하기보다, 법령의 수정과 제정으로 이 문제를 다스리려고 한다. 세계적인 충격으로 다가왔던 이 사태에 때문에, 국민들은 이민자들에 대해서 부정적인 시각만을 가지게 되고, 그 이민자들을 더 강력한 법으로 제재해주기만을 국가에게 요구하는 형국이 되어 버렸다. 소요 후 당시 프랑스 총리 도미니크 빌뺑은 각료회의를 통해 이민자들과 프랑스인들의 결혼을 통한 국적취득에 엄격한 원칙을 세울 것을 천명하였고, 가족재결합 제도에 대해서 근본적 수정을 가하기로 결의하였다. 그리고 이 사건 이후, 프랑스의 전통에 맞지 않는 모슬림계 이민들의 풍습을 금지하는 제도가 속속 만들어졌다. 여기에는 물론 암묵적인 국민들의 동의도 있었다. 이후 사르코지는 상당히 훌륭한 지지율을 바탕으로 대통령에 당선되었으며, 지금까지도 강력한 우파성향의 정책을 꾸준히 펼쳐오고 있다.

이렇게 다문화 관련 문제들 중 프랑스에서 가장 문제가 되는 것은 이민 1세대를 지나 진정한 프랑스 국민으로 자라난 이민 2~3세대가 프랑스 사회에서 자신의 문제를 제기하고 그것을 같은 자격의 프랑스 국민들과 해결하지 못한다는 것이다. 이들은 서류상으로 같은 프랑스인이고, 학교에서도 프랑스인으로 교육 받았으나 실제 그들의 정치적·사회적 권리는 2등 국민이라고 할 수밖에 없는 상황에 놓여 있다.

프랑스 모슬림 청년들은 사회·문화적으로 2중의 고통을 받고 있다. 예를 들어, 학교에서는 비종교성이라는 원칙 아래 동화주의 원칙을 바탕으로 한 교육을 받고 있으며, 학교 밖에서는 모슬림의 전통 아래 살아가야 한다. 이들은 학교를 졸업한 이후에도 자신이 취득한 학위에 걸맞은 직업을 찾기 어렵다. 이러한 차별 상황보다 더욱 문제가 되는 것은 이들이 자신의 상황을 사회의 일원으로서 정당하게 청원할 수단을 가지고 있지 못하다는 것이다. 만약 정당하게 청원을 한다고 해도, 이것은 국가가 정한 그간의 법에 대해 대응하는 것이기 때문에 그 해결의 방법을 찾기가 쉽지 않다. 이민 청년들의 파리 외곽의 폭동은 바로 이러한 한계 상황에서 터져 나온 것이라고 할 수 있다.

따라서 프랑스 이민자들의 위상을 정상화하기 위해서는 이민자들과 국가, 프랑스인 3자가 서로 공론장을 형성하고, 그 공론장의 성격을 사회·정치적으로 규정하기보다, 사회·문화적인 성격으로 만드는 것이 중요하다. 안드레아 상프리니Andrea Semprini는 현대 국민국가에서 국가의 법제정이나 정책적 행위에 대해 국민의 무관심이 커져가고 있다는 데 주목한다.[20] 이러한 상황은 공론장의 붕괴를 가져올 수 있다. 정치는 국민의 무관심 속에서 이민자들에 대한 제재를 더욱 강화할 것이고, 이에 따라 이민자들의 고립은 그 2~3세들에게 새로운 형태의 게토를 만들게 할 수 있다. 실제로 이러한 사회를 계층 모형에 대입하면, 문제의 심각은 더욱 크게 부각된다. 국가의 이민들에 대한 통제는 이민들이나 소수자들을 그들이 시민 자격이 있음에도 불구하고 2등 시민 혹은 2등 국민으로 만들어 버린다. 이때 사회의 계층구조는 국민국가에 맞지 않는 피라미드 형태가 될 수 있다.

따라서 공론장은 무관심으로 점철된 정치적 영역의 성격을 띠는 것보다는 사회 구성원들 간에 수평적 관계를 전제로 한 사회문화적 영역의 특성을 가지는 것이 바람직할 수 있다. 수평적 관계를 전제한다는 것은 신분상승과 같은 수직적 위상학이 이제 효력을 발휘할 수 없다는 것을 뜻한다. 사회문화적 공간으로서의 현대사회는 중심부와 주변부의 대립, 즉 수평적 경쟁의 시대로 정의 될 수 있다.[21] 누구나 공평한 기회를 가지고 중심부를 향하여 계속해서 도전하는 형태가 그것이다.

이러한 사회문화적 영역은 그 성격이 보다 활발해지면, 다문화적 공간으로 정의될 수도 있을 것이다. 하지만 주의할 것은 관념적인 관계규정은 실제 사회의 변화에 도움을 주지 못한다는 것이다. 공론장

---

20) A. Semprini, *Le multiculturalisme*, Paris, PUF, 1997, pp. 84~85.

21) Ibid., p. 86.

의 영역 규정이 사회문화적 영역을 성격을 가지기 위해서는 프랑스 정책의 변화와 프랑스 내의 이민자들의 자질 변화가 동시에 이루어져야 한다. 특히 이민자들이 올바르게 자신의 권리를 주장하고, 불평등한 상황을 비판할 수 있는 도구들이 마련되어야 하며, 그것을 그들이 사용할 수 있는 자질이 갖추어져야 한다. 우리는 이러한 현상을 현대사회에서 흔히 보고 있다. 법규나 규정들이 사적영역에 도입되게 되면서, 사회·경제적 소외자들이 자신의 목소리를 이른바 지배계층에게 전달할 수 있게 된 것이다. 현대사회의 복지제도가 그런 과정을 통해서 발달하였다. 미국에서는 흑인, 성적 소수자 등이 이러한 법적 수단을 통해서 역차별에 논란이 일어날 정도로 자신들의 권리를 회복하였다.

프랑스 국가 정책의 변화와 이민자들의 내적 자질 강화를 위해서, 많은 학자들은 다문화 시민 교육Education à la citoyenneté을 강조하고 있다.[22] 이 교육의 시각은 2005년 파리외곽의 폭동과 같은 사건들이 이민자들이 자신의 권리를 청원할 수 있는 수단을 갖지 못했기 때문에 일어났다고 본다. 따라서 국가의 정책은 문화적 동화주의보다, 사회제도에 대한 교육의 강화, 불평등 해소를 위한 노력, 교육의 평등과 질의 향상에 더욱 힘을 써야 한다고 주장한다. 프랑스 이민자들의 미래는 사회·경제적 가치에 도달하기 위해 이민자들 자신이 얼마나 내적인 역량을 강화하고 외적인 수단을 적절히 사용하는 가에 달려있다.

6. 결론

프랑스는 오랫동안 다문화 사회를 형성해 왔다. 이민들의 점진적인 수용이 이를 더욱 강화시켰다. 오늘날에는 프랑스가 추구하는 공화주의를 바탕으로 한 동화정책이 그 실효성을 의심받을 정도로 다

22) 우엘렛(F. Ouellet, 1992; 2002; 2005), 빠제(M. Pagé, 1996; 2001)와 같은 학자들이 대표적이다. 이들은 다문화 교육을 강조하면서도 이보다 더 나아가, 다문화 시민교육을 강조한다.

문화 상황은 계속해서 그 깊이와 폭을 확대해 가고 있다. 특히 이민 2~3세대가 프랑스 사회 내부에서 문제를 일으키기 시작하면서, 이민 문제는 새로운 전기를 맞이하고 있다.

이민 2~3세대는 그 부모들과는 전혀 다른 시선으로 프랑스 사회를 바라본다. 부모들은 경제적 요구 때문에 프랑스에 와서, 그것이 적절한 수준에서 충족되는 순간 아무런 문제없이 프랑스 사회에서 살아갈 수 있었다. 하지만 그 후손들은 프랑스에서 나고 자라 프랑스 시민으로서 프랑스인이라면 누구나 추구하는 사회적·경제적 가치들에 도달하기를 갈구하며 살아가고 있다. 하지만 현실은 암울하다. 이들은 학교에서는 프랑스인이 되길 강요받고 있으며, 학교 밖에서는 복장에서 음식까지 부모들의 전통을 따라야 한다. 학교를 졸업하고 나서는 프랑스인도 아니고 자신의 부모의 나라 사람도 아닌 정체성의 갈등을 겪게 된다. 이렇게 정체성의 갈등이 심화되는 이유 중의 하나는 이들이 사회에 진출했을 때, 프랑스인으로서 가져야 하는 경제적, 사회적 위상에 도달하기 못하기 때문이다. 공론장의 개념은 바로 이러한 지점에서 유효할 수 있다.

공론장의 개념은 하버마스가 그 이론적 토대를 견고히 했다. 공론장은 과거에 문예적 공론장으로부터 시작하여 근대의 정치·경제적 공론장으로 그 성격을 꾸준히 변화하고 있다. 그곳에 참여한 성원들도, 공론장의 성격 변화에 따라 꾸준히 변화해 왔다. 프랑스 이민들과 관련해서 공론장이 문제가 되는 것은, 현대 국민국가 형태 하에서, 프랑스 시민이라면 다 참여할 수 있는 공론장에 이민들의 자리가 많지 않기 때문이다. 이민들은 공권력이라는 지배도구 하에서 계속해서 배제 당하고 고립되어가고 있다. 이들은 공론장에 의사소통의 형태로 참여하지 못하게 되면서, 사회적인 마찰을 일으키는 경우가 많아졌고, 그것이 폭력적인 방식까지 사용하게 되었다. 프랑스 학교 내 히잡 착용의 문제와 파리 외곽의 폭동 문제가 그러한 모습을 잘 보여주는 예이다.

이민 문제를 해결하기 위해서는 공론장의 성격을 변화해야 한다.

이제 공론장은 시민들의 묵인 아래 공권력이 개입할 수 있는 공간이 되는 것이 아니라, 사회문화적 영역으로서 수평적인 교환의 공간이 되어야 한다. 이를 위해서는 프랑스 정부가 다문화 정책이 이민 사회의 변화를 분명히 인식하고, 이에 알맞은 처방을 내려야 한다. 이와 함께, 이민자들은 자신이 사회의 공론장에서 자신의 권리를 올바른 방식으로 주장하고, 불평등에 대한 비판을 할 수 있도록 적극적인 자세로 자신을 변화시켜야 한다.

일본 사회의 '다문화공생'의 의미와 다문화공생사회로의 과제

李吉鎔

1. 들어가며

21세기 한국 사회에서 외부적 요인에 의한 사회 변화 중 가장 주목받는 것이 다문화화 현상이다. 법무부 출입국·외국인정책본부의 집계에 의하면 국내 체류외국인은 2009년 9월 30일 현재 1,149,493명에 달한다(불법체류자로 분류된 182,804명을 포함).[1] 114만 9천여 명은 국내 거주인구의 2%가 넘는 숫자이다. 민족·문화·언어적으로 다원화된 인구학적 구성에 의한 다문화성의 증대 현상은 한국 사회에 다문화적인 사회로의 변화 및 적응을 요구하기 때문에, 학계의 각 분야에서 다문화성에 대한 광범위한 논의가 진행되어 왔다.[2] 특히 한국 사회의 현

* 중앙대학교 일어일문학과 조교수(사회언어학)

** 이 논문은 2007년도 정부(교육과학기술부)의 재원으로 한국학술진흥재단의 지원을 받아 수행된 연구임. (KRF-2007-411-JO2001)

*** 이 논문은 한국일본언어문화학회가 개최한 국제학술대회(2008년 11월 8일. 동국대학교)에서 발표한 내용을 수정, 보충한 것이다. 토론을 맡아 주신 변인경 선생님 및 심사를 맡아 유익한 조언 및 제안을 해 주신 심사위원 세 분께도 감사를 드린다.

1) http://www.immigration.go.kr/HP/TIMM/imm_06/imm_2009_11.jsp 참조

2) 전영준, 「한국의 다문화연구 현황」, 중앙대학교 문화콘텐츠기술연구원 다문화콘텐츠연구사

실을 반영하여 장기체류 외국인들의 실태를 조사하고 그들의 처우를 향상시킬 수 있는 정책적 대응의 모색이 주로 검토되기 시작했다(설동훈, 2004; 오경석 외, 2007; 윤인진, 2008). 캐나다[3] 및 호주와 같이, 다인종, 다민족으로 구성된 국가에서 복수의 문화집단들 간의 공존을 통해서 국가통합을 이루고자 하는 이념 및 정책으로서의 다문화주의[4]에 대

업단 편, 『다문화의 이해 : 주체와 타자의 존재방식과 재현양상』(다문화총서 1), 도서출판 경진, 2009, 199쪽.

3) 캐나다는 1971년에 서구 국가들 중에서 처음으로 다문화주의를 국가 정책으로 채택하였다. 서구사회에서 다문화주의가 등장하게 된 원인에는 (1) 선진국의 저출산과 고령화로 인한 이주노동자의 유입, (2) 1960년대의 인권운동으로 인한 내국인과 소수인종집단의 권리의식의 고양, (3) 민주주의의 확립, (4) 냉전의 종식으로 지정학적 안전의 확보와 그로 인한 소수인종집단을 억압하거나 통제할 필요성의 감소, (5) 자유민주주의에 대한 광범위한 합의와 지지의 존재 등이 있다(윤인진, 2008 : 77).

4) 다문화주의란 폭넓고 다양한 가치들을 반영하는 이념으로, 대체로 한 사회 내 다양한 인종이나 민족 집단들의 문화를 단일한 문화로 동화시키지 않고 서로 인정하고 존중하면서 공존하게끔 하는 데 그 목적이 있는 이념체계와 그것을 실현하고자 하는 정부 정책과 프로그램을 가리킨다(윤인진, 2008 : 73). 다문화주의 정책의 구체적인 내용의 한 예로 호주의 사례를 関根政美(1997 : 148~150)에 의거하여 살펴보면 다음과 같다.
(1) 언어·문화유지 촉진 프로그램(이민·난민의 전통 문화·언어의 유지와 발전을 추구)
*에스닉 커뮤니티의 승인과 재정지원(가령 이민박물관 설립, 복지원·양로원 운영 등 복지 서비스의 실시에 대한 정부의 공적 재정지원)
*커뮤니티 언어에 의한 에스닉 미디어(TV·라디오 방송 등)에 대한 정부의 공적 지원
*에스닉 비즈니스의 정부에 의한 원조·장려
*정부, 지방자치단체 등에 의한 다문화 페스티벌 등의 적극적 실시
*비차별적 이주법의 실시와 동 이주법에 대한 초당적인 지지
(2) 사회참가 촉진 프로그램(이민·난민의 사회·정치 참가의 촉진)
*호스트사회의 언어·문화에 대한 교육서비스
*통역·번역서비스의 충실(전화 통역서비스나, 재판, 병원, 경찰 등 공공시설에서의 통역서비스 확충)
*공공기관에서 다언어 출판물의 배부
*국외에서 취득한 교육 및 직업에 관한 자격(증)의 적극적인 인정
*성인 영어교육 프로그램
*특별 보장 조치
-신착 이민·난민을 대상으로 한 특별 복지지원 프로그램
-교육·취직에서의 차별시정에 관한 적극적 조치
*영주자·장기체류자에 선거권 부여(affirmative action)
*인종차별 금지법 및 인종차별행위 벌칙법 등의 제정
*인종·평등위원회 등의 설치
(3) 이문화간 커뮤니케이션 촉진 프로그램(수용국 사람들에 대한 계몽)
*공영 다문화방송의 실시(TV, 라디오)
*학교·기업·공공기관에서 다문화교육을 실시(이문화간 커뮤니케이션교육과 인권, 반차별교육을 포함함)
*다문화문제연구·홍보기관의 설치
*다문화주의법의 제정(다문화사회인 것을 공적으로 인지함)

하여 이론적 검토와 사례들을 분석하는 한편, 가까운 일본 사회의 '다문화공생론'에 대하여 보고한 사례도 있어(조상균, 2007; 주효진, 2008; 윤인진, 2008), 관심의 대상이 됨을 알 수 있다.

그러나 일본의 '다문화공생' 정책의 실체가 명확하게 파악되어 있지 않거나,5) 1970년대 이후 일본 사회에 거주하면서도 '보이지 않는 사람들'로 여겨지던 재일한국인6)이 일본 사회에 요구한 '공생' 개념을 검토하지 않고, 일본 정부가 2005년 6월에 총무성 산하에 결성한 '다문화공생 추진에 관한 연구회'에 있어서의 '공생' 개념을 소개한 예가 대부분이다(조상균, 20077); 주효진, 2008). 그렇기 때문에 일본 지방자치단체의 외국인 주민 지원시책에 대한 가이드라인인 '다문화공생 추진프로그램(2006년 3월)'에서 발표된 것처럼 '공생'의 의미가 긍정적으로 받아들여지고 있다.8)

5) 윤인진(2008)은 "한국 정부의 정책은 일본의 '다문화공생'과 같은 수준이라고 보는 것이 정확한 평가'라고 지적하며(84쪽), 한국의 다문화정책이 '다문화 지향' 정책이고 일본의 '다문화공생'정책에 가깝다"고 지적하고 있다(99쪽). 그러나 이 연구에서 '다문화공생' 정책의 실체가 소개되어 있지는 않다.

6) 일본에 살고 있는 남북한의 동포를 지칭하는 호칭은, 역사적, 정치적 상황에 따라 다양하게 나타나는데, 본 논문에서는 '재일한국인'으로 통일한다. 본문 중의 인용 등에서 나타나는 '재일', '재일한국·조선인, '재일코리안' 및 일본어 문헌의 '在日', '在日韓国·朝鮮人', '韓朝鮮人', '在日コリアン'의 번역도 모두 '재일한국인'으로 통일한다. 재일한국인의 호칭 문제에 관해서는 박용구(2008 : 335~336)에 자세히 언급되어 있다.

7) 조상균(2007 : 348)은 '공생' 개념의 출처에 대하여 다음과 같이 지적하고 있다. "일본정부는 1990년대의 새로운 환경의 변화, 즉 다문화 사회로의 본격적인 진입을 위한 다각적인 대안을 마련하기 위해 총무성 산하에 '다문화공생 추진에 관한 연구회'를 결성하고, 점차 정주화 경향을 보이고 있는 이들 외국인 문제에 적극 나서고 있는 실정이다. 이곳에서 설명하는 **'다문화공생'이란 일본의 외국인 정책을 함축하고 있는 독특한 개념**으로, 다른 문화적 배경을 갖는 사람들이 상호의 문화적 차이를 존중하면서 평등하게 공정한 관계를 구축하고 함께 생활해 가는 것을 말하고, **이러한 개념이 세간에 알려지기 시작한 것은 한신대지진을 계기로 외국인 지원을 위해 탄생한 '다문화공생센터'의 헌신적인 지원활동이 큰 역할을 담당했다고 일컬어지기 시작한 1995년부터다.**"(강조는 인용자의 의함)

8) 주효진(2008 : 99)은 '다문화공생 추진프로그램'을 다음과 같이 긍정적으로 소개하고 있다. "다문화공생 추진프로그램에서는 기존의 외국인을 단순한 지원의 대상으로 삼았던 데서 탈피해 공생관계로 설정하고 외국인 주민에 대한 행정서비스가 완비되고 이들의 인권이 보장되며 다른 문화에 대한 주민들의 이해와 개방적인 태도가 확립된 지역사회를 만들려고 한다. 따라서 이를 위해 의사소통을 위한 다양한 언어자원 제공, 거주와 교육, 노동, 의료, 복지, 보건, 방재 등 기본적인 생활환경을 보장하며, 다른 문화에 대한 일본인 주민의 의식계발과 외국인 주민의 자립 및 사회 참여를 촉진하여 상호 교류가 활성화되도록 하는 데 주안점을 두고 있다."

현재 일본에서는 교육계·재계는 물론 정계에서도 여·야당을 불문하고 '공생'이란 용어가 사용되고 있으며, '공생' 그 자체는 '더불어 살자'는 공존, 상생의 개념이니 아무도 반대할 이유가 없다. 그러나 일본 정부가 주도하는 다문화주의 및 공생론이 '작은 정부'와 '큰 국가'를 특징으로 하는 2000년대 신자유주의를 배경으로 출발했으며,[9] 신자유주의 개혁에서 경쟁과 선별選別의 원리로 유용되고 있기 때문에,[10] 1970년대 이후 재일한국인이 중심이 되어 주장한 '공생' 개념과는 별개로 보아야 할 것이다.[11]

본 논문에서는 이와 같은 문제의식에 기초하여 일본의 다문화공생론의 기원 및 전개 과정을 검토하고, '공생'의 의미를 역사적, 사회적, 정치적 관점에서 비판적으로 재검토하여 '공생'이란 용어가 어떤 의미로 사용되고 있는지 알아보고자 한다. 이러한 논의는 궁극적으로 한국 사회에 있어서 다문화사회의 실현 방향성을 모색하기 위한 기초가 될 것이다.

이하, 제2절에서 일본 사회의 다문화화 현상에 대해 정리하고, 제3절에서는 '다문화공생론'의 기원 및 전개 과정에서 나타난 '공생'의 의미를 검토할 것이다. 그리고 제4절에서 일본의 다문화공생사회로의 과제를 짚어보고, 마지막으로 한국 사회에의 시사점에 대해 검토한다.

---

9) 加藤千香子(2008b), 「日本社会と『共生』の再定義へ」, 朴鐘碩·上野千鶴子 他著, 崔勝久·加藤千香子 編, 『日本における多文化共生とは何か : 在日の経験から』, 新曜社, 249頁.

10) 上野千鶴子(2008), 「共生を考える」, 朴鐘碩·上野千鶴子 他著, 崔勝久·加藤千香子 編, 『日本における多文化共生とは何か : 在日の経験から』, 新曜社. 218頁.

11) 일본제국주의 시절에 '공생(共生)'과 비슷한 뉘앙스를 가진 '공영(共栄)'이라는 용어가 사용되었다. 1940년 일본 정부가 '대동아공영권'을 발표했을 때, 당시의 외무상인 마쓰오카 요스케(松岡洋右)는 다음과 같이 연설을 하였다. "私は年来皇道を世界に宣布することが皇国の使命であると主張してきた者でありますが, 国際関係より皇道をみますれば, それは要するに各国民, 各民族をして各その処を得せしむることに帰着すると信ずるのであります" (加藤千香子, 2008b : 243에서 인용). '황도를 세계에 선포한다'는 것은 바로 타국에 대한 주권침략행위를 동반하는 것임에도 불구하고, 그 점에 전혀 자각적이지 못한 채 아시아·태평양 지역의 각 민족과 '공영'이 제창되었던 것이다(같은 논문, 243쪽). 정부 주도 '다문화공생론'에서 '공영'의 기억을 되살린 것은 필자 한 사람뿐일까?

2. 일본 사회의 다문화화 현상

2.1. 일본 사회와 이문화 교류

일본은 섬나라이면서 근대 에도시대에 300년 넘게 쇄국정책을 실시하여 민족적 균질성을 유지해 왔다.[12] 또 명치시대(1868~1912년)에 '단일민족국가관'이 정립되고, 언어의 통일 등을 강행하여 사회의 균일성을 달성하게 되었는데, 이러한 점들이 일본의 '단일민족신화'의 근간을 이루는 것이다. 또한 전후 일본 사회가 풍부한 노동력을 집중적으로 활용하여 경제발전을 이룩하게 되는데, 일본의 경제성장의 기본 원리는 효율성의 추구였으나,[13] 일본의 정부 고위 관리가 경제성장의 원동력으로 단일민족신화를 거론할 정도이다.[14]

그러나 일본에는 선주민족으로 아이누민족과 오키나와인이 있다는 사실을 부정할 수 없으며 이들은 최근에 와서야 일본의 다양한 문화의 하나로 인정받게 되었다.[15] 또한 일본 사회는 일본제국주의의 식민지 지배에 의하여 도일하게 된 한국인과 중국인, 타이완인, '출입국관리 및 난민인정법'의 개정으로 인하여 일본 기업의 노동자로서 정책적으로 이입된 일본계 브라질인, 페루인 등 다양한 민족으로 구성되어 있다. 일본 사회의 구성원으로서 이른바 올드타이머old-timers와 뉴커머new-comers라 불리는 정주외국인定住外國人, permanent alien residents[16] 및 귀화

12) 蔵田雅彦(2000), 「アジアの民族共生と在日韓朝鮮人」, 徐龍達·遠山淳·橋内武 編著, 『多文化共生社会への展望』, 日本評論社, 85頁.

13) 毛受敏浩·鈴木江里子 編著(2007), 『国際交流·協力活動入門講座IV : 「多文化パワー」社会』, 明石書店, 4頁.

14) 徐龍達(2000a), 「多文化共生社会への展望 : 定住外国人の市民的権利の獲得と今後の展望」, 徐龍達·遠山淳·橋内武 編著, 『多文化共生社会への展望』, 日本評論社, 2頁.

15) 아이누인들의 민족적 긍지가 존중되는 사회의 실현을 도모하고 더불어 일본 내 다양한 문화의 발전에 기여함을 목적으로 하는 '아이누문화의 진흥 및 아이누의 전통 등에 관한 지식의 보급 및 계발에 관한 법률(1997년 법률 제52호)'이 1997년 7월 1일 시행되었다. 일본 사회의 다민족국가 인식과 다문화공생사회 발전의 이정표가 되는 획기적인 법률로 평가 받고 있다(徐龍達, 2000a : 6~7).

16) 徐龍達(2000b), 「共生社会への地方参政権 : 定住外国人の市民的権利の獲得と今後の展望」,

일본인이 증가의 일로에 놓여 있다는 것이다.17)

여기서 일본 사회와 이문화 교류에 관해 간략하게 정리를 하자면, 일본은 예로부터 이문화에 강한 호기심을 가지고 있었으며 신문물의 수용에 적극적이었다. 가령 중국·한국으로부터 '불교·한자·주자학' 등 당시의 신문화를 받아들이고, 포르투갈로부터 '철포'라는 기술을 받아들였다. 또한 독일로부터는 '의학과 법률'을 받아들이고 미국으로부터 '경제 시스템과 민주주의' 등을 받아들였다. 한편 일본 사회가 호기심을 가질 정도의 신문물을 제공하지 못하는 경우에는 '저가치의 이질성'으로 치부되어 억압과 차별을 받는 구조가 형성되어 있다(아이누민족 등 일본 내 선주민족 및 외국인 노동자 등). 이러한 일본 사회의 차별구조의 요인으로 생각할 수 있는 것은 동질성의 추구와 효율성의 추구라는 일본 사회의 에토스ethos이다.18) 이는 다음 [표 1]과 같이 나타낼 수 있다.

[표 1] 일본 사회의 차별구조

	효율적	비효율적
동질적	Ⅰ유형 일본인	Ⅱ유형 장애인 등 사회적 약자(사회적 차별)
이질적	Ⅲ유형 정주외국인의 자손(제도적 차별)	Ⅳ유형 외국인 노동자(사회적 차별/제도적 차별)

[표 1]에 대해 간략하게 설명을 더하자면, Ⅱ유형은 인종적, 문화적, 언어적 동질성을 유지하지만 효율성 측면에서 걸림돌이 되는 장애인 등 사회적 약자가 해당되는데, 이들에 대해서는 편견과 오해 등 '사회적 차별'이 존재한다. 일반적인 일본인과 동등하게 고효율성을 유지하나 인종적, 문화적, 언어적 동질성을 확보하지 못한 정주외국

徐龍達·遠山淳·橋内武 編著, 『多文化共生社会への展望』, 日本評論社, 22頁.

17) 徐龍達(2000a), 前揭論文, 4頁.

18) 이길용(2008), 「일본의 다문화공생의 실태와 전망」, 중앙대학교 문화콘텐츠기술연구원 다문화콘텐츠 연구사업단 정기 학술세미나 발표자료집, 77쪽.

인의 자손(Ⅲ유형)에 대해서는 참정권의 불인정 등의 '제도적 차별'이 인정된다. 또한 Ⅳ유형과 같이 이질적인 저가치로 분류되는 외국인 노동자 등에 대해서는 '사회적 차별'과 '제도적 차별'이 동시에 존재한다고 할 수 있다.

2.2. 일본 사회의 다문화화 현상

이렇듯 현대 일본의 문화는 일본 내 소수민족, 정주외국인의 문화를 포함하고 있다. 다음으로 일본의 외국인등록자수 통계를 통해 다문화화 현상에 대해 알아보자.

일본 법무성 출입국관리국의 2008년도 말 현재의 외국인등록자 통계에 의하면, 외국인등록자수는 2,217,426명으로 과거 최고를 갱신했다. 일본의 총인구 127,692,273명(총무성 통계국의 '2008년 10월 1일부 추계 인구'에 의함)[19]의 1.74%를 차지하고 있다. 국적(출신지) 별로 보면 중국(대만·홍콩을 포함)이 655,377명으로 전체의 29.6%를 차지해 최대이다. 2006년도까지 최대였던 한국·조선은 589,293명으로 전체의 26.6%를 차지하며, 점진적으로 감소하는 추세이다. 브라질 출신자는 2008년 전세계적 금융위기에 직면하여 그 수가 약간 줄었으나 과거 10연간 거의 매년 증가를 계속해 외국인등록자 총수의 14% 전후(312,582명)를 차지하고 있다.

제2차 세계대전 패전 직후 재일한국인이 재일외국인의 90% 이상을 차지하고 있었으나, 한·일 국제결혼의 증가, 1985년에 부모 양계 혈통주의로 법률 개정, 일본인으로의 귀화 등의 요소에 의해 재일한국인의 비율이 점차 줄어들고 있다. 반대로 중국과의 국교 성립에 따른 중국인의 입국 증가와 출입국관리 및 난민인정법의 개정에 의해서 취업 및 정주가 인정된 브라질, 페루로부터의 일본계(외국)인의 증가가 특징적이라 할 수 있다.[20] 이중 브라질인 커뮤니티는 시간과 공

19) http://www.immi-moj.go.jp/toukei/index.html 참조.

간을 달리하여 일본인과의 접촉을 피함으로써 스트레스가 적은 생활 공간을 확보하려는 '분리거주'를 지향하고 있다. 당초의 '조화롭지 못한 상태不調和な状態'에서 상호 간의 조정 단계를 거쳐 '불만이 적은 상태苦情の少ない状態'로 경과하여 왔다.[21] 다문화란 서로 다른 문화가 접촉하여 영향을 주고받는 가운데 각 문화를 연결시키고 조화롭게 적용시키고자 하는 사회적 필요성에 의해 생겨난 개념이다.[22] 그런 의미에서 일본 사회는 다문화공생사회로 진행되어 가는 과정에 있으나, 현재는 '이문화병존사회異文化竝存社會'라 보는 것이 타당할 것이다.

3. 일본 사회의 다문화공생론

3.1. 다문화공생론의 기원

지금까지 일본의 다문화화 현상에 대해 살펴보았다. 가시적으로 이질적인 뉴커머와의 병존이라는 사회 현상으로부터 일본인들은 선택의 여지없이 다문화성에 관한 인식을 깊이 해 외국인 주민과의 공생을 생각하지 않을 수 없는 시대를 맞이한 것이다. 일본 사회의 '다문화공생론'은 다문화주의의 번역 개념에서 생겨난 말[23]로 일본 사회에서 '공생론'은 다음 두 흐름으로 이해되고 있다.[24] 즉, 1970년대 히타치 취직차별 투쟁을 중심으로 한 일본 내의 소수자(재일한국인)가 요구한 일본 사회에서의 공생이 하나의 흐름이고, 1990년대 이후 뉴커머의 급증으로 인한 일본 사회와 정부의 대응책으로 마련된 공생

20) 徐龍達(2000a), 前掲論文, 5頁.

21) 駒井洋(2003), 『多文化社会への道』, 明石書店, 32頁.

22) 김홍운·김두정(2007), 「한국 사회의 다문화 현상과 교육적 과제」, 『인문학연구』 제34권 제3호, 155쪽.

23) 上野千鶴子, 前掲論文, 210頁.

24) 加藤千香子(2008b), 前掲論文, 246~248頁.

이 또 하나이다. 다음에서 이 두 흐름에 대해 알아보자.

3.2. 재일한국인이 요구하는 공생의 의미

먼저 재일한국인이 요구하는 일본 사회에서의 공생의 의미에 대해 알아보자. 지배와 피지배라고 하는 특수한 역사적 관계를 배경으로 재일한국인 60여만 명이 생겨났다. 구식민지 지배국에 정주외국인으로서 거주하는 재일한국인은 이미 일본에서 태어나서 자란 사람이 대다수를 차지하며, 명확한 정주화 경향을 보이고 있다. 그런 의미에서 재일한국인은 소수민족에 한없이 가까운 존재라고 할 수 있겠다.[25] 그러나 일본 사회는 재일한국인을 언젠가는 귀화를 하거나 또는 조국으로 귀국할 사람들로 보고, 주권자인 일본 국민과는 이질적인 존재, 즉 '보이지 않는 사람들'로 간주하여,[26] 일본 국내에 거주하는 이분자로서 관리와 통제의 대상으로 삼았다.[27]

그러한 가운데 1970년대 히타치 취직차별 투쟁[28]을 시작으로 재일한국인 2세를 중심으로 한 인권투쟁은, 재일한국인을 사회적 권리 주체로 인정하지 않는 일본 사회에 대한 당사자로서의 이의제기이다. 달리 말하면 소수자의 입장에서 일본 사회에 대해 '공생共生, 共に生きる'을 요구한 것이다.[29] 일본 내 소수자가 요구하는 일본 사회에서의 공생은, Ⅲ유형([표 1] 참조)의 정주외국인의 자손에 대한 참정권의 불인정 및 지방공무원의 국적조항 등 '제도적 차별'의 시정을 요구하는, 다

25) 蔵田雅彦, 前掲論文, 90~91頁.

26) 加藤千香子(2008a), 前掲論文, 15頁.

27) 加藤千香子(2008b), 前掲論文, 245頁.

28) 1970년에 아이치현의 한 고등학교를 졸업한 박종석 씨가 히타치 소프트웨어 도쓰카 공장의 채용시험에 내정(합격)되었다. 당시 이력서에 통칭명(新井鐘司), 본적란에는 아이치현이라 적었다. 회사 측의 호적등본 제출 요구에 박종석 씨가 재일한국인인 관계로 호적등본을 뗄 수 없다고 하자 일방적으로 채용을 취소당했다. 1970년 12월 8일 요코하마 지방법원에 제소하였으며, 제소로부터 4년 후 박종석 씨의 완전 승소 판결로 결정나게 된다(金侖貞, 2007 : 65~67).

29) 加藤千香子(2008b), 前掲論文, 246頁.

문화주의 이념 중 하나인 '평등의 요구'30)가 중심이었다. 일본 사회 속에서 그 존재가 은폐되고 잠재화되었던 재일한국인이 요구하는 공생이란 정주외국인이 일본 사회에서 일본 국민들과 똑같은 시민적 권리를 인정받고 지역사회의 발전에도 기여할 수 있는 삶의 방법인 것이다.

한편 히타치 취직차별 투쟁의 시기는, 가와사키시川崎市와 같이 혁신적인 지방자치단체가 등장해 외국인시책 등에 관해 선진적인 시정市政이 추구된 시기와 일치한다. 1971년 4월 진보파인 이토伊藤三郎 시장이 등장한 이래, 가와사키시는 외국인시책의 선도지역이 되었다. 1986년 '가와사키시 재일외국인 교육기본방침 - 재일한국인의 교육을 중심으로'의 제정31)과 '후레아이관触れ合い館, 상호이해회관'의 설립32)에서도 알 수 있는 바, 정주외국인의 대표격인 재일한국인이 참여하는 가운데 시책을 진행하면서, 가와사키시는 행정계획에도 '다문화공생'이라는 말을 사용하게 된다.33) 다음과 같은 '공생정책' 등도 등장하게 되며 '다문화공생'이라는 문구praise는 1990년대 이후에 전국적으로 퍼져 나가게 되었다.

(1) 1993년 '가와사키 신시대 2010계획'에서 '다문화공생 도시 만들기 추진' 이념을 제창
(2) 1996년 가와사키시 시민국(市民局)에 '인권·공생추진담당 부문'을 설치
(3) 1996년 지방공무원의 국적조항 철폐34)

---

30) 上野千鶴子, 前掲論文, 215頁.

31) '더불어 살다(共に生きる)'라는 말은 당시에 이미 재일한국인들이 사용하고 있었다. 그것이 재일한국인과 일본인과의 연대, 상호존중이라고 하는 의미로 이 '교육기본방침'에도 들어간 것을 확인해 둘 필요가 있다(加藤千香子, 2008a : 21).

32) 후레아이관 조례에는 "일본인과 재일한국인이 중심이 된 재일외국인이 시민으로서 상호의 만남을 추진하고 서로의 역사·문화 등을 이해하며, 기본적인 인권존중의 정신에 근거한 더불어 사는(共に生きる) 지역사회의 창조에 기여한다"라고 명문화되어 있다(加藤千香子, 2008a : 22).

33) 加藤千香子(2008a), 前掲論文, 22頁.

34) 지방공무원의 3509개 직무 가운데 '공권력의 행사'에 해당하는 182개 직무를 남기고 기타 직무는 외국인에게 문호를 개방했다(崔勝久, 2008 : 155).

(4) 1998년 '가와사키시 외국인교육기본방침 – 다문화공생사회를 목표로'

3.3. 정부 주도하의 공생의 의미

한편, 1990년대 이후 올드타이머인 재일한국인과는 계통을 달리하는 뉴커머의 급증으로 인한 일본 사회와 정부의 대응책으로 마련된 공생의 의미에 대해 알아보자. 일본계(외국)인의 등장은, 재일한국인과 같이 일본 사회에 정착해 있으면서도 불가시화되어 있던 외국인의 존재를 극명히 드러나게 하였다. 인종적, 문화적, 언어적으로 이질적인 외국인에게 일본 사회에 적응할 기회를 제공해야 할 필요성이 제기된 것이다.

이러한 필요성의 따라 정부 주도의 '다문화공생론'이 퍼져갔으며, 2000년대에는 중앙 정부의 정책 과제에서도 '다문화공생'이라는 용어가 사용되었다.[35] 즉, 총무성은 2005년 6월에 '다문화공생 추진에 관한 연구회'를 설치하여 '다문화공생' 추진 과제 등에 대한 검토를 시작했고, 2006년 3월에 "다문화공생 추진프로그램'의 제언 – 지역사회의 외국인 주민 지원시책에 관하여'를 발표하였다. 기존에 외국인을 단순한 지원의 대상으로 삼았던 데서 탈피해 공생 관계로 설정하고, 외국인 주민에 대한 행정서비스가 완비되고 이들의 인권이 보장되며 다른 문화에 대한 주민들의 이해와 개방적인 태도가 확립된 지역사회를 만들고자 한 것이다.[36] 또한 지역사회에서 다문화공생을 추진하기 위해서 외국인 주민에 대한 시책을 강구하는 것뿐만 아니라 일본인 주민 측의 다문화공생에 관한 의식계발도 중요하다고 강조하였다. 지방자치단체에서 검토해야 할 구체적인 사항으로 다음과 같은 것들을 열거하고 있다.[37]

---

35) 加藤千香子(2008a), 前揭論文, 11~12頁.

36) 주효진(2008), 「아시아의 다문화정책에 대한 비교 연구」, 『한국행정학회 2008년도 추계학술대회 발표논문집』, 99쪽.

37) 毛受敏浩·鈴木江里子 編著, 前揭書, 43頁.

(1) 지역주민 등에 대한 다문화공생의 계발

(2) 다문화공생의 지역 조성

(3) 다문화공생을 테마로 한 교류이벤트 개최

이렇듯 일본 사회가 요구하는 일본 사회에서의 공생은, 인종적, 문화적, 언어적 차이가 가시적으로 이질적인 문화적 소수집단을, 동등한 가치를 가진 집단으로 인정한다는 '인정의 정치the politics of recognition'가 중심이 된 것으로 볼 수 있다.

그러나 이러한 정부 주도하의 '다문화공생론'이 기본적으로 일본인과 외국인의 엄밀한 구분, 차이를 전제로 하여 외국인 주민에 대하여 일본 사회에 적응을 유도한다는 행정적 발상에서 나온 것으로, 이러한 행정적 발상에 기초한 '공생'론은 일본인과 외국인 사이의 서열관계를 유발함은 명확한 사실이다.[38] 또한 배제와 동화와는 대조적인 뉘앙스가 함축된 '공생'이란 용어는 담론의 자원으로서 이용 가치가 있기 때문에, 2001년 고이즈미 정권 이후, 사회적 격차를 긍정하는 신자유주의 정권에 의해 경쟁과 선별의 원리로 유용되어 갔다.[39] 즉, 외국인 중에서 국익에 부합되는 자를 선별함으로써, 소수자 집단을 개인화하여 자기책임을 지우는 효율성우선주의에 유용되어 간 것이다.

한편 고이즈미 정권과 때를 같이 하여 2001년 11월 가와사키시장 선거에서 보수계인 아베阿部孝夫 씨가 당선되면서, 1971년 이후 이어져 온 가와사키시의 혁신적 시정은 종지부를 찍게 된다. 진보파 정권 때 외국인시책이 전진하고 보수파 정권 때 후퇴하는 점은 아마도 한국에서도 확인할 수 있을 것이다.

38) 加藤千香子(2008b), 前掲論文, 248~250頁.

39) 加藤千香子(2008a), 前掲論文, 28頁.

4. 다문화공생사회로의 과제

이상으로 일본 사회의 다문화공생론에 있어서의 공생의 의미에 관하여, 재일한국인이 요구하는 공생의 의미와 정부 주도하의 공생의 의미로 나누어 살펴보았다. 일본 사회에서 다문화공생사회를 실현하기 위한 방안이 다각도로 모색되고 있다.[40] 이러한 제언도 참조하면서, 본 논문에서 논의한 사항을 바탕으로 일본의 다문화공생사회로의 과제를 정리하면, (1) 사회적 차별의 개선, (2) 제도적 차별의 철폐라는 두 요소가 필수적이라고 할 수 있겠다.

먼저 (1) 사회적 차별의 개선에 관해서는 일본인의 의식 개선이 무엇보다 중요할 것이다. 일본 주민의 이질성과의 접촉 경험을 살려, 병존 상태인 다문화가 고정된 형태로 존재하는 것이 아니라, 바로 지금 정신의 변화를 촉진시키는 '진행 중인 변화change in progress' 상태로 이끌어 가는 것이 중요하다. 다문화공생사회 실현의 과제로 지적되는 '마음의 벽'을 넘어 상호 소통적 융합을 위한 노력으로는 다음과 같은 사례를 꼽을 수 있다.[41] 2001년 외국인 밀집지역(도쿄 도요시마구, 가나가와현 야마토시, 군마현 이세자키시)의 의식조사(〈그림 1〉[42] 참조)의 결과에 따르면 일본인 주민과 외국인 주민의 '경계에 위치하는 인물' 즉 외국인 주민과 교류가 있는 중요인물key person이 존재하며, 일본인 주민이 외국인 주민과 교류가 있으면 외국인 주민에 대하여 긍정적인 평가를 하는 것으로 나타났다.[43]

---

40) 예를 들어 야마다(山田貴夫) 씨는 다음과 같이 명확하게 제안해 놓은 바 있다. 즉, '다문화공생 지역사회를 구축하는 키워드'는 (1) 내외인 평등주의의 철저, (2) 민족·문화·종교 등의 차이를 존중하고, '아이덴티티 보전의 권리'를 승인할 것, (3) 시민으로서 '주민자치에 참가할 권리'를 보장, (4) 전쟁책임, 특히 가해자책임의 자각 등을 열거하고 있다(崔勝久, 2008 : 186에서 재인용).

41) 毛受敏浩·鈴木江里子 編著(2007), 『国際交流·協力活動入門講座IV : 「多文化パワー」社会』, 明石書店, 43~49頁.

42) 조사의 개요는 다음과 같다. 각 지역에 거주하는 만20~75세의 남녀를 대상으로, 각 지역의 선거인명부에서 500명을 2단계 무작위 추출하였다. 조사법은 방문면접법을 실시하였다(毛受敏浩他 編著, 2007 : 68).

43) 한국 사회보다 20여 년 전에 다문화가족 문제에 직면한 일본 야마카다(山形)현 쇼나이 지

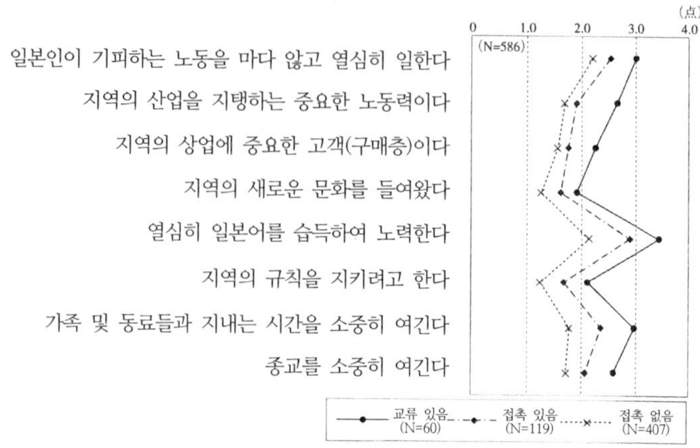

※교류 있음 : 가족 단위로 친하게 지내는 사람이 있다
개인적인 사항에 대하여 상담할 수 있는 사람이 있다
세상 사는 이야기(世間話)를 하는 사람이 있다
접촉 있음 : 인사 정도 하는 사람이 있다
접촉 없음 : 전혀 아는 사람이 없다

〈그림 1〉 교제 정도에 따른 지역 사회의 외국인에 대한 평가의식

다음으로 (2) 제도적 차별의 철폐에 관해서는, 과거 지배·피지배의 역사에 있어서의 전후보상문제와 정주외국인에 대한 법적 처우문제가 일본이 다문화공생사회로 나아가는 데 있어서 저해요인으로 지적받고 있다.[44] 즉 과거의 지배와 피지배의 역사로부터 파생한 일본의 '전상병자 전몰자 유족 등 원호법'에 의한 전후보상이나, 호적법에 의한 정주외국인의 참정권 박탈 문제 등이 공생사회의 실현을 가로막고 있다는 것이다. 다문화공생사회를 실현하기 위해서는 일본인

방에서 다문화가족 문제를 시스템적인 측면에서 어떻게 접근하여 왔는지를 분석한 김범수(2007)에서도 다음과 같은 시사점을 열거하고 있는데, 여기에서도 지역사회에 헌신적으로 공헌하는 중요인물이 존재함을 볼 수 있다.

첫째 다문화가족을 위해 공공기관에서 적극 참여
둘째 다문화가족 시스템 구축을 위해 한 사람의 헌신적인 활동
셋째 다문화가족을 위한 거점기관을 설립 운영
넷째 다문화가족을 위한 다양한 언어 교육을 지원
다섯째 다문화가족을 위한 음식축제나 의상 축제 등 다양한 축제와 프로그램의 개발 및 운영
여섯째 다문화가족 사업을 관광사업과 연계

44) 徐龍達(2000a), 前揭論文, 11~12頁.

스스로가 '국적의 벽'을 철거하고 모든 차별 행정을 철폐하여 정주외국인을 지역사회의 구성원, 같은 동료로서 인정하는 것이 전제가 될 것이다. 그런 의미에서 일본의 다문화공생사회의 실현은 일본 정부의 전후책임의 완수 의지에 달려 있다고 해도 과언이 아닐 것이다.

아울러 국제인권기준에 맞는 외국인의 인권옹호법 정비도 시급하다 하겠다.[45] 외국인을 받아들여 발전해 온 나라들은 법률에 의해 이주외국인의 권리를 지켜왔다. 한국에서도 저출산화, 고령화, 고학력화라는 사회적 기반 변화를 배경으로 외국인의 유입이 증가하고 정주화가 진행되고 있는 바, 2005년 6월 말 한국 국회는 영주자격을 취득하여 3년 이상 경과된 19세 이상 외국인에게 지방의회 선거권을 인정하는 법안을 가결시켰다.[46] 또 2007년 7월 '재한외국인 처우 기본법'[47]이 시행되어 종합적 정책으로서의 외국인정책이 법률적으로 명확하게 되었다. 일본의 민주당이 지난 2009년 8월 30일의 중의원 선거에서 총의석 480석 가운데 308석을 차지하는 압승을 거두어 하토야마鳩山由紀夫 내각이 탄생하였다. 하토야마 내각이 법적·제도적 개혁을 통해 다문화공생사회의 공고화를 이루어 주기를 기대한다.

5. 나오며

본 논문에서는 일본 사회의 다문화공생론의 기원 및 전개 과정을 분석하고 '공생'의 의미를 비판적으로 검토한 후, 일본의 다문화공생

45) 川村千鶴子(2008),「ディアスポラ接触：地域が日本を越えるとき」, 川村千鶴子 編著,『「移民国家日本」と多文化共生論ー多文化都市·新宿の深層』, 明石書店, 380頁.

46) 綛谷智雄(2006),「外国籍住民への排除と同化の圧力」, 朴一·太田修他,『「マンガ嫌韓流」のここがデタラメ』, コモンズ.

47) 2006년 11월 28일 노무현 대통령 주재 제52회 국무회의에서 외국인 정책의 체계적 수립 및 추진을 위한 근거법 마련을 위해 '재한외국인 처우 기본법'을 제정키로 의결하였고, 2007년 7월 18일부터 시행되었다. 이 법의 목적은 재한외국인이 한국 사회에 빨리 적응하여 개인의 능력을 충분히 발휘할 수 있도록 하고, 한국 국민과 재한외국인이 서로를 이해하고 존중하는 사회 환경을 만들어 한국의 발전과 사회 통합에 이바지함에 있다.

사회로의 과제를 정리하였다. 이러한 논의는 한국에 있어서 다문화 사회의 실현 방향성을 모색하기 위한 기초가 될 것이다.

먼저 제2절에서 일본의 다문화화 현상에 대해 간략히 정리하고, 제3절에서 일본에서의 '다문화공생론'의 기원 및 전개 과정을 살펴보았다. 그 결과 재일한국인이 요구하는 일본 사회에서의 공생의 의미는 '제도적 차별'을 시정하는 '평등의 요구'가 중심이고, 일본 정부가 주도하는 공생의 의미는 문화적 소수집단을 인정하는 '인정의 정치'이지만, 경쟁과 선별을 바탕으로 한 행정적 발상에 기초한 것임을 알 수 있었다. 이어서 제4절에서는 일본의 다문화공생사회로의 과제를 (1) 사회적 차별의 개선, (2) 제도적 차별의 철폐로 요약 정리하였다. '공생'이라는 용어 그 자체는 본질적으로 '더불어 살자'는 의미로 그 누구도 반대하기 어려운 긍정적인 개념이다. 그러나 '공생'이라는 용어가 어떠한 문맥에서 어떻게 사용, 유용, 도용, 동원될 수 있는가, 그러한 가능성에 주의하지 않으면 안될 것이다.[48]

여기에서 한국 사회에의 시사점을 검토해 보자. 먼저 한국 사회의 다문화정책에 대해 선행연구를 살펴보면, (1) 한국 정부의 다문화정책은 가부장적인 동화정책이며(윤인진, 2008 : 72; 이선옥, 2007 : 100),[49] (2) 다문화정책이 사회적, 경제적 이익이라는 국익 우선의 시각을 반영하고(문경희, 2006),[50] (3) 한국 국민의 다문화성에 대한 인식이 충분하지 못하며, 여기에는 한국 사회의 소수자 집단이 동화모델을 추구하고 있다는 요인이 작용한다(손철성, 2008 : 1~7)는 것을 알 수 있었다.

한국의 다문화사회가 해결해야 할 과제에 관해서도 많은 연구자들

48) 上野千鶴子, 前掲論文, 231頁.

49) 손철성(2008 : 9)도 최근에 정부가 시행하고 있는 '다문화정책'이라는 것이 기본적으로 동화모델을 바탕으로 하고 있기 때문에 다문화주의의 이념과는 거리가 있다고 주장한다. 한국 정부의 다문화정책은 인권이나 후생 복지에 초점을 맞추고 있으며, 문화와 관련된 정책은 많지 않다. 그리고 외국인 아주자들이 한국 사회에 적응하는 것을 돕기 위해 한국 언어나 한국 문화를 가르치는 것이 주를 이루어 문화와 관련된 정책들도 적응과 동화의 관점에서 시행되고 있으며, 문화적 다양성이나 문화적 정체성의 관점과는 거리가 멀다고 볼 수 있다.

50) 윤인진(2008 : 79)에서 재인용. 이렇게 국가 경쟁력 확보 차원에서 다문화주의를 이용한다면 이주자, 특히 저숙련 및 미등록 이주노동자의 인권을 보호하기 힘들다고 지적한다.

이 제언을 하고 있는데,[51] 중요한 것은 다문화정책의 실행이 단순히 다양한 문화가 상호 공존할 수 있게 한다든지 그러한 공존을 위한 약자적 위치의 문화를 보전하는 것의 문제가 아니라 새로운 문화적 정체성을 제시하는 패러다임의 전환에 관한 문제라는 것이다.[52] 한국인이 다양한 문화에 대한 지식과 이해의 부족으로 자문화만을 중심적인 가치로 인식하거나 소통의 자세가 준비되어 있지 않을 때에는 이주민의 동질화를 지향하는 정책에 대한 요구가 더 큰 힘을 발휘할 수 있게 될 것이다. 반대로 한국인의 문화 다양성에 대한 이해도와 수용력이 뛰어날 경우, 이주민 집단과의 사회적 관계 설정에 있어서 보다 유연하고 생산적인 방향으로의 진화가 가능해질 것이다.[53] 또한 한국은 이민국가가 아니고 민족국가라는 점, 인종적으로 문화적으로 동질성이 크다는 점, 혈통적 민족주의가 강하다는 점 등 한국적 맥락을 고려하고 이러한 점을 현실로 받아들이는 것이 필요하다.[54]

마지막으로 한국인은 재한외국인의 인권에 대해 냉담하거나 또는 무관심한 측면이 있는데, 더불어 살아야 할 상대방의 인권에 공감할 수 없을 때 어떻게 '외국인과 더불어 사는 열린 사회'(김남일, 2007 : 149)를 실현할 수 있겠는가? 나아가 한국인 자신의 인권에도 관심이

51) 현재의 한국 사회가 당면한 문제인 '불법체류자'와 관련이 많다. 예를 들면 박재영(2009 : 122)은, 범국가적 차원에서 서로 다름을 이해하고 차이를 인정하는 사회적 합의와 다문화사회로의 이행에 대한 장기적인 전략이 요구되며, 구체적으로 첫째, 불법체류자들에 대한 엄격한 법률적용과 대처, 둘째, 합법적 외국인 노동자에 대한 사회적·법적 지위 부여, 셋째, 국제결혼 가정의 문제에 대한 국가적 차원의 관심과 보장 등이 시급한 과제라 하였다. 또 윤인진(2008 : 99~100)은 외국인의 인권보장과 국익증진이라는 두 목표를 달성하기 위해서는 '단계적인 다문화주의'를 실천하는 것이 현실적인 방안이라고 주장하였다. 다문화사회로 진입하는 1단계에서는 모든 외국인의 기본적 성격의 인권보장을 충실히 하고 특히 여성, 자녀, 난민인정자 등 소수자 보호에 전력을 기울이는 것이 바람직하고, 2단계에서는 숙련 기능 인력의 장기체류와 정주를 허용하고, 일정한 조건을 갖춘 불법체류 외국인들을 합법화할 수 있는 합리적인 제도와 절차를 마련하는 것이 필요하며, 다문화주의가 성숙해진 3단계에서는 이민과 귀화의 문턱을 낮추고 이민자들의 사회적응과 사회통합을 지원하기 위한 법적·제도적 체계를 마련하여 소수차별금지 정책과 같은 적극적인 노력을 통해 이민자들이 주류 사회에 참여할 수 있는 기회를 제공해야 한다고 주장하고 있다.

52) 홍기원(2007), 「다문화사회의 정책과제와 방향 : 문화정책의 역할과 과제」, 『한국행정학회 학술대회 발표논문집』, 919~920쪽.

53) 홍기원, 위의 논문, 915쪽.

54) 윤인진, 앞의 논문, 99쪽.

희박하다는 것을 지적하지 않을 수 없다. 문화적 소수자가 아니더라도 언제든지 공권력으로부터 인권이 침해 받을 수 있다는 것을 인식해야 할 것이다. 이러한 사회의 시스템을 시정해 가는 것이 곧 '외국인과 더불어 사는 열린 사회'이며, '공생'의 시작이 아닐까 한다.

일제 하 '대만의식'의 형성 배경과 그 성격

손준식

머리말

대만은 비록 여러 면에서 우리와 비슷한 역사적 경험을 공유하고 있지만 多族群[1] 多言語 사회의 특성상 구성원 간의 이질성이 크고, 계속된 외래정권의 지배로 자신들이 한 번도 주체가 되지 못했다는 '슬픈 역사'의식, 그리고 국제사회에서의 고립이라는 현실에 대한 불만과 미래에 대한 불안감 등으로 인해 심각한 정체성의 혼란과 갈등을 겪고 있다. 오늘날 대만사회의 최대 이슈인 소위 '統獨논쟁', 즉 중국과의 통일이냐 아니면 독립이냐를 둘러싼 분열과 대립 역시 바로 이러한 정체성의 혼란에서 야기된 것이다. 그런 점에서 현재의 대만을 제대로 이해하기 위해서는 정체성 혼란의 정서적 배경이 되고

* 중앙대학교 역사학과 교수

** 이 논문은 정부(교육과학기술부)의 재원으로 한국연구재단의 지원을 받아 수행된 연구임. (KRF-2007-411-JO2001)

1) ethnic group 또는 ethnicity의 번역어로 族群이란 다소 생소한 용어를 사용할 수밖에 없는 이유에 대해서는 문명기, 「청말 대만의 番地개발과 족군정치의 終焉」, 『중국근현대사연구』 30(2006.6), 60쪽을 참조.

있는 '대만의식'에 대한 정확한 파악이 선결되어야 할 것이다.

'대만의식'이란 대만에 살고 있는 사람이 그들이 생존하고 있는 시공간을 인식하고 해석하는 방식 내지 사상을 가리키는 것으로, 그 핵심은 "나는 누구인가?" "대만이란 무엇인가?" 등의 정체성 문제로 나타나고 있다.[2] '대만의식'의 함의는 시대와 계층, 정치적 입장에 따라 다르고 그 형성시기에 대해서도 학자마다 차이가 있지만, 보통 근대적 의미의 민족과 국가 개념이 도입되기 전인 청조 지배 하에서는 존재하지 않았고, 일본의 차별적인 식민통치를 받으면서 자신의 권익을 쟁취하기 위해 일본통치자에 대항하는 과정 중에 서서히 형성되어, 戰後 중국국민당 정부의 탄압과 장기 독재를 거치면서 확대 심화되었고, 특히 민주화 과정을 거쳐 최근 대만독립을 표방한 민진당이 집권하면서 더욱 복잡한 요소를 내포하게 되었다고 본다.[3] 따라서 일제 하 '대만의식'의 형성배경과 성격을 살펴보는 것은 현재 대만에서 제기되고 있는 '대만의식'의 근원을 파악하는 데 도움이 될 뿐만 아니라 일제 식민지 지배의 실상과 그 시대를 살았던 대만인의 삶을 엿봄으로서 우리 역사와 비교해볼 수 있는 기회도 될 것이다.

이에 본고에서는 먼저 청대 대만에서 '대만의식'이 형성되지 못했던 상황을 간단히 살펴보고, 이어서 일제 하 '대만의식'의 생성 배경을 일본의 식민지 착취와 민족차별정책에 대한 불만 및 근대화와 동화정책에 의한 자각과 소통으로 나누어 분석한 다음, 일제 하 '대만의식'의 형성 과정과 그 성격을 검토해보고자 한다. 아울러 이러한 작업을 통해 착취와 차별을 전제로 한 일제의 식민지 근대화와 '동화'정책의 실상과 한계를 드러냄으로써 다문화사회의 사회통합과 문화융합의 바른 해법을 우리에게 시사해줄 수 있기를 기대한다.

---

2) 黃俊傑, 『臺灣意識與臺灣文化』(臺北 : 臺灣大學出版中心, 2006), 3쪽.

3) 王曉波, 『臺灣意識的歷史考察』(臺北 : 海峽學術出版社, 2001), 3~16쪽.

1. 청대 대만의 중국 전통 지방의식

청조 통치기간(1683~1895년) 동안 대만에서는 "三年一小反, 五年一大亂"이란 말처럼 민란이 자주 일어났다. 이들 중에는 '反淸復明'의 구호를 내건 것도 있었지만 이는 단지 군중을 규합하기 위해 자주 사용했던 구호 내지 일종의 중국 전통 지방의식의 표현방식에 지나지 않았다.[4] 왜냐하면 당시 대만사회는 아직 '대만'이라는 지역 정체성territorial identity에 기반한 '대만의식'이 형성될 만한 조건이 갖춰져 있지 않았기 때문이었다. 이는 '대만'이란 단어가 오랫동안 하나의 지리명사로 사용되었을 뿐 대만에 거주하는 사람들을 그 지역, 종족 혹은 혈연에 의거해 각각 命名한 데서도 알 수 있다. 즉 청조 관원들은 대부분 대만의 漢人을 '臺人' 혹은 '臺民'으로, 원주민을 '生番'과 '熟番'으로 나누어 불렀고, 한인 스스로는 자신의 原籍에 따라 漳人, 泉人, 粵人 혹은 '대민'으로 칭하기도 하였다.[5]

청조의 점령 이래 약 200년 동안 대만은 줄곧 福建省에 예속되어 있었으며, 1885년 建省 이후에도 臺南, 臺灣, 臺北府로 나뉘고 대만부 아래에 다시 臺灣縣이 설치되었으니, 청조 통치 하에서 '대만인'으로 불릴 자격이 있는 사람은 바로 이 대만부 대만현(현 臺中縣 부근 일대) 주민뿐이라고 할 수 있다. 사실 청조가 이렇게 행정구역을 나눈 것은 대만의 자연지리에 근거한 것이었다. 대만은 중앙산맥이 섬 동쪽으로 치우쳐 남북을 관통하고 있고 대부분의 하천이 동서로 흐르기 때문에 자연히 남북 몇 개의 구역으로 나뉠 수밖에 없다. 게다가 대만은 우기가 길고 강수량이 많을 뿐 아니라 주요 하천의 폭이 넓어 건너기가 쉽지 않아서 매번 우기 동안에는 서로 왕래하기가 어려웠다. 이 때문에 이들 주요 하천은 서부 평원을 거의 왕래하지 않는 몇 개의 구역으로 분할하였고 매 구역마다 서로 다른 인문사회를 형성

4) 翁仕杰, 「淸代臺灣漢人民變的理念分析」, 『臺灣風物』 40卷1期(1990.3), 1~24쪽.

5) 陳翠蓮, 『臺灣人的抵抗與認同, 1920~1950』(臺北 : 遠流出版公司, 2008), 64쪽.

하게 만들었다. 따라서 각 구역 내의 경제활동도 주요 市鎭을 중심으로 한 소위 '市鎭經濟Township economy'가 형성되었다. 이러한 지리환경의 제약으로 대만의 한인들은 청조 통치기간 동안 대만 전역을 대상으로 하는 지역 정체성을 응집할 수가 없었다.[6]

반면 청조 통치 하에 대만으로 이주한 한인들이 비록 중국 대륙인과 상대되는 대만 전역을 대상으로 하는 '대만의식'을 갖지 못하였지만, 대륙에 있는 자신의 고향을 정체성의 대상으로 삼는 지방의식은 매우 강렬하였다. 이러한 지방의식 형성의 주된 원인은 복건과 광동에서 대만으로 이주한 한인들이 자신의 안전을 위해 그 언어와 출신 지역에 따라 각각의 생명공동체를 조직하여 서로 다른 지역에 집단 거주한 데 있었다. 이에 초기 대만 한인사회는 대륙에 비해 혈연적 관계보다 지연적 색채가 매우 농후하였다.

한인의 대만 이주는 아주 이른 시기에 이루어진 것으로 보이지만 비교적 대규모의 이민이 건너온 것은 1630년 네덜란드 인이 대만의 농업 개발을 위해 한인의 이주를 적극 장려하면서 부터였다. 연구에 따르면 1650년 이후 대만 전역의 한인 이민자는 약 2만5천에서 3만 호에 총 인구 약 10만 명 정도로 추정하고 있는데, 이들은 주로 고기잡이, 무역, 농사, 수렵에 종사하였다고 한다.[7] 그 후 대만이 청의 판도에 막 편입되었을 때 한인 이민은 대부분 복건의 漳州府와 泉州府에서 건너왔고 客家人은 거의 없었지만, 건륭 말년 "대만 전체 인구 중 장주와 천주 출신이 60~70%, 객가인이 30~40% 정도를 차지"하고 있었다. 이들은 그 출신 지역별로 나뉘어 거주하였으니, 천주인은 주로 서부 연해평원과 대북 분지에, 장주인은 서부 내륙평원과 북부 구릉지대 및 蘭陽평원 일대에, 객가인은 서부의 남측과 북측의 구릉과 臺地 혹은 산지 근처의 평원지대에 모여 살았다고 한다.[8] 왜 이러한 분포를 하게 되었는지에 대해 천주인이 먼저 와서 가장 좋은 땅을

6) 簡炯仁, 『臺灣開發與族群』(臺北 : 前衛出版社, 1995), 134~135쪽.

7) 郭水潭, 「荷人據臺時期的中國移民」, 『臺灣文獻』 10卷 4期(1959.10), 20~21쪽.

8) 주완요, 손준식 외 역, 『대만 아름다운 섬 슬픈 역사』(신구문화사, 2003), 79쪽.

차지하였고, 장주인은 그 다음에 왔기 때문에 내륙 쪽으로 들어가 살았으며, 가장 늦게 도착한 객가인에게는 산지에 가까운 구릉지만 남았다는 견해가 오랫동안 유행했으나, 또 다른 연구에 의하면 이들이 각기 다른 지역을 선택해 거주하게 된 까닭은 그들의 본 고향에서의 생활방식과 매우 밀접한 관련이 있었다고 한다.[9] 한편 초기 한인 이민은 자신이 사용하는 언어를 정체성의 기준으로 삼아 취락을 형성하고 집단 거주하였다. 1903년 대만총독부가 시행한 호구조사 결과, 장주어 사용자가 120만 명, 천주어 사용자가 110만 명, 객가어 사용자가 50만 명, 기타 漢語 사용자가 4만 명으로 집계되었다.[10] 이들 언어가 서로 다른 족군의 거주지는 그들이 사는 지명에도 반영되고 있었다.[11] 아무튼 초기 이민의 이러한 출신지별 사용 언어별 집단거주형태는 각자 자신의 原籍을 정체성의 대상으로 삼는 지방의식 발전의 한 원인이 되었다.

이처럼 지연적 결합관계를 중시한 초기 한인 이민사회에서 지방의식은 부락간의 집단 패싸움[分類械鬪]으로 구체적으로 표현되어졌다. 기록에 의하면 1722년부터 1860년까지 대만에서 발생한 비교적 큰 규모의 계투 26건 중 대륙에서의 동향관계를 위주로 한 것이 21건으로 전체의 80% 이상을 차지하고 있다.[12] 다른 한편 이러한 지방의식

9) 예컨대 명말청초 천주인들 사이에는 공상업에 종사하는 풍조가 크게 성행하여 주로 행상이나 해상무역, 수공업, 어로, 양식, 염전 등 바다에 의존하여 살았기 때문에 대만에 건너와서도 자연히 해안가를 거주지로 선택하게 되었고, 장주인에게 농업은 줄곧 경제의 기초였고 생활의 중심이었기에 대만 내륙의 평원지대를 선택하였으며, 객가인은 원래 산이 많은 지역에 살면서 산지농사를 지었기 때문에 대만에 도착했을 때 평원 외에 자기 고향과 비슷한 지리환경인 산지에서 농사를 지을 수 있는 선택의 여지를 하나 더 갖고 있었다는 것이다. 施添福, 『清代在臺漢人的祖籍分布與原鄉生活方式』, 臺北 : 國立臺灣師範大學地理學系, 1987.

10) 사용 언어별 호구조사가 이루어졌다는 자체가 족군 정체성이 여전히 강하게 남아있음을 보여주고 있다. 陳漢光, 「日據時期臺灣漢族祖籍調査」, 『臺灣文獻』 23卷1期(1972.3), 85쪽.

11) 陳國章, 「從地名可以辨別泉·漳語群的分布 : 以臺灣地名爲例」, 『地理教育』 24期(國立臺灣師範大學, 1998), 1~4쪽.

12) 김영신, 『대만의 역사』(지영사, 2000), 122쪽. 지연취락 사이의 계투 발생에는 지방의식에 기초한 자위와 보복 및 경제적 이권 갈등 외에 청조의 대만 통치정책에도 원인이 있었다. 자세한 내용은 林偉盛, 「清代臺灣分類械鬪發生的原因」, 『臺灣史論文精選』 上(臺北 : 玉山社, 1996), 263~283쪽을 참조.

은 원적별 신봉하는 主神의 차이[13]와 신봉 세력의 흥쇠에 따른 祭祀圈의 변화를 통해서도 표현되어졌다.[14] 그러나 중국 대륙 전통사회의 이식 내지 연장이었던 초기 이민사회는 점차 토착화되어 1860년대에 이르면 원적을 정체성의 대상으로 삼는 지방의식은 점점 엷어지고, 대만 현지의 神明 신앙과 신흥 宗族조직을 정체성의 대상으로 삼게 된다. 특히 원적관념의 영향을 받은 '唐山祖' 종족에서 대만에 처음 건너 온 조상에 뿌리를 둔 '開臺祖' 종족으로 변화하게 된다. 이러한 집단의식의 변화를 보여주는 중요한 지표는 분류계투사건이 1860년대 이후 더 이상 발생하지 않았다는 사실이다.[15] 이는 '대만'을 정체성의 대상으로 삼고자 하는 집단의식이 대만의 한인사회에서 서서히 싹트기 시작했음 보여준다.

하지만 여기서 말하는 '대만'에는 전혀 대만의 산지가 포함되지 않았고 따라서 '대만인' 역시 산지에 거주하는 대부분의 원주민을 포함하고 있지 않았다. 청조의 '理番'정책은 원주민의 귀순 여부에 따라 '숙번'과 '생번'정책으로 나뉘었는데, 平埔族으로도 불리는 '숙번'에 대해서는 점진적인 동화정책을 채택하여 그 토지소유권을 인정해주는 대신 매년 일정하게 인두세의 일종인 社餉을 납부 받았다. 반면 高山族으로도 불리는 '생번'에 대해서는 소위 '封山令'을 실시하여 한인과 철저히 격리시켰다. 즉 '番界'를 설치하여 한인의 진입을 금하고 위반자를 엄벌하는 한편 '생번'들도 마음대로 '번계'를 벗어나지 못하게 하였다. 그 결과 '생번' 거주 지역을 '교화가 미치지 않는 땅[化外之地]'으로 내버려둠으로써 이후 일본의 대만출병 빌미를 제공하

13) 대체적으로 말해 장주인은 開漳聖王을, 천주 同安人은 保生大帝를, 천주 南安人은 廣澤尊王을, 천주 安溪人은 淸水祖師를, 객가인은 三山國王을 주신으로 奉祀하였다. 李國祁, 「淸代臺灣社會的轉型」, 『中華學報』 5卷 2期(1978.7), 135쪽.

14) 이에 관해서는 尹章義, 「閩粤移民的諧和與對立：以客屬潮州人開發臺北以及新莊三山國王廟的興衰史爲中心所作的硏究」, 『臺北文獻』 74期(1985.12), 1~27쪽 및 洪麗完, 「淸代臺中地方福客關係初探：兼以淸水平原三山國王廟之興衰爲例」, 『臺灣文獻』 41卷 2期(1990.6), 63~93쪽을 참조.

15) 대만사회의 토착화와 관련된 자세한 내용은 陳其南, 『臺灣的傳統中國社會』, 臺北：允晨文化實業公司, 1987을 참조.

게 된다. 1874년 '대만사건' 이후 청조가 소극적인 '이번'정책을 소위 '開山撫番'의 적극정책으로 바꾸었으나 그 성과를 거두기 전에 일본에 할양되고 만다.[16] 따라서 대만 한인사회의 이러한 집단의식이 대만 전역을 지역 정체성의 기반으로 삼는 '대만의식'으로 성장하기 위해서는 일본의 식민통치를 기다려야 했다.

2. 일제의 식민지 착취와 민족차별정책

1895년 청일전쟁에서 패한 청조가 일방적으로 대만을 일본에 할양하기로 했다는 소식이 전해지자 이에 분노한 대만 官民은 5월 독립을 선포하고 臺灣民主國을 성립시켰다.[17] 하지만 대만민주국은 '永淸'이라는 연호 및 '독립건국'을 표명한 電文과 唐景崧의 총통 취임 선언에 보이듯 진정한 의미의 독립이 아니라 독립을 명분으로 외국의 간섭을 끌어 들여 일본의 점령을 막기 위한 수단이었고, 한편으로 청조가 대만을 버린 것이 아니라 일본이 대만을 점령하는 것이라는 인상을 대만인에게 줌으로써 조약을 위반하지 않으면서 항일을 고취하려는 일부 청조 관원의 의도도 있었다.[18] 그러므로 일본군이 상륙하자 당경숭은 몰래 대륙으로 도주하였고, 10월 劉永福이 臺南에서 철수함으로서 대만민주국은 막을 내렸다. 그러나 그 후에도 대만 각지에서 의병들의 항일유격전이 매년 끊임없이 일어나 항일무장투쟁이 사실상 종료된 1902년까지 전후 8년간 희생된 대만인이 3만2천명에 달했다.[19] 다만 이들 항일운동은 여전히 청조를 국가정체성의

16) 손준식, 「청대 타이완의 개발과 청조의 정책」, 『근대 동아시아 국제관계의 변모』(혜안, 2002), 167~168쪽, 175~178쪽.

17) 이에 대한 상세한 내용은 吳密察, 「一八九五年'臺灣民主國'的成立經過」, 吳密察 著, 『臺灣近代史硏究』(臺北 : 稻鄕出版社, 1994), 1~50쪽을 참조.

18) 李筱峰, 「一百年來臺灣的政治運動中的國家認同」, 張炎憲 外 編, 『臺灣近百年史論文集』(臺北 : 吳三連臺灣史料基金, 1996), 276~277쪽.

19) 이에 관한 내용은 손준식, 「일본의 대만 식민지 지배」, 『아시아문화』 18(한림대 아시아문화연구소, 2002), 11~12쪽을 참조.

대상으로 표방하였다는 점에서 '天朝體制'의 문화민족주의가 영향을 미치고 있었음을 알 수 있다. 또 그 후 1907년부터 1915년까지 발생한 일련의 무장항일사건 중 자립정권을 선언한 것이나 대만을 중국 판도로 수복하자는 것을 막론하고 대부분 구시대 왕조교체의 성격을 띤 전근대적인 운동으로 근대국가 관념을 가진 것은 거의 없었다.[20] 이런 점에서 일본의 식민통치 초기 대만사회에서는 '대만민족' 관념은 물론이고 지역 정체성으로서의 '대만의식'도 아직 완전히 형성되지 못하였음을 알 수 있다. 다만 향토에 대한 애착과 자신을 버리고 배신한 조국에 대한 원한 및 대만총독부의 兩岸 교류억제 정책[21]으로 대만인은 점차 중국과 멀어지게 되었고 여기에 일본의 식민지 착취와 민족차별정책이 더해짐으로써 마침내 '대만의식'이 촉성되게 되었다.

2.1. 식민지 착취

대만 점령 직후 일본정부는 반항세력을 진압하여 치안을 공고히 함과 동시에 토지제도·화폐제도·도량형 등을 개혁하고, 교통건설과 인구조사 등을 통해 자본주의화의 기초를 완성하여 일본자본과 기업이 진출할 여건을 마련하는데 총력을 기울였다. 그밖에 총독부는 외국자본을 대만에서 축출하고 대만본토기업의 성장을 제한하는 방법[22]으로 일본자본과 기업이 대만에 뿌리를 내리고 발전할 수 있도

20) 李筱峰, 앞의 글, 277~280쪽. 이 시기에 일어난 13차례의 무장항일사건 가운데 동맹회 회원이었던 羅福星이 기도한 것만이 유일하게 공화체제를 주장하고 '중화민국'의 명의를 표방하고 있다.

21) 예컨대 대만에 온 중국인 노동자를 관리하기 위해 1896년 반포한 「淸國勞動者取締規則」(1906년 「支那勞動者取締規則」으로 개정됨)와 대만인의 중국 방문을 규제하기 위해 1897년 반포한 「外國行旅劵取締規則」(1900년 「外國旅行劵規則」으로 개정됨) 등이 있다. 許雪姬 外, 『臺灣歷史辭典』(臺北 : 文建會, 2004), 184쪽; 梁華璜, 「日據時代臺民赴華之旅劵制度」, 『臺灣總督府的'對岸'政策硏究』(臺北 : 稻鄕出版社, 2001), 132~137쪽.

22) 예컨대 대만총독부는 1908년 율령 제11호로 「臺灣民事令」을 공포하고 이에 근거하여 1911년 총독부령 제16호를 공포, 대만 자본이 會社라는 명칭을 사용할 수 없도록 제한하였다. 따라서 대만인이 회사를 설립하고자 한다면 일본인을 참여시키지 않을 수 없었으니, 총독부

록 배려하였다. 특히 1898년부터 실시한 토지조사사업의 결과, 총독부는 은닉 토지 색출과 토지소유현황 파악을 통한 세수증대로 재정독립을 이루었을[23] 뿐 아니라 토지소유권을 획정하여 토지매매 시 안전을 보장함으로써 일본자본의 대만 투자 및 기업설립을 유도하였다. 한편 식민지 경영에 부합하는 범위 내에서 지주의 토지사유를 허용하고 법률로 그 권익을 보장함으로써 지주계급을 식민지체제 내에 편입시키는 효과도 가져왔다.[24] 또한 일본정부는 점령 초부터 '농업대만, 공업일본'의 기본 경제정책을 수립하여 대만을 열대경제작물과 식량생산지로 육성할 계획을 갖고 있었다. 이에 1900년 전후 총독부는 각종 관련 법규를 제정하는 한편 연구기구 설립, 농업조직 창립, 수리사업 등 농업발전을 촉진할 기반을 조성하여 농업위주의 식민경제체제를 건립하였다.[25]

일본의 대만에 대한 식민지 착취는 재정독립의 조기 실현과 대만인의 조세부담이 일본인보다 무거웠다는 점에서 그 일단을 엿볼 수 있다. 당시 일본 내지 주민의 1인당 각종 조세 총액이 연간 3円 34錢 3厘였던 데 반해 대만 주민은 일본 내지에 비해 1엔 11전 1리를 더 부담해야 했다. 이는 프랑스령 인도차이나 주민보다 2엔 37전 4리가 더 많은 액수였다. 하물며 대만인은 총독부의 재정지출에 대해 전혀 간섭할 권리가 없었다. 통치 초기 총독부는 民政費의 약 절반을 대만인을 감시하고 통제하는 경찰 경비에 사용하였고, 그 후 비록 세수의 일부를 대만의 각종 건설에 투자하였지만 그 대부분 일본의 독점자본(특히 제당업)의 원료공급과 상품판매에 유리한 방면에 집중되었으니, 이는 일제강점기 대만 산업의 고도의 식민지성을 반영하는 것이다.[26]

의 의도는 대만인의 자본을 끌어내되 그 경영권은 일본인이 장악하도록 하는 것이었다.

23) 조사 전 36만 1천 甲이던 경지면적이 조사 후 61만 9천 갑으로 증가하였고, 1898년 78만여 엔에 불과하던 토지세 징수액이 1905년에는 297만여 엔으로 급증하게 된다. 江丙坤, 『臺灣田賦改革事業之研究』(臺北 : 臺灣銀行經濟研究室, 1972), 142~145쪽.

24) 戴國煇 著, 魏廷朝 譯, 『臺灣總體相』(臺北 : 遠流出版公司, 1992), 78쪽.

25) 黃秀政 外 著, 『臺灣史』(臺北 : 五南圖書出版, 2002), 191~205쪽.

식민지 대만의 자본주의 발전은 국가권력의 고도의 보호를 받았기 때문에 노동자·농민계층의 이익과 권리는 매우 심하게 침해받았다. 국가가 산업자본을 보호하는 것은 일반 자본주의 국가에서 흔히 있는 문제이지만 식민지에서는 통치자와 자본가가 왕왕 같은 민족이기 때문에 자본가의 착취가 바로 통치민족의 피식민자에 대한 경제적 핍박으로 받아들이게 된다. 먼저 대만의 산업자본 비중을 보면 1926년 33개 업종의 실제 투자총액 319,832천엔 중 일본자본은 288,936천엔(90.34%)이고 대만자본은 30,896천엔(9.66%)에 불과했다. 특히 일본자본의 절반 이상인 150,607천엔이 제당업에 집중되고 있는데,[27] 이는 총독부와 일본정부의 적극적인 보호정책에 힘입은 바 컸다. 1900년 최초의 신식 제당공장인 대만제당주식회사가 설립된 이래 일본자본의 제당업 진출은 지속되어 1911년 21곳에 지나지 않았던 신식 제당공장이 1927년 45곳으로 증가하였고 이들이 전체 설탕 생산량의 98%를 점하였다. 그 중에서도 대만(三井 계열)·明治(三菱 계열)·鹽水港·大日本(藤山 계열)·東港·新高 등 일본계 6대 공장의 생산량이 전체의 80%를 차지한 것은 일본 대자본의 대만 제당업 독점상황을 극명하게 보여주고 있다.[28] 다음 산업노동자의 민족별 비율을 보면 1921년 대만인이 91.9%(일본인과 외국인이 8.1%)를 차지하고 있는데, 동력을 사용하지 않는 공장 즉 노동조건이 열악한 직종일수록 대만인의 비율이 높았다. 이러한 일본 자본의 노동학대와 착취를 보여주는 또 다른 지표는 노동자의 연령분포로, 대만인은 12세 미만의 경우 99.2%, 12세에서 15세 미만의 경우 97.4%, 15세에서 20세 미만의 경우 94.2%인 반면 20세 이상의 경우 92%를 차지해 민족별 비율과 비슷해지고 있다.[29]

---

26) 許介鱗, 『日本殖民統治讚美論總批判』(臺北 : 文英堂, 2006), 29~30쪽.

27) 矢內原忠雄 著, 周憲文 譯, 『日本帝國主義下之臺灣』(臺北 : 帕米爾書店, 1987), 85~87쪽.

28) 黃秀政 外, 앞의 책, 200~201쪽.

29) 山川均 著, 蕉農 譯, 「日本帝國主義鐵蹄下的臺灣」, 王曉波 編, 『臺灣的殖民地傷痕』(臺北 : 帕米爾書店, 1985), 61~63쪽.

한편 총독부는 1895년 「官有林野取締規則」을 제정·공포하여 그 제1조에서 "개인의 소유권을 증명할 권리증이나 기타 확실한 증거가 없는 모든 임야는 관유로 한다"고 규정하였다. 문제는 청조 시기 대만의 산림에 대해 한 번도 측량을 통한 과세가 이루어지지 않아 임야의 業主權을 명확히 규정한 권리증 같은 것이 존재하지 않았다는 점이다. 즉 청대 대만의 임야 업주권은 田園 혹은 가옥의 부속물로 간주되거나, 임산물 채취와 같은 사실상의 점거이용 실태에 따라 관습적으로 업주권이 인정되었다. 간혹 산림을 매매하는 경우에도 이전에는 거의 대부분 구두계약이 행해졌고 문서를 작성하는 관행은 일제강점기 직전에야 나타났다. 이런 사정에도 불구하고 총독부는 1910년부터 5년간 '番地'를 제외한 보통 행정구역의 임야조사를 강행하여 소유권 등기가 없는 임야를 모두 관유림으로 획정하였다. 그 결과 관유림이 751,996甲에 달한 데 반해 사유림은 31,202갑에 불과했다. 이 조사결과를 바탕으로 총독부는 관유림을 직접 경영하거나 혹은 일본 자본가에게 불하함으로써 커다란 사회적 문제를 야기하였다. 즉 관유림으로 편입된 대부분의 임야가 오래 전부터 대만 농민들이 개발·경영해오던 것으로 하루아침에 업주권을 빼앗긴 농민들의 반발이 집단행동으로 비화하였으니 그 대표적인 사례가 1912년 발생한 林圮埔사건[30]이었다. 임야조사 후 1915년부터 10년에 걸쳐 정리 작업을 진행한 총독부는 1926년 관유림을 보존 임야와 불보존 임야로 구분하여 후자 중 약 27만 갑을 민간에 매도함으로써 일본자본의 투자를 끌어내었다.[31]

다른 한편 총독부는 1905년 「糖場取締規則」을 공포하여 ① 당국의 허가 없이 지정구역 내에서 재래식 내지 신식 제당공장을 설립할 수

30) 이 일대의 대나무 숲은 대중과 대남주에 걸친 광범위한 것으로 오랫동안 부근 5천여 호의 주민들이 대나무와 죽순을 채취하여 생활하였는데, 그 업주권이 명확하지 않아 1908년 총독부는 이곳을 관영 모범죽림으로 획정하고 2년 뒤 三菱製紙에 경영을 위탁하였다. 이에 생활의 터전을 빼앗겨 생계가 곤란해진 농민들은 1912년 3월 임이포에서 약 10리 가량 떨어진 頂林파출소를 습격하여 경찰 3명을 살해하였다.

31) 김영신, 앞의 책, 209~210쪽; 許介鱗, 앞의 책, 32쪽.

없고(제당업 독점), ② 구역 내에서 생산된 사탕수수는 반드시 지정된 제당공장에 판매해야 하며(원료 독점), ③ 제당회사는 매년 수확기에 상응한 대가를 지불하고 구역 내에서 수확된 모든 사탕수수를 구매해야 한다(의무 수매)고 규정하였다. 이 제도는 일본 대자본이 투자한 제당회사가 사탕수수의 수매가격을 일방적으로 결정하여 재배농가를 착취할 수 있는 길을 열어놓았고, 특히 제당회사의 땅을 경작하는 소작농의 경우 별도의 불합리한 계약을 통해 노예와 다름없는 처지에 놓이게 되었다.[32] 그 밖에 식민당국은 일본 자본가가 원하는 토지를 대만 농민이 팔지 않을 경우 '調停'이란 명의로 경찰의 폭력을 이용해 매매를 강제하기도 하였으니, 이는 1920년대 이후 농민운동이 일어나는 배경이 되었다.[33] 이와 같이 제당회사가 각종 방식을 통해 취득한 사탕수수 재배 면적은 매년 늘어나 1922년 이미 대만 전체 경지면적의 11.6%에 달하였다.[34]

2.2. 민족차별정책

대만 할양이 결정된 직후 일본정부는 식민통치를 위해 총독부를 설치하기로 하고 해군대장 가바야마 스케노리樺山資紀를 초대총독으로 임명하였다. 아울러 그에게 본국의 지시 없이 현지상황에 따라 임기응변할 수 있는 권한을 부여하였다. 그 후 일본제국의회는 대만의 치안이 불안하고 일본과 왕래가 불편하며 풍토와 민심이 일본과 다르다는 이유로 1896년 「법률 제63호」(약칭 六三法)를 반포하여 대만총독이 법률과 동일한 효력을 갖는 명령 즉 '律令'을 제정할 수 있는 위임입법제도를 도입하였다.[35] 이에 무관총독이 대만의 행정·입법·사법 및 군

32) 葉榮鐘, 『日據下臺灣政治社會運動史』(臺北 : 晨星出版, 2000), 571쪽; 矢內原忠雄, 앞의 책, 240~241쪽; 김영신, 앞의 책, 220~221쪽.

33) 許介鱗, 앞의 책, 32쪽.

34) 山川均, 앞의 글, 50~51쪽.

35) 黃昭堂 著, 黃英哲 譯, 『臺灣總督府』(臺北 : 前衛出版社, 1994), 46~47쪽, 217~220쪽.

사대권을 장악한 식민통치체제가 성립되었다. 애초 「육삼법」은 유효기간이 3년이었지만 계속 기간을 연장하여 1906년 「법률 제31호」(약칭 三一法)가 제정될 때까지 시행되었다. 하지만 「삼일법」도 여전히 일본본국의 법률과 칙령에 위배되지 않는 범위 내에서 대만총독의 율령제정권과 긴급명령권을 허용함으로써 1921년 「법률 제3호」가 제정될 때까지 대만은 일본 헌법의 보장을 받지 못하는 정치적 異域으로, 대만인의 권리와 의무는 완전히 대만총독에 의해 좌우되었다.[36)]

제1차 세계대전 말 이래 거세게 일기 시작한 민족자결주의 등 사조의 충격 하에 일본에서는 평소 식민지 통치의 기본방침으로 점진적인 '內地延長主義'를 주장했던 하라 다카시原敬 내각이 탄생하였다. 이에 1919년 초대 문관총독으로 임명된 덴 켄지로田健治郎는 '日臺融合'을 표방하면서 1920년 州와 市, 街·庄마다 協議會를 설치하여 대만인을 포함한 민간 인사를 선임하고 1921년 總督府評議會를 재조직함으로써 더 많은 소위 "학식과 자산 및 명망이 있는" 대만 인사를 식민통치체제 하에 끌어들이고자 하였다. 하지만 총독부평의회와 각급협의회 회원은 모두 관선[37)]이었고 그 인적구성에 있어서 일본인이 절대 다수를 점하였을[38)] 뿐 아니라 의결권도 없는 명목상의 민의대표기관에 불과하였다. 예컨대 총독부평의회는 회장인 총독과 부회장인 총무장관 외에 총독부 고급관료 7명과 총독이 임명한 대만인 9명, 대만 거주 일본인 9명을 합하여 25인 이내의 회원을 두도록 하였고, 그 임기는 2년이었으나 임기 중에도 총독이 해임할 수 있었다. 실제 운영에 있어서 평의회는 총독의 단순한 행정자문기관에 지나지 않았고 자문사항도 일반정무에 국한되어 율령제정이나 재정수입 등 일반

---

36) 黃秀政 外, 앞의 책, 181쪽. 「법률 제3호」가 비록 일본의 법률이 원칙상 대만에서도 적용될 수 있도록 규정하고 대만총독이 특수한 경우에만 율령제정권을 행사하도록 제한하고 있었지만 그 후에도 총독전제의 식민통치는 근본적으로 종식되지 않았고 일본헌법의 전면적 적용과 형법의 일원화는 시종 실현되지 못하였다. 黃昭堂, 앞의 책, 152~154쪽.

37) 주협의회 회원은 대만총독이, 시협의회 회원은 주지사가, 가·장협의회 회원은 주지사 혹은 청장이 임명하였는데, 모두 명예직으로 임기는 2년이었다.

38) 예컨대 1924년 주·시·가협의회 총 회원 286명 중 일본인이 184명(64.3%)으로 대만인 102명(35.7%)에 비해 압도적 다수를 차지하고 있다. 山川均, 앞의 글, 69쪽.

의 이해와 밀접한 사무는 제외되었다. 더구나 평의회의 의견을 최종 채택하는 결정권이 총독에게 있었고 일반 평의회원은 총독의 결정에 대해 아무런 구속력도 행사할 수 없었다.[39]

이러한 총독전제체제를 유지하기 위해 총독부는 방대하고 강력한 경찰력을 동원하여 '전형적인 경찰정치'를 시행하였다. 대만경찰은 점령 초 무장항일운동 진압을 통한 치안유지와 1920년대 이후 민족운동 탄압을 통한 식민체제 강화 외에 각종 경제정책 시행을 관리 감독하였을 뿐만 아니라 나머지 거의 모든 일반 행정사무를 보조 집행하는 경찰만능의 특징을 갖고 있었다.[40] 이들 대만경찰은 식민통치의 기층행정일선에서 자신의 절대적인 권위와 폭력을 앞세워 대만인의 무조건적인 복종을 강요하고 직권을 남용하여 사리사욕을 채우며 오만한 태도로 민족적 차별을 가함으로써 대만인의 민원의 대상이 되었다. 하지만 식민당국은 이러한 경찰의 소질 제고와 권한 축소를 통해 그 직권남용을 방지하여 민중의 권익과 안전을 보장하고 경찰의 非違를 감독할 기구 설치를 요구하는 대만 언론의 제안을 받아들이지 않음으로써[41] 대만인의 불만은 누적되어갔다.

대만인에 대한 민족차별대우는 관리임용과 승진 및 임금에서도 드러났다. 먼저 관리임용을 살펴보면 1924년 全 대만의 街長은 일본인 14명, 대만인 20명이고 莊長은 일본인 14명, 대만인 220명으로 장장의 경우 대만인이 압도적으로 많으나 인구비례를 따지면 일본인이 더 많은 비중을 차지하고 있다. 특히 비교적 중요한 가장의 경우 일본인의 비중이 훨씬 높았다. 또 대만인 관리 중 전매국 번역관 1명, 의학전문학교 교수 1명, 고등전문학교 교수 1명 및 퇴직한 外書課 번역관 1명을 제외하고는 고등관이 한명도 없었다. 소위 '지방자치' 실

39) 黃昭堂, 앞의 책, 154~155쪽; 黃秀政 外, 앞의 책, 183~185쪽.

40) 이에 관해서는 李理, 『日據臺灣時期警察制度研究』, 臺北 : 海峽學術出版社, 2007을 참조.

41) 「警察制度改革的必要」, 『臺灣民報』 제172호(1927.9.4); 「警察根性的故態復萌」, 『臺灣民報』 제208호(1928.5.20); 「警察的暴行」, 『臺灣新民報』 제354호(1931.3.7); 「警察勿激民心惡化」, 『臺灣新民報』 363호(1931.5.9); 「警察職權濫用」, 『臺灣新民報』 제390호(1931.11.14).

시 후 곧이어 총독부가 「대만총독부이사관특별임용령」을 공포하여 일정한 자격을 갖추고 정세에 밝은 대만인이 지방의 이사관에 임명될 수 있는 길을 열어 주었으나 임명된 대만인은 거의 없었다.[42] 그 외 일본 고등문관시험에 합격한 대만인 중 관료로 임용되지 못하고 변호사나 다른 직업을 선택한 경우가 적지 않고, 관료로 임용된 자도 일본인에 비해 승진이 늦었다.[43] 이러한 차별은 식민지 경찰의 경우에도 마찬가지였다. 1931년 경찰 현역인원 중 警部 이상은 모두 일본인이고 警部補 239명 중 2명, 순사부장 781명 중 6명만이 대만인이었다. 갑종순사는 3939명 중 대만인이 159명(원주민 7명)에 불과했고 을종순사는 1953명 중 대만인이 1158명(원주민 101명), 警手는 2920명 중 대만인이 2086명(원주민 1013명)으로,[44] 하위직으로 갈수록 대만인의 비중이 높은데 이러한 현상은 식민지 지배가 끝날 때까지 크게 달라지지 않는다. 그 외 같은 일을 하면서도 일본인과 대만인 사이에 보수의 차이가 있었다. 예컨대 일본인 관리는 급여 외 급여의 60%에 달하는 외지근무수당을 지급받았고, 우체국 직원의 봉급도 일본인이 대만인에 비해 평균 약 2배 가까이 높았으며, 노동자의 노임도 일본인이 평균 2.28배 많았다. 소학교와 공학교 교사의 봉급도 평균 배 가까이 차이가 났다.[45]

한편 총독부는 격리주의 원칙에 입각하여 일제 초기부터 대만 거주 한인과 원주민 및 일본인 세 계통으로 나누어진 차별교육을 실시하였다. 총독부는 교육을 대만인의 '동화'와 '개화'의 수단으로 이용하였지만 1919년까지 확실한 학제 도입을 미루었다. 다만 현실적 필요에 따라 1898년 6년제 公學校를 설립하여 전통적인 書房의 교육기능을 점차 대신토록 하였다.[46] 당시 중등 이상 교육시설은 극히 미비

42) 山川均, 앞의 글, 69~70쪽; 黃秀政 外, 앞의 책, 179쪽.

43) 黃昭堂, 앞의 책, 159~160쪽.

44) 臺灣總督府警務局 編, 『昭和六年 臺灣の警察』, 42쪽.

45) 1921년 소학교 교사 1인당 평균 봉급이 1099엔인 데 반해 공학교 교사는 604엔이었고, 1922년에는 1062엔 대 633엔이었다. 山川均, 앞의 글, 63~66쪽, 75쪽.

하여 공학교 교사와 사무인원을 양성하기 위한 '國語'(일어)학교, 5년제의 醫學校, 농사시험장 및 공업·임업·糖業강습소 이외에 1915년 대만인들의 청원과 출연에 의해 설립된 4년제 臺中중학교뿐이었다. 결국 대만인 자제의 교육은 총독부가 대만을 통치하고 개발하는 데 필요한 일어와 기초기술에 한정되어 있었다. 그리고 원주민 교육을 위해 설립된 4년제의 番人公學校 혹은 教育所의 교과과정이나 교과서의 내용은 일반 공학교의 그것과 완전히 다른 모습이었다. 이에 반해 일본인 자제를 위해서는 일본 국내와 똑같은 소학교·중학교 및 공업·상업학교 등을 설립하였다.47)

제1차 세계대전 후 총독부는 '동화주의' 시정방침을 내세우면서 1919년 그 구체적 방안으로 「대만교육령」을 반포하여 대만의 학제를 확립하였다. 이 법령에 의거하여 총독부가 당시 350만 대만인을 위해 제공한 교육기관은 학령아동의 1/4을 수용하는 공학교 외에 4년제 고등보통학교 1개, 3년제 여자고등보통학교 2개, 5년제 사범학교 2개, 3년제 공업·상업 및 농림학교 각 1개, 6년제 농림 및 상업전문학교 각 1개, 8년제 의학전문학교 1개에 불과하였다. 반면 당시 20만이 채 안 되는 대만 거주 일본인을 위해 5년제 중학교 2개, 4년제 고등여학교 3개, 5년제 공업 및 상업학교 각 1개, 3년제 고등상업학교 1개가 있었고 그 외 사범학교와 의학전문학교에도 진학할 수 있었다. 비교를 통해 알 수 있듯이 이 학제는 여전히 대만인의 교육기회를 제한하고48) 평등한 교육권을 부여하지 않았기에 대만인들을 만족시킬 수 없었다. 이에 총독부는 1922년 새로운 「대만교육령」을 반포하여 기존의 차별(격리)정책을 취소하고 일본 국내의 제도를 모방, 중등 이

46) 단 서방에 대해서도 일어와 산술을 교육과정에 포함시키도록 장려할 뿐 강제적인 폐쇄조치는 취하지 않았고 공학교에도 한문과목을 개설하여 서방의 교사나 유생들을 교사로 초빙하는 등 유화적인 자세를 취하였다. 손준식, 「동화와 개화의 상흔 : 식민지 타이완의 일어」, 『식민주의와 언어』(아름나무, 2007), 18~19쪽.

47) 黃秀政 外, 앞의 책, 209쪽.

48) 또 다른 예를 들면 1919년 이래 대만아동의 취학률이 급증하여 모집정원을 40% 이상 초과하였는데, 대북시의 경우 인구 5만 명인 일본인을 위해 5개의 소학교가 있었는 데 반해 인구 12만 명인 대만인이 다니는 공학교는 단지 5개밖에 없었다. 山川均, 앞의 글, 74쪽.

상의 교육기관을 설치하여 대만인과 일본인의 공학제를 실시하였다.[49] 이에 따라 대북제국대학(1928년)[50]을 비롯한 각 급 학교가 설립되어 학생 수가 크게 증가하고, 대만인 자제라도 '국어상용자'의 경우 소학교에 진학할 수 있게 되는 등 대만인의 교육기회가 확충되는 듯 했다.[51] 그러나 사실상 차별의 본질에는 변함이 없었고 공학제는 급속하게 불어난 일본인 자제에게 더 많은 교육기회를 제공하였을 뿐이었다. 그 결과 대만인 자제의 島內 상급학교 진학자가 감소하는 기현상이 나타났고 일본에 가서 진학하는 것이 도리어 쉬운 상황이 벌어졌다. 이런 까닭으로 대만인 자제의 중등 이상 학교 입학경쟁은 매우 극심해서 소위 '시험지옥'이라 불리었다.[52] 이런 교육기회의 불평등은 대북제국대학 입학생의 절대 다수가 일본인이었다는 점[53]과 「대만교육령」 공포 이후 일본으로 유학을 떠나는 대만인 자제가 더욱 늘고 있는 점에서도 확인할 수 있다.[54]

차별은 교육내용과 교사자질, 교육경비 및 입시제도 등에서도 나

49) 이후 대만 각지에 중학교, 고등여학교, 실업학교 및 실업보습학교 등이 증설되었으며 7년제 고등학교 1개소가 신설되고 원래의 각 실업전문학교는 3년제의 고등농림·상업·공업학교 및 4년제의 의학전문학교로 개편되어 중학교 졸업생을 수용하였다. 黃秀政 外, 앞의 책, 210쪽.

50) 그 설립과 운영에 관해서는 손준식, 「제국대학에서 국립대학으로 : 전환기의 타이완대학」, 대학사연구회 편, 『전환의 시대 대학은 무엇인가』(한길사, 2000), 188~199쪽을 참조.

51) 黃昭堂, 앞의 책, 152~153쪽. 실제로는 성적이 우수하고 재산이 있는 대만인 자제만이 '허가'를 받고 소학교에 입학할 수 있었으니, 통계에 의하면 1920년 소학교 재학생 18,983명 중 대만인은 54명(0.28%), 1921년에는 21,372명 중 214명(1.00%), 1922년에는 22,394명 중 564명(2.51%)에 불과했다. 山川均, 앞의 글, 74쪽.

52) 黃秀政 外, 앞의 책, 210쪽.

53) 대북제국대학 입학생 중 대만인은 1928년 69명 중 6명, 1929년 69명 중 7명, 1930년 71명 중 10명, 1931년 70명 중 8명, 1932년 52명 중 5명에 불과했고 1933년 61명 중 15명, 1934년 43명 중 14명, 1935년 30명 중 5명, 1936년 73명 중 26명, 1937년 86명 중 29명으로 그 비중이 늘어나지만 그 중 1936년과 1937년은 의대 입학생이 16명과 21명을 차지했기 때문이다. 吳密察, 「從日本殖民地教育學制看臺北帝國大學的設立」, 吳密察, 앞의 책, 171쪽.

54) 대만의 일본유학생(초중고, 직업학교, 전문학교, 대학 등을 모두 포함)은 1910년 132명에서 1915년 325명, 1920년 649명, 1925년 828명, 1930년 1317명, 1935년 2185명, 1942년 7091명으로 계속 증가하고 있다. 대략 1918년 이전에는 초등과 중등교육을 받는 학생이 대다수였고 전문학교 이상은 평균 1/8에 불과했으나, 그 해부터 점차 늘어나 1926년에는 1/3을 차지했고, 1927년 이후에는 줄곧 2/5 이상을 점하다 1934년에는 절반 이상에 달하게 된다. 黃秀政 外, 앞의 책, 220쪽.

타났다. 예컨대 1922년 소학교 학생 수는 한 학교당 평균 168명이고 교사 1인당 학생 수는 평균 30명인 데 반해, 공학교는 학교당 339명, 교사 1인당 40명이었다. 또 소학교 교사 중 유자격자가 전체의 70.9%인 데 반해 공학교는 42.5%에 불과했고, 교육비 지출도 1920년 소학교 학생 1인당 평균 67엔인 데 반해 공학교는 36엔에 지나지 않았다. 소학교와 공학교의 차이는 제도상으로 단지 일어상용 여부뿐이지만 실제에 있어 공학교에서는 소학교 5년 이상의 교육과정을 가르치지 않았다. 게다가 중등학교의 입시문제를 소학교 과정을 근거로 출제함으로써 대만인 자제의 합격을 어렵게 만들었다. 이런 이유로 소학교 학생의 상급학교 진학률은 97%인 데 반해 공학교 학생은 33.65%에 지나지 않았다.55) 그 결과 진학경쟁에서 도태된 대다수 대만학생은 더 이상의 고급교육을 받지 못하는 자신을 무능력한 피지배자로 인정하고 자신의 사회적 지위에 만족하게 되는 반면, 일본학생은 자신을 '공평한' 경쟁에서 승리한 능력 있는, 따라서 당연히 지배자가 될 수 있다고 믿게 된다.56) 이와 비슷한 차별의 아픔은 소학교를 다니며 이미 완전히 '동화'되었던 소수의 대만학생57)도 겪어야 했다. 예컨대 당시 최고 명문이던 臺北第一中學 입학을 꿈꾸던 소학교 졸업생이 대만학생은 臺北第二中學에 진학해야 한다는 부친의 말에 충격을 받고 생전 처음 자신이 일본인이 아니라 대만인이라는 사실을 깨닫는다.58) 이처럼 '동화'를 표방한 식민지 교육은 처음부터 지배자인 일본인이 피지배자인 대만인보다 '우월'하다는 자기 모순적 '차별성'을 갖고 있었다. 따라서 일어교육을 핵심으로 한 학교교육이 지배자와 피지배자의 불평등한 정치적 역할과 사회관계를 재확인하

55) 山川均, 앞의 글, 73~76쪽.

56) 邱敏捷, 「論日治時期臺灣語言政策」, 『臺灣風物』 48卷3期(1998.9), 44~47쪽.

57) 이들이 학창시절 일본 학생과의 마찰보다 '동화'되지 않은 대만 아이들과 싸운 기억이 더 많았다는 회고를 통해 학교교육을 통한 '동화'의 위력을 엿볼 수 있다. 邱敏捷, 앞의 글, 44~47쪽.

58) E. Patricia Tsurumi, 林正芳 譯, 「日本教育和臺灣人的生活」, 『臺灣風物』 48卷 1期(1997. 3), 70쪽.

는 수단으로도 작동되었음을 알 수 있다.

3. 일제의 근대화와 동화정책

전술한 바와 같이 청대 대만은 동서로 가로지르는 주요 하천 때문에 지역 간 인문, 사회, 행정, 경제상의 격절로 대만 전역을 지역 정체성으로 하는 '대만의식'을 형성하지 못했다. 그러나 대만총독부가 추진한 각종 근대화 조치는 비록 그 목적이 식민지 착취와 식민모국의 이익을 위한 선택적인 것이었지만 결과적으로 대만의 '사회소통Social communication'을 촉진시켜 지리적 장애를 타파함으로써 대만인의 근대국민의식을 응집시키는 배경이 되기도 하였다. 철도를 비롯한 근대적 운송체제의 건설은 그 중요한 동력 중 하나였다. 1908년 基隆에서 高雄에 이르는 縱貫철도 전 노선이 개통되고 1918년 縱貫公路가 준공됨으로써 남북 간의 운수능력이 크게 제고되었을 뿐 아니라 阿里山 森林철도와 屛東線(屛東에서 枋寮), 宜蘭線(蘇澳에서 八堵), 臺東線(花蓮에서 臺東)철도, 臨海公路(소오에서 화련)가 차례로 개통됨으로써 동서 간의 교통도 열리게 되었다. 게다가 '이번'정책과 산지 자원 개발을 위해 각 '番地'로 통하는 도로, 그 중에서도 동서 橫斷도로(대중에서 화련)가 뚫리고 그 외 제당회사의 철도[59]와 지방도로 등이 잇달아 완공됨으로써 전 대만의 육로교통망이 완성되었다. 또한 基隆港과 高雄港이 1906년(제2기)과 1908년에 각각 착공되어 1925년에 모두 완공됨으로써 대만의 대외교통 특히 일본과의 무역발전을 촉진시켰다. 그 외 1921년에는 대만과 일본 간의 항공노선이 다음해 9월에는 대북과 고웅 및 대북과 화련 간의 항공노선이 열림으로써 대만의 육해공 교통망이 완성되었다.[60] 이에 화물의 유통뿐만 아니라 인적 교류

59) 1923년 현재 제당회사 소유 철도의 총연장은 1227.8마일(전용철도 952.6마일, 영업철도 275.2마일)로 대만 전체 철도 1804.6마일의 68%를 차지하였다. 山川均, 앞의 글, 49쪽.

60) 王詩琅 外 編, 『臺灣史』(臺中 : 臺灣省文獻委員會, 1977), 615~617쪽.

등 사회이동성을 크게 제고시켜 대만 각 지역 족군 간의 거리를 좁히게 되었다.[61] 이상과 같은 교통 건설 외에도 대만총독부는 1901년 새로운 도량형제도를 실시하고 1906년 대만은행권을 발행하여 화폐개혁을 완성함으로써 대만과 일본 사이의 화물과 자본의 유통을 촉진시키고 대만 기업경영의 자본주의화를 가속화시키는 효과를 가져왔다.[62]

한편 청대 족군 간의 계투는 지리환경의 격절이 한 원인이었으나 언어 차이[63]로 인한 소통 곤란도 상호 충돌의 주요 요소로 작용하였다. 하지만 일제시기 대만총독부가 일어보급정책을 지속적으로 추진함으로써 대만의 각 족군은 점차 일어라는 공통의 언어를 갖게 된다. 점령 초부터 일어보급을 식민지 교육의 최우선 정책으로 삼은 일본 당국은 여러 교육시설을 설립하여 적극적으로 일어를 가르쳤다. '국어'라는 이름으로 등장한 일어는[64] 식민통치체제 확립과 더불어 각종 학교와 사회교육단체 및 일어보급시설을 통해 확대 보급되었고, 그 후 '내지연장주의'정책 하에 일어보급운동이 더욱 강화되었다. 특히 만주사변 이후 총독부는 공학교의 '국어' 수업시간을 늘리고, 「국어보급 10개년 계획」을 시행하는 등 일어교육을 통한 동화의 강도를 높여나갔다. '국어상용' 제창과 '국어보급망' 구축, '국어가정' 장려와 '국어부락' 건설, 공학교의 한문 수업과 일간신문의 한문란 폐지, 학교와 공공장소에서의 대만어 사용 금지 등이 '황민화'운동의 선풍 속에 더욱 강력하게 추진되었다.[65] 그 결과 대만인 아동의 초등학교 취학률[66]과 일어 해독자의 비율[67]이 대폭 증가하게 된다.

61) 簡炯仁, 『臺灣開發與族群』, 107~108쪽, 140쪽.

62) 黃秀政 外, 앞의 책, 192~193쪽.

63) 대만 원주민 고산족은 크게 9개 종족으로 나누는데 서로 간에 공통의 언어가 없으며, 한족계 대만인의 언어도 福佬話와 客家話로 나뉘는데, 복료화는 泉州 억양과 漳州 억양이 다르고, 객가어는 桃園과 潮州 사이에 약간의 차이가 있다고 한다. 黃昭堂 著, 林偉盛 譯, 「殖民地與文化摩擦 : 臺灣同化的糾葛」, 『臺灣風物』 41卷 3期(1991), 37~38쪽.

64) 小澤有作, 「日本植民地教育政策論 : 日本語教育政策を中心にして」, (東京都立大學)『人文學報』 82(1971), 4쪽, 9쪽.

65) 구체적 내용은 손준식, 「동화와 개화의 상흔 : 식민지 타이완의 일어」, 17~25쪽을 참조.

비록 이들 수치가 통계 방법과 내용에 문제가 있는, 실제보다 상당히 부풀려진 것으로 액면 그대로 믿기 어렵지만,[68] 일어를 구사하는 대만인의 수가 갈수록 증가한 것은 틀림없었다. 이에 대만 사회에서는 일어 교육을 받은 대만인은 민남인, 객가인, 원주민을 막론하고 상황에 따라 일어와 모어를 교대로 사용하는 두 가지 언어를 병용하는 현상이 나타났다. 예컨대 민남어를 모어로 하면서 공학교 교육을 받은 대만인의 경우 일본인과 대화할 때나 공공기관에서 일을 볼 때 심지어 교육배경이 같은 대만인과 대화할 때는 늘 일어를 사용하지만 자신의 집과 동네에서는 거의 대부분 모어를 사용했다. 결국 장기간에 걸친 보급운동에도 불구하고 일어는 다언어 사회인 대만에서 생활언어로 자리잡지 못하고 외래어와 官方語로 간주되었던 것이다.[69] 하지만 그 동안 언어 문제로 격절되어 있던 대만의 각 족군이 '제3자'의 언어인 일어를 통해 처음으로 자신들의 문제에 대해 상호 의사소통이 가능케 되었다는 점에서 일어는 공통어로서 기능하게 되었고, 그 결과 각 족군 간의 일체감을 강화시키게 되었다.

이상과 같은 대만 전역에 걸친 교통망의 완성과 유통 시스템의 수립 및 의사소통 도구의 등장은 족군 간의 융합을 촉진하였을 뿐만 아니라 이전 각 지역별로 형성되었던 시장을 하나의 전국적인 시장이 되게 연결시킴으로써 '대만의식'이 지속 발전할 수 있게 하였다. 할양 당시 대만은 기본적으로 농업을 위주로 하는 경제체제였기에, 대

66) 통계에 의하면 1899년 남녀 평균 2%에 불과하던 초등학교 취학율은 1916년 겨우 10%대에 진입했지만, 1919년 20.7%, 1928년 30.3%, 1935년 41.5%로 점차 높아지다가 1939년 53.2%, 1941년 61.6%, 1943년 71.3%(남자 80.9%, 여자 60.9%)로 급속히 증가하고 있다. 臺灣行政長官公署統計室 編, 『臺灣省五十一年來統計提要』(臺北, 1946), 1242쪽; 林茂生 著, 林詠梅 譯, 『日本統治下臺灣的學校教育』(臺北 : 新自然主義公司, 2000), 275쪽.

67) 일어 해독자의 비율도 1905년 대만 총인구의 약 0.38%에서 1915년 1.63%, 1920년 2.55%, 1932년 21.7%, 1935년 29.1%, 1938년 41.9%, 1941년 57.0%로 점차 증가하였고(村上嘉英, 「日本人の臺灣における閩南語研究」, 『日本文化』 45, 1966, 85~87쪽), 곧이어 전개된 '國語不解者一掃'운동으로 1943년 말에는 80% 이상으로 급증했다고 한다(『興南新聞』, 1943.10.12.).

68) 손준식, 「동화와 개화의 상흔 : 식민지 타이완의 일어」, 25~26쪽.

69) 周婉窈, 「臺灣人第一次的'國語'經驗 : 析論日治末期的日語運動及其問題」, 『新史學』 6卷 2期(1995.6), 123~124쪽.

만총독부는 대만 전역에 농업연구기구를 설립하여 우수한 신품종 개발, 새로운 유기화학비료 생산, 경작기술 교육 등 을 통한 '녹색혁명'을 즉시 추진하는 것을 시정의 최우선 목표로 삼았다. 이 '녹색혁명'의 성공과 수리시설의 보급으로 쌀의 증산을 비롯한 차·사탕수수·바나나·파인애플 등 경제작물의 생산량이 크게 증가하여 상품화가 진행되면서 지역을 뛰어넘는 협력 네트워크와 관리 제도가 만들어지게 되었다. 총독부는 또 각지의 '農會'와 조합 등 농업 관련 조직체를 통해 농민들에게 새로운 품종과 농업기술을 소개하고 비료와 종자의 공동구매 및 토지개량 같은 사업을 진행하여 대만 농민 간의 소통 협력을 촉진하였을 뿐 아니라 '농회'와 '靑果주식회사' 등을 통해 전국적인 농업유통망도 수립하였다. 이에 대만의 농촌경제는 청대의 자급자족적인 '시진경제'에서 '시장경제Market economy'로 전환하게 되었고, 대만 각 족군 간의 관계도 활발한 경제활동을 통해 더욱 밀접해지게 되었다. 이와 더불어 1910년대 이후 일본제국의 남진정책에 호응하여 경공업 위주의 공업화가 추진되고 이에 따라 도시화도 진행되어졌다.[70] 이처럼 일제 식민통치 하에서 대만은 전국적인 시장경제로 전환되었을 뿐 아니라 공업화와 도시화도 아울러 추진된 결과 대만의 '사회소통'이 더욱 활발하게 이루어져 '대만의식'의 형성을 가속화시키는 또 다른 배경이 되었다.

4. 일제 하 '대만의식'의 성격

일본 식민통치 초기 아직 완전히 형성되지 못하였던 지역 정체성으로서의 '대만의식'은 이상에서 살펴 본 일본제국의 식민지 착취와 민족차별정책에 대한 불만 및 근대화와 일어보급에 따른 사회이동성 제고와 공통어의 등장을 배경으로 1920년대에 접어들면서 분명한 형

70) 簡炯仁, 『臺灣開發與族群』, 141~143쪽; 黃秀政 外, 앞의 책, 196~198쪽.

태를 드러내게 된다. 이러한 변화는 1920년 이전 일본의 대만유학생이 결성한 조직이나 숙소에 모두 '高砂'라는 칭호를 붙였는데, 1920년 말 동경의 대만유학생이 '東京高砂學生青年會'의 명칭을 '東京臺灣學生青年會'로 바꾼 이후 대만인이 만든 항일조직이나 잡지 예컨대 臺灣文化協會, 北京臺灣青年會, 新臺灣聯盟, 『臺灣青年』, 『臺灣民報』, 『臺灣新民報』, 臺灣農民組合, 臺灣改革會, 臺灣民黨, 臺灣民衆黨, 臺灣共産黨, 臺灣工友總聯盟 등이 모두 '대만'이라는 용어를 사용하고 있는데서 확인할 수 있다. 또 이 점은 일제강점기 대만 거주 일본인의 대만주민에 대한 호칭 변화를 통해서도 알 수 있다. 연구에 의하면 일제 초기 주로 사용하던 '土人'이란 卑稱은 중기 이후 '本島人'[71]으로 대체되는 한편 '대만인'이란 호칭이 1920~30년대에 가장 많이 등장하였다가 말기로 가면 현격히 줄어든다고 한다. 민족의 특색 중 하나가 자아인지와 타자의 승인이라는 이중적 의미를 갖는 것이라면, 일제 중기 '대만인'이라는 집단이 대만주민 스스로만이 아니라 타인에 의해서도 불리어짐으로써 '대만인'이 하나의 공동체 명칭이 되어 역사의 무대에 등장하였음을 보여준다고 하겠다.[72]

'대만'을 공동체의 공간으로 삼는 '대만인' 상상은 일군의 동경유학생에 의해 시작되었다. 제1차 세계대전 후 밀어닥친 대정민주사조의 영향 하에 이들 중산계층 출신의 대만 지식청년은 식민모국에서 배운 근대화 지식과 이론을 무기로 차별적인 일본의 식민지 지배에 대해 저항을 모색하였다. 유학생들은 '啓發會' '新民會'를 잇달아 조직하고 1920년 『대만청년』 잡지를 발행하여 '민족자결' '완전자치' 등을 구호로 내세우며 식민지 대만의 정치개혁을 주장하였다. 당초 대만총독의 권한 축소와 대만인의 권익 증진 방법을 둘러싸고 유학생들 사이에 동화주의 노선과 자치주의 노선의 대립이 있었지만, '육삼법' 철폐를 주장하던 동화주의 노선은 1920년 한국의 친일파 정객 閔

71) 대만 거주 일본인을 지칭하는 '內地人'에 상대되는 정식 명칭으로, 그 안에 한인(복건, 광동, 기타)과 번인(숙번, 생번)이 모두 포함되었다.

72) 陳翠蓮, 앞의 책, 64~65쪽.

元植의 암살을 계기로 퇴조하였고 자치주의 노선도 대만의 현실을 고려하여 '완전자치' 요구 대신 식민지 민선의회설치로 전환하게 된다.[73] 이러한 사상적 배경 하에 1921년부터 1934년까지 14년간 모두 15차례에 걸친 대만의회설치청원운동이 전개되어졌다.[74]

자신을 '대만인'이라 명명하여 타자와 구분하는 대만인 공동체의식 즉 '대만의식'은 대만의회설치청원운동과 蔣渭水를 중심으로 1921년 성립된 대만문화협회의 강연·선전활동 등을 통해 더욱 명확히 응집되어 식민자들이 부여한 '본도인'이란 명칭도 거부하고[75] 더 나아가 대만인으로써의 자부심도 드러내게 된다.[76] 하지만 일본의 식민통치 체제를 인정하는 범위 내에서 대만인의 평등한 권리 추구만을 목표로 삼은 자치주의운동은 일본의 식민지배로부터의 독립을 주장하는 민족주의와 사회주의 진영의 비판과 공격을 받게 되어 마침내 1927년 그 동안 문화계몽운동 및 항일민족운동의 중심 기관이었던 문화협회가 분열된다. 그 후 連溫卿 등 좌파가 완전 장악한 문화협회(통상 신문화협회라 부름)는 강연회 개최를 주된 활동으로 하면서 노동자 농민을 결합시킨 농공운동에 매진하게 된다. 1929년 문화협회는 대만농민조합(1926년 결성)과 공동 투쟁을 펴기로 하였으나 농민조합에 대한 대대적인 검거령이 내려지고 문화협회 간부들 역시 검속에 걸린데다 얼마 후 대만공산당 당원이 문화협회에 잠입하면서 그 성격이 또 한 차례 변질되어 1931년 대만공산당의 외곽조직으로 전락하였고 그 해 6월 대만공산당에 대한 전면적인 검거령이 내려진 후 자연 와해되었다.[77] 한편 문화협회를 탈퇴한 옛 간부들이 1927년 7월 별도로 조직한 臺灣民衆黨도 장위수 등의 扶助農工 노선에 반발한 林獻

---

73) 葉榮鐘 等, 『臺灣民族運動史』(臺北 : 自立晩報社, 1983), 71~74쪽, 107~108쪽.

74) 이에 관해서는 周婉窈, 『日據時代的臺灣議會設置請願運動』(臺北 : 自立晩報系文化出版部, 1898)을 참조.

75) 劍如, 「臺灣人的名稱」, 『臺灣民報』 2卷 24號(1924.11.21).

76) 「臺灣議會期成同盟會治安警察法違反嫌疑事件第一審公判特別號」, 『臺灣民報』 2卷 16號(1924.9.1).

77) 자세한 내용은 林柏維, 『臺灣文化協會滄桑』, 臺北 : 臺原出版社, 1998을 참조.

堂·蔡培火 등 지주자산계급 출신의 온건파들이 1930년 지방자치추진을 단일목표로 하는 臺灣地方自治聯盟을 조직하여 독자적인 노선을 걷기 시작하였다. 그 후 민중당은 노동자·농민계급운동을 목표로 급진적이고 비타협적인 저항운동을 펼치고자 하였으나 1931년 식민당국에 의해 모든 활동을 금지당하고 주요 간부들이 체포됨으로써 짧은 역사를 마감하게 된다.[78]

일제강점기 대만인의 항일저항운동을 국가정체성의 입장('통일'과 '분리')과 운동의 수단방법('혁명'과 '개량')이라는 두 개의 좌표를 갖고 '祖國派'(통일, 혁명)와 '待機派'(통일, 개량), '대만혁명파'(분리, 혁명) 및 '一島改良主義'(분리, 개량) 등 네 가지 형태로 구분하는 견해가 있다.[79] '조국파'는 대만을 떠나 중국에서 활동하던 廣東臺灣革命青年團, 臺灣革命同盟會, 臺灣民主黨, 衆友會 등 대만 청년단체조직을 가리키는데, 조국(즉 중국)의 힘을 빌려 대만이 일본 통치로부터 벗어나 조국으로 回歸할 수 있기를 기대하는 그룹이다. '대기파'는 조국이 아직 대만을 원조할 능력이 없기 때문에 스스로 민족문화를 보존하고 총독전제정치 하에서 대만인의 권익과 지위를 쟁취하면서 조국으로 회귀의 기회를 기다리자는 그룹으로 (분열 전)대만문화협회와 대만민중당이 이에 해당한다. '대만혁명파'는 일본제국주의를 타도하고 대만의 독립건국을 주장하는 그룹으로 대만공산당이 중심이 된다. '일도개량주의'는 조국의 존재를 아예 고려하지 않고 단지 대만의 생존환경 개량만을 추구하는 그룹으로 1930~1931년 사이에 발생한 향토문학 논쟁 중의 '臺灣話文派'가 그 대표라 할 수 있다.[80]

'조국파'와 '대기파'는 중국으로 회귀하는 것을 최종목표로 삼았다는 점에서 국가정체성 상의 입장이 매우 유사하다. 다만 '조국파'의 활동무대가 중국이었기 때문에 직접 조국으로의 회귀를 표명할 수 있었던 데 반해 '대기파'는 대만 내에서 활동하였기 때문에 겉으로

---

78) 자세한 내용은 簡炯仁,『臺灣民衆黨』, 臺北 : 稻鄉出版社, 2001을 참조.

79) 若林正丈,「臺灣抗日運動中的'中國座標'與'臺灣座標'」,『當代』 17(1987), 40~51쪽.

80) 李筱峰, 앞의 글, 281~282쪽.

일본의 식민지배체제를 인정하지 않을 수 없었다. 그들은 조국이 단기간 내에 대만을 해방시킬 수 없으며 대만인도 바로 신분 전환과 국적 변경을 할 수 없다는 것을 알고 있었지만 대만인의 권리와 지위를 쟁취하기 위한 항쟁을 하지 않을 수 없었기 때문에 대만인의 단결을 위해 '漢民族' '중화민족'과 같은 강렬한 종족적 문화적 부호를 사용하여 대만인과 일본인을 구별하는 정체성의 지표로 삼았던 것이다.[81] 다시 말해 이미 "대만은 우리 대만인의 대만이다"[82]라는 구호가 나왔고 자치권 쟁취운동과 같은 대만을 하나의 특수한 지역단위로 하는 '대만의식'이 형성되었지만, 그 '대만의식'은 '일본의식'에 상대되는 개념으로 사용되었고 "대만은 우리 대만인의 대만이다"의 또 다른 의미는 "대만은 일본인의 대만이 아니다"를 표현한 것이었다.[83] 따라서 당시의 '대만의식'은 '중국의식'을 배척하지 않았을 뿐 아니라 반대로 농후한 '중국의식'을 내포하고 있으므로, "이러한 '대만의식'과 '중국의식'이 결합한 의식형태에서 '중국의식'은 '대만의식'을 경계 짓는 성질을 갖게 되었다"[84]고 말할 수도 있다. 당시 항일민족운동에 참여하였던 葉榮鐘이 "우리들의 조국관념과 민족의식은 일본인의 차별과 업신여김, 압박으로 인해 생겨났다고 말하는 편이 옳다"[85]고 한 회고는 당시 그들의 '중국의식'이 일본의 민족차별에 대항하는 도구로 사용되었음을 분명하게 설명하고 있다.

한편 좌익인사들로 구성된 '대만혁명파'는 국가정체성 상에서 완전히 다른 선택을 하였다. 1928년 상해에서 성립된 대만공산당은 그

81) 이와 같이 농후한 血緣種族的 특성을 지닌 대만인 공동체의식은 행정구역 바깥의 원주민 즉 '생번'을 대만인의 범주에서 제외시키고 있다는 점에서 식민자의 '문명과 야만' 관점을 수용한 한계를 지니지만, 행정구역 내의 원주민 즉 '숙번'을 대만인의 범주에 포함시키고 있다는 점과 비록 소수이기는 하지만 일본인과 대만인의 평등을 요구하기 전에 대만 내부의 문제 즉 원주민에 대한 한인의 차별대우를 일소해야 한다는 주장이 제기되었다는 점에서 이전에 비해 진일보한 것으로 보인다. 陳翠蓮, 앞의 책, 51~52쪽, 70쪽.

82) 蔡培火, 「我島と我等」, 『臺灣青年』 1卷 4號, 和文之部(1920.10.15); 蔡培火, 「我島與我等」, 『臺灣青年』 1卷 5號, 漢文之部(1920.12.15).

83) 李筱峰, 앞의 글, 282~283쪽.

84) 陳昭瑛, 「論臺灣的本土化運動 : 一個文化史的考察」, 『中外文學』 23卷 9期(1995.2), 56쪽.

85) 葉榮鐘, 『小屋大車集』(臺中 : 中央書局, 1977), 23쪽.

'政治大綱' 중에서 '대만민족'의 관념을 분명하게 내걸었을 뿐 아니라 '대만인민 독립만세' '대만공화국 건립'의 구호를 표방하였다는 점에서 일제강점기 분명하게 '대만독립'을 주장한 단체라고 말할 수 있다. 그밖에 대만공산당 인사들이 그 활동에 적극 참여하고 운영을 주도하였던 대만농민조합과 '신문화협회'등도 '대만혁명파'에 속하지만 당시 이들의 운동 성격으로 보아 그 무게 중심은 계급운동에 있었지 독립건국에 있지는 않았다. '대만독립'의 구호는 좌익인사 외에도 李友邦의 臺灣獨立革命黨과 같은 '조국파'에 속하는 일부 인사들도 부르짖었다. 하지만 그들이 주장하는 '대만독립'은 일본의 통치로부터 벗어나는 것만을 의미하는, 일본으로부터 벗어난 후 하나의 독립된 국가를 건립하는 것이 아니라 중국의 통치로 되돌아가는 것을 말한 것이었다.86)

다른 한편 향토문학 논쟁에서 "노동대중을 대상으로 하며" 그들이 사용하는 "대만말로 글을 짓고 시를 쓰며, 대만말로 노래를 부르고 대만말로 대만 것을 묘사해야 한다"고 주장한 '대만화문파'는 '중국의식'보다도 '대만의식'을 강조하였다. 그들은 식민지 지배가 장기화되면서 갈수록 중국과 거리가 멀어지는 대만사회와 일어보급으로 중국어에서 점차 멀어져 가는 현실에 대한 자각에서 일어로 시나 글을 쓰는 것을 거부하고, 대만의 실질적 언어생활과 거리가 있는 대륙의 백화문 대신 대만의 대중에게 쉽게 보급할 수 있는 대만어 즉 민남어로 문학작품을 발표했다.87) 식민지 1세대 지식인인 이들이 대만 본위의 문학을 강조한 것은 '중국의식'과는 분명 다른 '대만의식'이었다.

하지만 이와 같은 다양한 성격의 '대만의식'을 바탕으로 한 항일저항운동은 1930년대에 들어 일본제국주의가 파시즘적 경향을 보이고 대만에 대한 '동화정책'을 가속화하면서 모두 수면 아래로 잠복하게 된다. 그 후 대만인을 진정한 일본인으로 바꾸려는 '황민화'운동이

86) 李筱峰, 앞의 글, 284~285쪽.

87) 하세봉, 「대만의 식민지경험과 정체성」, 『비교문화연구』 16(2004), 93~94쪽.

실시되면서 대만인 중 일어를 생활언어로 사용하는 가정이 늘어나고, 일어로 된 글과 작품(소위 '황민문학')을 발표하여 식민통치에 영합하려는 지식인이 등장하였을[88] 뿐 아니라 戰時 일제의 전쟁동원에 청년세대가 적극 호응[89]하여 침략전쟁의 '공범'이 됨으로써 중국인으로서의 정체성을 점점 상실하게 된다. 그리고 그나마 중국 민족의식이 남아있던 식민지 1세대조차도 전쟁말기 중국인도 일본인도 아닌 마치 버려진 고아 같은 자신의 존재를 인식하고 이런 비애를 '고아의식'으로 승화시키게 된다.[90] 결국 일제의 민족차별적인 식민지배에 반발하여 자각하기 시작한 '대만의식'은 하나의 분명한 정체성을 확립하지 못한 채 종전을 맞았고, 이런 애매한 대만인의 입장은 戰後 또 다른 지배자로 군림한 중국국민당 정부의 지배 하에서 혼란과 갈등의 소지가 되고 더욱 증폭되었다는 점[91]에서 국가권력에 의해 차별을 전제로 시행된 '동화'의 실상과 한계를 다시금 확인할 수 있다.

맺음말

청대 대만은 지리환경의 제약으로 서로 거의 왕래하지 않는 남북 몇 개의 구역으로 분할되어 있었고, 각 구역마다 주요 시진을 중심으로 한 '시진경제'와 서로 다른 인문사회가 형성되어 있었다. 더욱이

88) '황민문학'의 대표작으로 꼽히는 『道』라는 소설을 보면 벌레에 물린 주인공이 무의식중에 臺灣 俗語를 내뱉고 나서 평소 '국어(일어)'로 사고하지 못하는 자신을 책망하는 장면이 나오는데, 이 작품이 작가의 半자전적 소설이라는 점에서 당시 대만 지식인의 사고의 일면을 엿볼 수 있다. 林瑞明, 「騷動的靈魂 : 決戰時期的臺灣作家與皇民文學」, 『臺灣史論文精選』 下(臺北 : 玉山社, 1996), 206~210쪽.

89) 예컨대 1941년 이듬해부터 '육군지원병제도'를 실시한다고 선포되자 자원하는 대만청년들이 줄을 이었으며 심지어 '血書지원'하는 광기마저 유행하였다. 제1차 육군지원병 모집에는 42만여 명이 신청하여 천여 명이 선발되었고, 그 다음해 실시된 제2차 모집에는 60만여 명이, 해군지원병에는 31만여 명이 지원하였는데, 당시 대만 전체 남자인구가 약 300만 명에 불과했다는 점을 고려하면 매우 높은 비율임을 알 수 있다. 周婉窈, 「從比較的觀點看臺灣與韓國的皇民化運動(1937~1945)」, 『新史學』 5卷 2期(1994.6), 148~150쪽.

90) 吳濁流, 『亞細亞的孤兒』, 臺北 : 草根出版社, 1995.

91) 이에 관해서는 손준식, 「동화와 개화의 상흔 : 식민지 타이완의 일어」, 41~50쪽을 참조.

초기 한인 이민사회는 지연적 결합관계를 중시하여 출신지별 사용 언어별로 집단거주하면서 자신의 고향을 정체성의 대상으로 삼는 지방의식이 매우 강렬하였다. 그 후 한인사회가 점차 토착화되면서 1860년대에 오면 이러한 지방의식 대신 '대만' 전역을 정체성의 대상으로 삼고자 하는 집단의식이 서서히 싹트지만, 이것이 하나의 완전한 '대만의식'으로 성장하기 위해서는 일본의 식민통치를 기다려야 했다.

할양 초 대만주민들은 일본의 점령에 오랫동안 격렬히 저항하였지만 이들 대부분 청조를 국가정체성의 대상으로 삼거나 왕조교체의 성격을 띤 전근대적인 운동이었다. 이런 점에서 일제 초기 대만에는 '대만민족'관념은 물론 지역 정체성으로서의 '대만의식'도 아직 형성되지 못하였음을 알 수 있다. 다만 향토애와 조국에 대한 원한 및 총독부의 양안 교류억제 정책은 대만인을 점차 중국과 멀어지게 하였다. 대만 점령 직후 일본은 반항세력을 진압하여 치안을 공고히 함과 동시에 자본주의화의 기초를 완성하여 일본자본의 진출 여건 마련에 총력을 기울였다. 아울러 대만을 열대경제작물과 식량생산지로 육성하기 위한 농업위주의 식민경제체제를 건립하였다. 일본의 식민지 착취는 대만인의 조세부담과 세수의 사용처 및 산업의 일본자본 편중 특히 제당업의 독점을 비롯하여 산업노동자의 비중과 미성년 노동자 고용 등을 통해 엿볼 수 있다. 또 토지와 임야조사를 통해 확보한 관유지를 일본 자본가에 불하함으로써 대만농민의 생계터전을 빼앗고 사탕수수 수매가격을 일본계 제당회사가 일방적으로 정할 수 있는 제도적 장치를 마련한 것 등을 통해서도 확인할 수 있다.

한편 일본은 대만 통치를 위해 위임입법제도를 도입하여 대만총독이 대만인의 권리와 의무를 좌우할 수 있는 전제체제를 성립시켰고, 이는 문관총독 시대에 와서도 크게 달라지지 않았다. 이를 위해 총독부는 방대하고 강력한 경찰력을 동원하여 '전형적인 경찰정치'를 시행하였고, 이들 대만경찰은 행정일선에서 권위와 폭력을 앞세워 대만인의 복종을 강요하고 직권을 남용하여 사리사욕을 채우며 민족적 차별을 가하였다. 대만인에 대한 민족차별대우는 관리임용과 승진 및 임금 등에서 뿐만 아니라 교육기회와 교육내용, 교사자질, 교육경비 및 입시제도 등에서도 드러났다. 특히 학교교육은 지배자와 피지배자의 불평등한 정치적 역할과 사회관계를 재확인하는 수단으로도 작동되었음을 알 수 있다.

다른 한편 대만총독부가 추진한 각종 근대화 조치는 비록 식민모국의 이익을 위한 것이었지만 결과적으로 대만의 지리적 장애를 타파함으로써 대만인의 근대국민의식을 응집시키는 배경이 되었다. 교통망의 완성은 사회이동성을 제고시켜 대만 각 족군 간의 거리를 좁혔고, 도량형과 화폐 개혁은 화물과 자본의 유통을 촉진시켰으며, 일어보급정책은 언어불통으로 격절되어 있던 각 족군이 일어를 통해 상호 의사소통할 수 있게 하였다. 그 결과 족군 간의 융합이 강화되었을 뿐만 아니라 구역별 '시진경제'가 전국적인 '시장경제'로 전환되게 하였고 공업화와 도시화의 진행은 대만의 '사회소통'을 더욱 활발하게 함으로써 '대만의식'의 형성을 가속화시켰을 것으로 보인다.

이상과 같은 배경을 바탕으로 '대만의식'은 1920년대에 들어 분명한 형태를 드러내게 되니 '대만'이란 용어 사용과 '대만인'이란 호칭의 등장을 통해 확인할 수 있다. 동경유학생에 의해 시작된 '대만인' 상상은 반식민지 저항운동을 통해 더욱 명확히 응집되지만 그 노선에 대한 이견으로 분열되고 만다. 일제강점기 대만인의 항일운동은 국가정체성의 입장과 그 수단방법에 따라 '조국파'와 '대기파', '대만혁명파' 및 '일도개량주의'로 구분할 수 있다. '조국파'와 '대기파'는 정체성 상의 입장이 매우 유사하지만, '조국파'는 활동무대가 중국이었던 반면 '대기파'는 대만 내에서 활동하였기에 일본의 지배를 인정하지 않을 수 없었다. '대기파'는 대만인의 단결을 위해 '한민족' '중화민족'과 같은 강렬한 종족적 문화적 부호를 사용하여 대만인과 일본인을 구별하는 지표로 삼았다. 따라서 대만을 하나의 특수한 지역 단위로 하는 '대만의식'을 표방하였지만 그 '대만의식'은 '일본의식'에 상대되는 개념으로 농후한 '중국의식'을 내포하고 있었다. 한편 '대만혁명파'가 비록 '대만민족'과 '대만독립'을 표방하였지만 그 무게 중심은 계급운동에 있었고, '조국파'의 '대만독립'도 일본지배에서 벗어나는 것만을 의미하였다. 반면 '일도개량주의'를 대표하는 '대만화문파'의 '대만의식'은 대만 본위를 강조한 점에서 분명 '중국의식'과 다른 것이었다.

하지만 1930년대 이후 특히 '황민화'운동이 전개되면서 많은 대만 젊은이들이 '동화'되어 중국인으로서의 정체성을 점점 상실하게 되고, 그나마 민족의식이 남아있던 식민지 1세대조차도 중일전쟁의 비극 속에서 자신의 존재를 '고아의식'으로 승화시키게 된다. 이런 대만인의 애매한 입장은 전후 국민당에 의해 더욱 증폭되어 오늘날까지 대만사회의 중요한 이슈로 작동하고 있다는 점에서 식민지배의 여독과 차별을 전제로 한 '동화'의 문제점을 생각해보게 한다.

중국 근대 지식인들의 '민족국가' 인식

이춘복

머리말

청말 1900년에서 1911년까지의 신해혁명 시기는 중국의 역사에 비추어 본다면 극히 미미한 기간에 불과하지만, 이 시기에 근대 지식인들이 민족구성 요소·민족구성 규모·민족과 국민의 관계설정 및 민족국가 유형에 대한 논의는 전근대시기와 구분되는 획기적인 사건이다. 뿐만 아니라 이러한 논의들은 오늘날 중국 정부와 학계에서 논의되고 있는 '통일적 다민족국가' 건설 과정을 이해하는 데 중요한 역할을 하고 있다.

신해혁명 시기에 중국 근대 지식인들은 서구로부터 수용된 민족국가 관련 개념들을 모방하여 다양한 유형의 민족국가 만들기를 시도하였다. 그런데 민족국가에 대한 청말 지식인들의 인식과 건설 구상은 하나의 천편일률적인 유사한 결과물이라기보다는 그들이 직면한 다양한 곤경과 정치적 입장의 차이를 잘 반영한 것이다. 다시 말해

* 중앙대학교 문화콘텐츠기술연구원 연구교수

이들의 직면한 곤경과 정치적 입장 차이에 따라 근대적 의미의 민족·국민·국가 등의 개념을 차별적으로 인식·선택하고 있다. 또한, 이들 새로운 개념들은 청말 지식인들의 정치적 입장에 걸맞게 선택되어 다양한 유형의 민족국가 모델을 제공하고 있다. 19세기에서 20세기로의 전화기 이후 양계초·강유위·엄복·양도 등 개혁파는 물론 왕정위·손문·장태염 등 혁명파는 정치활동의 목적과 수단에 따라 입헌군주·개명군주·민주공화 등 정치적 입장을 달리하고 있지만, 민족과 국민 및 민족국가의 관계를 단계론적 선후관계로 본다는 측면에서 공통된 특징을 갖고 있다.[1)]

이 연구는 청말 지식인들이 민족과 국민 및 민족국가의 개념들의 수용과 인식, 그리고 이들 개념에 대한 규정 및 다양한 민족국가 유형을 살펴보고자 한다. 또한, 민족주의와 민족국가라는 것은 단일한 유형이 존재하는 것이 아니며 얼마든지 새롭게 만들어질 수 있는 '고안된 질서'라는 점을 살펴볼 수 있을 것이라는 기대에 출발하였다.[2)] 아울러 청말 민족국가 만들기 과정에서 민족 동화주의, 순혈 민족주의, 한족 우월주의, 차별적 민족개념 및 민족구성 규모 등의 주요이슈들은 오늘날의 중국을 들여다 볼 수 있는 창구도 되기를 기대한다.

---

1) 청말 민족국가와 민족주의 관련 국내연구로 정지호, 「梁啓超의 近代的 歷史敍述과 國民國家」, 『이화사학연구』 제32집, 2005; 박상수, 「중국 근대 '네이션' 개념의 수용과 변용」(박상수 외, 『동아시아 근대 '네이션' 개념의 수용과 변용』, 고구려연구재단, 2005, 87~116쪽 수록); 배영동, 「中國近代 民族主義에 관한 一考察」, 『사대논문집』 제8권, 1982; 박병석, 「중국의 국가, 국민 및 민족 명칭 고찰」, 『한국사회이론학회』 제26권, 2004; 박선령, 「국민국가·경계·민족」, 『동양사학연구』 제81집, 2003; 김두현, 「淸末 楊度의 民族問題 認識과 立憲君主論」, 『서울대동양사학과논집』 제32집, 2008 등이 있다. 해외 연구로는 坂元ひろ子, 양일모·조경란 역, 『중국 민족주의의 신화』, 지식의풍경, 2006; 徐迅, 『民族主義』(政治思潮叢書), 中國社會科學出版社, 1998; 張明 主編, 『知識分子立場: 民族主義與轉型期中國的命運』, 時代文藝出版社, 2000; 鄭大華, 『中國近代史上的民族主義』, 社會科學文獻出版社, 2007 등이 있다.

2) Hans-Ulrich Wehler, 이용일 역, 『허구의 민족주의』, 푸른역사, 2007, 31쪽.

1. 근대적 '민족국가' 관련 개념들의 수용

20세기 초 서구의 '민족국가' 이론들이 수용되기 전 중국에서는 전통적인 중화주의에 바탕을 둔 세계관과 華夷觀이 지배적인 이념으로 작동하고 있었다. 전통시대에 '중화'는 '中國'과 '中夏'와 같은 뜻으로 사용되었고, 이는 중국 문명이 발생한 '夏'지역과 '天下'의 중심이라는 뜻을 함께 지니고 있다. 중국 전통시대의 세계관인 '天下觀'은 天上에 대한 상대적인 개념으로 하늘 아래의 모든 땅과 바다를 포함한 전체공간을 의미하고 있다. 여기에는 하늘의 명을 받은 천자가 天朝를 구성하여 천하를 다스린다는 전근대적 국가관과 세계의 중심을 자처하는 중국적 천하관이 내포되어 있다. 또한, 중국적 천하관과 밀접한 관련이 있는 것은 '중하'와 주변의 종족 집단을 구분 짓는 華夷觀이다. 문화적으로 중국인들이 살고 있는 지역을 華夏라 칭하고, 주변의 집단에 대하여 東夷, 南蠻, 北狄, 西戎이라 폄하하여, 이들이 화하의 문화를 수용하지 않는 한 야만에서 벗어날 수 없다는 문화 우월주의적인 의미도 지니고 있다. 이와 더불어 주변 집단이 문화적으로 중국문명을 수용하였거나 정치적으로 朝貢冊封 체제를 받아들였을 경우에는 '중국'과 '천하'의 범위는 확대될 가능성 있는 문화 팽창주의적인 요소를 가진 세계관이라 할 수 있다. 따라서 기존 연구에서 지적한 바와 같이, 정치적 지배력의 강약과 주변 집단의 중화문명에 대한 수용여부에 따라 '천하'와 '중국'의 지리상의 범주는 변화가 가능하다.[3] 이러한 지리범주상의 유동성 때문에 전근대 중국인들에게 국가 간의 지리적 경계를 명확히 구분 짓는 근대적 의미의 영토주권 개념은 생소한 것일 수밖에 없었다.[4]

위와 같은 전통적 '천하국가'관과 '화이관'이 흔들리기 시작한 것은

3) 전통시대 '천하'개념을 핵심으로 하는 중국적 세계질서에 변천과정 대한 연구로는 김한규, 『古代中國的世界秩序硏究』, 일조각, 1995 참조. 청대 중국의 중화체계와 대외인식의 변화에 관한 연구로 조병한, 「청대 중국의 '통일적' 중화체계와 대외인식의 변동」, 『아시아문화』 제10호, 1994, 27~36쪽 참조.

4) 이춘복, 「청말 중국 근대 '民族' 개념 담론 연구」, 『중앙사론』 제29집, 2009, 138~139쪽 참조.

서구 열강 세력과 충돌과 이로 인한 중국적 천하질서 속에 편입하고 있었던 주변 藩屬들의 잇단 이탈이었다. 제2차 아편전쟁 전까지만 해도 청나라는 중국적 세계질서의 관념 속에 머물러 있었다. 그러나 두 차례에 걸친 아편 전쟁의 패배로 중국은 중국 중심의 조공책봉체제에서 서구인들에 의해 고안된 조약체제로 편입되었다. 청나라가 조약체제로 들어간 것이 중국이 근대적 국제질서로의 편입을 의미한다면, 2차 아편전쟁 이후 청나라의 번속이었던 琉球와 베트남, 朝鮮을 잇달아 상실한 것은 전근대시기 중국 중심의 조공책봉 체제가 붕괴된 것을 의미한다. 밖으로 서양열강의 침략과 안으로 번부의 잇단 이탈은 청말 지식인들에게 중국이 근대적 의미의 국민국가 혹은 민족국가로 전환하여 국제질서에 편입해야 한다는 인식을 불러왔다. 다시 말해 일찍이 레벤슨이 중국 근대 사상사를 전통의 '천하'에서 근대의 '국가'로 전환하는 과정에 있다고 지적한 한 것처럼,[5] 새로운 정치공동체인 '민족국가' 이론이 부상하게 되었다.

이러한 변화와 인식에 부합하는 서구의 민족국가 관련 개념들이 중국에 체계적으로 수용된 것은 20세기 초 무렵이다. 이 시기에 민족국과 관련 학설들이 일본과 서구를 통해 동시다발적으로 도입되기 시작하였다. 민족국가 관련 개념들은 다양하게 수용되었으나, 여기에서는 '민족', '국민', 각종 '주권' 및 '국가' 등 근대 지식인들이 '민족국가' 만들기에 자주 사용하였던 핵심적인 개념들에 초점을 맞추어 살펴보도록 하겠다.

먼저 **'민족'과 '국민'개념의 수용**이다. '민족'과 '국민' 개념을 가장 먼저 받아들인 것은 1899년 양계초가 번역한 블룬칠리의 『국가론』으로 소급할 수 있다.[6] 블룬칠리는 문화적 '민족'과 정치적 '국민'을 구분하는 견해를 갖고 있는데, 그의 개념 정의가 20세기 초 근대 중국 지

5) Joseph R. Levenson, "Coufucian China and its Modern Fate", *A Trilogy*, Vol.1, University of California Press, 1968, pp. 98~103.

6) 블룬칠리, 梁啓超 역, 『國家論』, 『淸議報』 第1·2·11·15~31冊(1899), 中華書局(영인본), 1991.

식인들이 일반적으로 수용한 개념 정의라는 점에서 주목된다. 블룬칠리의 '민족'과 '국민'에 대한 다음과 같은 개념 정의를 반영한 것이다.

> "영어에서 '피플(People)'이라는 단어는 프랑스 사람들의 '푀프르(Peuple)'와 같은 것으로 문화적인 개념을 내포하고 있고, 독일 사람들은 '나찌온(Nation, 민족)'으로 표현한다. 정치적 개념으로는 영어에서 네이션(Nation, 국민)으로 표현하고 독일어에서는 폴크(Volk)에 해당한다."[7]

블룬칠리는 독일어의 '나찌온'과 영어의 '네이션'은 같은 단어이지만 그 의미하는 바가 서로 다르다는 것을 지적하고 있다. 양계초의 번역서인 『국가론』에는 블룬칠리의 위의 인용문에 해당하는 문장을 직접적인 번역은 하고 있지 않지만, 블룬칠리가 말하는 폴크를 '국민'으로, 나찌온을 '족민(민족)'으로 번역하고 있다. 특히, 양계초는 번역서에서 블룬칠리가 말하는 문화적 '민족'에 해당하는 '족민'에 대해 '국가의 형식(體裁)을 갖추지 못하였다' 혹은 "'민족'은 국가를 이루기에 충분하지 않다"라는 '민족'의 비정치적인 요인을 기술하고 있다.[8] 양계초이후 중국에 소개된 번역물에서는 '민족'에 대한 용어사용이 때로는 '족민' 혹은 '민족'으로 혼용되어 사용되기 있지만, 그 의미하는 바는 영어의 People이자 독어의 나찌온에 해당하는 문화적 의미의 '민족'을 가리키는 것이다. 가령 1902년 馮自由의 번역물인 『政治學』에서는 양계초와 같이 '족민'과 '국민'의 개념상의 차이를 구분하고 있다.[9] 문화적 '민족'의 특징으로 동일한 조상과 공동의 혈통 및 역사·언어·문학·습관 등 문화적인 요인을 꼽고 있고, 정치적 '국민'의 특징으로는 영토 내의 거주와 법률상의 자격 및 주권과의 관계 등 정

7) Johan Kaspar Bluntschli, *The Theory of the State*(영문판), Batoche Books, 2000, p. 79.

8) 블룬칠리, 梁啓超 역, 『國家論』 卷四, 『淸議報』 29冊, 1899, 1897쪽.

9) (독)那特硜, 馮自由 역, 『政治學』(상권·제1편), 廣智書局, 1902, 36쪽. 이외에 1900년 『譯書彙編』에서도 문화적 민족과 정치적 '국민'을 구분하여 논의하고 있다. (미)伯蓋司, 譯書彙編社 역, 「政治學」, 『譯書彙編』 第1期, 1900, 1쪽.

치적 요인을 들고 있다.[10] 이후 1907년 周珍이 번역 소개한 『국가학원리』에서도 '민족'과 '국민'의 개념상의 차이를 아래와 같이 번역 소개하고 있다.

> "'국민'과 '민족'은 어떻게 구분해야 하냐면 그들의 성질을 분별함으로써 이다. '국민'이라는 두 글자는 영어로 네이션(Nation)이라 일컫고 독어로 폴크(Volk)라 부른다……. '민족'이라는 두 글자는 영어의 피플(People)이라 일컫지만 독어로는 나찌온(Nation)이라 부른다."[11]

이처럼 청말 20세기 초 번역에는 블룬칠리·양계초·풍자유가 구분한 것과 같이 '국민'과 '민족'을 나누어 수용하고 있다. '민족' 개념의 특징으로 언어, 생활, 습관, 종교 및 공통 정신 등 문화적 요인들을 나열하고 있다. 이에 반해 '국민' 개념의 특징으로는 '국가가 없으면 국민이 없고, 정치 권리(政權)가 없는 사람들은 '국민'이 될 수 없다'라고 서술하여 정치적 요인을 강조하고 있다.

다음으로 **각종 '주권'과 '국가'개념의 수용**이다. 정치적 '국민'과 밀접한 관련이 있는 개념인 각종 '주권'과 '국가'개념 역시 20세기 초를 전후로 하여 중국에 번역 소개되었다. 중국 근대 지식인들이 '주권'과 '국가'에 대한 인식의 기원은 루소J. J. Rousseau의 『사회계약론』과 블룬칠리J. K. Bluntschli의 『국가론』을 수용하면서부터이다. 이 가운데 루소의 정치학설은 블룬칠리의 국가론 보다 앞선 1870년대부터 부분적으로 소개되었지만, 비교적 체계적으로 수용된 것은 1901년 이후 양계초의 『盧梭學案』과 1902년 楊廷棟이 번역 소개한 『路索民約論』 이후부터이다.[12] 루소의 사회계약론은 '국가'·'주권'·'국민'의 개념과 주권자와 '국민'의 관계를 명확하게 규정하고 있다. 루소의 '주권재민'

10) 위의 책(상권·제1편), 36~37쪽; 같은 책(중권·제1편), 1쪽.

11) 周珍 역, 「國家學原理」, 『新譯界』 第6號, 1907.6.25, 9쪽.

12) 루소의 사회계약론의 중국 전파에 대한 연구는 夏良才, 「〈民約論〉在中國的傳播」, 黃德偉 編, 『盧梭在中國』(文化硏究叢刊), 香港大學比較文學系, 1997, 82~87쪽 참조.

학설의 특징은 국가의 최고 주권이 국민에게 귀속되도록 규정함으로써, 주권자인 국민을 국가와 일치시키고, 국민의 지위를 국가의 요소 가운데 최상의 지위Sovereign of the People로 상정하고 있다는 점이다. 양계초가 『루소학안』 등에서 이를 적절하게 소개하고 있는 것처럼 주권자인 국민을 국가와 일치시키고(국민=국가), 국민의 지위를 국가의 요소 가운데 최상의 지위Sovereign of the People로 상정하고 있는 것과 일맥상통하다.[13] 또한, 당시 혁명파인 馬君武나 汪精衛가 말한 것처럼 루소의 사회계약설은 '國民學의 절대'[14] 혹은 주권재민을 '국민주의'[15]라고 서술한 것도 같은 맥락에서 이해할 수 있을 것이다. 요컨대 루소가 배치한 권력 간의 관계는 국민=주권=국가〉정부 통치권으로 도식화하여 이해할 수 있다.

루소의 사회계약설과 주권재민학설을 부정하는 국가주의 정치학설은 양계초가 1899년에 번역한 블룬칠리의 『국가론』과 그 후 1903년 「정치학 대가 블룬칠리의 학설」을 소개할 때까지 저술한 일련의 국가주의 관련 글에 반영되어있다. 블룬칠리는 루소의 사회계약설을 비판, 총체성과 통일성을 강조하는 국가 유기체설을 제시하였고, 루소의 '국민주권'개념을 '국가주권'으로 대체하였다. 국가주권Stateshohert(영어의 Sovereign of the State)은 주권은 '국민'에 귀속되는 것이 아니고 국가에 귀속한다는 학설로, 인격적이고 초월적인 국가주권을 '국민Volk'(영어의 people)보다 상위의 권력으로 규정하는 한편 국가주권을 여하의 권력보다 우월한 지위로 상정하고 있다. 블룬칠리가 배치한 권력 간의 관계를 간략하게 도식화해 보면 국가=주권〉정부 통치권〉국민 공민권의 순서로 정리할 수 있겠다.[16] 양계초의 국가주의에 소개

13) 梁啓超, 「盧梭學案」, 『飮氷室合集』 文集6(이하 文集), 中華書局, 1994, 104쪽.

14) 馬君武, 「彌勒約翰之學說」(1903), 『馬君武集』, 華中師範大學出版社, 1991, 145쪽.

15) 汪精衛, 「民族的國民」, 『民報』 第1·2號, 1905.

16) 블룬칠리와 양계초의 국가론에 관한 연구로는 우남숙, 「한국 근대 국가론의 이론적 원형에 대한 연구 : 블룬츨리(J. K. Bluntschli)와 梁啓超의 有機體 국가론을 중심으로」, 『한국정치외교사논총』(제22집 1호), 2000, 113~145쪽 참조. 이 외에 블룬칠리의 '네이션' 개념 연구를 통해 중국 근대의 '네이션' 개념의 수용과 변용을 연구한 논문으로 박상수, 앞의 논문, 87~116쪽이 있다.

와 입장은 이후 그의 정치주장은 물론 청말 개혁파 정치주장의 주요 근거가 되었다. 한편, 후술하듯이 루소의 정치학설은 혁명파 정치주장의 이론근거로 자리 잡게 되었다.

‘주권’과 관련하여 이외에도 의회주권, 군주주권 등이 소개되었지만, 청말 지식인들이 수용한 것은 상술한 ‘주권재민’과 ‘국가주권’이었다. 또한, 청말 지식인들이 국가주권을 선택하든 아니면 주권재민을 선택하든 공민권의 문제에 있어서는 선거권, 청원권 등 정치적 權利와 언론·출판·결사·종교·토론의 자유 등 개인적 권리를 모두 수용하는 입장이었다.[17]

2. ‘민족’과 ‘국민’ 및 ‘국가’에 대한 청말 지식인들의 인식 양상

‘주권’과 관련하여 이외에도 의회주권, 군주주권 등이 소개되었지만, 청말 지식인들이 수용한 것은 상술한 ‘주권재민’과 ‘국가주권’이었다. 또한, 청말 지식인들이 국가주권을 선택하든 아니면 주권재민을 선택하든 공민권의 문제에 있어서는 선거권, 청원권 등 정치적 權利와 언론·출판·결사·종교·토론의 자유 등 개인적 권리를 모두 수용하는 입장이었다.[18] 서구의 문화적 ‘민족’과 정치적 ‘국민’, 각종 ‘주권’ 및 ‘국가’ 등에 대한 학설이 수용됨에 따라 이들 학설에 대해 근대지식인들은 서로 다양한 반응과 미묘한 차이를 보이고 있다. 그 반응양상을 4명의 대표적인 이론가들을 들어 간단히 정리하면 아래와 같다.

첫 번째는 청말 여론계를 주도했고 개혁파의 대표주자라 할 수 있는 양계초의 반응이다. 양계초는 블룬칠리의 국가주의 학설을 수용

17) Wong, Young-tsu, “Revisionilism reconsidered: k’ang Yu-wei and reform movement of 1898”, *The journal of Asian Studies* vol.51 No.3, 1992, p. 513; Luke Kwong, *A mosaic of the hundred days*, p. 189 참조.

18) Ibid..

하여 초월적·인격적 국가학설을 주장하면서, 문화적 의미의 '민족'과 정치적 의미의 '국민', 그리고 '국가' 에 대한 인식을 바탕으로 하여, 이 삼자의 관계를 단계론적인 선후관계로 파악하고 있다. 그는 문화적 민족의 요인으로 동일거주· 동일 혈통·동일 신체구조·동일 언언·동일 문자·동일 풍속· 동일 경제[19] 등 8가지를 꼽고 있다. 민족과 밀접한 관련이 있는 '국가'의 구성요소로 "영토, 국민, 주권"[20] 혹은 "영토, 국민, 통치권"[21]을 국가 구성의 3대 요인을 제시하고 있다. 이 국가를 이루는 요소 가운데 하나인 '국민(혹은 인민)'의 요인에는 "이른바 완전한 국가는 국가만이 통치권을 갖고 있고, 이 통치권 아래에 그 公權과 私權은 일체 평등이다"[22]라고 한 것처럼 공민권 즉 선거권[23] 등 정치적 권리(公權)와 사상·종교·집회·언론·저술 등 개인의 자유와 권리(私權)[24] 등을 갖추어야 한다고 양계초는 보고 있다. 이러한 인식을 바탕으로 하여, 문화적 '민족'과 정치적 '국민', 그리고 '국가'의 삼자의 선후 관계에 대해서 양계초는 "'민족'은 동일한 언어와 풍속을 가지고, 동일한 精神과 性質을 가지는 것으로 그 공동의 마음으로 인해 점차 발달하는바, 이것이 굳어져 '國家'를 건설하는 사다리(階梯)가 되는 것이다. 그러나 민족이 연합하여 하나의 국가를 창설하지 못할 때 결국에 인격적 법인이 될 수 없기 때문에 단지 '민족'이라 부를 수는 있지만 '국민'이라 부를 수는 없다"[25]라고 설명

19) 梁啓超, 「論學術之勢力左右世界」, 文集 6, 113~114쪽; 「政治學大家伯倫知理之學說」, 文集 13, 89쪽. 이외에 梁啓超는 「申論種族革命與政治革命」(文集 19, 29쪽)에서 왕정위가 제시한 6가지 요인을 인정하기도 하였다. (一, 同血系; 二, 同需言文字; 三, 同住所; 四, 同習慣; 五, 同宗教; 六, 同精神本質; 此六者, 皆民族之要素也.)

20) 梁啓超, 『管子傳』, 專集 28, 12쪽. "國家之要素三：曰土地, 曰人民, 日主權. 三者具然后國家之形以成."

21) 梁啓超, 「憲政淺說」, 文集 23, 33쪽. "領土·國民, 要素之有形者也. 統治權, 要素之無形者也. 三者結合為一, 字曰國家"

22) 梁啓超, 「中國前途之希望與國民責任」, 文集 26, 12쪽. "夫所謂完全之國家者, 惟國家有統治權, 而凡立於此統治權之下者(統治權, 最高統治權), 其公權·私權, 一切平等."

23) 梁啓超, 「中國國會制度私議」, 文集 24, 107쪽. 선거권을 국민 공권 가운데 가장 귀한 것으로 인식하고 있다("選舉權於國民公權中之最可貴者").

24) 梁啓超, 「中國積弱溯源論」, 文集 5, 33쪽. "今日文明諸國所最尊最重者, 如思想之自由, 信教之自由, 集會之自由, 言論之自由, 著述之自由, 行動之自由,"

하고 있다. 다시 말해 '민족'은 '국민'이 되는 전단계의 전제조건이지 문화적 공동체인 '민족'이 직접 국가를 형성하는 것이 아니며, 근대 국가를 건립하기 위해서는 정치적 혹은 법적 공동체이자 정치적 공민권과 개인의 자유와 권리를 구비한 "국민이 있어야 국가가 있다"[26]고 할 수 있고, 반대로 "천하에 국민이 없으면 나라를 이룰 수는 없다"[27]는 것이다.

두 번째로는 혁명파의 대표적인 이론가인 왕정위汪精衛이다. 그는 양계초와 같이 문화적 '민족'과 정치적 '국민'에 대한 개념상의 구분문제에 대해서는 동일한 견해를 갖고 있다. 그는 '민족'이라는 개념을 '마음이 맞는 동류(氣類)의 단체인 동시에 역사적으로 영속성이 있는 단체'라고 정의 하고 있다. 이 문화적 '민족'의 6가지 특질로 동일 혈통·동일 언어와 문자·동일 거주·동일 습관, 동일 종교, 동일정신 등을 꼽고 있다.[28] 한편, 왕과 양은 후술하겠지만 주권의 함의와 귀속문제에 대한 입장 차이가 있지만, 양자는 국가에 대한 정의로 "국민이 있고, 영토가 있으면, 통일된 주권이 있다"[29]라고 국가 구성의 3대 요인을 꼽고 있다는 점에서 공통된 인식을 갖고 있다. 또한, 왕정위가 정치적 의미의 '국민'에 대해 규정 역시 양계초의 그것과 비교하면, 좀 더 구체적이긴 하지만 실질적인 규정은 거의 동일하다. 그는 '국민'의 규정을 다음과 같이 설명하고 있다.

"'국민'이란 법학상의 용어로, 사실적으로 말하자면 '국민'은 국가를 구성하는 분자인데, 국가란 단체이고 '국민'은 그 단체의 단위이기 때문에 국가의 구성분자라 말한다. 법률적으로 말하자면, '국민'은 국법상의 인격을 가진 사람으로, 개인적인 측면에서는 독립·자유하며 복종하는 바가 없고; '국민'이 국가에 대한 측면

25) 梁啓超, 「政治學大家伯倫知理之學說」, 文集 13, 72쪽.

26) 위의 글, 72쪽.

27) 梁啓超, 『新民說』(第6節 「論國家思想」), 專集 4, 16쪽.

28) 汪精衛, 「民族的國民」, 『民報』 第1號, 1905.

29) 汪精衛, 「雜駁新民叢報」, 『民報』 第10號, 1906. "國家之定義, 約有國民, 有領土, 有統一之主權."

에서는 일부가 전부에 대한 권리와 의무를 갖는 것인데, 이것이 국민의 요체인 것이다. 이는 입헌국에서만이 그러한 것이지, 전제국가에서 그 '국민'은 노예일 뿐이다."30)

이상에서 알 수 있듯이, 왕정위가 "'국민주의'는 정치상의 관념에서 발생하는 것이고, '민족주의'는 種族상의 관념에서 발생하는 것으로, 양자는 진실로 서로 밀접한 관계가 있지만, 결코 같은 것이 아니다"31)라고 한 것처럼, 그는 양계초와 같이 문화적 '민족' 규정과 정치적 '국민'을 서로 다른 개념으로 인식하고 있다. 또한, 민족과 국민 및 국가의 선후관계에 대해서도 양계초와 같이 "민족이 이미 그 언어·풍속이 같아지게 되면, 그 정신과 성질이 하나로 돌아가게 된다. 이로보터 그 공동의 마음이 나타나는 것을 보편적으로 느끼게 되었을 때, 그 민족은 점차 그 세력과 意想을 하나가 되고 바로잡아지는 前兆를 뛰게 된다. 요컨대 '국가'를 창립하는 단계와 사다리(階梯)로 차츰 나아간다."32)라고 왕정위는 설명하고 있다. 이상에서 볼 수 있듯이 즉 국민으로 구성된 '국가' 건설의 전재조건은 언어·풍속 등 문화적 '민족'요인이 성립된 후 가능하다는 왕정위의 주장은 혁명파와 개혁파라는 정치적 입장 차이는 있지만 왕과 양은 모두 양자의 관계를 단계론적 선후관계로 보는 공통된 입장을 취하고 있다.

세 번째로는 서구정치사상을 번역 수용하는데 선구자적인 인물이지만 청말 정치활동에 적극적으로 참여하지 않았던 엄복嚴復이다. 후술하겠지만, 엄복은 근대 민족국가 건설 과정에서 문화적 '민족' 개념 배척하고 순수한 의미의 정치적 '국민국가'를 주장한다는 측면에서 양계초·왕정위와 근본적인 차이점을 갖고 있다. '주권'의 이해 측면에서 왕정위와 같이 주권이 국민의 일부분에 귀속하거나 전체 국민에 귀속되는 주권개념을 수용하고 있다. 다시 말해, 그는 일부분의

30) 위의 글.

31) 汪精衛, 「民族的國民」, 『民報』 第1·2號, 1905.

32) 汪精衛, 「研究民族與政治關繫之資料」, 『民報』 第13號, 1907.

국민에게 '주권(無上主權)'이 귀속되는 것을 '賢政(귀족정치)', 전체의 국민이 주권을 조정하는 것을 '庶建(혹은 眞民主)'으로 규정하고 있다.[33] 그러나 엄복은 주권의 구성요인과 국민 요건 및 문화적 '민족'과 정치적 '국민'을 구분한다는 측면에서 왕정위와 양계초의 입장과 일맥상통하다. 엄은 주권의 구성요인에 대해서는 양·왕과 같이 '영토, 주권, 국민'이라는 3요소설을 받아들이고 있다.[34] 근대적 국가사회의 '국민'의 요건으로는 '개인자유'와 '사회자유' 및 '정치적 자유' 등 3가지 부류의 자유와 권리로 구분하여 인식하고 있다.[35] 앞의 '개인자유'와 '사회자유'는 양계초가 말하는 '私權'에 해당하고, '정치적 자유'는 선거권 등 정치적 공민권에 해당하는 것이다. 또한, 문화적 '민족'과 정치적 '국민(혹은 국가)'에 대하여 엄복은 그가 번역한 영국 정치학자인 Edward Jenks의 『社會通詮A History of politics』 나오는 종법사회와 국가사회로 구분하는 견해를 따르고 있다. 엄복이 '민족'이라는 용어로 번역한 용어는 tribe부족, clan씨족, patriarch종법적 가족, communities群體 등인데, 이는 혈연에 바탕을 둔 종법사회조직으로, 양계초와 왕정위가 규정한 문화적 '민족' 규정에 해당하는 것이다. 영토·주권·국민으로 구성된 '국가'를 근대적 국가사회의 특징으로 파악하고 있는 엄복의 견해는 양· 왕의 정치적 '국민(혹은 국가)' 개념과 대동소이한 개념이라 할 수 있다. 이러한 측면에서, 엄복은 문화적 '민족'과 정치적 '국민' 및 '국가'를 구분하고 있지만, 근대 민족국가 건설에 민족주의 성분을 단절 혹은 배제해야 한다고 주장하는 측면에서 양·왕과 차별적인 입장을 가지고 있다.

마지막으로 상술한 엄복의 종법사회와 국가사회의 이론 틀을 기본

---

33) 嚴復, 「≪法意≫按語」, 『嚴復集』 第4冊, 中華書局, 1986, 937쪽. "公治之制, 更分二别: 曰庶建(democracy), 曰賢政(Aristocracy) 庶建乃真民主, 以通國全體之民, 操其無上主權者也. 賢政者, 以一部分之國民, 操其無上主權者也."

34) 王憲明, 『從甄克思的A Short History of Politics到嚴復譯『社會通詮』』, 北京大學博士學位論文, 2003, 71쪽.

35) 嚴復, 「政治講義」, 『嚴復集』 第5冊, 1282쪽. "蓋政界自由, 其義與倫學中個人自由不同. 僕前譯穆勒≪群己權界論≫, 即系個人對於社會之自由, 非政界自由. 政界自由, 與管束為反對."

적으로 수용하면서, 주권의 구성요소에 대해서는 양계초와 같고 당시의 한족과 주변민족과의 관계설정은 물론 문화적 '민족'의 개념을 새롭게 해석한 사람은 양도楊度이다. 먼저 국가의 구성요소에 대해서는 양계초와 같이 '영토, 국민, 통치권'을 포함한 3요소설을 수용하고 있다.[36] 국가의 구 성요소 가운데 '국민'의 요건 혹은 자격으로는 참정권과 정부를 조직하는 '정치상 자유'[37]와 직업선택·거주이전·언론자유·집회자유 등 개인의 자유와 권리[38]를 거론하고 있다. 이상에서 볼 수 있듯이, 주권 문제를 제외하고 정치적 '국민'과 '국가'에 대한 인식은 개혁파인 엄복·양계초나 혁명파인 왕정위 등이 수용한 것과 큰 차이가 없다 할 수 있다. 양도가 동시대 이론가들과 다른 점은 '민족'에 대한 규정이 독특하다는 데 있다. 그가 양계초나 왕정위의 문화적 '민족'에 6가지 혹은 8가지의 공동 특성 가운데 '혈통'의 공통성 요인의 존재여부에 따라, 혈통요인을 제외한 공통 언어·공통 문자·공통 종교·공통 습관 등의 요인을 갖춘 것을 광의의 '민족'으로 설명하고 있고, '혈통'의 공통성만을 강조하는 것을 협의의 '민족'으로 구분하고, 광의의 '민족'을 순수한 '文化民族'으로, 협의의 '민족'을 '血統民族'으로 규정하고 있다.[39] 특히 양도는 '혈통민족'을 배제하고 문화민족주의를 근대적 민족국가 건설에 필요하다고 보는 점에서 일체의 문화적 민족주의를 배제하는 엄복과 다른 입장을 취하고 있고, 혈통을 문화적 '민족' 개념으로 포함시킨 왕정위와 양계초의 '민족'인식과도 차별성을 갖고 있다.

36) 楊度, 「金鐵主義說」, 『楊度集』, 湖南人民出版社, 1986, 304쪽. 양도는 중국의 민족국가 건설 방안을 제시하면서, 영토, 국민(혹은 인민), 통치권 등 3요소가 구비되어여 하나의 국가가 된다고 설명하고 있다(今日中國之土地. 乃合五族之土地為其土地, 今日中國之人民. 乃會五族之人民為其人民. 而同集於一統治權本下, 以成為一國者也).

37) 楊度, 「金鐵主義說」, 『楊度集』, 234쪽(人民之有政治上自由者. 則必能以人民之自由意思組織政府, 編撰法律, 以保護各個人之生命財產, 而政府即以此法律, 而實行於人民之間); 「金鐵主義說」, 『楊度集』, 337쪽(人民以人民資格參政之權) 참조.

38) 楊度, 「金鐵主義說」, 『楊度集』, 347쪽(專制之國無結會·言論之自由); 楊度, 「關於修改刑律的演講」, 『楊度集』, 347쪽(欲使有獨立之生計能力, 則又非與以營業自由及言論各種自由不可則必自與之以營業·居住·言論各種自由權利) 참조.

39) 楊度, 「金鐵主義」(1907), 『楊度集』, 373쪽.

3. 청말 '민족국가' 건설 방안의 두 가지 유형

상술한 '민족', '국민' 및 '국가'와 관련하여 청말 지식인들의 다양한 인식은 당시 지식인들 사이에 맞닥뜨린 곤경을 잘 반영하고 있을 뿐 아니라 또한 심각한 정치적 배경을 포함하고 있다. 특히 다양한 민족에 대한 인식은 지식인 자신들이 만들고자 하는 근대 민족국가(혹은 국민국가)에 대한 그들의 심정을 반영한 것이다. 다시 말해 청말 지식인들의 이러한 인식은 당시 중국 현실 문제인 민족문제 해결과 민족국가 건설을 뒷받침하기 이론적 배경을 제공하여 주었던 것이다. 민족, 국민, 국가 등에 대한 인식이 다양한 만큼 청말 지식인들이 만들어낸 '민족국가' 건설 방안 역시 다양하다 할 수 있다. 그러나 청말의 '민족국가' 유형은 주권(통치권)의 귀속문제와 문화적 '민족'과 정치적 '국민'으로 주변 이민족을 포함시키느냐의 여부에 따라 두 가지 유형의 '민족국가' 유형으로 살펴 볼 수 있다. 하나는 주권을 '국민'전체에 귀속시키는 것이 아니라 군주나 의회에 귀속시키고, 주변 이민족을 포함시켜 '다민족 일국가'의 근대적 민족국가를 건설하자는 주장으로, 양계초, 강유위, 양도 등 개혁파의 민족국가 모형이다. 다른 하나는 주권을 '국민'전체에 귀속시키고, 주변 이민족 특히 당시 지배계층인 만주족을 배제하여 '일민족 일국가'의 민족국가를 건설하자는 입장으로, 왕정위, 孫文, 章太炎, 劉師培, 柳亞子, 鄒容 등 대부분 혁명파의 민족국가 모형이다. 여기에서는 청말 지식인들이 문화적 '민족'과 정치적 '국민' 및 근대적 '민족국가' 건설을 단계론적인 선후관계로 보고 있는 인식의 순서에 따라 두 유형의 민족국가 모델 만들기의 구체적인 방안을 살펴보고자 한다.

3.1. 개혁파의 '국민' 및 '민족국가' 만들기 유형

민족국가 건설 과정의 첫 번째 단계: 청말 지식인들의 민족국가 건설의 선후관계 인식의 출발점인 문화적 '민족'과 주변 이민족과 한족과의 관계 설정이다. 청말 개혁파 지식인들은 전근대시기 중국에 문화적 '민족'이 존재하였다는 것에 대해서는 공통된 입장이다. 다만 양계초의 8가지 혹은 왕정위의 6가지 민족구성 요인에 대해 어떠한 요인을 배제할 것인지 아니면 어떠한 요인에 輕重을 두느냐에 따라 다양한 입장을 제시하고 있다. 양계초는 민족 구성 요인 8가지 가운데 혈통주의에 대해 유연한 입장을 견지하고 있다. 가령 앞서 양이 언급한 문화적 '민족' 개념의 8개 항목을 나열하면서 "他族을 흡수하여 동화된다면 혈통이 같지 않아도 동일한 민족이 될 수 있다"[40]라든가, 혹은 근대적 '국가'의 구성요소인 '국민(혹은 인민)'에 대해서는 "국가에는 반듯이 人民이 있어야 하는데……. 그 인민은 반듯이 친족과 혈통의 관계일 필요는 없다"[41]라고 주장하고 있다. 다시 말해 문화적 '민족'의 요건이든 정치적 '국민'의 요건이든 순혈주의적 '혈통'주의가 필요한 것은 아니라는 것이다. 梁은 민족 구성 요인 가운데 '언어, 문자, 풍속 가장 중요한 요인'으로 꼽고 있다.[42] 이 세 가지 민족 구성 요인이 중국의 역대 주변 종족들에 영향을 주어 모두 한족에 이미 동화되었다는 것이 그의 입장이다.

> "대체적으로 北虜(북쪽의 오랑케)들이 우리에게 동화되는 좀 어려우나, 東胡(동쪽의 오랑케)는 비교적 쉽다. 金·元·淸 나라를 비교하면 개 확연히 드러난다. (北虜인) 元은 90년간 그들의 유목 풍속을 유지하였지만, (東胡 인) 金·淸은 중원에 일단 들어오자 고유의 특질은 일순간 잃어버렸다"[43]

이렇게 여진족이 세운 금·청이 그들의 문화적 속성을 순식간에 상실하게 만든 원동력은 중국 한족의 강력한 동화력 때문이라고 양계

40) 梁啓超, 「政治學大家伯倫知理之學說」, 文集 13, 78쪽.

41) 梁啓超, 「憲政淺說」, 文集之 23, 28~46쪽, "國家須有人民(people). 此亦理之至易明者. 但其人民不必有親族血統之關系, 徒以同栖息於一地域故, 利害相共."

42) 梁啓超, 「政治學大家伯倫知理之學說」, 文集 13, 75쪽.

43) 위의 글, 文集 13, 76쪽.

초는 주장하고 있다. 양계초처럼 혈통주의의 문제점을 정면으로 비판하지는 않았지만, 언어와 문자 및 풍습 등 문화적 '민족'구성요인에 의거한 한족중심의 동화주의적 입장을 취하는 것은 당시 개혁파 인사들의 공통된 입장이다. 가령 강유위는 중국 고대에 '夷狄'과 '中國'으로 나뉘는 것은 '禮義'를 수용하였는지의 여부에 따라 문명과 야만으로 나누는 문화적 기준에 의한 것으로, 만주와 몽고는 물론 중국 역사상 이민족인 선비족, 흉노족은 물론, 만주족이 개척한 회족과 장족 역시 중국(한족)의 '예의·언어·복식'에 동화되었기 때문에 이들은 한족과 같은 '同種'이라고 주장하고 있다.[44] 양계초와 강유위는 이와 같은 이유로 한족을 중심으로 하여 몽고, 회족, 묘족, 서장 등 여러 주변 종족을 융합한 '대민족'을 조직할 것을 주장하고 있다. 결론적으로 말해 개혁파 인사 대부분은 만주족, 한족, 몽고족, 묘족, 장족 등 청조 내부의 주변 이민족을 포용하는 '대민족주의'를 표방하였다고 할 수 있다. 이들 모든 종족을 포함한 '대민족'을 중국의 문화적 '민족'으로 규정하고, 나아가 이들 문화적 민족을 근대적 국가의 구성원인 정치적 국민(以大民族成一國民)이 되게 하자는 주장이다.

양계초·강유위와 같이 중국의 주변 이민족을 포함하는 '대민족주의'를 표방하면서, '혈통민족'주의에 대해 정면으로 비판한 개혁파 인사는 양도이다. 상술한 바와 같이 양도는 '혈통민족'과 '문화민족'이라는 두 가지 학설을 소개하고 있는데, '혈통민족'학설은 중국의 전근대 역사를 살펴 볼 때 부적합한 학설로 혈통주의를 제외한 '문화민족'학설을 중국에 현실에 적용해야 한다고 주장하고 있다.

"중국에는 '민족'이라는 두 글자의 名詞는 존재하지 않았지만, 실제로 무슨 민족이라는 칭호는 존재하였다. 오늘날의 사람들은 중국에서 제일 오래된 민족이 '漢民族'이라고 말하지만, 사실은 漢은 劉氏가문 천자의 왕조 칭호이지, 그 민족 고유의 이름이 아니다. 중국에는 자고로 하나의 문화가 비교적 높고 사람의

44) 康有爲, 「答南北美洲諸華商論中國之可行立憲不可行革命」, 『不幸而言中不聽則國亡』, 蔣貴麟整理, 『康南海先生遺稿匯刊』 第16冊, (臺)宏業書局, 1976, 83~90쪽 수록.

숫자가 비교적 많은 민족이 그 나라 가운데 있었는데 스스로 그 나라를 '중국'이라 불러 명명하였고, 그 민족을 '중화'라 명명하였다. 하나의 국가와 다른 국가의 구분은 지역으로 구분하는 것으로, 중국이라 일컫는 것은 中外로써 지역의 遠近을 구분하는 것이다. 하나의 민족과 다른 민족의 구분은 문화로 구분하는 것으로, 중화라 일컫는 것은 華夷로서 문화의 高下를 구분한 것이다. 이에 근거한다면 중화라는 名詞는 하나의 지역의 국가 이름이 아닐 뿐만 아니라 하나의 혈통의 종족 이름도 아닌 하나의 문화적 種族의 이름이다. 따라서 『춘추』의 뜻에는 同姓의 魯·衛이든 異姓의 齊·宋이든, 종족이 다른 楚·越이든 中國이었던 나라가 떠나가서 夷狄이 될 수도 있고, 이적이었던 나라가 들어와서 중국이 되었으니, 전적으로 '禮敎'를 기준으로 하였지, 親疏의 구별은 없었다. 그 후 수천 년을 거치면서 수천백의 인종이 뒤섞이었지만 중화라 불리는 것은 옛날과 같다. 이를 근거로 추론해 보면, 화려하다의 華가 華가 되는 것은 문화를 말하는 것이지 혈통을 말하는 것은 알 수 있을 것이다."[45]

위 인용문과 같이, 양도는 문화적 기준으로 보았을 때 당시 중국에 존재하는 五族의 문화적 수준과 정도에 따라 구분하고 있는데, 한족이 제일 우수하여 종법사회를 넘어 국가사회의 '국민'자격을 갖춘 유일한 종족으로 보고 있고, 그 나머지 滿·蒙·回·藏 4개 종족은 아직 국민국가의 구성원인 '국민'자격을 갖추지 못하고 보고 있다.[46] 양도는 만·몽·회·장 4개 종족을 배척한 것이 아니고 이들 주변 종족을 통합하는 방법을 제시하고 있다. 즉 滿·漢平等을 실현하고, 蒙·回에 대해서는 한족문화를 중심으로 同化정책을 실시하면, 그 동화정책을 藏族에 까지 미치게 하자는 주장이다.[47]

이상이 개혁파 인사들이 민족국가 건설에 출발선으로 규정하고 있

45) 楊度, 「金鐵主義說」, 『楊度集』, 373~374쪽.

46) 위의 책, 208~209쪽. "大抵可分為漢·滿·蒙·回·藏五族. 而五族之中, 其已進入於國家社會而有國民之資格者, 厥惟漢人. 若滿·蒙·回·藏四族, 則皆尚在宗法社會, 或為游牧之種人, 或為耕稼之族人, 而於國民之資格, 猶不完全."

47) 楊度, 「金鐵主義說」, 『楊度集』, 305쪽. "民統一之策有二: 有曰滿·漢平等, 次曰蒙·回同化…, 且已及於西藏."

는 문화적 '민족'과 주변 이민족에 대한 입장이다. 물론 개혁파 인사 가운데 엄복은 다른 개혁파 인사와 다르게 동화주의 입장도 취하지 않고 민족국가 건설 과정에서 문화적 '민족'을 장애물로 간주하고 배척하는 입장을 취하고 있으나,[48] 사실은 만주와 몽고는 비록 '이민족(異種)'이지만 국가의 국민으로 간주하고 있다는 점에서 강유위와 양계초와 유사한 대민족주의 입장으로 볼 수 있다."[49]

민족국가 건설 과정의 두 번째·세 번째 단계인 정치적 '국민'과 민족국가 건설과의 관계설정이다. 개혁파 인사(엄복 예외)들은 문화적 '민족' 문제를 한족문화우월성을 근거로 한 한족중심의 동화주의 입장에서 주변 '민족'의 결합 문제를 쉽게 해결하였지만, 정치적 '국민'문제에 대해서는 비관적인 입장을 취하고 있다. 양계초·강유위는 물론 엄복·양도 등 개혁파 인사들은 중국인들이 아직 정치적 '국민'자격을 갖추지 못하고 있다는 데 공통된 견해를 갖고 있다. 가령 엄복은 '民의 智·德·力의 높고 낮음'과 정치적 자유와 선거권의 향유 여부에 따라 '국민'과 '노예'로 구분하고 있다. [50] 이러한 기준에 의거해 볼 때 당시 중국인은 아직 '국민'자격에 도달하지 못하였다는 것이 엄복의 주장이다. '국민'자격을 갖추는 방법으로 '교육의 보급'을 엄복은 제시하고 있고, 교육이 보급된 20년 후에 '民智가 敎化'되면 국민자격을 갖출 수 있다고 보고 있다.[51] 이런 연후에 비로써 엄복이 당시 서구세계 중 국가사회의 최고의 단계에 도달한 국가로 지목한 영국과 같은 근대 민족국가가 된다고 본 것이다.[52]

양계초는 이미 동화된 주변 이민족을 포함한 중국인은 입헌군주제하의 국민이든 민주공화제의 국민의 자격이 없다는 입장이다. 그는

48) 嚴復, 『社會通詮』按語, 『嚴復集』 第4冊, 923·926쪽.

49) 嚴復, 「政治講義」, 『嚴復集』 第5冊, 1246쪽. 즉 "今日之滿·蒙人, 皆與之異種, 而又為一國之民者也."

50) 위의 글, 1282·1294·1304쪽.

51) 위의 글, 1303~1304쪽.

52) 위의 글, 1264쪽.

엄복과 같이 정치적 '국민의 자격'에 대해 이야기하지만 보다 구체적이고 미묘한 차이점을 보이고 있다. 양은 주권이 국민에게 귀속된 민주공화제를 중국에 실행할 수 없다고 단언하면서, 그 이유는 중국인들이 아직 '공화국민의 자격'을 갖추지 못하였기 때문이라고 주장하고 있다. 그는 **'공화국민의 자격'**으로 민주공화국의 주권이 국민에게 있고 모든 책임을 국민이 져야 하기 때문에 국민들이 조화와 균형의 능력을 갖추어야 한다는 보른 하크Konrad Bornhak, 1861~1944의 학설을 제시하는 한편,[53] '공화 국민'의 필수 자격으로 '의회 정치의 능력(議院政治能力)을 갖추어야 한다고 주장하고 있다.[54] 그런데 당시의 중국인은 이러한 '의회 정치의 능력'을 갖추지 못한 것이고 이는 '공화국민으로써의 자격'을 갖추지 못하였기 때문에 민주공화제를 채택할 수 없다는 것이다.[55] 또한 군주입헌제 역시 당시 중국 국민의 수준이 낮아 의회 개설 및 지방자치 운영 및 공민의 선거권 행사 등의 능력을 갖추지 못하여, 군주입헌 하의 '국민'자격도 갖추지 못하였기 때문에 입헌군주제 실시 역시 시기상조라는 것이 양계초 진단하고 있다.[56] 이러한 상황에 당시 중국에 가장 적합한 것은 개명전제 정치를 입헌군주의 과도기로 삼고, 개명군주의 교화에 의해 입헌군주제를 대비해야 한다고 그는 주장하고 있다.[57] 양계초의 민족국가의 방안을 정리하면, 오족 민족공동체의 구성원은 개명군주의 정치적 교화를 거쳐 선거권과 의회개설 및 운영 능력을 갖추 후 입헌군주제 하의 민족국가를 건설하자는 방안이다.

엄복과 양계초가 청말 중국인들이 '국민'의 자격을 갖추지 못하였다는 주장과 다르게, 양도는 한족과 다른 이민족가 구분하여 정치적 '국민'자격을 설명하고 있다. 상술한 바와 같이, 중국의 다섯의 종족

53) 梁啓超, 「開明專制論」, 『飮氷室合集』 文集 17, 50쪽.

54) 梁啓超, 「答某報第四號對於新民叢報之駁論」, 『飮氷室合集』 文集 18, 99쪽.

55) 梁啓超, 「開明專制論」, 『飮氷室合集』 文集 17, 67쪽.

56) 위의 글, 78~80쪽.

57) 위의 글, 39쪽.

가운데 한족만이 정치적 '국민'자격을 갖추었고, 한족을 제외한 주변 이민족들은 국민자격과 근대 국가 조직 능력을 갖추지 못하였다고 주장하고 있다.[58] 따라서 그의 국민자격에 대한 논의는 주변 이민족에 초점을 맞추고 있다. 그의 논리는 주변 이민족이 한족에 동화된 정도에 따라 立憲 전후의 두 시기로 나누어 정치적 '국민'자격을 순차적으로 부여하자는 주장이다.[59] 우선 만주족은 2백여 년간 한족을 배척하는 정책이 실패한 결과 도리어 언어·문자가 한족과 완전히 일치하게 되었고 그 문화도 한족과 서로 대등하게 되어 문화적인 차이는 존재하지 않기 때문에, 입헌군주제 실시 이전에는 滿漢의 정치상의 평등 정책(정치적 선거권과 피선거권 부여)을 실시하여 국민자격을 부여 하자는 그의 입장이다.[60] 이에 반해, 蒙·回, 藏의 동화정책은 현재의 정부가 '책임정부'가 아니고 '방임부패'한 정부이기 때문에, 입헌군주제 실시 후에 동화정책을 실시하여 "전국 국민의 문화가 같아지면, 일체 국민의 권리와 의무를 조건을 붙이지 않고 일률적으로 부여하자"는 점진적인 방법을 제시하고 있다.[61] 양도의 구상을 정리하면, 한족 중심의 동화정책을 실시하여 문화적 민족공동체를 점차적으로 형성하고, 이들 문화적 공동체 역시 한족에 의한 동화척도에 滿漢 정치상 평등에서 蒙.回·藏 정치상의 평등을 이루어, 이들 五族을 결합한 오족 민족공동체를 정치적 국민으로 일치시켜, 오족의 영토를 중국의 영토로, 오족의 인민을 중국의 국민으로 하여, 하나의 통치권 아래 근대적 민족(=국민)국가를 건설하자는 주장이다.[62]

이상 개혁파 내부에 정치적 '국민'을 어떻게 만들 것이냐의 절차와 주변 이민족의 포용의 정도 면에서 약간의 차이가 존재하고 있다. 그

58) 楊度, 「金鐵主義說」, 『楊度集』, 208~209쪽, 302쪽.

59) 위의 글, 368쪽.

60) 위의 글, 305쪽, 368쪽.

61) 위의 글, 369쪽, 301쪽.

62) 위의 글, 302쪽. 즉 "今日中國之土地, 乃合五族之土地為其土地, 今日中國之人民. 乃會五族之人民為其人民. 而同集於一統治權本下, 以成為一國者也."

러나 강유위,[63] 엄복, 양계초, 양도 등 개혁파의 대체적인 민족국가 방안은 만주족, 한족, 몽고족, 묘족, 장족 등 五族(엄복은 한, 만, 몽)을 융합한 '대민족주의'를 표방하고 있다. 한편 이들 문화적 민족을 정치적 '국민'으로 만드는 방법으로는 '교육의 보급(엄복)', '동화 정책(양도)', '개명군주의 교화(양계초)' 방법을 채택하여 '국민'자격을 갖추게 하여, 최종적으로 '국민국가(엄복) 혹은 '민족국가(양계초, 강유위, 양도)'를 건설하자는 방안이다.

3.2. 순혈주의에 바탕을 둔 민족국가 만들기

상술한 바와 같이 개혁파이든 혁명파이든 민족국가 건설의 선후관계를 민족과 국민, 그리고 근대적 국가 건설로 순차적으로 인식하고 있다. 따라서 여기에서도 혁명파의 민족국가 방안의 인식의 순서에 따라 우선 문화적 '민족'에 대한 설정부터 논의하고자 한다.

첫 번째 단계 문화적 '민족': 혁명파 인사들이 중국의 문화적 '민족'에 대한 설정은 개혁파 인사들의 다민족주의와 다르게 혈통적 민족주의를 표방하고 있다. 혁명파의 대표적인 이론가인 왕정위는 민족결합 유형을 4가지로 구분하고 있다. **첫째 세력이 동등한 여러 '민족'이 융합하여 하나의 새로운 민족을 구성한 유형, 둘째 다수의 정복 민족이 소수의 피정복민족을 흡수하여 동화시킨 유형, 셋째 소수의 정복민족이 다수의 피정복 민족을 흡수하여 동화시킨 유형, 넷째 소수의 정복자가 다수의 피정복자에 의해 동화된 유형**이 그것이다. 이 가운데 첫 번째 유형은 여러 민족이 평등한 자격으로 결합된 형태로 모든 민족이 주인의 지위를 갖고 서로 동등하게 교류하는 유형으로 왕정위는 미국을 그 대표적인 국가로 지적하고 있다. 왕정위에 의하면 이 첫 번째 유형를 제외하고 나머지 세 가지 민족 간의 결합 유형은 모두 정복자와 피정복자의 관계이며, 쌍방 간의 자유 의지에 의해 결합된 것이 아니기

63) 강유위의 '민족국가' 건설 유형은 양계초의 방안과 유사하다. 신해혁명 시기 강유위의 민족국가 방안 연구는 향후 독립된 논문으로 작성할 예정이다.

때문에 하나는 주인의 지위를 갖는 반면 또 다른 하나는 노예의 지위를 갖는 불평등 관계를 가질 수밖에 없다.[64] 위의 네 가지 유형에 근거하여 그는 황제시대 묘족 정복, 한대 흉노 정벌, 당대의 돌궐·토번, 그리고 원대에 몽고족이 한족을 정복하였지만 명대에 한족의 주도권 회복 등을 사례로 들면서 중국 고대로부터 명대에 이르기까지 중국의 민족 결합 형태는 두 번째의 유형, 즉 다수의 정복 민족인 한족이 소수의 피정복 민족(묘족, 흉노, 회족, 티벳족, 몽고족)을 흡수하여 동화시킨 것으로 한족은 명대에 이르기 까지 주인의 자격을 유지해왔지만, 청조 이후부터 청말 까지는 소수의 정복민족인 만주족이 다수의 피정복 민족인 한족을 정복하여 한족은 주인 자격을 상실하고 노예의 지위로 전락하였다고 주장하고 있다. 이와 같은 논리에 의거하여 왕정위는 소수의 정복민족인 만주족을 배척한 순수한 한족 민족주의를 표방하고 있다.

이와 같은 한족 혈통주의에 바탕을 둔 논리는 왕정위 혼자만의 생각이 아니라, 정도의 차이는 있지만 陳天華, 朱執信, 鄒容 章太炎 등 대부분 혁명파 지식인들의 배만 민족혁명 주장에서 찾아 볼 수 있는 공통된 '민족'관이라 할 수 있다.[65] 혁명파 지식인들은 모두 만주족을 제외한 한족의 '혈연' 공동체의 입장에서 한족의 문화적 '민족'공동체를 강조하고 있다. 이러한 민족공동체의 연원으로 손문·진천화·왕정위 등은 '나의 족류가 아니면 그 마음은 반듯이 다르다(非我族類, 其心必異)'라는 유가 경전의 내용을 들어 설명하고 있다.[66] 나아가 왕정위는 한족의 민족성은 하나의 고유한 '인성(民族主義爲人性所固有)'[67]

64) 汪精衛, 「民族的國民」, 『民報』 第1號, 1905.

65) 陳天華의 『警世鐘』·『獅子吼』, 遙寧人民出版社, 1994, 64·100쪽; 朱執信, 「論滿洲雖欲立憲而不能」, 『民報』 第1號, 『朱執信集』(上集), 中華書局, 1979, 4~5쪽 수록; 章太炎, 「討滿洲檄」, 『章太炎全集』,中華書局, 1997, 189~190쪽; 劉師培, 「攘異篇」, 『民心』(第2期, 1911년 4월), 王忍之 編, 『辛亥革命前十年時論選集』(第3卷), 三聯書店, 1960, 823쪽 수록.

66) 공자의 『春秋』에 나와 있는 화이관의 이용은 근대 혁명파 인사들의 문장에서 어렵지 않게 찾아 볼 수 있다. 예컨대, 孫中山, 「與芙蓉華僑的談話」, 『孫中山全集』 第1卷, 中華書局, 1985, 293쪽; 陳天華, 「獅子吼」, 『陳天華集』, 101쪽; 汪精衛, 「民族的國民」, 『民報』 第1號, 1905.11 등에서 보인다.

이라 규정하였고, 장태염·추용·손문은 한족의 민족성을 '종성種性'[68]으로 영원불변의 요인으로 규정하고 있다. 이러한 한족의 혈연 공동체를 바탕으로 하여 당시 만주족에 의해 강탈당한 한족의 주권을 회복[69]해야 한다고 주장하고 있는 것이다. 한족 주권의 회복의 방법은 혁명을 통한 만주족에 대한 철저한 배타적 민족주의를 나타내고 있다. 혁명파 인사인 朱執信은 "중국은 중국인의 중국이지 만주인의 중국이 아니다"라고 단언하고 있다.[70] 심지어 혁명파 鄒容은 "중국에 거주하는 만주인을 몰아 내거나 혹은 죽여서 원수를 갚아야 한다"고 주장하기도 하였다.[71]

두 번째 단계·세 번째 단계인 정치적 '국민'과 민족국가 건설과의 관계 설정이다: 만주족을 철저히 배제하고 순수한 한족만이 국가를 구성하는 '국민'을 설정한 것은 혁명파의 공통된 입장이다. 손문, 왕정위 등 정치가와 혁명파 경향의 국수학파인 장태염, 유사배, 鄧實, 黃節 등은 만주족을 제외한 한족의 '혈연' 공동체의 입장에서 한족의 공화공동체를 만들려는 '일민족·일국민·일국가' 방안을 구상하였다. 그런데 혁명파 지도자인 손문과 이론가인 왕정위는 문화적 '민족'과 정치적 '국민'에 대해 시간상의 차이를 두고 모순된 입장 차이를 보이고 있다. 처음에는 '민족'과 '국민'을 일치시키는 견해를 피력하다가, 후에

67) 汪精衛, 「民族的國民」, 『民報』 第1號, 1905.

68) 章太炎, 「正仇滿論」, 『國民報』 第4號(1901.8.10), 王忍之 編, 『辛亥革命前十年時論選集』(第1卷上), 96쪽 수록. 손문 역시 민족주의를 한족의 민족성(民族主義是從種性發出來)에서 찾고 있다(孫中山, 「在東京『民報』創刊周年慶祝大會的演說」, 『孫中山全集』 第1卷, 324쪽). 추용 역시 한족의 종성을 언급하면서 "우리 동포들은 종성이 없다(我同胞無種性)"라고 아쉬워하고 있다(鄒容, 『革命軍』, 華夏出版社, 2002, 2쪽).

69) 문화적 의미의 한족 '주권'에 대한 언설은 손문·호한민·왕정위·유사배·장태염 등의 정치 담론에서 모두 보인다. 예컨대, 손문의 "覆彼政府, 還我主權(저들(만주족) 정부를 전복시켜 우리(한족)주권을 회복하자)"(孫中山, 「中國同盟會革命方略」, 『孫中山全集』 第1卷, 297쪽), 장태염의 "還我主權(우리(한족)주권을 회복하자)"(章太炎, 「中華民國解」, 『民報』 第15號(1907.7.25), 『章太炎全集』 4 別卷1, 中華書局, 1985, 256쪽 수록), 왕정위의 "還中國之主權於中國人(중국(한족)의 주권을 중국인에게 돌려주자)"(汪精衛, 「論革命之趨勢」, 『民報』 第25號, 1910.2.1)라는 언설을 통해 '민족; 주권 개념과 문화적 '민족' 공통제인 한족과 결합하여 인식하고 있다.

70) 朱執信, 「論滿洲雖欲立憲而不能」, 『民報』 第1號, 1905.

71) 鄒容, 『革命軍』, 55쪽.

는 '민족'과 '국민'을 단계론적인 선후관계로 보는 입장이다. 왕정위 1905년 5월에 한족은 이미 '공화국민의 자격'을 갖추었고, 한족에게는 고유한 '국민사상'과 '민족사상'을 갖추었다 하여 문화적 '민족'의미의 한족을 정치적 의미의 '공화국민'과 일치시키고 있다.72) 손문 역시 같은 해 8월에는 '중국인민의 수준'이 다른 국가 보다 높아서, 일순간에 민주공화정치를 실현할 수 있다고 보고 있다.73) 그러나 같은 해 가을에 공화국 건설 일정과 국민자격과 관련하여 손문과 왕정위의 담화에서 중국 국민의 '民權'이 아직 갖추어 지지 않았기 때문에 민족혁명이 완성 후 혁명 군정부는 국민과 함께 '約法'을 만들어, 군정부가 점차 민권을 부여하여 공화국 '국민'으로 만든다는 주장을 하고 있다.74) 그 다음해에도 민족 혁명 성공 후에, 군정부의 통제 하에 중국 '자유·평등의 자격을 양성하여 중국민국의 근본'으로 만들겠다고 설명하고 있다.75) 이러한 입장은 왕정위에게도 영향을 주어, 왕 역시 1906년 9월부터 손문의 군정부 주도의 '約法 시기'를 설정하고 있다. 즉 민족 혁명시기에는 혁명단체가 국가의 자격을 갖추지 않았기 때문에 '약법'을 설정하고 후 약법시기에 '국민심리'에 부응할 필요가 있다고 그의 기존 입장을 바꾸고 있다.76) 요컨대 1906년 이후 손문과 왕정위의 민족국가 건설 방식은 순혈주의에 바탕을 둔 민족혁명을 통해 하나의 '민족'을 완성하고, 이 '민족'을 군정부 주도하의 訓政 시기에 '일민족 일국민'을 만들고, 최종 헌정시기에 '일민족, 일국민, 일국가'를 만든다는 구상이다.

왕정위·손문 이외의 혁명파 인사 대부분은 이와 같이 '일민족, 일국민, 일국가'의 민족국가 유형을 제시하고 있다. 혁명파인 柳亞子는 "혈통의 후예, 풍속 언어가 같다면 동일 민족이고, 혈통, 풍속 언어가

72) 汪精衛, 「駁"新民叢報"最近之非革命論」, 『民報』 第4號(1905.5).

73) 孫中山, 「東京中國留學生歡迎大會的演說」(1905.5.13), 『孫中山全集』 第1卷, 280쪽.

74) 孫中山, 「與汪精衛的談話」(1905년 가을), 『孫中山全集』 第1卷, 290쪽.

75) 孫中山, 「中國同盟會革命方略」(1906년 가을과 겨울 사이), 『孫中山全集』 第1卷, 298쪽.

76) 汪精衛, 「再駁"新民叢報"之政治革命論」, 『民報』 第7號(1906.9).

다르다면 다른 민족이다. 하나의 민족 가운데서 하나의 국가를 건설해야만 한다"[77]라는 주장은 당시 혁명파 인사들의 공통된 인식이다. 그들이 말하는 하나의 '민족'이란 문화적 '민족'이자 국가를 구성하는 정치적 '국민'이고, 한족만의 근대적 민족국가를 건설하자는 것이다. 즉 유야자의 말을 의거하면 "黃漢(=한족 민족=국민) 공화국의 국가를 건설"하려는 것이고,[78] 장태염이 "漢人 하나의 민족(=국민)으로 하나의 국가를 조직한다"라는 '일민족, 일국민, 일국가' 구상이다.[79]

맺음말

본 논문은 청말 신해혁명시기 중국에 수용된 민족·국민·민족국가에 대한 중국 근대 지식인들의 인식, 그리고 이들 개념에 대한 규정 및 민족국가 만들기의 다양한 유형을 살펴보았다. 20세기 초 서구의 '민족국가' 이론들이 수용되기 전 중국에서는 전통적인 중화주의에 바탕을 둔 세계관과 華夷觀이 지배적인 이념으로 작동하고 있었다. 전통적 세계관과 화이관이 동요하면서, 이를 대체하는 새로운 공동체인 민족국가 관련 이론들이 부각되기 시작 되었다. 이리하여 20세기 초 민족국과 관련 학설들이 일본과 서구를 통해 동시다발적으로 도입되기 시작하였다.

연구 결과, '주권'과 관련하여 청말 지식인들이 수용한 것은 '주권재민'과 '국가주권'이었음을 확인하였다. 또한, 청말 지식인들이 국가주권을 선택하든 아니면 주권재민을 선택하든 공민권의 문제에 있어서는 선거권, 청원권 등 정치적 權利와 언론·출판·결사·종교·토론의

77) 柳亞子, 「民權主義!民族主義!」, 『復報』(第9期, 1907년 5월), 王忍之 編, 『辛亥革命前十年時論選集』(第2卷下), 814쪽 수록.

78) 위의 책, 815쪽.

79) 章太炎, 「中華民國解」, 『民報』 第15號(1907.7.25), 『章太炎全集』 4 別卷 1, 中華書局, 1985, 261쪽 수록.

자유 등 개인적 권리를 모두 수용하고 있음을 발견하였다. '민족'과 '국민' 및 '국가'에 대한 청말 지식인들은 다양한 인식의 차이를 보여주고 있지만 공통점도 동시에 갖고 있음을 확인 할 수 있었다. 청말 여론계를 주도했고 개혁파의 대표주자인 양계초는 블룬칠리의 국가주의 학설을 수용하여 초월적·인격적 국가학설을 주장하면서, 문화적 의미의 '민족' 과 정치적 의미의 '국민', 그리고 '국가' 에 대한 인식을 바탕으로 하여, 이 삼자의 관계를 단계론적인 선후관계로 파악하고 있다. 혁명파의 대표적인 이론가인 왕정위는 양계초와 정치적 입장은 다르지만 문화적 '민족' 과 '국민', 그리고 '국가' 의 관계를 단계론적 선후관계로 보는 공통된 입장을 취하고 있다. 서구정치사상을 번역 수용하는데 선구자적인 인물 엄복 문화적 '민족'과 정치적 '국민' 및 '국가'를 구분하고 있지만, 근대 민족국가 건설에 민족주의 성분을 단절 혹은 배제해야 한다고 주장하는 측면에서 양·왕과 차별적인 입장을 가지고 있다. 개혁파인 양도는 '혈통민족'을 배제하고 문화민족주의를 근대적 민족국가 건설에 필요하다고 보는 점에서 일체의 문화적 민족주의를 배제하는 엄복과 다른 입장을 취하고 있고, 혈통을 문화적 '민족' 개념으로 포함시킨 왕정위·양계초의 '민족'인식과도 차별성을 갖고 있다.

한편 본 연구에서는 청말 등장한 두 가지 '민족국가' 유형으로 살펴보았다. 하나는 주권을 군주나 의회에 귀속시키고, 주변 이민족을 포함시켜 '다민족 일국가'의 근대적 민족국가를 건설하자는 주장으로, 양계초, 강유위, 양도 등 개혁파의 민족국가 모형이다. 이들 개혁파 인사의 대체적 민족국가 방안은 만주족, 한족, 몽고족, 묘족, 장족 등 五族(엄복은 한, 만, 몽 결합)을 융합한 '대민족주의'를 표방하고 있다. 한편 이들 문화적 민족을 정치적 '국민'으로 만드는 방법으로는 '교육의 보급(엄복)', '동화 정책(양도)', '개명군주의 교화(양계초)' 방법을 채택하여 '국민'자격을 갖추게 하여, 최종적으로 '국민국가(엄복) 혹은 '민족국가(양계초, 강유위, 양도)'를 건설하자는 방안이다.

다른 하나는 주권을 '국민'전체에 귀속시키고, 주변 이민족 특히 만주족을 배제하여 '일민족 일국가'의 민족국가를 건설하자는 입장으로, 왕정위, 손문, 장태염, 유사배, 유아자, 추용 등 대부분 혁명파의 민족국가 모형이다. 이들 혁명파 인사들은 한족의 고유한 '인성人性' 혹은 '종성' 혈통적 순혈주의를 바탕으로 만주족에 의해 강탈당한 한족의 주권을 회복을 주장하는 배타적 민족주의를 표방하고 있다. 문화적 민족에서 정치적 국민으로 전환하는 방법에 대해서는 손문·왕정위 등은 시간상의 차이를 두고 모순된 입장 차이를 보이고 있다. 처음에는 '민족'과 '국민'을 일치시키는 견해를 피력하다가, 후에는 '민족'과 '국민'을 단계론적인 선후관계로 보는 입장을 취하고 있다. 한편 혁명파가 제시한 민족국가 만들기의 유형으로 만주족을 제외한 한족만의 '혈연' 공동체의 입장에서 한족의 정치공동체를 만들려는 '일민족·일국민·일국가' 방안을 구상하고 있다.

고려시대 팔관회의 설행과 국제문화교류

전영준

1. 머리말

팔관회八關會는 고려의 전 시기를 거쳐 중요한 국가행사로 설행設行되었다. 다소의 변화가 있었으나 몽골의 침입기에도 강도江都에서 행해질 정도로 중요한 의식이었고, 국중대회國中大會의 성격을 지녔다. 송악을 중심으로 한 팔관회가 고구려 계승의식을 기반으로 하는 토착적 문화행사로서 고구려의 제천행사인 동맹제의 전통을 잇고 있다는 인식은 위령제나 액막이의 성격을 지녔던 팔관회에 추수감사제라는 농경의례적 성격을 더하여 주었다. 이는 제천의례가 본래의 종교적인 성격에서 그 의미나 기능이 사회문화적으로 확대되어 계절축제의 양상으로 변모하였다. 이 과정에서 고려의 대외적 위상을 공고히 하는 기능도 겸비하였다.

팔관회에 대한 연구들은 이미 오래 전부터 축적되어 왔다. 특히 국

---

* 중앙대학교 문화콘텐츠기술연구원 연구교수

** 이 글은 중앙대학교 문화콘텐츠기술연구원에서 간행하는 『다문화콘텐츠연구』 제3호(통권 8호), 2010.4.30.에 게재되었던 논문을 수정하여 실었음을 밝혀 둔다.

가 불교의례의 내용과 기능을 중심으로 고려문화의 방향성을 다룬 연구[1]는 물론 팔관회의 설행 등이 고려 정부의 선택에서 어떠한 기능을 하였는가를 집중적으로 다룬 연구가 있다.[2] 또한 신라와 고려와의 관계를 규정함에 있어 불교의 사상적 부분을 중심으로 하는 연구가 있고,[3] 현대의 축제문화를 기반으로 축제의 원형을 찾은 연구도 있다.[4] 이외에도 팔관회와 관련한 연구들은 많이 있으나 대부분 관련 주제의 한 분야에서 다루어지거나 소략하게 정리된 연구도 있다.

이에 따라 본고에서는 고려의 팔관회에 대한 기존의 연구 성과를 바탕으로 기록에 보이는 내용을 정리하고 팔관회가 지닌 의례적 특성과 사회적 기능에 살펴보고자 한다. 팔관회가 지닌 특성과 역할을 확인한 후, 고려 사회가 직면하고 있는 현실을 바탕으로 국제적 문화교류와 교역 등을 함께 검토하고자 한다. 이는 팔관회의 의례 중 외국사신의 조하의식과 관련하여 고려의 대외인식 및 고려 사회에서 불교의례가 지닌 성격을 일부 규명할 수 있을 것이라고 생각하기 때문이다. 물론 선학들이 이루어 놓은 고려사회의 성격을 논하자는 것이 아니며, 팔관회와 국제 문물교류의 상관성을 보고자 함에 있다. 이를 통해 팔관회가 지닌 개방적 질서의 의미를 파악하는 데 주력하고자 한다.

2. 기록으로 본 팔관회의 설행

고려시대 팔관회의 설행에 대한 최초의 기록은 건국이 이루어진

---

1) 安啓賢, 「八關會攷」, 『東國史學』 4, 1956; 『韓國佛敎思想史硏究』, 동국대 출판부 재수록, 1983; 김혜숙, 「고려 팔관회의 내용과 기능」, 『역사민속학』 9, 1999; 안지원, 『고려의 국가 불교의례와 문화』, 서울대 출판부, 2005.

2) 金炯佑, 「高麗時代 國家的 佛敎行事에 대한 硏究」, 동국대 박사논문, 1992.

3) 김복순, 「신라와 고려의 사상적 연속성과 독자성」, 『한국고대사연구』 54, 2009.

4) 장은영, 「고려 팔관회의 관광축제 특성」, 『관광학연구』 28권 2호(통권 47호), 한국관광학회, 2004.

918년(태조 1) 11월부터 시작되었다. 궁예가 매년 겨울 팔관회를 설치하여 복을 빌었던 것을 전승하였다. 이에 관한 기사는 『고려사高麗史』 세가世家와 예지禮志 및 『고려사절요高麗史節要』에 전하고 있는데 이를 살펴보면 다음과 같다.

A. 11월에 왕이 처음으로 팔관회를 열고 의봉루(儀鳳樓)에 나가서 이를 관람하였다. 이때부터 해마다 상례적으로 이 행사를 실시하였다.[5)]

B-① 11월에 유사가 아뢰기를 "전 임금은 매년 동중(冬仲)에 팔관회를 크게 열어 복을 빌었습니다. 그 제도를 따르기 바랍니다"라고 하니 왕이 그 말을 따랐다.

-② 그리하여 구정에 수레바퀴 모양의 등불대좌를 설치하고 사방으로 등불을 쭉 매달았으며, 두 개의 채붕을 5장 이상의 높이로 설치하고 그 앞에서 백희와 가무를 공연하였는데, 사선악부(四仙樂部)와 龍鳳象馬車船은 모두 옛 신라 때의 행사 모습과 같았다.

-③ 백관들은 도포를 입고 홀을 들고 예식을 거행하였는데 구경꾼들이 도성으로 몰려들었다.

-④ 왕은 위봉루(威鳳樓)로 행차하여 이를 관람하였으며 이는 매년 상례가 되었다.[6)]

C-① 11월에 팔관회를 베풀었다. 유사가 아뢰기를, "전대의 임금이 해마다 중동(仲冬)에 팔관재(八關齋)를 크게 베풀어서 복을 빌었으니 그 제도를 따르소

---

5) 『고려사』 권1 世家1 태조 원년 "十一月 始設八關會 御儀鳳樓觀之 歲以爲常."

6) 『고려사』 권69 志23 禮11 嘉禮雜儀 仲冬八關會儀 "太祖元年十一月有司言: '前主每歲仲冬大設八關會以祈福. 乞遵其制.' 王從之. 遂於毬庭置輪燈一座列香燈於四旁又結二綵棚各高五丈餘呈百戲歌舞於前其四仙樂部龍鳳象馬車船皆新羅故事. 百官袍笏行禮觀者傾都. 王御威鳳樓觀之歲以爲常."

서." 하니,

-② 왕이 이르기를, "짐이 덕이 없는 사람으로 왕업을 지키게 되었으니 어찌 불교에 의지하여 국가를 편안하게 하지 않으리오."하고,

-③ 드디어 구정(毬庭)의 한 곳에 윤등(輪燈)을 설치하고 향등(香燈)을 곁에 벌여 놓고 밤이 새도록 땅에 가득히 불빛을 비추어 놓았다. 또 가설무대를 두 곳에 설치하였는데 각각 높이가 5장 남짓하고 모양은 연대(蓮臺)와 같아서 바라보면 아른아른하였다. 갖가지 유희(遊戲)와 노래·춤을 그 앞에서 벌였는데 사선악부(四仙樂部)의 용(龍)·봉(鳳)·상(象)·마(馬)·차(車)·선(船)은 모두 신라의 고사였다.

-④ 백관이 도포를 입고 홀(笏)을 들고 예를 행하였으며, 구경하는 사람이 서울을 뒤덮어 밤낮으로 즐기었다.

-⑤ 왕이 위봉루(威鳳樓)에 나가서 이를 관람하고 그 명칭을 '부처를 공양하고 귀신을 즐겁게 하는 모임[供佛樂神之會]'이라 하였는데, 이 뒤로부터 해마다 상례로 삼았다.[7)]

이들 각각의 기록들은 팔관회 설행과 관련한 기사들이지만, 세가의 기록은 팔관회 설행을 간단히 적고 있다. 반면, 예지와 『고려사절요』의 기록은 팔관회 설행의 구체적인 내용을 전하고 있다. 특히 C의 기록에는 고려의 팔관회는 전 임금이었던 태봉의 궁예(弓裔)가 효공왕 3년(899) 12월에 개최하였다[8)]고 하며, 설행시기는 해마다 겨울

7) 『고려사절요』 권1 太祖 원년 11월 "十一月, 設八關會, 有司言, 前王每歲仲冬, 大設八關齋, 以祈福, 乞遵其制, 王曰, 朕以不德, 獲守大業, 盍依佛敎, 安輯邦家, 遂於毬庭, 置輪燈一所, 香燈旁列, 滿地光明徹夜, 又結綵棚兩所, 各高五丈餘, 狀若蓮臺, 望之縹緲, 呈百戲歌舞於前, 其四仙樂部, 龍鳳象馬車船, 皆新羅故事, 百官, 袍笏行禮, 觀者傾都, 晝夜樂焉, 王, 御威鳳樓, 觀之, 名爲供佛樂神之會, 自後, 歲以爲常."

8) 『삼국사기』 권50 列傳10 弓裔.

이었음을 밝히고 있어 고려의 팔관회도 이를 계승하였다고 할 수 있다. 또한 팔관회의 교리적 근거도 불교에 기인한다고 명확히 밝히면서, 『훈요십조訓要十條』의 제6조에서 천명한 연등회와 팔관회 설행의 목적[9]을 태조의 신앙대상인 불교를 중심으로 토속신들을 계서적階序的으로 배열하여 분명히 하고 있다. 따라서 C-⑤의 기사는 팔관회를 '부처를 공양하고 귀신을 즐겁게 하는 모임'이라 정의하여 국가행사로 상례화되었다.[10]

고려의 팔관회가 국초부터 설행되었던 배경에는 후삼국의 분열을 종식시키고 통일을 이룩한 고려 태조의 정치적 과제가 있었다. 후삼국 사람들이 가지고 있던 분열적인 정서를 '고려인'이라는 일체감으로 통합하는 정책이 필요했고,[11] 이에 효과적인 사회문화적 통합매체인 불교와 토속신앙을 이용하여 상원연등회와 팔관회를 통해 일체화된 정서를 이끌어 내고자 하였다. 때문에 태조는 신라와 궁예가 시행했던 팔관회를 계승하면서 문화적 연속성을 지속시켰다.

신라의 팔관회와 관련하여 확인할 수 있는 사료의 기록은 모두 네 차례이다. 처음의 기록으로는 551년(진흥왕 12) 거칠부居柒夫가 혜량법사慧亮法師를 고구려로부터 모시고 왔을 때, 왕이 혜량을 승통僧通으로 삼고 처음으로 백좌강회百座講會와 팔관지법八關之法을 설치하였다.[12] 두 번째의

---

9) 『고려사』 권2 世家2 太祖 26년 4월 "여섯째로, 나의 지극한 관심은 연등(燃燈)과 팔관(八關)에 있다. 연등은 부처를 섬기는 것이요 팔관은 하늘의 신령과 5악, 명산, 대천, 용신을 섬기는 것이다. 함부로 증감하려는 후세 간신들의 건의를 절대로 금지할 것이다. 나도 당초에 이 모임을 국가 기일(忌日 – 제사날)과 상치되지 않게 하고 임금과 신하가 함께 즐기기로 굳게 맹세하여 왔으니 마땅히 조심하여 이대로 시행할 것이다(其六曰: 朕所至願在於燃燈八關燃燈所以事佛八關所以事天靈及五嶽名山大川龍神也. 後世姦臣建白加減者切宜禁止. 吾亦當初誓心會日不犯國忌君臣同樂宜當敬依行之.)."

10) 팔관회의 교리적 근거로 삼은 불교의 팔관재계는 팔재계(八齋戒)·팔계(八戒)·팔계재(八戒齋)·팔지재법(八支齋法)이라고도 하며, 재가(在家)의 신도가 하룻밤, 하루 낮 동안 받아 지니는 계율이다. 팔관의 '관'은 금(禁)한다는 뜻으로 살생(殺生)·도둑질·음행(邊行) 등의 여덟 가지 죄를 금하고 막아서 범하지 않음이고, '재'는 하루 오전 중에 한 끼 먹고 오후에는 먹고 마시지 않으며 마음의 부정(不淨)을 맑히는 의식이며, '계'는 몸으로 짓는 허물과 그릇됨을 금하여 방지하는 것이다. 이 팔관재계는 육재일(六齋日)이나 삼장재월(三長齋月)인 1월과 5월, 9월에 행한다, 육재일은 매달 6일·14일·15일·23일·29일·30일로서, 재가의 신도들이 선(善)을 기르고 악(惡)을 막아 스스로 근신하는 포살(布薩)의 날이다.

11) 안지원, 앞의 책, 142쪽.

기록은 572년(진흥왕 33) 10월 20일 전사한 장병을 위하여 팔관회를 외사外寺에서 7일 동안 베풀었다.[13] 이때의 팔관지법은 불교의 팔계八戒와는 거리가 멀었고, 영토를 확장하면서 중앙집권체제를 강화하는 과정에서 호국신앙적 측면에서 수용하였던 행사로, 전몰장병 위령제의 성격을 띠고 있었다.[14] 이것은 중국의 팔관재가 위령제로 기능하고 있었던 사실과도 상통한다.[15]

다음으로는 자장법사慈藏法師가 중국 태화지太和池 옆을 지날 때 신인神人이 나타나서 "황룡사 구층탑을 세우면 나라가 이로우리니 탑을 세운 뒤에 팔관회를 베풀고 죄인을 구하면 외적이 해치지 못한다."고 하였는데, 귀국 후 탑을 세운 다음 팔관회를 개최했을 것이다.[16] 이로 볼 때 팔관회는 7세기까지 계속 시행된 것으로 이해할 수 있다.[17] 마지막으로는 앞에서 언급했던 궁예의 팔관회 개최이다.[18]

사료에서는 신라 팔관회 의식이 행해진 절차나 방법에 대한 언급이 없지만 신라를 전승한 고려의 팔관 의식으로 볼 때 순수한 불교의 팔관재계를 따르는 것은 아니었다. 신라의 팔관회는 10월과 11월에 개최되었다. 『삼국사기』와 『삼국유사』에 수록되어 있는 네 번의 신라 팔관회는 모두 호국적 성격을 지니며, 불교와 밀접한 관계에 있었다. 법흥왕이 불교를 국교로 하여 행정적으로 강력한 중앙집권을 추진하였으나, 진흥왕은 부족 고유의 토속신앙을 통합하기 위하여 사찰 재래의 산천용신제山川龍神祭와 시월제천十月祭天 등을 불교의식과 융합하여 신라 특유의 팔관회를 개최하였다.

반면에 고려의 팔관회는 태조의 규정에 의한 '불공악신지회佛供樂神之會'의 성격에 신라의 화랑적 요소와 미륵하생의 용화세계를 형상화한

---

12) 『삼국사기』 권44 列傳4 居柒夫.

13) 『삼국사기』 권4 新羅本紀4 진흥왕 33년 10월.

14) 김복순, 앞의 글, 377~378쪽.

15) 안지원, 위의 책, 143쪽.

16) 『삼국유사』 권3 黃龍寺九層塔條.

17) 김복순, 위의 글, 378쪽.

18) 『삼국사기』 권50 列傳10 弓裔.

요소 및 고구려의 동맹제 의식이 첨가된 복합적 축제였다. 삼국통일 후 고구려의 유민들은 통일전쟁에서 죽은 가족이나 동료들을 위한 위령제로서 팔관회를 개최하였을 것이다. 또한 송악을 중심으로 한 팔관회가 고구려 계승의식을 기반으로 하는 토착적 문화행사로서 고구려의 제천행사인 동맹제의 전통을 잇고 있다는 인식은 위령제나 액막이의 성격을 지녔던 팔관회에 추수감사제라는 농경의례적 성격을 더하여 주었다. 이는 제천의례가 본래의 종교적인 성격에서 그 의미나 기능이 사회문화적으로 확대되어 계절축제의 양상으로 변모하였다.[19] 이에 더하여 고려의 팔관회는 불교행사이면서도 유교 오례 가운데 가례嘉禮의 연회적 성격도 포함된 것으로 보고 있다.[20] 그리고 고려에서는 매년 월별로 정기적인 행사가 열렸는데, 연등회가 1~2월에, 장경도량이 3~4월에, 우란분재가 7월에, 인왕백고좌도량이 9~10월에, 팔관회가 10~11월에 설행되었다.[21]

팔관회의 개최일은 수도인 개경에서는 11월 15일, 서경에서는 10월에 휴가로 전후 3일을 주었다.[22] 10월에 열린 서경의 팔관회는 서경의 지덕地德과 함께 중요시되었다. 서경의 팔관회는 조상제의 성격을 띤 예조제藝祖祭로서, 초기에는 조정에서 반드시 재상宰相을 파견하여 재제齋祭를 행하게 하였는데, 한때는 삼품관三品官을 보냈으나 1181년(명종 11)부터 다시 재상을 파견하였다. 간혹 개최일에 변동이 있어, 1083년(선종 즉위년)에는 문종의 국상國喪 때문에 12월에 설하였고,[23] 1200년(신종 3)과 1357년(공민왕 6)에는 불길한 날로 보는 묘일卯日을 피하여 11월 14일에 열기도 하였다.[24] 개경 팔관회의 의례에는 소회일小會日과

19) 안지원, 앞의 책, 145~152쪽.

20) 김복순, 앞의 글, 378쪽.

21) 김형우, 「고려시대 연등회 연구 : 설행실태를 중심으로」, 『국사관논총』 55, 국사편찬위원회, 1994, 113쪽.

22) 『고려사』 권84 志38 형법1 公式 官吏給暇 "…八關 十一月 十五日 前後幷三日"

23) 『고려사』 권10 世家10 宣宗 즉위년 12월 정축 "設八關會 御神鳳樓 前帳殿受百官賀遂 幸法王寺. 以前月值國恤至是行之."

24) 『고려사』 권21 世家21 神宗 3년 11월 병인 "設八關會. 今用十四日者 避卯日也."; 『고려사』 권43 世家43 恭愍王 6년 11월 임술 "設八關小會 幸康安殿."

대회일大會日이 있어 대회 전날인 소회에는 왕이 법왕사法王寺로 행차하는 것이 통례였고,[25] 궁중 등에서 하례賀禮를 받고 이어 헌수獻壽, 지방 관리의 축하선물 봉정奉呈 및 가무백희歌舞百戲 등의 순서로 행하여졌다. 대회 때도 역시 축하와 헌수를 받고 외국 사신의 조하朝賀를 받았다.[26]

외국 사신의 조하의식은 팔관회가 대외적으로 중요한 의의를 지니고 있었음을 반증한다. 고려는 이 의식을 통하여 국제관계에 대한 고려 나름대로의 입장을 대외적으로 천명하고 있었다.[27] 팔관회에서 외국인 조하의식이 상례가 된 것은 정종 즉위년(1034) 11월 팔관회부터이다. 이때 송의 상객商客과 동서번東西蕃, 탐라耽羅에서 방물을 헌납하였고, 정종이 그들에게 특별히 음악을 관람할 수 있는 좌석을 배정하였는데 그 후부터 이것이 전례가 되었다.[28]

동서번은 여진女眞으로 탐라와 함께 태조 대부터 고려에 조공을 바치고 있었다.[29] 고려는 현종 때에 거란의 침입을 성공적으로 막아낸 후 외교적으로 국제관계에 있어 자신감을 드러냈다. 거란과 송에 대하여 조공관계를 유지하기는 하였으나 형식적이었고, 도리어 동·서여진과 탐라, 철리국鐵利國,[30] 불나국弗奈國[31] 등으로부터 조공을 받고 있었으며, 송과 아라비아의 대식국大食國[32] 상인들도 토산물을 바치고 있

25) 법왕사는 919년(태조 2) 국가의 융성을 불법(佛法)에 의지하고자 개경 내에 10찰(刹)을 세울 때 수위에 둔 사찰로서, 비로자나삼존불(毘盧遮那三尊佛)을 주존으로 봉안한 절이며, 신라의 황룡사에 해당하는 호국사찰이다. 왕이 가장 먼저 법왕사에 행차한 것은 불법에 의한 호국을 염원하는 한 표현이었다.

26) 『고려사』 권69 志23 禮11 嘉禮雜儀 仲冬八關會儀.

27) 안지원, 앞의 책, 213쪽.

28) 『고려사』 권6 世家6 靖宗 즉위년 11월 경자; 『고려사』 권69 志23 禮11 嘉禮雜儀 仲冬八關會儀.

29) 『고려사』 권4 世家4 顯宗 11년 2월.

30) 철리국은 발해의 지배를 받던 말갈의 한 부족이다. 현종 5년(1014)부터 고려에 조공하였고, 현종 12년(1021)에는 귀부를 청하는 표문을 바치기도 하였다(崔圭成, 「대외관계」, 『한국사』 15, 국사편찬위원회, 1995, 266~267쪽).

31) 『고려사』 권4 世家4 顯宗 9년 6월 乙亥.

32) 대식국 상인들에 대한 최초의 기록은 현종 15년(1024)으로 상인 悅羅慈 등 100명이 와서 토산물을 바친 일이다(『고려사』 권5 世家5 顯宗 15년 9월). 大食은 북아라비아 부족인 Tayyi를 페르시아가 Taji·Tajik로 부른 것을 중국인이 음역한 데서 유래하였다(金定慰, 「中世 中東文獻에 비친 韓國像」, 『한국사연구』 16, 한국사연구회, 1977, 47쪽). 한편 고려 시

었다. 이처럼 고려 국왕과 외국인 조하객 사이에는 고려의 중앙관리들이나 지방관의 봉표원들과 마찬가지로 일정한 정치적 관계가 형성되었을 것이다. 즉, 팔관회에 조회하는 외국인은, 비록 그들이 귀속된 민족이나 국가가 고려의 신하로서 복종하는 것은 아니지만 고려에 찾아오면서 고려의 덕화德化를 받는 조공국의 사자로서 예우되고 있었다.[33] 고려의 팔관회가 고대의 습속을 정형화하고 상례화 하였다고는 하지만, 이를 기반으로 외국과의 빈번한 접촉이 이루어지고 문화교류의 영역을 확대해 갔다는 점에서 고려의 국제문화 지향에 대한 의지를 읽을 수 있다. 이에 대해서는 장을 달리하여 검토하겠다.

한편, 팔관회의 설행으로 인한 폐단이 없었던 것은 아니었다. 982년(성종 1) 3월에는 최승로崔承老가 소疏를 지어, 팔관회에 대한 시정을 요구하였다.

> D. 열셋째로, 우리나라에서는 봄에 연등(燃燈)을 거행하고 겨울에는 팔관(八關)을 개최하느라고 사람들을 징발하여 부역이 심히 번다하니 바라건대 부담을 경감하여 백성의 힘이 펴도록 하셔야 하겠습니다. 또한 각종 우상(偶人)을 받드는데 노력과 비용이 아주 많이 들며 한 번 쓴 다음에는 곧 파괴하여 버리니 아주 쓸데없는 일입니다. 황차 우상이란 장례가 아니면 쓰지 않는 것이므로 일찍이 서조(西朝)의 사신이 와서 보고 상서롭지 않은 것이라고 하여 낯을 가리고 지나간 일도 있으니 바라건대 이제부터는 이것을 쓰는 것을 허가하지 마십시오.[34]

최승로의 건의로 그 해 10월 성종은 팔관회가 잡되고 도리에 맞지 않으며 번거롭다 하여 모두 폐하게 하였고,[35] 987년에는 서경의 팔

기의 대식은 압바시아朝(750~1258)를 지칭한다. 압바시아조는 바그다드를 수도로 하였는데, 그 영역은 현재의 이란, 이라크, 아라비아 반도, 아프리카 북부에 걸쳐 있었다(金澈雄, 「고려와 大食의 교역과 교류」, 『문화사학』 25, 2006, 130쪽).

33) 안지원, 위의 책, 213~214쪽.

34) 『고려사』 권93 列傳6 崔承老; 『고려사절요』 권2 성종 1년 6월 時務策 제13조.

35) 『고려사』 권3 世家3 成宗 6년 10월. "冬十月 命停兩京八關會."

관회도 폐지하였다. 이로 인해 태조 대부터 지속되어 오던 불교행사가 일시적으로 중단되었는데, 이는 최승로의 유교적 예제 확립이라는 건의에 의한 것이었다. 성종은 국가의 통치체제와 이념의 정비를 통하여 이전의 사회와는 근본적으로 다른 합리적이고 조화로운 그러면서도 상하의 위계질서가 엄격한 사회구조를 형성하고 민民의 생계를 안정시키며 국가체제를 재정비하고자 하였다. 그러나 팔관회에서 제사하는 신들은 토착신들로써 태조는 「훈요10조」에서 증감을 금지한 바가 있다. 그런데 이러한 팔관회를 폐지한 것은 국가제사 체계에 중대한 변화가 있었음을 의미하는 것이다. 이것은 유교정치이념을 도입하여 종교와 정치권력을 분리하고, 합리적인 절차와 제도를 통하여 통치권을 행사하려 했던 성종의 의도였다.[36]

한편, 팔관회는 1010년(현종 1)에 최항崔沆의 청으로 다시 부활되었지만,[37] 그 폐해는 여러 곳에서 나타났다. 1115년(예종 10)에는 배우들에게 명하여 왕의 의장儀仗 안에서 노래하고 춤추기를 삼경三更까지 하였다.[38] 이는 1146년(의종 즉위년)에는 전상殿上에서의 여악女樂의 금지와 1179년(명종 9) 11월의 재상 최충렬崔忠烈이 팔관 경비의 폐해와 팔관회 때 백관의 과일상이나 복식의 절제 없음을 들어 일체 금지하기를 건의하여 왕이 이를 따르기도 하였다.[39] 특히 1188년 이순우李純祐는 팔관회 때의 전약煎藥으로 쓰려고 송도·서경·남경·동경의 젖소를 모아 연유를 만들기 때문에 암소와 송아지가 상하게 되고, 경작에 필요한 소가 손상됨을 들어 폐지하기를 청하자 왕이 받아들여 백성들이 감격하였다는 기록[40] 등이 전한다.

36) 최인표, 「고려 성종의 유교정치이념 채택과 역사적 의의」, 『국학연구』 5, 한국국학진흥원, 2004, 174~183쪽.

37) 『고려사』 권4 世家4 顯宗 원년 庚寅 "復八關會 王御威鳳樓 觀樂."

38) 『고려사』 권14 世家14 睿宗 15년 11월 "辛巳 設八關會 王觀雜戲."

39) 『고려사』 권100 列傳13 崔忠烈. 이후 최충렬은 팔관회를 통하여 개인의 사욕을 채우기도 하였을 정도로 팔관회 설행의 폐해가 많이 발생하였다.

40) 『고려사』 권99 列傳12 李純祐.

3. 팔관회의 사회적 성격과 국제문화교류

3.1. 고려 팔관회의 사회적 성격

고려는 팔관회의 설행을 위해 많은 경비와 대규모의 인원을 동원하였는데 이것은 팔관회가 지닌 사회적 목적을 달성하기 위함이었다. 대내적으로 팔관회는 연등회와 더불어 고려의 가장 큰 명절이자 축제로 승화시키면서도, 추수감사제의 형식을 빌어 지역적인 색채를 강하게 드러내는 각 지방의 토착신앙을 수도인 개경에서 일원적 구조로 통합하는 기능을 하였다.[41] 또한 팔관회의 개방적 질서는 문화와 문물의 교류를 통한 지역 간 소통의 장으로 축제를 여는 국가의 간여와 집중화라는 상징적 의미를 부여함으로써 국가 통합과 소통을 위한 기능을 추가하였다.[42]

팔관회의 개방적 질서는 현종 이후 가시화되고 정립되었는데, 고려 왕실은 고려 사람들에게 가장 영향력 있는 불교와 불교 속에 포섭된 토속신앙을 군신관계를 상징하는 조하의식과 연결시켜 팔관회 참여자들에게 동질감을 부여하였다. 따라서 행사가 화려할수록 문화적 자부심은 커졌을 것이고, 격식이 엄격할수록 왕권의 신성성은 높아졌을 것이다. 이를 위해 국가는 팔관회를 왕실행사로 한정하지 않고 다양하고 종합적인 축제로 확대하여 보다 많은 대중들이 참여하도록 유도하였다.[43]

팔관회에 보이는 대외 인식은 고려인들의 천하관과도 밀접한 관련이 있다. 각종 문헌을 통해서 유추해볼 수 있는 고려인들의 천하관은 크게 세 가지로 나누어 볼 수 있는데, 화이론적 천하관華夷論的 天下觀·국수주의적 천하관國粹主義的 天下觀·다원적 천하관多元的 天下觀이 그것이다. 이 가운데 다원적 천하관은 화이론적 천하관에 입각한 중국 중심의 천하

41) 안지원, 앞의 책, 205쪽.

42) 장은영, 앞의 글, 237쪽.

43) 안지원, 앞의 책, 208~209쪽.

와는 달리 고려도 또한 천하의 중심일 수 있다는 자주적이고 개방적인 천하관이다. 이러한 천하관은 고려·송·요·금으로 이어진 북방왕조가 삼각구도로 공존하며 대립한 고려의 전기와 중기에 대체로 주류를 이룬 천하관이었다.44)

고려의 다원적 천하관은 팔관회의 조하의식에도 적극 반영되었다. 앞 장에서와 언급한 바와 같이 고려는 주변국과의 국제관계를 적극 활용하여 고려의 국제적 위상을 제고하고자 하였으며, 대외정책의 기본 입장으로 유지하고 있었다. 이는 고려를 둘러싼 주변국의 정세가 급변하고 내부적으로도 정치적 변동을 겪어 왔음에도 팔관회의 대외적 기능은 다소 축소된 규모로 여전히 그 기능을 다하고 있었다.

3.2. 고려의 국제교류 내용과 문화적 의미

팔관회가 대내외적으로 기능하고 사회적으로 역할을 다하였던 배경에는 고려의 적극적인 개방정책에서도 확인된다. 특히 문물교류와 관련한 고려의 진취적 의지는 결국 벽란도碧瀾渡45)를 중심으로 하는 교역을 활성화하였다. 벽란도는 예성강 하류에 있었던 하항河港으로 비교적 물이 깊어 선박이 자유로이 통행할 수 있었으며, 고려시대의 국도國都였던 개성과 가까이에 있어 실질적인 유일의 국제 항구로 발전하였다. 중국의 송나라 상인뿐만 아니라 일본을 비롯하여 멀리 남양지방南洋地方과 서역지방西域地方의 해상海商들까지 자주 드나들며 교역하였던 곳이다.46) 따라서 국제적인 교역뿐만 아니라 외국으로 나가거나 국내로 들어오기 위해서는 반드시 거쳐야 하는 고려의 관문이었다.47)

벽란도가 고려에 와서 제 기능을 다하기는 하였지만 이미 신라와

---

44) 盧明鎬, 「동명왕편과 이규보의 다원적 천하관」, 『진단학보』 83, 1997.

45) 벽란도의 처음 명칭은 예성항이었으나, 부근 언덕에 중국 송나라의 사신 일행이 도착하였을 때와 떠나기 전에 묵었던 碧瀾亭이라는 館舍가 있어서 벽란도로 바꾼 것이다.

46) 『新增東國輿地勝覽』 권4 開城府 上 禮成江, 碧瀾渡.

47) 육로로 개성을 가기 위해 국내는 물론 중국에서 오는 도로상에 위치하고 있어 통행인도 많았던 교통의 요지였다.

백제 때의 주요 항구들은 주변국은 물론 서역과의 교류로 활성화되어 있었다. 당나라와의 직접적인 교역을 위한 해로 운송 능력에 대해서는 선학의 연구에서 확인되지만, 당이나 서역의 상인들도 신라를 교역의 대상으로 파악하고 있었다. 이 교역의 결과는 괘릉의 무인석상[48]이나 처용의 설화, 양모로 짠 페르시아 카펫이나 깔개 종류[49] 등의 사용을 금지한 『삼국사기』 기록 외에도 동남아 등지의 산물인 공작의 꼬리털, 비취모, 거북 껍질의 일종인 대모玳瑁 등이 사회 전반에 유통되고 있었다.[50]

고려에 들어서는 이미 정립된 다원적 천하관을 기반으로 하는 교역의 확대가 이루어졌고, 고려 문화의 저변에는 다양한 문화현상이 존재하였다. 고려 사회에는 문물교류의 결과로 보이는 문화현상이 두드러지고 있었다. 대표적으로 법천사의 지광국사현묘탑智光國師玄妙塔에는 당시 고려 사회에 유행하였을 것으로 생각되는 페르시아 계통의 문화가 조식彫飾될 정도였다. 이 부도는 1085년(선종 2)에 탑비와 함께 세워졌으며, 통일신라 이후의 부도가 8각을 기본형으로 만들어진 것에 비해 전체적으로 4각의 평면을 기본으로 하는 새로운 양식을 보여준다.[51] 또 부도의 조식에 있어서도 전체에 표현된 장막 표현 기법이 통상적인 고려의 양식이라기보다는 서역 계통의 장식 기법으로 볼 수 있다(그림 1 참조).

이처럼 고려 사회에는 이국문화와의 융합현상이 광범위하게 유포되고 있었고, 이는 국초부터 있었던 송과의 무역을 통한 타他문화의 적극적 수용에서 비롯된다. 특히 송은 건국 초부터 대식大食과 접촉하고 있었다. 중앙아시아의 정치 변동에 따라 육로의 이용이 어려워지

48) 전영준, 「신라사회에 유입된 서역 문물과 多文化的 요소의 검토」, 『新羅史學報』 15, 2009, 161~187쪽.

49) 최선일, 「통일신라시대 梵鐘에 표현된 天人像 연구」, 『新羅史學報』 15, 2009, 41~71쪽.

50) 이용범, 「三國史記에 보이는 이슬람 商人의 무역품」, 『李弘稙博士回甲紀念論叢』, 1969.

51) 고려시대의 승려 지광국사 해린(海麟, 984~1070)을 기리기 위한 것으로, 원래 법천사 터에 있던 것인데 일제강점기에 일본의 오사카로 몰래 빼돌려졌다가 반환되어 현재는 경복궁 내에 있다(문화재청 http://www.cha.go.kr).

〈그림 1〉 법천사지 지광국사현묘탑과 탑신 세부(국보 제101호, 경복궁 소재)

자 1023년 이후로는 육로를 대신하여 해로를 이용하게 되었고, 무역로의 확장으로 송과 아랍과의 교류는 더욱 활기를 띠어 갔다. 해상교역의 연장선상에서 이루어졌을 것으로 보이는 1024년(현종 15) 대식인들의 고려 입국 기사도 해로를 통한 것으로 이해된다.[52] 물론 이때의 대식인들의 고려 입국은 송상宋商의 안내에 의한 것이겠지만, 이후의 입국 기사에서는 대식인들이 고려를 무역의 대상으로 인식하였을 것이라 생각된다. 다음의 기사를 보겠다.

E-① 이 달에 대식국(大食國)의 열라자(悅羅慈) 등 100명이 와서 특산물을 바쳤다.[대식국(大食國)은 서역(西域)에 있음.][53]

52) 김철웅, 앞의 글, 134~135쪽.

53) 『고려사』 권5 世家5 顯宗 15년 9월 "是月 大食國 悅羅慈等 一百人來獻方物.[大食國在西域.]"

-② 신사일에 대식만(大食蠻)의 하선(夏詵), 라자(羅慈) 등 백 인이 와서 방물을 바쳤다.54)

-③ 병인(丙寅)에 대식국(大食國) 객상(客商) 보나합(保那盍) 등이 와서 수은(水銀)·용치(龍齒)·점성향(占城香)·몰약(沒藥)·대소목(大蘇木) 등의 물품을 바치므로 유사(有司)에게 명하여 객관(客館)에서 후하게 대우하고 돌아갈 때에 금과 비단을 후하게 내려주었다.55)

위의 자료 E-①~③에 보이는 인명들은 모두 아랍인으로 열라자는 Al-Raza, 하선은 Hassan, 라자는 Raza, 보나합은 Barakah 등은 아랍어의 음역이었을 것이다. Raza, Razi, Hassan, Barakah 등은 이슬람권에서 아주 대중적인 무슬림 이름들이다.56) 자료에서처럼 대식국인들이 고려를 방문하는 시기는 대체로 9월 이후였으며, 이는 고려의 중요한 축제와 관계도 있겠지만, 송에 머무르던 이들이 고국으로 돌아가기 위해 계절풍을 기다리던 시기와도 일치한다. 고려와 대식국간의 직접적인 교역 관련 기록은 이것으로 그치지만, 고려에 지속적으로 유입되는 서역의 물품은 송의 중개무역에 의한 것이었다.57)

한편, 팔관회의 조하의식을 포함하여 수시로 고려에 방물이나 특산물을 바쳤던 대상은 주로 여진과 탐라였으며 수 백회를 상회한다. 송상의 방문은 대부분 무역과 관련되어 있는 경우가 많았으며, 또 이와 다르게 고려 또한 송에 조공하거나 자주 방문하여 필요한 물자를 수입하였던 내용은 『송사宋史』 외국열전外國列傳에 자세한데, 이를 살펴보면 다음과 같다.

---

54) 『고려사』 권5 世家5 顯宗 16년 9월 "辛巳 大食蠻 夏詵羅慈等 百人來獻方物."

55) 『고려사』 권6 世家6 靖宗 6년 11월 "丙寅 大食國 客商保那盍等 來獻水銀 龍齒 占城香 沒藥 大蘇木等物. 命有司 館待優厚及 還厚賜金帛."

56) 이희수, 『한·이슬람교류사』, 문덕사, 1991, 80~81쪽.

57) 고려와 송 및 서역 간의 교역에 관한 주목할 만한 연구 성과로는 김철웅, 위의 논문, 2006과 李鎭漢, 「高麗時代 宋商 貿易의 再照明」, 『역사교육』 104, 역사교육연구회, 2007이 참조된다.

F-① [건륭 4년~광종 14년(963)] 9월에 사신 시찬 등을 보내와 조공하였다. 바다를 건너다가 큰 풍랑을 만나 배가 파괴되어 익사한 사람이 70여 명이나 되었는데, (시)찬은 가까스로 모면하였다. 조서를 내려 그를 위로하였다.

-② [순화 4년~성종 12년(993)] 2월에 (진)정 등은 동모에서 팔각해 포구로 가 백사유가 탄 선박 및 고려의 뱃사공들을 만나 그 배를 타고서 지강도를 출발, 순풍에 큰 바다를 항해하여 이틀 후에 옹진 포구에 닿아 육지로 올라갔다. 160리를 가 고려의 지경인 해주에 도달하였고 다시 100리를 가 염주에, 다시 40리를 가 백주에, 다시 40리를 가 고려의 (도읍지에) 도착하였다.

앞서 (송 사신) 유식 등이 복명하기를 治(성종)가 원증연으로 하여금 이들을 호송하도록 하였는데, 증연이 안향포 포구에 이르러 풍랑을 만나 배가 파손되는 바람에 가지고 온 물품들이 침몰하여 버렸다고 하였다. (송 태종은) 등주에 조칙을 내려 증연에게 문거를 발급하여 환국시키도록 하고, 治에게 옷감 200필, 은기 2백량, 양 50마리를 하사하였다.

-③ [대중상부 8년~현종 6년(1015)]에 등주에 조서를 내려 해구에다 객관을 설치하여 사신들을 대접하도록 하였다.

-④ [천희 3년~현종 10년(1019)] 9월에 등주에서 "고려의 진봉사인 예빈경 최원신이 진왕수 어구에서 풍랑을 만나 배가 뒤집히는 바람에 표류하여 공물을 잃어버렸습니다."라고 아뢰니, (진종은) 조칙을 내려 내신을 파견하여 그를 위로하게 하였다.

명주·등주에서 "고려의 해선이 풍랑에 표류하여 국경 연안에 다다른 선박이 있습니다." 하고 자주 아뢰었는데, 그때마다 조칙을 내려 위문하는 동시에 바다를 건너갈 식량을 주어 귀국시키도록 하고 이에 대한 준례를 만들었다.

-⑤ [희녕 7년~문종 28년(1074)] 과거에 고려 사신들이 오갈 적에는 모두 등주를 경유하였는데, 희녕 7년에 그의 신하 김양감을 보내어 아뢰기를 "거란을 멀리하고 싶으니 길을 바꾸어 명주를 경유하여 대궐에 이르겠습니다." 하니

그렇게 하도록 하였다.

徽(고려 문종)가 또 표를 올려 의약 및 고려 사람을 가르칠 화공(畵工)·소공(塑工) 등을 보내 달라고 요구하니 羅拯에게 조칙을 내려, 가기를 희망하는 사람들을 모집하도록 하였다.

-⑥ [원풍 원년~문종 32년(1078)] 처음으로 가좌간의대부 안도·가기거사인 진목 등을 (고려에) 파견하여 빙문하였다. 명주에서 배 두 척을 제조하였는데, 하나는 능허치원안제요 다른 하나는 영비순제로서 모두 신주(神舟)라고 불렀다. 정해에서 바다를 횡단하여 동쪽으로 가 도착하니, 고려 사람들이 환호하면서 나와 맞이하였다.

-⑦ [원풍 2년~문종 33년(1079)] 왕순봉을 파견하여 의원을 데리고 가서 진찰하고 치료해주도록 하였다. 徽(고려 문종)가 또 유홍을 사신으로 보내와 사은하도록 하였는데, 그는 해중에서 풍랑을 만나 조공할 물품을 잃어버렸다. 유홍이 글을 올려 자신을 탄핵하니 칙서를 내려 위로하였다.

-⑧ [원풍 8년~선종 2년(1085)] (運이) 그 아우인 승려 統을 보내와 조근하고서 불법을 묻고 아울러 경상(經像)도 바쳤다.

-⑨ [원우 4년~선종 6년(1089)]에 그 왕자 의천이 승려 수개로 하여금 항주에 와서 망승에게 제를 올리도록 하였는데, (수개가) "국모가 두 금탑을 가지고 가서 양궁의 장수를 위하여 바치도록 하였습니다."라고 하자 지주 소식이 이를 거절하자고 상주하였는데, 그 말이 「소식전(蘇軾傳)」에 실려 있다.

-⑩ [원우 7년~선종 9년(1092)] 황종각을 보내와 『황제감경』을 바치면서 구입해 가겠다는 서책이 매우 많았다. 예부상서 소식이 "고려가 들어와 조공하는 것이 터럭만큼도 이익은 없고 다섯 가지 손해만 있습니다. 지금 요청한 서책과 수매해 가는 금박 등은 모두 허락하지 말아야 합니다."하고 아뢰니, 조칙을 내려 금박만을 수매해 가게 하였다. 그러나 끝내 『책부원귀(冊府元龜)』도 구

입하여 귀국했다.

-⑪ [정강 원년~인종 4년(1126)] 흠종이 즉위하자 축하 사신이 명주에 도착하였다. 어사 호순척이 "고려가 50년 동안이나 국가를 피폐하게 하였으니 정화 이후로는 사신이 해마다 와 회주·절강 등지에서는 이를 괴롭게 여기고 있습니다. 고려가 과거에 거란을 섬겼으므로 지금에는 반드시 金나라를 섬길 터인데, 그들이 우리의 허실을 정탐하여 (金에) 보고하지 않는다는 것을 어떻게 알겠습니까? (고려의 사행을) 중지시켜 오지 말도록 하는 것이 마땅합니다." 하고 아뢰었다. 이에 조서를 내려 명주 객관에 머물면서 그 예물을 바치도록 하였다.

-⑫ [소흥 6년~인종 14년(1136)] 고려의 지첩관 김치규가 명주에 이르자 銀·帛을 하사하여 돌려보냈다. 이는 그가 金의 간첩일까 염려스러웠기 때문이다.

-⑬ [소흥 32년~의종 16년(1162)] 3월에 고려의 강수 서덕영이 명주에 이르러 "본국에서 축하하는 사신을 파견하고자 합니다."하고 말하니 수신 한중통이 이 사실을 (조정에) 알렸다. 전중시어사 오불이 "고려가 金과 국경이 인접하기 때문에 과거에 (고려의) 김치규가 왔을 때 조정에서 그가 간첩일까 염려하여 속히 귀국시켰습니다. 지금 우리와 金이 전쟁하고 있는데, 서덕영의 청이 어찌 의심스러운 점이 없다고 하겠습니까? 그를 진실로 오게 한다면 예측하지 못한 변이 생길까 염려스럽고, 만에 하나라도 오지 않는다면 원방의 웃음거리가 될 것입니다."라고 아뢰니 조서를 내려 중지시켰다.

-⑭ [융흥 2년~의종 17년(1163)] 4월에 명주에서 고려의 (사신이) 들어와 조공할 것이라고 아뢰었는데, 사관이 (고려 사신을) 인견한 날짜를 기록하지 않은 것은 아마도 (과거에) 홍이서가 (조공이 온다고 말해놓고 오지 않았던 것처럼) 속인 것이 아닌가 한다. 그 후로 (고려) 사신의 발길이 마침내 끊어졌다.

-⑮ 경원(慶元) 연간[명종 25 ~신종 3(1195 ~1200)] 조칙을 내려 상인들이 동전을 가지고 고려로 들어가는 것을 금지시켰다. 이는 대체로 고려와의 관계를

단절한 것이다. 일찍이 고려 사신이 들어옴에 있어 명주·월주는 그들의 대접으로 시달리고, 조정에서는 관우·연뢰·석여 등의 비용이 수 만 냥을 헤아렸는데, 이것도 고려왕에게 하사한 예물은 포함되지 않은 것이다.

우리 사신이 (고려에) 갈 적에는 언제나 두 척의 神舟를 탔는데, 그 비용 역시 막대하여 三節에 관리들이 자기 직위에 따라 녹봉에서 덜어 내놓은 돈을 모두 현관에게 의뢰하였다. 예전에 蘇軾이 선조에 아뢰면서 "고려에서 들어와 조공하는 것은 5가지 손해만 있습니다."라고 한 것이 이 때문이다.

생각하니 吳會로 천도한 후부터는 형편이 東都 때와 달라졌다. 과거에 고려가 사신을 들여보낼 적에는 등주·래주 등지를 경유하여 길이 매우 멀었지만, 지금은 바로 四明으로 오니 사명에서 行都까지의 거리는 浙水 하나만이 경계가 될 뿐이다. 바닷길로 사행이 고려에 가자면 바다가 망망하고 섬들이 험하여 폭풍을 만나면 배가 암초에 부딪쳐 파손되었다. 급수문을 빠져나가 군산도에 닿아야만 비로소 무사히 도달하였다고 하는데, 수 십일이 걸리지 않으면 도달하지 못한다. (그러나) 배가 남쪽이나 북쪽으로 운행하여 순풍을 만나면 험한 곳을 평지처럼 통과하여 며칠 안 걸려서 도달할 수 있다.

(고려) 왕성에는 중국 사람이 수백 명 있었는데, 장사 때문에 배타고 간 閩 지방 사람들이 많았다. (고려에서는) 비밀리에 그들의 재능을 시험해 보고 벼슬을 주어 유혹하거나 강제로 체류시켜 일생을 마치도록 하기도 하였다. 조정에서 사신이 갔을 적에 (그들 중에) 첩을 올려 하소연하는 사람이 있으면 데리고 귀국하였다.

명주 정해에서 순풍을 만나면 3일 만에 바다 가운데로 들어갈 수 있고, 또 5일이면 묵산에 도달하여 고려 국경에 들어갈 수 있었다. 묵산에서 섬들을 통과하여 礁石 사이를 이리저리 헤치고 나아가면 배의 운행은 매우 빨라 7일만이면 예성강에 다다랐다. 예성강은 양쪽 산 사이에 있는 石峽으로 묶인 까닭에 강물이 소용돌이치면서 흐르는데, 이것이 이른바 急水門으로서 제일 험악한 곳이다. 또 3일이면 沿革에 닿는데, (거기에는) 벽란정이라는 객관이 있다. 사인은 여기에서 육지에 올라 험한 산길을 40여 리쯤 가면 고려의 국도라고 한다.

F의 사료가 송의 입장에서 작성되었다는 것을 염두에 두더라도 고려와 송의 관계는 공무역의 형태를 취하고 있다. 이것은 고려가 주변의 여진이나 탐라 및 일본과의 역학관계를 맺는 것과 같겠지만, 송나라가 시박사를 두어 해상무역을 장악하였던 정책에 기인한다고 볼 수 있다. 위의 사료들 중 ⑥, ⑧, ⑨를 제외하고는 모두 고려가 송에 입국하였던 경위를 밝히는 것이며, 대부분 조공무역을 설명하는 내용이다. 이 중 주목되는 기사로는 ⑤와 ⑮의 내용으로 고려가 송에 기술적 지원을 요청하는 대목이다. 화공畵工과 소공塑工의 요청이라는 점에서 고려는 불사佛事를 위한 기술자의 요청과 연관성이 높은 것으로 보이는데, 이러한 사례는 공민왕 대에도 빈번하였다. ⑤의 기사처럼 고려의 요청으로 들어왔던 중국의 장인들이 정착하는 경우가 많았음은 ⑮에서처럼 무역 거래를 위해 왔다가 정착한 경우도 허다하였음을 반증하는 사례이다.

한편, 고려는 송과의 조공무역이나 송 주도하의 중개무역을 통해 서역은 물론 동남아시아 각국의 물산을 알고 있었던 것으로 파악된다. 앞에서 언급한 것처럼 이슬람 상인의 고려 방문 결과가 단속적斷續的이었다는 사실은 중개무역을 통한 송의 경제적 이득에 의한 것이기도 하겠지만, 고려를 향하는 이슬람 상인의 경제적 이익이 그리 크지 않았을 것이라는 추측도 가능할 것으로 생각된다. 그 배경에는 송상들이 거의 정기적으로 고려에 와서 1년 가까이 머물렀으며, 상단의 규모도 꽤 컸기 때문에 고려 사람들은 개경과 예성강에서 만큼은 언제나 그들과 상거래를 할 수 있었던 것 같다.[58] 아울러 이들은 고려에서 제공하는 객관에서 해를 넘겨 머물렀고, 그로 인해 처妻를 두는 도강都綱들도 있었다.[59]

송상이 고려에 온 뒤 방물과 진귀한 물품을 고려 조정에 진헌進獻하던 것이 팔관회의 의례로 발전하였다. 1034년(정종 즉위년) 11월에 팔

58) 이진한, 앞의 글, 50쪽.

59) 이진한, 위의 글, 62쪽.

관회를 열어 신봉루에서 백관에게 연회를 베풀고 다음날 대회 때에 서경·동경과 동북양로병마사·4도호·8목은 각각 표를 올려 하례하였으며, 송의 상인과 동서번·탐라국이 방물을 바치자 자리를 주어 음악을 함께 보게 하였고 이후에는 상례로 하였다.[60]

중국 이외에 고려의 정치적 영향권 안에 있는 주변의 나라와 민족을 변방으로, 고려를 중심으로 인식하는 '다원적 천하관'에 입각하여 만들어진 의례가 팔관회였다.[61] 고려 정부는 이 의례를 통해 백성들이 지켜보는 가운데 외관外官들과 더불어 고려 영역 밖에 있는 송상, 여진, 탐라 등에서 방물을 바치는 의식을 행하게 하여 정치적 효과를 극대화하고자 하였다.[62] 이 과정에서 송상이 헌납한 물품은 중국의 특산물이나 아라비아 상인의 교역품 등 고려와의 무역 물품 중에서도 진귀한 것이었고, 국왕은 신하보다 이를 먼저 취하고 하사함으로써 국왕의 권위를 과시하기 위한 수단으로도 작용하였다.[63]

송과 원元이 정권 교체 후, 고려와 외국과의 교류는 일정 부분 지속된 것으로 생각된다. 『고려사』의 '회회回回' 또는 '회회가回回家'에 관한 기록들은 이들이 고려에 영향을 주었거나, 고려에서도 이들을 인식하였다는 의미로 파악된다. 특히 충렬왕 때 지어졌다고 하는 고려 가요인 '쌍화점雙花店' 또한 고려사회에 머물던 이슬람인들에 대한 정보를 제공한다고 하겠다.

한편, 원 간섭기의 고려의 정세는 관제의 격하와 함께 정치적으로 원 황실의 끊임없는 요구에 응할 수밖에 없었던 상황인데다가, 공물 특히 공마貢馬는 물론 공녀貢女의 요구도 받아들여야 했다. 이러한 역학 관계는 고려와 원의 관계가 100여 년 동안 지속된 결과이기도 하지만, 양국 간에는 끊임없는 문물교류가 있었음이 확인하게 한다. 그러나 이들 교류는 고려에도 어느 정도 이득을 주었겠지만 대체적으로

60) 『고려사』 권69 禮志11 嘉禮雜儀 仲冬八關會儀.

61) 盧明鎬, 「高麗의 多元的 天下觀과 海東天子」, 『한국사연구』 105, 한국사연구회, 1999.

62) 추명엽, 「고려전기 '번(蕃)' 인식과 동·서번의 형성」, 『역사와 현실』 43, 2002, 23~35쪽.

63) 전영준, 앞의 글, 173쪽; 이진한, 앞의 글, 66쪽.

원의 일방적인 강요에 의해 고려가 폐해를 입는 경우가 대부분이어서 고려의 고통은 극심했다.64) 이 문물교류는 회회인[서역인]이 동반되는 경우가 많았는데, 다음의 기록은 원과의 교류들 중 회회인[서역인]과의 교류로 생각되는 기록들을 정리한 것이다.

G-① 閏月 丁酉에 元이 임유간(林惟幹)과 회회인(回回人) 阿室迷里(Asig Melig)를 보내와 탐라에서 진주를 채취하였다.65)

-② 10월 庚子에 여러 회회(回回)가 왕을 위해 신전에서 향연을 개최하였다.66)

-③ 3월에 인후와 고천백(高天伯)이 탑납(塔納, Tana)과 함께 원 나라에서 돌아오다가 절령참(岊嶺站, 평남 자비령)에 이르니, 옹진(瓮津) 등의 지방 사람들이 점심 식사를 차려 놓고 탑납에게 고하기를, "우리 고을 백성들이 모두 응방(鷹坊)에 예속되었으니, 몇 명 남지 않은 가난한 백성들이 무엇을 가지고 공급해 내겠습니까. 죽기만 기다릴 뿐입니다."하였다. 탑납이 와서 재상을 책망하기를, "동방 백성은 홀로 천자의 적자(赤子)가 아닌가. 이렇게 고생을 시키면서도 이들을 구제하지 않으니, 조정에서 한 사신을 보내어 문책한다면 무슨 말로 대답하겠소."하니, 재상들이 그 사실을 왕께 아뢰고, 응방의 폐해를 제거하기를 청하였다. 왕이 노하여, 회회인(回回人)으로서 황제에게 신임받는 사람을 청해 와서 응방을 관리하여 재상들이 감히 다시 말을 못하게 하려 하였는데, 조인규(趙仁規)가 강력히 간하고 공주도 안된다고 말하여 그만 중지하였다.67)

---

64) 朴龍雲, 『高麗時代史』下, 일지사, 1987, 605쪽.

65) 『고려사』 권28 世家28 忠烈王 2년 윤3월. "閏月 丁酉 元遣 林惟幹及回回阿室迷里來 採珠于耽羅."

66) 『고려사』 권29 世家29 忠烈王 5년 10월. "庚子 諸回回宴王于新殿."

67) 『고려사』 권29 世家29 忠烈王 6년 3월; 『高麗史』 권105 列傳18 趙仁規; 『고려사절요』 권20, 충렬왕 6년 庚辰. "三月 印侯高天伯與塔納 還自元至岊嶺站 瓮津等縣人 設晝食 告塔納曰 吾邑民 盡隸鷹坊 孑遺貧民 何以供億 待死而已 塔納 來責宰相曰 東民 獨非天子之赤子乎. 困苦至此 而不之恤 朝廷 馳一使以問 何辭以對 宰相 白王 請去鷹坊之弊 王 怒

-④ 무오에 元이 蠻子海牙(Mantsi Qaya)를 보내와 郡國에서 도망한 군사들과 회회(回回)가 가축을 도살하는 것[屠宰]을 금하였다.68)

-⑤ 무진에 민보(閔甫)를 평양부윤 겸 존무사로 삼았는데 보(甫)는 회회인(回回人)이었다.69)

-⑥ (충혜왕 복위 5년) 병자에 악양현에서 훙(薨)하니 혹자는 말하기를 독살되었다고 하고 혹자는 귤을 먹고 죽었다고 하였다. …(중략) 왕의 성품이 유협하여 주색을 좋아하고 놀이와 사냥을 즐기며 황망하기가 이를 데가 없어서 사람의 처첩이 미모가 뛰어나다고 들으면 멀고 가까움, 귀천을 가리지 않고 모두 끌어들여 후궁이 100여 명이나 되었다. … 포(布)를 회회가(回回家)에게 주어 그 이익을 취하여 소를 잡아 고기를 날마다 15근을 바치게 하였다.(생략)70)

-⑦ 이듬해 왕의 행차가 서경에 머물자 윤택은 검열로서 권서경참군(權西京參軍)이 되어 법도에 맞게 제때 물자를 공급했으므로 왕이 늘 "어질도다. 회(回)여!" 라고 감탄했다. 그의 모습이 회회족(回回族)과 많이 닮았기에 그렇게 농담한 것이다.71)

-⑧ 쌍화점(雙花店)에 쌍화(雙花)사라 가고신ᄃᆞᆫ
회회(回回)아비 내손모글 주여이다
이 말솜이 이 店밧긔 나명들명
다로러 거디러

欲請回回之見信於帝者 來管鷹坊 令宰相不敢復言 趙仁規 力諫之 公主 亦言不可 乃止."

68) 『고려사』 권29 世家29 忠烈王 6년 3월. "戊午 元遣蠻子海牙來 帝勑 禁郡國舍匿亡軍 回回恣行屠宰."

69) 『고려사』 권33 世家33 忠宣王 2년 10월. "戊辰 以閔甫 爲平壤府尹兼存撫使 甫回回人也."

70) 『고려사』 권36 世家36 忠惠王 復5년 정월. "丙子 薨于岳陽縣 或云遇鴆或云食橘而殂 (中略) 王性游俠 好酒色 耽于遊畋 荒淫無度 聞人妻妾之美 無親疎貴賤 皆納之後宮 幾百餘 … 給布回回家 取其利 令椎牛 進肉 日十五斤."

71) 『고려사』 권106 列傳19 尹諧 附 尹澤. "明年 駐駕西京 澤以檢閱 權西京叅軍 供頓有制 王每 歎曰 "賢哉回也" 以貌類回回故云."

죠고맛간 삿기광대 네 마리라 호리라
더러둥셩 다리러디러 다로러 거디러 다로러
긔 자리에 나도 자라가리라
위위 다로러 거디러 다로러
긔잔㉦ 듿티 [반]거츠니 업다72)

위의 기록들 중 G-⑥, ⑦을 제외하고 나머지는 충렬왕 때의 기사이다. ①의 기사는 상인으로 보이는 회회인이 고려의 탐라에서 진주를 채취했다는 기록이고, ②는 역시 상인들로 보이는 서역인들이 이전 시기와 마찬가지로 고려 국왕에게 진헌하는 의식을 포함하는 연회의 증거로 보인다. 때문에 이 두 기사는 송나라 때와 같이 고려의 산물에 대한 이득을 전제로 하는 서역 상인의 내방 기사로 보인다. 고려 국왕이 이들의 입국을 거절하지 못한 것은 나름의 정치적 이해가 전제되지만, 이미 고려에서는 이들 상인들의 진헌품에 대한 가치를 부여하였던 것으로 보이기 때문에 ⑥에서처럼 충혜왕이 국고에 보관되어 있던 포布를 이들에게 넘겨 이득을 취하였던 것으로 파악된다. 기사 ③에서 회회인은 '회흘回紇'이라 하여 위구르인일 가능성이 크다. 하지만 이들 역시 원의 조정에 포함된 이들로써 고려에게는 이역인異域人으로 보였을 것이다. 아울러 ④와 ⑤ 및 ⑧은 직접적으로 이슬람인을 지칭하는 기사로 보인다. 특히 ⑧의 '회회아비'는 당시 고려사회에 머물렀던 이슬람 계통의 상인들로 보이며, 이들의 고려 내왕이 고려 전기부터 있어 왔던 사실에 근거한다면 그리 놀라운 일이 아니다. 송의 간섭으로 정지되었던 국제교류가 재개되었을 가능성도 있지만, 이슬람인이나 이역인들이 원의 사신이나 상단商團으로 고려에 내왕하였던 사실로 이해하기에는 무리가 없을 것으로 생각된다.

72) 『樂章歌詞』 「雙花店」. 인용문은 첫 연의 시작이지만, 2연 이하 4연까지 공간이 바뀌고 인물들이 교체되어 등장할 뿐 내용의 줄기는 첫 연과 다름이 없다. 이 「쌍화점」의 둘째 연이 『고려사』 樂志 俗樂條와 列傳 吳潛條에 漢譯되어 전하는데, 전자에는 '三藏'이라는 제목이 있고, 후자에는 제목없이 한역 가사만 인용되어 있다(朴魯埻, 『高麗歌謠의 硏究』, 새문사, 1990, 155쪽).

원과의 정치적 역학 관계가 고려 후기 사회 전반에 작용하고, 무역이나 문물교류도 제한적으로 이루어졌음은 살펴본 바와 같다. 그렇지만 고려 전기 사회에서 정립된 '팔관회적 질서'는 고려의 다원적 천하관을 국내외에 알리는 계기를 제공하였고, 아울러 국제문화교류에도 일정한 영향을 끼쳐 왔다. 부분적이긴 하지만 서역인의 내방 기사나 고려 가요의 탄생, '회회가回回家'의 역사적 의미는 고려가 국제문화교류에 개방적이었다는 사실과 함께 교류를 통해 이루어진 문화융합 현상으로 이해가 가능하다.

4. 맺음말

고려 태조 때부터 설행되었던 팔관회는 고대 사회의 전통적인 습속을 전승하여 국중대회로 활성화한 대표적인 국가행사였다. 이후 유교정치이념의 확대 과정에서 일시적인 중단이 있었지만, 다시 부활하여 고려가 멸망할 때까지 지속되었다. 팔관회를 정례화하고 의례를 확정해가는 과정에서 고려는 중국을 제외한 정치적 영향권 내의 주변 국가에 대한 조하의식을 진행함으로써 고려의 대외적 위상을 제고하고자 하였다. 이를 위해 주변국과의 문화적 교류는 당시 동북아시아의 정세와 긴밀하게 연관되어 송을 중심으로 하는 국제 교역의 장에 적극적으로 참여하게 되었다.

이에 앞서 송은 이슬람 국가들과 교역을 진행하였고, 이전 시대부터 실크로드와 해상로를 통한 교역의 확대를 이루어가고 있었다. 중앙아시아의 정치적 변동으로 활성화된 해로무역의 확대와 그 연장선상에서 고려와 교역을 이루었던 이슬람 상인들의 고려 내방은 그들이 가져온 진귀한 물품과 고려의 문화적 교류를 가능하게 하였다. 그 결과 고려 사회에는 이슬람 계통의 문화가 자연스럽게 파급되었고, 승려의 부도를 위시한 각종의 문화현상에 이를 적용시키는 계기가 되었다. 특히 고려가 송에 대해 요청한 장인 초치招致는 고려의 문화를 한 단계 제고하려는 의지와 국왕의 정치적 목적과도 일부 닿아 있었다.

고려는 팔관회의 설행을 위해 많은 경비와 대규모의 인원을 동원하였다. 고려는 이를 통해 대내적으로는 연등회와 더불어 고려의 가장 큰 명절이자 축제의 장으로 승화시키면서도, 추수감사제의 형식을 빌어 지역적인 색채를 강하게 드러내는 각 지방의 토착신앙을 수도인 개경에서 일원적 구조로 통합하는 기능도 겸하게 하였다. 또한 팔관회의 개방적 질서는 문화와 문물의 교류를 통한 지역 간 소통과 국가 통합의 기능을 추가하였다. 팔관회의 폐해가 없었던 것은 아니었지만, 고려는 팔관회가 지닌 개방적 질서를 확대하고, 이를 기반으로 하는 다원적 천하관의 정립과 국제문화교류에도 적극적으로 응하였다. 고려 후기 사회의 급변하는 정세 속에서도 고려의 서역 인식이나 문물에 대한 욕구는 지속적으로 이루어졌고, 이는 결국 문화적으로 융합되어 정착되는 문화현상을 고려 사회 전반에 확대시키는 계기를 이루었다.

기록으로 증명되는 역사적 사실과 달리 사회에 보이는 문화와 문화적 융합으로 전승되는 문화현상 등의 분석은 기록과는 또 다른 의미를 지닌다. 본고는 고려 전반기에 걸쳐 설행된 팔관회의 조하의식을 근거로 하여 고려의 국제문화교류를 중점적으로 살피고자 하였다. 여러 기록들을 참고하여 팔관회의 국제적 개방성과 사회적 기능은 확인하였으나, 고려 사회에 유행하였을 문화현상에 대해서는 깊은 연구가 이루어지지 못했다. 이에 대해서는 별도의 논고를 준비하겠다.

2부 다문화주의의 실제

다문화가족지원센터의 다문화가정을 위한 지원서비스

-현황과 발전방향에 관한 연구-

박정윤

1. 서론

오늘날의 개별 국가는 전 세계의 정보화, 이동통신 기술의 급속한 발전과 과학기술의 발달에 의해 상호 협조적이고 긴밀하게 연결되어지고 있다. 국가 간 교류가 빈번해지고, 한 국가의 정치·사회·경제 모든 분야의 변화들이 자국 내에서만 소통되는 것이 아니라 관련 국가의 상황에 따라서 상호 영향을 받는 시대에 살고 있다. 이러한 분위기는 단일민족과 순수혈통을 주장해 왔던 한국사회로서는 다문화사회와 다민족사회가 되는 것은 상당한 변화이며 다문화가족의 증가도 우리가 새롭게 수용하고 통합해야 하는 변화라고 할 수 있다.

현재 우리사회의 다문화로의 변화에 핵심적인 요인은 저출산·고령화의 인구학적 이슈와 경제위기로 인한 노동시장의 변화, 여성의 고학력화와 경제활동의 증대로 초혼연령이 상승하고, 독신미혼 여성의 비율이 증가함에 따른 만혼화 현상, 외국인에 대한 거부감이 감소하

* 중앙대학교 가족복지학과 교수

는 가치관의 변화와 혼인수급의 불균형 등으로 농촌과 도시 저소득층 남성의 외국인 여성과의 결혼(김유경, 2009) 등을 들 수 있다. 1990년대 초반 이후 농촌총각의 혼인난을 해소하기 위해 정책적으로 시행된 중국 조선족 여성과의 국제결혼 주선사업(이혜정, 2004; 홍기혜: 2000) 이후로 가시화되기 시작한 다문화가족은 이제 우리 사회의 혼인관련 인구지표에서 주목받는 비율을 차지하고 있다.

다문화가족의 증가가 초국가적인 현상이라 해도 한국의 경우는 미국이나 유럽의 국가와 다른 양상이다. 세계적인 차원에서의 이주 추이와 비교할 때 한국사회로의 타민족 이주는 다소 지연되었으나 그 전개는 매우 압축적으로 이루어지고 있다. 즉, 한국사회의 외국인 이주는 1990년 초 본격적으로 시작된 이후로 단기간 내에 이주민이 급격히 증가하였는데 이러한 압축적인 이주의 전개는 세계적으로 매우 특이한 현상이다. 따라서 한국에서 집약적으로 나타나는 다문화현상을 충분히 성찰하여 다문화가정생활의 기반과 특성을 이해하고 다문화사회가 한국사회에 정착할 수 있도록 해야 할 시점에 처해 있다.

다문화사회로의 전환은 지금까지 한국사회의 지배적인 가치 중 하나인 단일혈통이나 순수혈통 이데올로기나 자민족 중심주의에 대한 새로운 도전이다. 다문화사회는 민족적, 문화적 다양성을 수용하고 증진시킴으로써 궁극적으로 한 사회의 발전을 꾀하려는 원리를 갖는다. 그러한 과정에서 타민족과 문화를 어떤 방식으로 수용할 것인지는 한 사회나 국가의 상황에 따라서 달라질 수 있다. 그런 측면으로 볼 때 한국사회가 예견하지 못할 정도로 급격한 이주의 증가세와 이주민의 사회적 가시화를 경험하면서 다문화에 대한 다양한 관점을 사회 전반에서 충분한 논의와 합의를 도출하지 못하는 상황이다. 그런 한편에서는 국가 중심으로 안정적인 사회통합의 기반 위에서 지속적인 성장과 발전을 모색하는 데 있어 다문화의 이슈가 중심적인 위치를 차지하는 상황으로 전개되면서도, 매우 피상적인 차원에서 그들의 문제를 진단하고 해결책을 모색하고 있다.

현재 우리사회의 다문화에 대한 많은 관심은 다문화가족에 집중되고 있다. 많은 수의 이주자들이 결혼을 통해서 혼인이주를 하게 되는 여성들이고 그로 인해서 그들의 많은 문제가 가정생활적응에서부터 시작되기 때문에 다문화사회에 대한 관심은 이들에서부터 시작되는 것도 어떤 면에서는 자연스러울 수 있다. 2008년 9월에 다문화가족지원법이 제정되면서 법에서 지정한 지원 사업 시행을 위해서 짧은 시간 안에 전국적으로 100여 개 넘는 다문화가족지원센터가 설치되고 다양한 서비스가 제공되는 것도 이러한 맥락으로 볼 수 있다. 그러나 다문화가족에 대한 사회 전반의 관심이 폭주하게 되면서 정부가 주도하는 정책과 지원이 일관성이나 방향성 없이 우후죽순처럼 제공되고 있다. 그래서 현재의 다문화가족관련 정책이나 서비스는 다문화가족에서 발생하는 본질적인 문제나 통합을 위한 지원이기보다는 주최자의 성과를 위한 전시행정으로 변질될 위험도 갖고 있다.

결국 다문화사회로의 전환하는 과정에서 사회 전체가 적극적으로 관심을 갖는 것은 고무적이지만 지금과 같은 전개는 모래위의 성을 쌓는 위태로운 상황이라고 판단된다. 즉, 국가에서 결정하는 중요한 정책이 지향해야 하는 목표점이 불투명하고, 정책목표 달성을 위한 대상, 지원방법, 재원 등에서 신중하고 다양한 고려를 하지 않은 점은 앞으로 다문화사회로의 전환이 순조롭지 못할 가능성을 예측하게 한다. 최근에는 필자와 같은 고민이 전문가와 관련부처에서 시작되어지고 있으며 그것은 진정한 다문화사회로 나아가기 위해서 거쳐야 하는 과정일 것이다. 지금까지가 다문화사회 형성을 위한 노력을 하는 초창기였다면 현 시점은 지금의 기반을 토대로 하여 점진적이고 체계적으로 다문화사회를 만들 수 있도록 환경조성과 구체적인 대안들이 마련되고 실천되어야 할 시점이다.

다문화에 대한 논의는 다문화주의 자체에 대한 담론이나 논의와 같은 원론적인 영역에서부터 다문화지원정책, 서비스 등의 실천적인 영역에 이르기까지 범주가 광범위하다. 본 논문에서는 필자의 전문분야와 전공을 고려하여 경험적이고 실천적 측면에서의 다문화가족과 그들 가족에 대한 지원에 관련된 부분들을 다루고자 한다. 구체적으로 다문화가정이 경험하고 있는 어려움과 욕구에 대한 최근 선행 연구 동향을 살펴보고, 다문화가족지원센터에서 실시하고 있는 사업과 그 성과를 검토하면서 다문화가정의 요구와 지원서비스 간의 부합정도를 살펴보고 앞으로의 다문화가족지원센터의 발전방향에 대한 제언을 하고자 한다.

2. 다문화가족의 현황 및 특성

2.1. 다문화가족의 현황

1990년대부터 외국인 이주노동자와 결혼이민자의 수가 괄목할 만하게 빠르게 증가하였다. 2008년 7월 기준으로 국내 거주 결혼이민자는 총 144,385명으로 이 중 여성이 88.4%인 128천 명을 차지하고 있으며 전년대비 13.7%가 증가하고, 2002년에 일만 건을 넘어선 한국남성과 외국인 여성 간 결혼 수는 2005년에 농촌총각 중 35.7%가 외국인 아내를 맞이하여 최고점에 이르렀다. 2006년도에 '방문취업제' 예고에 따라 조선족 여성 유입이 감소하여 국제결혼 혼인비율이 3.4% 감소하였으며, 2007년도 베트남의 국제결혼 규제정책 등의 영향으로 전년대비 3.7%가 감소, 2008년도에는 1.5% 감소하여 28,163건으로 나타났다. 동남아 국가들의 새로운 국가정책으로 인해서 부분적인 감소가 일어나고 있으나 여전히 국제결혼은 계속적으로 증가하고 있으며 결혼이민자 여성은 2010년에는 전체 인구의 3%, 2050년에는 약 9%까지 증가할 것으로 예측하고 있다(김경신, 2009).

출신국별로는 조선족 한국인이 55,789명(38.6%)으로 가장 많고 중국·베트남·필리핀·일본·대만·몽골·태국 등의 순(행안부, 2008)이었다. 초기의 국제결혼은 한국여성과 외국남성의 결합이 주를 이루었으나 최근에는 외국인 여성과 한국 남성의 비율이 전체 국제결혼 유형 중 76%를 차지하여 외국인 여성이 결혼을 통해서 한국사회에 유입되는 비율이 높아지면서 과거와는 다른 국제결혼 양상을 보이고 있다.

이러한 국제결혼 현상은 글로벌 시대, 전지구화라는 시대적 흐름에 기인한 것으로 국가 간의 이동이 증가하면서 개인들의 삶과 가치관, 가족 등에 대한 생각이 성, 인종, 국적을 초월해서 이루어지기 때문으로 볼 수 있다. 특히 한국인 남성과 외국인 여성간의 국제결혼은 '이주의 여성화'[1] 현상과 한국 결혼시장의 파행적 구조와 접합되어 만들어진 현상으로 볼 수 있다(한건수, 2006). '이주의 여성화' 현상으로 한국사회에 들어온 외국인 여성들은 국제결혼을 한국사회에서 보다 안전하게 정착할 수 있는 수단으로 선택하게 된다. 도시지역의 노동자들이 일터에서 외국인 여성들을 만나 국제결혼을 하는 현상은 이러한 사실을 뒷받침해 주고 있다. 앞으로 노동력 부족을 겪게 될 한국사회의 실정상 많은 수의 외국인 노동자가 우리사회에 진입할 것이며 그에 따라 국제결혼도 계속해서 증가할 것으로 예측된다. 한국의 결혼시장의 특수성 또한 결혼이민자 가정 증가의 한 원인이 되고 있다. 한국사회는 고학력 및 전문직 여성들의 결혼에 대한 인식변화와 이혼, 재혼 등의 증가현상, 그리고 '결혼경사현상'[2]이라는 배우자 선택 경향으로 한국인 남성들이 국내결혼시장에서 배우자를 선택하기가 어려워지고 있다. 더욱이 결혼을 위해 필요한 개인적 자원이 상대적으로 적고 불리한 요인들을 가지고 있을 경우 국제결혼 경향성이 높은 것으로 보고되고 있다. 실제 연구에서도 국제결혼은 적령기를 넘긴 높은 연령, 낮은 학력, 초혼보다는 재혼,[3] 도시보다는 농촌, 그리고 낮은 경제적 수준의 남성에게서 빈번히 일어나고 있는 것

1) '이주여성화'란 국가 간 노동이동의 50% 이상이 여성이주자에 의해 이루어지는 현상으로 여성이 남편이나 가족에 따라 이동하는 동반이주자로서가 아니라 여성 스스로 주체적으로 이주하는 경향을 말한다. 이러한 이주의 여성화현상은 특히 중국 조선족에게서 두드러지게 나타난다(이혜경, 2006).

2) 결혼경사(marriage gradient)현상은 사회학자 제시 버나드(Jessie Benard)에 의해 설명된 것으로 "여성은 자신의 남편을 존경할 수 있기를 원하고 사회적으로 자신보다 더 나은 배우자를 선택하려고 한다. 이러한 현상의 결과로 가장 바닥(bottom of the barrel)에 있는 남성들은 그들을 존경해 줄 사람이 없기 때문에 결혼할 사람이 없고, 반대로 꼭대기(cream of the crop)에 있는 여성들은 그들보다 우월해서 존경할만한 사람을 찾기가 쉽지 않다"고 한다.

3) 국제 결혼한 한국남성의 재혼율은 43.8%로 나타났다(통계청, 2005).

으로 나타났다(장온정·박정윤, 2009; 김경신, 2006; 윤형숙, 2004).

다문화가족이 증가하면서 결혼이민자 여성의 증가뿐만 아니라 다문화가족의 자녀도 매해 증가하고 있다. 행정안전부 2008년 7월 보고에 따르면 다문화가족 자녀수는 58,007명으로 매년 증가하고 있는 추세이며, 자녀의 연령은 6세 이하가 57.1%, 7~12세가 32.2%,로 영유아가 대부분이다. 다문화가족의 자녀의 학교 재학 수치도 2007년 대비 2008년에 39.6%로 증가하여 급격하게 증가하는 추세를 보이고 있다. 2008년의 경우 다문화(결혼이민자)가정 중 초등학교 재학생이 84.2%, 중학생이 11.7%, 고등학생이 4.0%로 아직까지는 초등학생아 가장 많은 비율을 차지고 있다.

2.2. 다문화가족의 문제와 욕구

다문화가족의 가정생활의 연구는 여러 학문에서 관심영역으로 떠오르고 있다. 많은 연구에서 공통적으로 지적되는 다문화가족의 어려움은 이민자 여성의 언어문제로 인해서 가정생활을 원만하게 수행하는 것이 어렵다는 점과, 내국인 남편과 시댁가족과의 문화적 차이로 인한 갈등이다. 구체적으로 다문화가족의 문제를 선행연구 중심으로 살펴보면 다음과 같다.

2.2.1. 부부문제

다문화가족의 결혼 특징 중의 하나는 비교적 짧은 기간 안에 집단적으로 이루어진다는 점이다. 단시간에 결혼을 결정하게 되는데 그 원인은 국제결혼이 결혼자체를 목적으로 한 중매혼의 성격을 갖기 때문도 있지만, 영리목적을 가진 결혼중개업체들의 결혼당사들에 대한 정보왜곡과 결혼 부추김 등으로 인하여 결혼당사자들아 적합한 배우자를 선택할 수 있는 시간적 여유나 선택의 기회를 제한받는 요인들이 작용하기 때문이다. 이렇게 불안정한 배우자 선택과정에서 결혼 당사자 서로는 결혼에 대한 경제적, 심리적, 사회적 준비를 하지 못한 채 결혼이 성립됨으로써 결혼이후의 부부 적응에 많은 어려움이 초래되는 것은 당연한 결과이다.

부부문제는 결혼이민자 아내의 한국 가정생활에의 부적응을 다루는 연구가 다수이다. 외국인 아내의 한국어 능력이 떨어져서 발생하는 의사소통 문제, 문화적 차이로 인한 부적응, 남편의 폭력과 인권침해 문제 등이 있다(이금연, 2003; 윤형숙, 2004; 김상일, 2004; 신란희, 2005; 한건수b, 2006; 채옥희, 2006; 양순미, 2006; 김오남, 2006; 이순형, 2006). 외국인 아내의 언어습득은 부부간의 단순한 의사소통의 어려움에 국한되는 것이 아니라 그로 인해서 그들이 가정 내에서 고립되고 소외되면서 우울증과 같은 심리적 문제늘을 연속적으로 경험하게 되고 배우자게에까지 직·간접적으로 영향을 주게 되면서 부부관계가 악화된다. 또, 한국의 가부장적인 관습과 문화로 인해 한국인 남편의 권위적인 태도와 불평등한 성역할관이 남성위주의 부부관계를 형성하면서 결혼이민자 아내들은 이를 수용하지 못하면서 배우자와의 갈등이 발생하기도 한다(모선희·이인희·이선행·김성훈, 2009; 김오남, 2006; 윤형숙, 2004). 이에 덧붙여 시부모의 간섭이나 남편의 시부모에 대한 의존 등도 부부갈등을 가중시키는 원인으로 지적하고 있다.

신경희·양성은(2006)은 폭력경험이 있는 다문화가족 부부 19쌍을 면접 조사한 결과에 따르면 부부갈등은 불평등한 결혼시작에서부터 이루어진다고 하였다. 즉, 결혼중개업소에게 부부 모두가 과도한 소개비를 지불한 상황에서 결혼에 이르게 되고 이 관계에서 매매혼에서와 같은 심리적 기제가 작용하여 배우자를 소유물로 여기면서 갈등이 시작되는 것이다. 그리고 한국인 남편이 외국인 아내를 통제하기 위한 수단으로 국적취득을 연기시키기거나, 문화적 전통이나 사회규범에 대한 이해 부족, 친정에 대한 경제적 원조, 고부갈등 등이 부부갈등을 유발하게 하는 요인으로 나타났다.

한국보건사회연구원의 다문화가족실태조사(2008)에서 결혼이민자 여성이 토로하는 부부갈등원인은 경제문제가 30.7%로 가장 많았고,

다음으로 자녀문제, 배우자의 부모 및 형제자매와의 관계, 가사 및 육아부담 순으로 나타났다. 이들은 배우자와의 의사소통의 어려움을 호소하였으며, 아내폭력이 발생하고 있으며 결혼기간이 길수록 폭력이 빈번해지면서 가속화와 장기화되고 있다고 하였다. 더 큰 문제는 이들이 폭력문제에 대해서 소극적으로 대처하거나 무방비상태로 방치됨으로써 폭력피해자가 많아지고, 피해의 정도도 커지고 있다는 점이다. 몇몇 연구에서 부부문제는 국내 부부와 마찬가지로 단순히 두 사람의 단편적인 심리정서적인 것에 국한되지 않고, 폭력, 과도한 권력행사 심지어 이민자 아내의 취업과 인권문제로까지 확대되고 있음을 알 수 있다. 한편, 다문화가족 내에서 상대적으로 열악한 지위를 갖는 이민자 여성은 남편과의 연령차로 인한 세대 차이, 문화적 차이, 가치관의 차이 등으로 인해서 심각한 갈등에 빠지고 되는데 이는 다문화가족의 이혼율 증가를 통해서도 단적으로 알 수 있다.

부부는 결혼생활에서 결혼 전의 서로 다른 생활양식을 결혼 후 적절히 맞추어가는 과정이 필요한데 다문화가족의 경우 지금까지 자라온 환경과 문화가 너무나 상이할 뿐만 아니라 서로가 결혼에 대한 기대가 다르기 때문에 내국인들끼리의 결혼보다 더 많은 노력을 해야 한다. 그럼에도 불구하고 한국인 남편은 외국인 아내에게 일방적인 한국문화의 습득을 강요하는 등의 동화주의적 태도로 부부관계를 형성하여 이민자 아내들은 그러한 배우자의 태도나 행동으로 결혼생활에 어려움을 호소하고 있었다. 특히 결혼이민자 여성에게 한국사회에 거주하는 것만으로도 한국인 남편보다는 여러 측면에서 불리한 위치를 점하고 있다. 그럼으로 남편의 생각과 태도는 이들 부부의 결혼생활에 결정적 영향을 미칠 것 있다(장온정 외, 2009).

2.2.2. 자녀 돌봄 및 적응 문제

다문화가족의 자녀가 지속적으로 증가하면서 자녀양육기의 다문화가족은 자녀양육이 주 고민거리가 되고 있다. 보건사회연구원(2008)

에 따르면 다문화가족의 아동의 주 양육자는 이민자 본인이나 배우자, 기타가족이 48.9%로 가장 많았으며 다음으로 보육시설을 이용하는 비율도 37.4%를 차지하였고 방과 후 돌봄 역시 가족 돌봄이 63.0%로 가장 많은 것으로 나타났다. 다른 연구(서문희, 2005)에서 일반가정의 보육시설 이용율이 56.8%인 것과 비교해보면 가족에 대한 의존도가 높음을 알 수 있다. 또한 외국인 아내들은 나이가 어리고 초혼으로 주변의 관계 지지망이 부족하여 주위의 도움조차 받지 못해서 더욱 어려움을 겪고 있다(박주희, 2007).

한국보건사회연구원(2008) 조사에서 다문화가족의 자녀양육문제는 한국어소통능력 미흡, 양육비용, 자녀양육자 및 보육시설의 부재, 자녀양육 방식 차이라고 밝히고 있다. 특히 방과 후 부모가 자신의 자녀를 돌보지 못하는 이유가 생업 때문에, 학습지도를 못해서, 한국어 수준이 낮아서 등의 순으로 나타나서 다문화가족의 자녀들이 부모특성으로 인해서 학업성취문제나 학교생활에 부정적 영향을 줄 수 있는 가능성을 보여주는 결과이다. 또, 많은 결혼이민자 여성들이 결혼 후 1~2년 내에 임신과 출산을 하게 되는데 한국생활에 충분히 적응하지 못한 상황에서 임신과 출산은 결혼이민자 여성에서 다중적인 어려움을 야기할 수밖에 없다. 이들이 출산과 육아에 대한 사전교육을 받은 비율이 낮고(최연실, 2007), 남편이나 시댁식구의 도움정도이나 지역사회로부터의 지원받는 것이 용이하지 않기 때문(최나야 외, 2009)에 양육부담은 더 가중된다.

결혼이민자 여성의 언어문제는 부부관계뿐만 아니라 자녀에게도 부정적 영향을 주게 된다. 그래서 그들의 자녀가 학교에서 차별받을 것에 대한 우려, 취학준비를 제대로 해주지 못한 것에 대한 걱정과 자녀교육에 대한 경제적 자원 부족과 좌절감, 자녀양육 가치관 혼란과 주변의 높은 기대감이 복합되면서 스스로가 부모로서의 낮은 효능감을 스트레스로 호소하고 이에 대한 해결책으로 공교육의 강화에 대한 욕구를 호소하는 것으로 나타났다(최나양 외, 2009). 또, 영유아기 자녀를 둔 부모들은 자녀의 취학준비에 대한 교육이나 부모교육을 받지 못하게 되면서 취학 후에 아동의 학교적응에 문제를 일으킬 수 있음으로 이에 대한 지원이 마련되어야한다.

한편 다문화가족의 아동은 부모의 가치관과 생활태도가 각각 다른 이중 문화 속에서 성장하면서 많은 갈등을 경험한다. 그래서 성장하는 과정에서도 사회와 가정에서 경험하는 생활이 각각 서로 다르기 때문에 정체성과 가치관의 혼돈을 겪을 수밖에 없다. 특히 부모의 이중 언어 사용은 아동기 자녀의 언어습득에 어려움을 야기하고 이는 학교생활 적응에 직접적으로 연계되면서 이들 가정의 자녀가 소외나 따돌림을 당하는 상황이 발생하기도 한다(이영주, 2008). 이의 연구에서 다문화가족의 아동이 잘 적응하기 위한 위험요소와 보호요소를 파악하였는데 가족변인과 문화변인이 아동적응의 위험요소였고, 문화변인과 학교변인이 보호요인이었다. 보건복지부(2005)의 연구에서도 다문화가족의 아동 적응은 일상생활에서 별다른 무리는 없으나 독해, 쓰기, 작문능력 등의 학업성취가 낮으며, 때때로 언어발달 지체 및 문화부적응으로 인해서 학교에서 소극적이며, 폭력 또는 과잉행동과 같은 정서장애를 보이기도 한다고 지적하였다. 이들 가정의 자녀는 한국어능력이 부족한 어머니로 인해서 결정적 시기에 언어자극이 결핍되어 언어지연을 경험하는 비율이 높았다(박미경 외, 2007; 서현 외, 2007). 다문화가족 자녀의 언어문제는 연령이 높아지면서 누적되어 학업부진, 사회성과 성격발달의 문제, 편견과 차별문제로 이어지게 된다. 유아교육기관에서 이들 가정의 유아발달의 가장 큰 문제점도 언어능력의 부족을 지적(이승은 외, 2008)하고 있어 의사소통의 문제가 심각함을 알 수 있다. 이용희 외(2009)는 다문화가족의 자녀들의 학교생활 적응력은 가족의 응집성과 적응력화 정적 상관관계가 있다고 밝힘으로써 다문화가족의 자녀는 가정생활의 건강성을 유지하는 것이 매우 중요하다는 것을 알 수 있다.

학교생활은 다문화가족의 자녀들이 미래의 사회성원으로서 자질과 역량을 키워나가기 위한 사회적응의 기본과정이며 특히 초등학교 취학은 자녀들이 공식적으로 공동체생활을 시작하는 중요한 시점으로서 이 시기에 겪는 학습활동에 대한 흥미, 또래들과의 대인관계, 학교규칙에 대한 적응정도는 이후의 학교생활에 대한 만족과 학업성취에 많은 영향을 주게 됨으로 이 시기에 주변의 지원정도는 자녀의 학교적응력과 직결되는 중요한 요인이 될 수 있다. 그러나 다문화가족의 경우 외국인 부모들은 한국사회 문화와 교육 현장에 대한 정보의 부족과 분위기를 제대로 파악하지 못하면서 효과적인 학부모로서의 역할을 수행하는데 많은 어려움이 있다. 즉, 학교시스템과 학생생활 문화에 익숙지 않을 뿐 만 아니라 자녀나 교사와의 원만한 의사소통이 이루어지지 않음으로써 학습지원이 적절히 이루어지지 못하는 실정이다(장온정 외, 2009). 따라서 다문화가족의 자녀양육문제는 조기개입과 중재를 통해서 결혼이민자여성의 양육 스트레스를 줄이고, 부모로서의 역량을 강화하며, 아동이 건강하게 성장할 수 있는 환경을 조성하여야 할 것이다. 실제적으로 출신국가와 한국간의 가족 왕래 촉진, 출산과 초기양육지원서비스, 다문화가족 간의 연계, 한국인남편과 시댁가족에 대한 상담과 교육(최나야 외, 2009) 등을 통해서 결혼이민자 여성이 자녀양육에 자신감을 갖고 적극적으로 임할 수 있도록 해야 한다.

2.2.3. 친척관계 및 사회적, 개인적 문제

다문화가족의 친인척 문제의 대표적인 문제가 시부모와의 고부갈등, 시댁식구의 지나친 개입이다. 이민자 여성이 시댁과의 갈등하는 요인은 세대차이, 의사소통의 문제, 사고방식과 가치관의 차이, 생활습관의 차이 등이다(홍기혜, 2005). 다문화가족의 시부모들이 유교적이고 전통적인 가부장적 가족 관념을 갖고 있으며 외국인 며느리임에도 불구하고 며느리로서의 전통적 의무를 강요하고 있다. 결국 시댁식구들이 일방적으로 외국인 며느리에게 한국문화에 동화되기를 강요하는데서 갈등이 생기는 것이다. 다문화가족의 시부모 대부분이 며느리 나라와 문화에 대해서 잘 알지 못하고 관심도 없고 며느리를 배려하려는 태도를 취하지 않고 있었다(김상임, 2004; 심선진, 2004). 윤형숙(2004)은 다문화가족의 고부갈등은 시어머니의 며느리 학대로 이어지고 있다고 밝히고 있다. 즉, 며느리를 구박하고 아들에게 며느리에 대한 잘못된 정보를 제공하고, 남존여비적 태도를 갖고 무조건적인 복종을 강요하면서 의사소통이 적절히 이루어지지 않을 때 심지어 폭력을 행사하는 것으로 나타났다. 그 외 시부의 엄격함과 시어머니의 병수발, 시댁식구의 무리한 부양요구, 이주 여성의 행동에 대한 통제(외출에 대해 부정적이며 외부사람과의 접촉 싫어함) 등도 시댁과의 문제였다(박정윤·강기정, 2007).

결국 다문화가족의 한국인가족원들은 다문화에 올바른 이해를 할 기회를 제공받지 못함으로써 며느리(아내) 출신국가에 대한 편견이 많으며, 며느리와의 문화적 차이에 대한 인식을 하지 못한 채 이민자 여성의 행동을 개인적 성격과 성향으로 간주해 버림으로써 과격한 표현으로 심리적 상처를 주거나 가족생활에 대한 적응의 어려움을 가중시키고 있다(장온정, 2007).

또 다른 다문화가족의 문제는 일상생활의 차이이다. 의식주 생활문화의 차이, 가정관리에 대한 태도 차이, 경제적 문제 등이 이에 해당된다(박정윤 외, 2007; 박경은, 2007; 채옥희 외, 2006; 보건복지부, 2005). 보건복지부(2005)에 따르면 다문화가족은 가사노동분담, 생활방식의 차이 문제 등을 나타내고 있으며 이민자 여성은 남편과 가사분담 불평등에 대해서 많은 불만과 갈등을 제시하였다. 박정윤 외(2007)의 연구에서는 일상 가정생활의 기준차이—청결수준, 음식취향 등—로 인한 갈등을, 채옥희 외(2006)의 연구에서는 식생활, 가정의례에 대해서 차이와 문제가 있음이 밝혀졌다. 또, 남편의 생활비 및 용돈, 자국으로의 송금 등에 대한 통제로 경제적 권력을 남편에게 예속 당하거나 남편과의 돈에 대한 가치관 차이, 신용카드 사용에 대한 간섭, 시누이의 경제적 간섭, 시댁식구의 경제적 부양 등의 문제점이 언급되고 있다(박경은, 2007; 박정윤 외, 2007).

한편 다문화가족에서 원하는 복지에 대한 욕구에서 공통적인 것은 일을 통한 경제적 욕구, 사회적응 욕구, 자녀양육과 교육지원에 대한 욕구 등이었다(모선희, 2009; 김유경, 2008; 한국보건사회연구원, 2008; 설동훈, 2006). 한국보건사회연구원(2008) 연구와 설동훈(2006)의 연구에서 다문화가족의 가장 많은 욕구는 한국어교육이었고 다음으로 자녀교육과 부모상담 서비스, 취업 또는 일자리 관련 욕구가 많았다.

그런데 이러한 욕구들이 이주 후 한국에 거주하는 시간경과에 따라서 변화한다는 것에 주목해서 다문화가족에 대한 지원서비스는 거주기간, 가족생활주기 등을 고려해야 한다. 김유경(2008)에 따르면 결혼초기(5년 이내)에는 한국어교육의 욕구와 자녀양육과 관련 욕구가 대부분이고 그 외 나머지 서비스 욕구나 미미한 실정이다. 이는 모선희 외 연구(2009)에서도 유사한 결과를 보여주고 있는데 한국인 어머니들에 비해서 어머니로서의 역할 효능감이 낮음으로 그에 대한 보완책으로 '방과 후 학습교육', '자녀의 한국어 교육' 등을 원하는 것으로 나타났다. 그러나 결혼기간이 길어질수록 취업이나 한국문화에 대한 지원욕구가 높다고 지적하고 있음으로 다문화가족의 지원이 획일적이지 않고 맞춤형 서비스를 강화해야 할 필요가 있다. 그 외 원하는 서비스로는 보육시설, 배우자 또는 가족의 허락과 지원, 단계별 교육서비스, 서비스에 대한 정보제공 등이었다. 모선희 외(2009)의 연구에서 다문화가족 여성은 사회적응교육을 원하는데 이는 정부에서 실시하는 영농교육을 보다 구체적으로 발달된 기술을 배우기를 원하였고 공공지원에 대한 욕구로서 지역사회 및 민간단체로부터의 지원을 원하였고 부분적 접근성이 낮은 농어촌 지역에서는 교통지원서비스 등가 필요하다고 하였다. 결혼이민자여성의 생활문화교육에 대한 욕구를 조사한 결과 이민자여성은 광역환경에 대한 생활문화에 대한 요구가 높았다(최배영, 2009). 구체적으로 상황별 언어표현이나 언어예절, 생활예절, 음식문화, 가족의례와 명절풍습, 관공서 및 지역기관 이용방법, 주거문화 교육, 날씨나 지리 등의 자연환경에 대한 교육요구까지 매우 다양하였다.

3. 다문화가정을 위한 지원 현황

다문화가정의 어려움에 대한 많은 연구결과와 보고서들을 토대로 정부와 사회 전반에서 이들 가정이 건강하고 행복한 가정생활을 영위할 수 있도록 하는 지원책들이 마련되어 실시되고 있다. 2006년 4월에 범정부 차원의 '혼혈인 및 이주자 사회통합 지원방안'과 '여성결혼이민자가족 사회통합지원'정책이 수립되면서 다문화에 대한 정부개입이 가시화되기 시작하였다. 이를 기점으로 교육인적자원부 2006년 5월에 다문화가정교육지원대책을 마련하여 교과서 내용을 다문화를 강조하여 타인종을 수용하는 내용으로 수정할 것을 결정하고, 한국정보문화진흥원에서는 결혼이민자를 사회의 소외집단으로 규정하고 이들을 위한 디지털교육을 실시하기로 하였다(최연실, 2009). 보건복지가족부에서는 2008년 10월에 생애주기별 맞춤형 지원강화대책을 마련하여 7대 과제를 제시하고 있다.

다문화가정지원은 NGO와 종교기관을 포함한 민간단체 및 지방자치단체 중심으로 우선 형성되었다. 이후 여성가족부에서 결혼이민자가족지원센터가 개설 운영되다가 다문화가족지원법에 근거하여 다문화가족센터로 변경되어 운영되고 있다. 2007년 여성가족부 조사에 의하면 중앙정부나 지방자치단체로부터 지원받아 결혼이민자가족지원 사업을 실시하는 기관은 총 515개소로 7대 광역시도에 120개, 도권역에 총 395개소가 위치하고 있는 것으로 나타났다(여성가족부, 2007). 여러 기관에서 다문화가정의 가족생활 적응을 위하여 교육, 노동 문화, 복지, 인권 등의 다양한 분야에서 여러 가지 방식으로 이루어지고 있다.

보건복지가족부의 다문화가정의 정책은 부처 내 10개국(관), 21개 사업부처 정책에 포괄되어 있다. 정책목표는 ① 정책대상별로 결혼이민자 조기정착과 자립역량 강화, ② 자녀의 건강한 성장 및 글로벌 인재 육성, ③ 다문화가족의 안정적 생활 유지, ④ 국민의 다문화사회 이행 증진이다. 구체적인 내용은 ① 국제결혼중개업자의 신상정보 사전 제공 의무규정 신설로 국제결혼 피해방지대책 마련(09년 법령개정추진),

② 다문화가족센터의 통역요원 파견서비스를 통한 의사소통 지원, ③ 언어 습득기 아동을 위한 언어치료사 보육시설 파견서비스, ④ 다문화가정 자녀를 위한 언어별 교육 강사 파견 등이다. 정책과제의 주요 특징은 가족생애주기 전반에 걸쳐 배우자교육, 가족통합교육, 부모자녀 프로그램 등 가족전체 대상 사업을 체계화하고 확대, 다양화했으며, 다문화가정의 자녀가 학령기에 접어들면서 올바른 성장을 할 수 있도록 하는 양육지원에 초점을 맞추고 있다(모선희 외, 2009). 이러한 정책수행은 다문화가족지원센터를 통해서 실시하도록 하고 있다.

3.1. 운영목적과 기능

보건복지가족부는 다문화가정지원사업을 추진을 위하여 2009년 전국 119개소의 다문화가족지원센터를 설치하여 운영하고 있다. 다문화가정이 건강한 가정생활을 영위함으로써 한국사회에 적응하고 더불어 국가발전과 지역사회다문화공동체 형성에 이바지함을 목적으로 하며, 다문화가족기능 및 역량강화, 다문화가족의 지역사회 융합과 공동체 문화 형성, 다문화가족과 대국민 다문화교육 및 인식개선, 다문화가족문제 발생의 예방과 위기개입 등으로 구체화하여 제시하고 있다. 다문화가족지원센터는 중앙사업단, 거점센터, 지역센터로 분류된다. 중앙사업단은 다문화가족지원사업 정책제안, 전문가 자문위원회를 운영, 센터 대표자 및 종사자 워크숍과 더불어 센터 운영가이드 북을 보급하고 지역센터 실적관리 및 평가를 담당하고 있다. 또한 다문화사회이해 전문 강사를 양성하고 인력pool을 운영하고 있으며, 다문화인식개선관련 콘텐츠 개발 및 매뉴얼 개발 등 관련 지침서를 개발, 보급하고 있다. 거점센터는 방문교육지도사 보수교육과 상담슈퍼비젼 연계실시, 사례 발굴 및 관리, 지역센터 관리, 사업지원단 협력사업을 담당하고 있다. 지역센터는 중앙사업단에서 제시한 기본사업과 기타사업을 지역특성에 부합되도록 하는 대민사업을 직접적으로 제공하는 역할을 담당하고 있다.

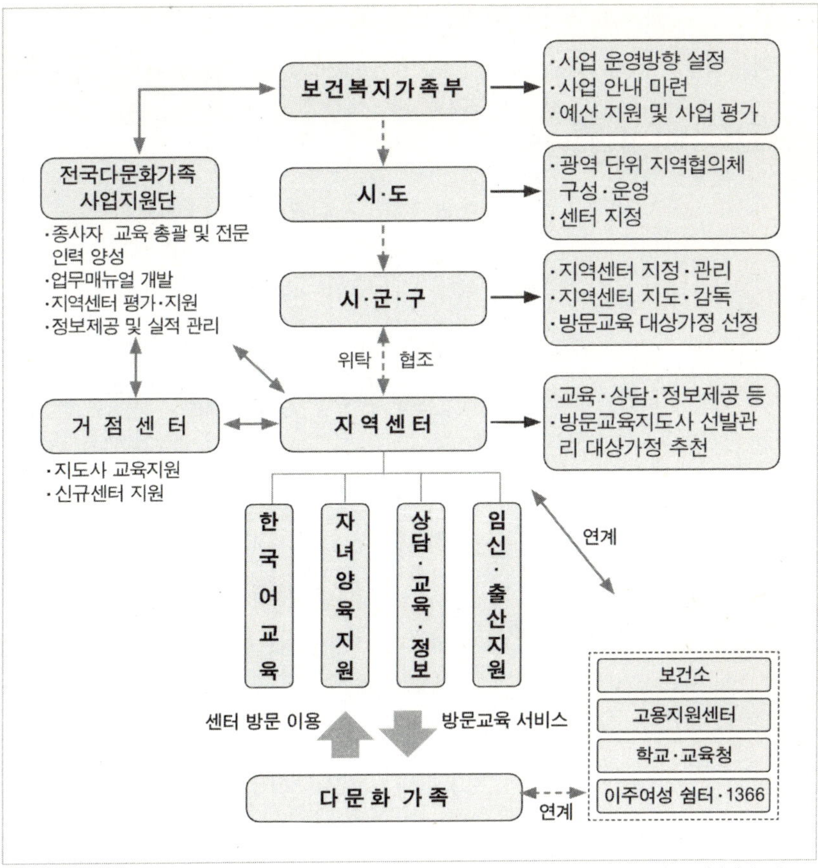

출처: 보건복지가족부

3.2. 사업내용

다문화가족지원센터에서 실시하는 사업내용을 살펴보면 전체적으로 필수사업, 특화사업, 공통사업으로 분류된다. 필수사업은 한국어교육, 다문화사회이해교육, 가족교육, 상담, 자조집단 운영이 있으며, 특화사업은 정서지원, 다문화가족역량강화, 다문화인식개선, 전문 인력 양성이며, 공통사업은 홍보, 네트워크와 자체평가 시스템 구축, 협의체 구성 및 활동 등이다([표 1] 참조). 그 외 기타사업은 방문교육, 정보제공, 영농기술교육, 가족문화조성사업 등이 있다. 방문교육사업은

[표 1] 다문화가족지원센터 영역별 사업내용

구분	영역	대상	사업범주	세부추진내용
필수사업	한국어	결혼이민자	기초	기초적인 단어 및 문장, 간단한 표현
			초급	기초적인 단어 및 문장, 다양한 표현
			중급	일상생활에 필요한 표준어 등으로 의사소통 가능 수준
			고급	원어민과 일반 의사소통 가능 수준
			기타	한국어능력대비반 및 비즈니스한국어 반 등
	다문화 사회 이해	결혼이민자	사회교육	다문화 및 다문화사회 이해, 법률 및 인권, 결혼과 가족의 이해
			역사교육	각 나라의 역사와 문화, 한국의 역사화 문화
			생활교육	공공기관 및 공중도덕, 건강과 의료, 임신 및 출산, 정보화교육, 사회보장제도의 이해, 한국의 교육제도 각종분야의 정보제공
	가족교육	다문화가정	통합교육	가족구성원이 함께 참여하여 유대감 및 이해도 향상을 위해 다양한 형태의 교육
			부부교육	부부의 원가족에 대한 가족역사·관계 등 가족정보 이해 및 부부역할에 대한 이해
			시부모교육	며느리 출신국 문화이해, 시부모역할 정립, 가족생활, 가족관계 교육
			결혼이민자 교육	부부관계, 부모역할, 의사소통 법 등 교육
			배우자교육	배우자와 예비배우자들을 대상으로 다양한 문화 이해 및 부부관계, 부모역할, 육아, 의사소통 이해
			자녀교육	결혼이민자 모 또는 부 문화이해, 가족관계, 자녀 역할교육
	상담		가족상담	각종법률문제/부부문제/부모문제/자녀문제/성문제/경제문제/심리치료및 기관연계 등
			개인상담	
	자조집단	다문화가정	가족통합	다문화가족구성원들이 자조집단을 통해 지역사회정착기반 마련 및 소속감 향상
			배우자	배우자 간 자조집단을 구성하여 건강한 가족 성립 및 배우자역할 인식도모
			시부모	시부모의 자발적인 모임진행으로 인해 며느리 나라의 문화를 이해하고 고부 간 갈등을 해소
			통합국적	다양한국가의 결혼이민자들이 함께 자조집단을 구성하여 정보교류 및 네트워크를 통해 국내적응의 기반 마련
			국적별	중국, 베트남, 일본, 필리핀, 캄보디아 등 출신국별 자조집단구성을 통해, 결혼이민자 간 정서적 지지 및 멘토 역할 수행
특화사업	정서지원	다문화가정		멘토링, 문화체험, 보건·의료, 동아리활동, 자녀지원
	가족역량 강화	다문화가정		컴퓨터·정보화교육, 직업교육, 다문화강사양성교육, 통·번역사 양성교육, 상담원양성교육
	인식개선	다문화가정 및 지역구성원		다문화강사파견, 다문화심포지엄, 다문화캠페인, 다문화축제, 다문화교육
	전문인력 양성	지역구성원		한국어강사·다문화강사·전문상담원·산모도우미양성, 자원봉사자 교육

경제적 어려움과 지리적 접근성의 문제로 집합교육에 참석하기 어려운 결혼이민자 및 그 가족을 대상으로 전문지도사를 양성하여 맞춤형 서비스 제공하는 것이다. 정보제공사업은 결혼이민자 가족의 경제적, 언어·문화 갈등 문제로 가족생활과 사회통합 위기 요인이 증가하고, 이민자들은 각종 정보로부터 소외되고 있어, 이들의 한국사회 조기정착과 사회통합 지원을 위한 정보를 제공하는 사업으로서 결혼이민자의 주요출신국인 중국, 베트남, 필리핀 최근 급증하고 있는 캄보디아어와 공통적으로 활용할 수 있는 영어로 번역하여 언어별로 정보매거진과 홍보물을 제작 및 배포하는 사업이다. 영농기술교육사업은 결혼이민자들에게 농촌생활에 필요한 실질적인 영농교육을 실시함으로써 농촌적응 능력을 배양하여 안정적인 농촌정착을 지원하고, 결혼이민여성을 농업 인력으로 자원화하고 하고 있다. 또, 여성결혼이민자들의 농업에 대한 긍정적 전망과 관심에 초점을 두고 부부내지 가족단위 교육을 통해 농가 차원의 발전전망을 가족들과 함께 만들고 공유하는 기회를 제공하고자 실시되는 사업이다. 집합교육, 영농자조모임과 멘토링의 소그룹 교육과 체험학습 등을 통해서 영농전문가로서의 역량을 향상시키고자 하였으며, 그 외 가족교육, 개별교육, 각 가정을 교육운영기관 및 협력기관에서 방문하여 각 가정별 영농교육계획에 대한 실천내용 점검 및 사후관리를 실시하고 있다.

가족문화조성사업은 다문화가정의 이혼과 재혼을 대비하고 양성평등적 다문화가정형성교육을 위한 국제결혼 예비 배우자교육 전문강사 양성, 교육 서비스를 제공한다. 국제결혼을 하는 한국남성 배우자와 예비 배우자를 대상으로 다문화가정과 문화이해, 부부관계, 문화갈등 이해 등을 교육하여 한국남성 배우자들의 자존감을 높이고 양성평등적인 다문화가정을 이끌어갈 수 있도록 하였다.

3.3. 사업운영성과(전국다문화가족사업단, 2008)

2008 다문화가족지원센터의 사업 총 참여인원은 615,802명(연인원)

이였으며, 그 중 한국어사업이 311,555명으로 가장 참여율이 높았으며, 정서지원사업에는 118,045명이, 다문화가족역량강화사업에 74,566명이 참여하였다. 한국어교육은 앞에서 지적한 바와 같이 다문화가정 여성들이 한국적응을 위해서 일차적으로 필요하다고 여겨져서 많은 이들이 참여한 것으로 보여진다. 보건복지가족부(2008)는 2009년 다문화가족지원센터 사업 안내를 통해서 체계적인 한국어교육으로 결혼이민자들의 한국 사회적응을 돕고 안정적 조기정착을 지원하는 사업을 수행 중이며 주된 내용은 문화를 이해가 생활언어를 익힐 수 있도록 체계적인 단계별(5단계; 초급 1~2, 중급1~2, 고급) 교육을 실시하고 있다.

가족교육은 다문화가정의 이민자 여성 또는 부부교육을 실시하고 있으며 문화교실은 다양한 체험과 정보를 제공하고 있었는데 한국식생활(명절음식, 제사상 차리기, 김치, 차 만들기 등) 소개 및 체험, 한복체험, 결혼이민자여성의 자국문화 소개, 일상생활(대중교통 이용하기, 일상생활 경험하기 등), 가족교실로는 임산부 및 영유아 영영관리, 법률상담, 여름철 식품보관방법 알리기 등에 대한 정보를 제공하는 사업을 실시하고 있었다(강성희, 2009).

다문화가정의 가족상담은(오윤자 외, 2009) 주변의 권유나 센터 이용자의 소개, 관계기관(출입국관리사무소, 구청, 동사무소 등), 인터넷, 홍보물이나 대중매체를 통해서 이용하게 된 것으로 나타났다. 상담은 전화와 면접상담이 많았으며 상담내용은 부부관계에서부터 인권문제까지 다양하였으며, 가족문제로는 부부간의 의사소통문제, 고부갈등, 자녀양육문제, 가정폭력, 취업, 법률문제 등으로 유목화할 수 있었다. 다문화가족상담은 심리·정서적 지지, 정보제공, 센터 및 전문유관기관과의 연계를 실시하였으며 상담에서 호소한 문제를 다문화가족지원 프로그램 기획 시에 반영하여 내담자 가족에게 실효성있는 프로그램을 제공하고 있었다.

대상별 이용자 현황을 살펴본 결과 이용자는 결혼이민자·배우자·시부모·자녀·친인척·기타 관련자 등으로 나눠지며, 결혼이민자가 가장 많이 이용하고 있었다. 여성결혼이민자는 전체 이용자의 55%를 차지하여 가장 많았으며 배우자가 16%, 자녀가 15%, 시부모 5%였다. 이용자의 국적별 특성을 살펴보면 결혼이민자 중 베트남 출신이 9,404명으로 가장 많았으며, 다음으로 중국출신이 7,528명, 필리핀 4,098명, 일본 2,062명, 캄보디아 950명 순이었다. 기타 출신국은 472명으로 전체 중 1.8%를 차지하였으며 카자흐스탄·말레이시아·미국·터키·방글라데시 등이 해당되었다.

다문화가족지원센터 전체 사업의 목표대비 달성도는 매우 높았는데 전체 달성도 평균은 119%였으며, 다양한 사업을 활발하게 추진하고 있었다. 사업 중 전문인력 양성의 목표대비 달성도가 128%로 가장 높았으며, 가족교육의 126% 달성도가 두 번째로 높았다. 다문화가족지원센터를 1년간 이용하면서 여러 사업에 참여한 이용자들의 만족도를 종합한 결과 총 사업 평균만족도는 91.7%로서 다문화가족지원센터에서 제공하는 서비스에 만족하는 것을 알 수 있다. 가장 만족도가 높은 사업은 93.6%를 차지한 정서지원 사업이었고 전문인력 양성 사업이 92.8%, 한국어교육 사업이 92.3%로 나타났다.

4. 다문화가족센터의 지원의 한계와 발전방향

선행연구에서 다문화가정에 대한 문제점과, 그들 가족을 지원하고 있는 정책과 서비스를 소개하였다. 다문화가정이 당면하고 있는 문제는 결혼이민자 여성 개인문제와 같은 미시적인 문제에서부터 국가의 다문화에 비일관적인 정책결정과 사회적 합의 미도출과 같은 거시적 측면까지 다양하다는 것을 알 수 있었다. 좀 더 구체적으로 다문화가정 내부적으로는 부부문제, 자녀양육과 자녀의 학교생활 적응문제, 시부모와의 갈등, 문화적 차이로 인한 가정관리 및 일상생활 갈등, 사회적 지지망의 부족 등이 많은 연구들에서 공통적으로 지적하였다. 또, 이들 가족을 지원서비스의 공식화는 2008년 다문화가족지원법의 제정에서부터라고 볼 수 있다. 법과 정책을 설정하고 이의 목표달성을 위한 지원서비스와 전달체계가 명료화된 점은 다문화가족의 문제에 대한 국가적 개입의 필요성에 공감대가 형성되었음을 보여주었다는 점에서는 앞으로 다문화사회로의 진행과정에는 매우 고무적인 부분이다. 그러나 법과 제도적 근거마련과 아울러 구체적인 지원서비스에 대한 적절성과 효과성에 대해서는 많은 의문점을 제기하고 있다. 현재 다문화가족지원센터에 제공하는 서비스는 필수사업과 특화사업으로 나누어져서 다문화가정의 이주여성뿐만 아니라 한국인 남편, 시부모, 자녀를 지원하는 서비스가 시행되고 있다. 다문화가족지원정책과 서비스, 평가에 대한 선행연구를 종합하여 몇 가지 측면을 논의하고 다문화가족지원센터의 앞으로의 바람직인 방향을 제안해 보고자 한다.

첫째, 다문화가정을 지원함에 있어서 관점과 목표가 일관성이 유지되어야 할 것이다. 현재의 다문화가정정책은 대상과 방향성이 일관성이 결여되어 있을 뿐만 아니라 특정한 자격을 갖춘 이민자 집단의 한국문화에 대한 적응을 지원하고 한국사회로의 동화를 촉진하는 데 획일화되고 있으며 이주자의 요구를 반영하기보다는 이주자에 대한 한국사회의 요구에 부응하도록 하고 있다. 이런 점에서 한국사회의 다문화정책은 이주민과 관련된 몇몇 현안만을 다루고 있을 뿐 민족적, 문화적 다양성을 인정하고 이를 기초로 한 사회통합을 모색하는 정책으로서의 면모는 갖추지 못하고 있다(장명숙 외, 2008). 뿐만 아니라 서론에서 지적한 바와 같이 다문화가정을 위한 정책이 정부의 관련부처 간에서도 협의나 상호연계 없이 분절적이고 중복적 지원이 이루어지면서 특정 서비스는 중복되거나 누락되고 있으며 지역적, 개별적 가정의 특성을 고려하지 못함으로써 공급자중심의 서비스가 제공되고 있다. 결국 다문화가정을 위한 정책이 시대적 흐름에 부합되어 여러 부처에서 동시다발적으로 유사사업을 계속적으로 시행하고 있고, 담당부처가 계속해서 바뀌면서 업무수행에 혼란감을 가져오고 있다. 따라서 앞으로는 다문화가정 형성과 증가배경, 현 시점에 이들 가정이 겪고 있는 문제와 바램, 정부의 지향점과 방향성을 총체적으로 통찰하면서 한국형 다문화사회의 방향성을 설정하고 일관성을 갖고 체계적인 서비스와 지원이 되어야할 것이다.

둘째, 첫 번째의 논의였던 정책 전개와 연계되는 맥락에서 지금까지와는 다른 다문화가정에 대한 패러다임 전환이 요구된다. 이는 여러 선행연구(김경신, 2009; 오윤자, 2009; 정명숙, 2008)에서도 공통적으로 지적한 점으로 패러다임 전환은 가족자체에 대한 인식변화에서부터이다. 다시 말해서 전통적 가부장적 가족주의 가치관과 사적영역으로서의 가족인식에서 벗어나서 가정에 대한 공적영역 개입을 수용하고, 정서적 행위뿐만 아니라 현실적인 요소와 연결될 수 있는 영역이라는 의식변화를 통해서 다문화가정에 대한 국가나 사회의 개입과 구체적인 지원체계마련의 근거를 마련할 필요가 있다. 또 다른 패러다임의 전환은 다문화가정에 대한 정책의 호혜성을 제고해야 한다는 것이다. 지금까지 다문화가정에 대한 지원은 대부분 온정적 차원에서 반복적으로 제공되고 있다. 다문화가정에 대한 과도한 온정적 지원은 내국인 다른 가정들의 시각에서는 상대적 박탈감으로 여기질 수 있으며, 다문화가정 내에서도 갈등이나 분리를 조장하고 우리사회에서 그들을 배제시키는 결과를 가져와서 사회통합에 걸림돌이 될 수 있다. 따라서 다문화가정지원은 일방적이고 시혜적, 온정적 차원에서 그치는 것이 아니라 혜택 받은 이들이 그들의 지역사회 더 나아가 국가에 기여하도록 함으로써 그들 가정이 수동적이고 안이해지지 않고, 다른 가정과의 괴리감을 갖지 않도록 하는 노력이 이루어져야 할 것이다.

셋째, 선행연구에서 지적된 바와 같이 가족생애주기와 가족유형에 따라 다문화가정 지원서비스의 차별화하고 특성화할 필요가 있다. 입국초기에서부터 완전한 정착에 이르기까지 다문화가정의 욕구와 문제가 상이함으로 그에 따라서 다른 접근이 필요함에도 불구하고 현재의 다문화가족지원센터의 서비스는 그러한 배려나 전문성은 미미한 실정이다. 예를 들면 결혼이민자여성에 대한 언어지원 지원서비스는 입국 당시 언어수준에 따라서 서비스의 요구수준이 상이함에도 불구하고 언어수준을 고려할 수 있는 과정들이 간과되고 있다고 보여 진다. 따라서 가족생활주기와 피교육자들의 개인적 특성을 충분히 고려하여 서비스지원이 이루어져야 한다.

넷째, 다문화가족지원센터에서의 제공하는 서비스 대상자를 확대해야 한다. 다문화가족지원센터에서 이루어지는 많은 서비스가 결혼이민자 여성에 집중되어 있다. 방문지도사업과 아동의 언어치료, 통번역, 한국인 남편이나 시모교육이 실시되고 있으나 결혼이민자여성 대상 사업에 대비해 볼 때 상대적으로 부족하다고 할 수 있음으로 이를 확대해야 할 것이다. 또, 다문화가족지원 사업대상범주를 재규정하는 문제도 고민해야할 부분이다. 다문화서비스 지원대상이 단 한국으로 혼인 이주한 여성만으로 지정해서는 안 되며, 이주노동자, 일 또는 다른 목적으로 한국에 거주하는 외국인들을 포함하는 것이 바람직하다. 그럼에도 불구하고 다문화가족지원센터는 매우 결혼이민을 한 가정으로만 대상을 제한하여 집중적으로 서비스를 제공하고 있다. 앞으로는 좀 더 장기적인 측면에서 지금까지 배제되고 있는 외국인노동자 가정을 포함한 다른 다문화가정 유형도 지원할 수 있도록 해야 할 것이다.

다섯째, 다문화가족지원 사업내용과 운영에 있어서도 많은 보완점이 필요하다. 다문화가족지원센터의 사업은 사업의 운영주체와 지역에 따라서 서로 다른 여건에 처해 있다. 따라서 센터의 상황을 고려하여 사업내용의 완급을 조절할 필요가 있다. 예를 들어 필수사업 중 하나가 한국어 교육이다. 한국어교육은 교육내용을 통해서 이민자여성들이 한국의 일상생활에서 최대한 활용가능 하도록 교육이 이루어져야한다. 그럼에도 불구하고 한국어 교육내용은 가부장적 이데올로기를 포함하고 있으며 이민자 여성들이 필요로 하는 단어나 표현들은 배제되어 있음이 선행연구(최배영, 2009)에서 지적된 바, 교육내용을 실질적인 언어교육을 통해서 생활교육까지도 동시에 이루어질 수 있도록 해야 할 것이다. 또, 한국어교육 내용도 중요하지만 전달방법 및 교육환경을 다양화하는 것이 필요할 것이다(김유경, 2008). 접근성이 낮은 농어촌지역은 방문교육을 강화하도록 하고, 온라인, 방송교육 등 다양한 매체를 이용하는 것도 서비스의 접근성을 높일 수 있는 방법일 것이다. 아울러 국적별, 개인의 언어수준별 교육프로그램을 다양화하여 제공하는 것도 동시에 이루어져야 할 것이다. 앞에서 지적한 바와 같이 서비스가 준비되어 있어도 이용자가 알지 못한다면 이용가능성이 낮음으로 교육서비스 정보에 대한 홍보와 안내를 적극적으로 실시해야 한다.

교육내용에 있어서 가족교육은 상당부분인 결혼이민자여성의 동화교육의 일환으로 이루어지고 있으며 한국인 남편을 대상으로 하는 교육은 제공되지 않고 있다(최연실, 2009). 따라서 다문화가정의 남편과 시부모의 의식변화와 다문화에 대한 이해교육을 확대 강화해야할 것이다. 특히 부부문제는 이민자 아내와 남편의 입장이 다르면, 건강한 부부관계를 형성하는 것에 대한 상호 노력이 부족함으로 언어교육과 가족관계 교육이 동시에 이루어질 수 있는 대안을 마련해야 한다. 아울러 부부폭력 문제는 심각성과 인권문제의 심각성이 제기되는 것에 비하면 사전예방이나 사후대책의 적극성이 낮다고 보여진다. 다문화가족지원센터에서 사전예방을 위해서 조기발견이나 폭력발생 가능성이 있는 위험군 가정에 대해서 전문적인 다문화가정 긴급 상담과 사례관리를 실시하며 폭력 피해발생 후 피해여성과 가족을 위한 지원 역시 강화해야할 것이다. 김유경(2009)이 제시한 바와 같이 많은 폭력 피해여성들이 국적 미취득자로서 우리사회에서 불리한 위치를 점하고 있음으로 폭력발생 후 이들이 안전하게 체류할 수 있고 생활안정이 이루어지는 방안들이 시급히 마련되어야할 것이다. 아울러 이들 문제를 적극적으로 개입하고 해결할 수 있는 다문화가족 전문상담원을 양성해야 한다. 자녀양육에 대한 지원은 관념적이고 이론적 수준에 머무르고 있음으로 이를 구체화하는 지원방안들이 마련되어야 한다. 예를 들어 결혼이민자 아내들은 한국의 교육제도 제대로 이해하지 못하며, 현재 영유아기 위주의 프로그램에 치중되어 있어 학령기 자녀와 사춘기자녀 양육에 대한 지원책은 미미한 수준이다. 따라서 취학 전 준비와 학교생활에서 부모의 역할에 대한 인식이 부족함으로 이를 대비하는 지원이 다양하게 제공되어야 한다. 일상생활 영역에 대한 서비스는 특화사업으로 제공되고 있으나 관련 서비스가 유관기관에서 중복적으로 실시되고 있으며, 내용 역시 특정 영역에 국한되는 경향이 있다. 최배영(2009)은 여성결혼이민자 대상 생활문화교육은 식생활과 예절 등의 일부 단편적 내용에 치중되어 있음을 지적하고 있고, 김경신(2009) 역시 이민자여 대상 사업이 과도해서 효과성에 대한 의문점을 제기하고 있다. 따라서 다문화가족지원센터의 특화사업을 내실화하는 방안을 마련해야 한다. 서구 다문화가정 지원관련 사업을 적용하여 심포지움, 멘토링, 전문인력 양성 및 파견 등의 사업을 다양하게 펼침으로써 다문화가정의 역량을 강화하고 사회통합을 유도하는 기회를 제공할 수 있을 것이다.

그러기 위해서는 다문화가족지원센터에 전문 인력을 양성 배치하고 지역사회 내 유관기관과의 네트워킹을 잘 형성해야 한다. 다문화가족지원센터의 종사자는 건강가정사, 사회복지사, 교사자격이수자, 상담가 등으로 구성되어 있어 전문적인 다문화가족지원 사업을 하는데 한계(모선희 외, 2000)가 있다고 보여진다. 이들이 다문화가족지원에 있어 부적절하다라기보다는 다문화에 대한 정확한 지식과 정보를 갖고, 다문화에 대한 전문적인 지식을 습득하고 그들 가정을 지원하는 기술을 학습하는 것이 필요하다. 그렇지 않다면 다문화가족지원센터는 전문복지서비스 기관으로 자리매김하는데 난황을 겪을 수도 있다. 따라서 이러한 한계점을 극복하고 명실상부한 다문화가정을 지원하는 전문기관이 정착하기 위해서는 전문 인력 양성이 이루어져야한다.

또 다른 운영상의 제안은 지역 내의 유관기관과의 긴밀한 공조가 필요하다는 것이다. 즉, 지역 내의 교육기관, 복지기관, 공공 기관, 종교기관, 보육기관 등과 유기적인 관계를 유지함으로써 사업의 중복과 누락을 예방할 수 있고, 인력이나 비용 면에서 경제적이며, 접근성이 낮은 지역의 한계를 극복할 수 있다. 특히 다문화가정의 자녀가 성장하면서 학교와의 연계가 중요해지고 있다. 다문화가정의 자녀나 학부모를 지원뿐만 아니라 그들을 둘러싼 학교와 다른 가족들의 인식개선 노력이 필요하다. 즉, 보육시설이나 학교교육과 같은 공식적인 공교육기관에서 다문화가족에 대한 수용적이고 긍정적인 의미를 부여하는 교육을 실시함으로써 상호간에 효과를 산출할 수 있도록 하는 과정이 될 것이다.

북한이탈주민 사회적응의 철학 치료적 접근

–일방적 소통에서 상호 통섭적 소통으로의 소통 패러다임의 전환–

김선희

1. 서론

북한이탈주민(새터민)의 남한 사회에서의 적응을 바탕으로 하는 자립과 자활의 모토는, 세계평화의 상징이자 남북한 통일 미래를 준비하는 중요한 코드이다. 통일의 준비에 있어서 집중되어야 할 것은 바로 사람이다. 이질적인 삶의 에토스ethos를 지니고 있는 남북한 주민들이 서로 공존할 수 있는 대안이 준비되어 있을 때만이 통일은 위기가 아니라 성장 동력이 된다.

주지하다시피 1990년대 중반 이래로 급증하기 시작하는 북한이탈주민의 수는 현재 해외에만 해도 대략 10만 명에 육박하며 우리 사회에 정착한 북한이탈주민의 수는 2010년 현재 2만 명 시대를 눈앞

* 강원대학교 인문과학연구소 HK연구교수

** 본 논문은 2007년 정부의 재원으로 한국연구재단의 지원을 받아 수행된 연구임. (KRF-2007-361-AM0056)
본 논문은 다음의 발표문을 일부 수정한 것임을 밝힌다. 「'일방적 소통'에서 '상호 통섭(通涉)적 소통'으로의 소통의 전환 : 북한이탈주민의 사회적응 문제를 중심으로」, 중앙대학교 다문화콘텐츠연구사업단 전국학술대회, 2010.3.13.

에 두고 있다. 필사적인 북한이탈 그것 자체만으로는 어떤 희망도 그들에게 보장되지 않는다. 운 좋게 새로운 정착지를 찾았다고 할지라도 이들이 해결해야 할 과제가 산재해 있다. 설상가상으로 최근 한국 내의 경제 사정의 악화는 북한이탈주민들의 정착을 더 어렵게 하고 있다. 그러나 이와 같은 경제적인 어려움 이외에도 북한이탈주민들은 지금까지 자신을 지배해오던 정치적·이념적·문화적 정체성과 이들이 정착한 새로운 사회가 지니고 있는 정체성 사이의 갈등을 극복해야한다. 이제는 이와 같은 북한이탈주민들의 사회적응에 수반되는 장애물을 다각적으로 극복하기 위한 통합적이면서도 근본적인 방안이 마련되어야 할 시점이다.

이와 같은 문제의식의 결과 2010년 초에 통일부는 하나원 중심의 북한이탈주민 사회적응 문제의 한계성을 인식하여 2010년 4월 현재 전체 30개의 북한이탈주민 지역적응 센터(하나센터)를 개소하였다. 바로 이 30개의 하나센터들은 북한이탈주민의 지역사회 적응은 물론 통일 한국의 평화와 미래 성장의 메카 역할을 할 것으로 기대된다. 하나센터에서는 3주간의 지역적응 교육 및 1년간의 사후 관리 역할 맡게 된다. 하나센터의 과제는 하나원에서의 12주간의 기초사회적응 교육 후에 북한이탈주민들이 각 지역에 정착하고 적응하는 과정에서 겪는 주된 어려움을 해결하는 것을 도와주는 데 있다. 이들이 겪는 주된 어려움으로는 첫째는 자립과 자활의 기초가 되는 취업 및 생계 문제, 둘째는 문화, 언어, 정치, 경제적 경험의 차이로 인해 지역주민으로서 사회적 통합과정에서 겪는 어려움, 셋째는 열악한 환경에서 얻은 신체질환을 치료하고 건강을 회복하는 문제, 넷째는 탈북 및 입국과정에서 겪은 정신적 외상과 정착과정에서의 스트레스로 인한 정신건강의 문제 등을 들 수 있다.1)

우리 사회에 정착하고 있는 북한이탈주민의 심리상태는 문화적응의 혼란, 미래에 대한 불안과 대인관계 갈등에서 오는 우울, 외상후

1) 통일부 정책지원과, 지역적응센터 운영 방안, 통일부, 하나센터 합동워크숍자료, 2010.01.08~09.

스트레스 장애, 정신증에 이르기까지 다양하다. 문제의 유형이나 심도에 따라 개입방법의 강도와 깊이가 정해져 심리 상담에서 약물치료, 정신과 입원에 이르기까지 다양하다. 지금까지 북한이탈주민 심리상담은 세 영역으로 구분되어 왔다. 즉, 바람직한 생활과정과 성장발달의 지도를 목표로 현실적 능력의 평가 및 장래 계획을 하도록 돕는 '생활지도', 구체적 생활 과제의 해결이나 감정, 사고, 행동 양식의 변화를 목표로 장애적 긴장, 불안, 비능률적 행동 습관, 비성취적 관념을 해결하고자 하는 '상담', 그리고 마지막으로 정서적 문제 해소, 성격구조의 심층적 변화를 목표로 신경증, 성격장애, 우울증, 정신병 등을 다루는 '심리치료'에 의해서 이루어져 왔다.2)

그러나 이 세 영역만으로는 북한이탈주민의 사회적응이라고 하는 과제를 수행하기에는 역부족이다. 사회적응이라고 하는 과제를 온전히 수행하기 위해서는 다차원적이고 근본적이면서도 장기적인 개입이 요구된다. 북한이탈주민이 당면한 어려움은 정신 내적인 요인을 중심으로 한 개인의 심리적, 정서적 문제에만 국한되어 있는 것이 아니다. 이들의 어려움은 외부적·환경적 요인에서 비롯된 사회적·문화적·경제적·신체적 문제와 관련이 깊으므로 단순히 심리적·정서적인 주제에만 초점을 맞추기보다는 새로운 사회에 대한 이해와 더불어 새 사회 속에서 부딪치는 현실적 문제를 해결할 수 있는 능력이 겸비되어야 한다.

따라서 북한이탈주민의 사회적응 문제는 경제적 차원의 지원과 심리적 차원의 상담 서비스를 넘어서 다루어져야 한다. 물론 이들에게 일차적으로 필요한 것은 경제적 토대이자 고통스런 심리적 상흔의 치료이다. 그러나 열심히 일만 한다고 급변하는 사회에 잘 적응할 수 있는 것도 아니고 마음의 상흔이 치료되었다고 그럴 수 있는 것도 아니다. 이것은 그야말로 단기적 긴급 구조요청에 대한 해법일 것이다. 장기적인 일상적 차원에서의 사회적응을 위해 이들에게 필요한 것은

2) 통일부 정책지원과, 2010년도 북한이탈주민 지역적응센터 : 하나센터 업무 매뉴얼, 하나센터 합동워크숍자료, 2010.01.08~09.

열심히 일하는 것과 더불어 냉혹한 현실에 대면할 수 있는 문제 해결 능력이다. 또한 사회 적응의 차원에서 한 걸음 더 나아가 자립과 자활을 통한 행복한 삶의 추구는 단지 경제적인 부의 획득과 정신적, 심리적 질환을 치료하는 소극적 형태의 접근에서 자신의 존재의 의미와 사회와 개인의 긍정적 관계 그리고 함께 하는 삶의 연대적 기쁨을 향유할 수 있는 인간적 감성과 지성의 활성화로의 확장을 필요로 한다.

따라서 북한이탈주민의 사회적응을 위해 강화되어야 하는 부분은 현대사회를 살아갈 수 있는 폭넓은 차원의 사고 지평의 확대를 통한 경제적이고 심리적인 당면문제를 스스로 풀 수 있는 문제 해결 능력과 더불어 자신의 삶을 단지 경제적 안정이라는 슬로건 속에 소모하는 것이 아니라 삶의 의미를 향유할 수 있는 인간적 감수성의 강화라고 할 수 있다. 그리고 이와 같은 목표를 실현하기 위하여 가장 필요한 과제는 상호 통섭적通涉的 소통 능력의 확장일 것이다. 이를 통하여 북한이탈주민은 한편으로는 북한 이탈과정에서 얻게 된 육체적이고 정신적인 피로를 회복할 수 있고, 다른 한편으로는 남한 사회에 성공적으로 정착할 수 있는 적극적이고 장기적인 자활 기반을 마련하게 될 수 있을 것이다. 이와 더불어 남한 주민들도 북한이탈주민들과 공생할 수 있는 소통적 토대를 마련할 수 있을 것이다.

이와 같은 문제의식 속에서 논자는 우선 사회적응의 화두를 실현하기 위한 기초 개념으로서 상호 통섭적 소통을 살펴볼 것이다. 둘째, 이를 구체적으로 논의하기 위하여 사회 적응의 주체와 영역의 관점에서 상호 통섭적 소통을 살펴볼 것이다. 셋째, 구체적으로 북한이탈주민의 사회적응 문제를 철학적 관점에서 접근해 보고자 한다. 넷째, 이들을 바탕으로 프로그램을 구성할 경우 기본적인 조건에 대해서 논의해 볼 것이다. 그리고 마지막으로 사회적응이라는 문제를 풀기 위한 철학 치료적 방법으로서 관점치료와의 연관성을 살펴볼 것이다. 이와 같은 연구를 통하여 논자는 한편으로는 북한이탈주민 사회적응문제라고 하는 사회적 현안 문제의 해결을 모색해보고자 하며,

다른 한편으로는 철학이 사회의 구체적인 문제 상황과 관련하여 기여할 수 있는 치료적 논거를 마련해 보고자 한다.

2. 문제설정 : 사회적응과 상호 통섭적 소통

북한이탈주민의 사회적응이라고 하는 사회적 화두는 지금까지 주로 심리치료나 심리상담 그리고 사회복지와 같은 영역들에 의해서 주도적으로 이루어져 왔다. 그리고 이와 같은 영역에서 이루어진 작업의 성과도 이미 어느 정도 기틀을 마련해가고 있다.[3] 그러나 북한이탈주민의 사회적응문제는 기존의 심리적인 차원이나 최근의 취업

3) 강정숙, 「새터민의 심리적 적응을 위한 셀프파워 증진 프로그램 개발」, 홍익대학교 박사논문, 2009; 김영경·김현아, 「새터민 동료상담자의 상담경험에 대한 질적 연구」, 『한국심리학회지 : 상담 및 심리치료』 21(4), 2009, 981~1009쪽; 김현아, 「양파같은 북한이탈주민의 심리 : 새터민 상담자의 역할과 과제 : 치료적 관계 형성을 중심으로」, 한국심리학회 일반심포지엄, 2007, 308~309쪽; 김현아·정성란, 「새터민 가족상담 모형 개발」, 『상담학연구』 9(3), 2008, 1333~1356쪽; 김정윤·유정갑·강석윤·박선아, 「북한이탈주민의 사회적응에 관한 연구」, 단국대학교 정책과학연구소, 2003; 김용민·정상돈·원준호, 「갈등을 넘어 통일로 : 화해와 조화의 공동체를 위하여」, 통일부 통일교육원, 2004; 김학성, 「북한이탈주민(탈북이주자)의 남한사회적응에 관한 연구」, 서울대학교 행정대학원, 2000; 독고순, 「탈북주민의 가치성향에 대한 비교 연구」, 『한국사회학』 35(1), 2001, 149~174쪽; 박종철·김영윤·이우영, 「북한이탈주민의 사회적응에 관한 연구 : 실태조사 및 개선방안」, 민족통일연구원, 1996; 성미영, 「청소년의 북한이탈주민 수용정도에 대한 연구」, 이화여자대학교 석사논문, 2002; 신형미, 「탈북청소년을 위한 집단미술치료 체험연구」, 서울여자대학교 석사논문, 2006; 심신섭, 「남북통일과 남, 북한 주민들에 대한 이미지 : 대학생, 실향민, 귀순자, 배우자를 중심으로」, 고려대학교 박사논문, 1995; 양계민·정진경, 「북한이탈주민과의 접촉이 남한 사람들의 신뢰와 수용에 미치는 영향」, 『한국심리학회지 : 사회문제』 11(특별호), 2005, 97~115쪽; 윤여상·김현아·한선영, 「남북 문화 간 통합을 위한 새터민 조력자의 교육모형 탐색」, 『아시아교육연구』 9(3), 서울대학교 교육연구소, 2008, 1~28쪽; 윤인진, 「소수자 연구 시각에서 본 북한이탈주민의 남한사회 적응 과정」, 경남대 북한대학원 학술회의 발표논문, 1999; 이금순·김규륜·김영윤·안혜영·윤여상, 「북한이탈주민 사회적응 프로그램 연구」, 통일연구원, 2005; 이금순·최의철·임순희·이우영·김수암·윤여상·안혜영·김병로·오승렬, 「북한이탈주민의 사회적응 실태」, 통일연구원, 2004; 이우영, 「북한문화의 수용실태 조사」, 통일연구원, 2001; 이장호·김용범·김경웅, 「북한이탈주민의 사회적응을 위한 문화적 갈등의 해소방안 연구」, 한국문화정책개발원, 1997; 전우영·조은경, 「북한에 대한 고정관념과 통일에 대한 거리감」, 『한국심리학회지 : 사회 및 성격』 14(1), 2000, 167~184쪽; 조정아·임순희·정진경, 「새터민의 문화갈등과 문화적 통합 방안」, 한국여성개발원/통일연구원, 2006; 채정민, 「북한이탈주민의 남한 내 심리적 문화적응 기제와 적응행태」, 고려대학교 박사논문, 2003; 한성열·이종한·금명자·채정민·이영희, 「남한주민과 북한이탈주민의 대인관계와 문화적응 향상을 위한 프로그램」, 『한국심리학회 : 사회문제』 13(2), 2007, 33~54쪽.

문제와 같은 구체적인 영역에 대한 접근과 더불어 이들의 가치관이나 세계관 그리고 인생관과 같은 철학적 영역에 있어서의 집중적인 접근과 공동 작업이 이루어졌을 때 보다 안정적이고 지속적인 사회적응의 이론적 토대를 마련해 나갈 수 있을 것이다. 그리고 이와 같은 철학 영역을 통한 접근에 있어서도 남한과 북한이탈주민 양자 간의 상호 통섭적인 접근이 중요하다. 그리고 이와 같은 영역들에 대한 구체적인 논의에 있어서 사회 적응의 주체와 영역의 확대 또한 중요한 지점이다.

초기의 북한이탈주민의 사회적응과 관련된 논의들에 있어서 사회적응의 주체는 대부분이 북한 이탈주민 중심이었으며, 이들의 남한사회에의 일방적인 적응, 즉 '동화' 차원에서의 연구가 중심을 이루었다. 이와 같은 문제의 근원을 사회적응의 목표설정에 대한 잘못으로 이장호·김용범·김경웅(1997)은 지적하고 있다. 따라서 일방적으로 '북한이탈주민들이 통일한국의 이념 및 가치관을 내면화하여 통일문화공동체 형성에 능동적으로 참여하는 민주시민이 되도록 하는 것'에 대한 비판과 더불어 그것의 내용에 있어서의 과감한 변신이 요구되고 있다.[4]

2006년부터 서서히 북한이탈주민의 남한사회 적응의 주체에 대한 논의를 확장하기 시작하여 "새터민으로 대표되는 북한 문화와 남한의 주류문화 간의 상호작용이라는 관점에서 새터민의 '문화통합'" 문제가 다루어지기 시작하였다.[5] 이때부터 적응의 주체와 관련해서 상호 통섭적 차원의 논의가 시작되었다고 볼 수 있다. 따라서 사회적응의 한계에서 초래되는 갈등의 문제도 북한이탈주민 중심의 논의로부터 북한이탈주민과 남한 주민 사이의 관계에 대한 논의 중심으로 서서히 전환되기 시작하였다.

이와 같은 사회적응의 주체 논의에 있어서 상호 통섭적 관점으로

4) 한성열·이종한·금명자·채정민·이영희, 위의 책, 38쪽.

5) 조정아·임순희·정진경, 앞의 책, 279쪽.

의 전환은 사회적응의 영역과 관련된 논의에 있어서도 새로운 국면을 맞이하게 된다. 즉, 북한이탈주민의 사회적응 과정에서 나타나는 갈등의 요인을 바로 북한이탈주민과 남한 주민과의 주요접촉면 및 생활의 주요한 장으로 보기 시작한다. 기존의 일방적 적응 패러다임에 있어서 북한이탈주민 중심의 가족, 직장, 지역사회에의 적응이 이제 북한과 남한이라는 상이한 세계의 상이한 삶이라는 '차이'의 관점에서 이해되기 시작한다.

이와 같은 양자 간의 차이에 대한 주목은 사회적응 연구에 있어서 북한이탈주민의 사회적응 자원을 새로운 사회의 정체성의 전적인 동화 차원이 아니라 자신이 지니고 있는 정체성에 있어서 긍정적인 부분을 활용함으로써 기존의 정체성을 선별적인 유지의 의미를 부각시킨다. 즉, 새로운 자원에 대한 집착보다는 자신이 지니고 있는 자원을 활용하는 것이 높이 평가된다. 이와 더불어 남한 사회의 문화나 정체성과 관련해서도 비판적이고 선별적인 수용이 강조된다. 이와 같은 사회적응과 영역의 패러다임 전환을 통하여 새터민의 사회적응을 '동질성의 복제'에서 '차이의 인정'과 '통합'으로 보기 시작하였다.[6]

3. 사회적응의 주체와 영역의 상호 통섭적 소통성

이와 같은 사회적응의 주체와 영역의 패러다임 전환을 심층적으로 이루어가기 위해서는 이 두 축을 지지하고 있는 소통 패러다임 또한 일방적 소통에서 상호 통섭적 소통으로 전환되어야 한다. 상호 통섭적 소통은 이질적인 사회 요인들에 대한 적응이 효과적으로 이루어질 수 있는 소통이다. 그것은 이질적인 사회구성원들의 연대감을 지원하고 강화하는 진정한 의미에서의 상호적응 효과를 도출한다. 그

6) 위의 책, 286쪽.

렇다면 이제 상호 통섭적 소통의 구체적인 영역을 살펴보자.

우선 사회적응의 주체와 관련해서 기존의 북한 이탈주민 중심의 사회적응에서 남한 주민들 영역까지 포괄할 필요가 있다. 북한이탈주민의 적응만이 강조되고 남한주민의 북한이탈주민에 대한 적응문제가 간과된다면 이것은 결국 차후에 이를 위한 사회적 비용을 추가적으로 부담해야 하는 이중고를 야기하게 된다. 따라서 이주민과 정주민 양자의 상호 통섭적인 적응 패러다임이 선결되어야 한다. 이러한 과정 자체는 이질적인 사회구성원들의 연대감을 지원하고 강화하는 진정한 의미에서의 상호적응 효과를 도출한다.

또한 북한이탈주민의 사회적응에 있어서 북한 이탈주민 서로 간의 경험들을 나눌 수 있는 내적인 상호 통섭적 소통이 강조되어야 한다. 이는 북한이탈주민 상담에 있어서 최근 새터민 동료상담이 주목을 받고 있는 이유와도 연결되어 있다. 북한이탈주민들은 자신들의 특수성을 이해해줄 수 있고 동질감을 통해 서로 교감할 수 있는 상담을 선호하기 때문에 북한이탈주민들은 새터민 동료상담자들을 선호하는 경향을 보인다.[7]

북한이탈주민 내적인 상호 통섭적 사회적응은 다시 같은 기수의 동료 북한이탈주민들 간의 상호 통섭적 소통이나 신규 북한이탈주민들과 선배 북한이탈주민과의 상호 통섭적 소통으로 구분될 수 있다. 전자의 경우와 후자의 경우는 각각 북한이탈주민 사회적응의 차별화된 정보를 서로 제공하는 역할을 수행할 것이다. 후자의 경우는 선배 북한이탈주민들로부터 신규 북한 이탈주민들이 사회적응에 있어서 발생 가능한 다양한 경험들에 대한 정보를 확보할 수 있다. 전자의 경우는 같은 시기에 들어와 유사한 지역에서 거주하고 있는 유사한 상황 속에 처해 있는 동료들 간의 상호 통섭적인 소통을 통하여 더 직접적인 문제 상황과 문제 해결 방법들을 서로 공유할 수 있을 것이다. 양자는 공히 남한사회에서의 일상적인 경험들 속에서 자신의 어

7) 김영경·김현아, 앞의 책, 1004쪽.

려움이나 해결 방안들을 개인 활동이나 집단 활동을 통해서 서로 공감하고 나눔으로써 서로의 체험 가치를 극대화시켜서 실패의 경험 수를 극소화시킬 수 있는 중요한 내적 자원 활용을 가능하게 한다. 이는 결국 사회적응의 토대인 자활과 자립의 요소를 강화하는 긍정적인 결과를 생산할 것이다.

사회적응 영역과 관련해서는 개별화된 심리 중심이나 취업 중심에서 상이한 문제 영역이 상호 보완적으로 사회적응이라는 하나의 큰 그림을 그리는 상호 통섭적 프로그램을 필요로 한다. 북한이탈주민들에 있어서 사회적응의 실질적인 축을 이루는 다양한 요소들, 즉 의료·법률·취업·자립/자활·상담·치료·생활·여가·문화·교육이 프로그램 속에서 상호 연계적으로 작동할 필요가 있다. 이와 같은 사회적응 대상 영역들 간의 상호 통섭적 소통을 통하여 사회적응은 적응이라는 소극적 차원에서 자활과 자립이라는 적극적 차원으로 확장될 수 있을 것이다. 나아가 사회 적응의 완성도를 높이기 위해서는 대상자들의 외적인 역량과 더불어 내적인 역량강화를, 단기적인 차원과 더불어 장기적 차원의 프로그램을 통하여 북한이탈주민들의 정신적·경제적·사회적·문화적 차원의 균형 있는 자립·자활의 토대가 마련될 수 있을 것이다.

기존의 사회적응 패러다임에 있어서 한계라고 할 수 있는 일방적 소통에서 이와 같은 입체적인 상호 통섭적 소통으로의 패러다임 전환이야말로 진정한 의미에 있어서 사회적응과 통합의 근간을 이룰 것이며 나아가 행복한 사회를 만드는 밑거름이 될 것이다. 이와 같은 맥락에서 보자면 상호 통섭적 소통은 사회적응 프로그램의 전략적 구성요소인 동시에 프로그램 자체의 목적일 수 있다. 결국 개인이나 사회의 자활의 근간이라고 할 수 있는 상호 통섭적 소통의 힘은 이질적이고 타자적인 개인들이 서로의 자원을 나눔으로써 자신들이 지니고 있는 자원의 잠재적 가능성을 적극적이고 효과적으로 확장시키는 돌쩌귀 기능을 수행하는 것을 돕는다. 그리하여 자신의 폐쇄적 동일성에 갇히지 않고 타자성을 향해 자신의 존재를 개방하는 지평의 확장을 촉진한다. 이와 같은 지평 확장을 통하여 개인들의 이질성 또한 단지 동일성으로 회귀해야 할 장애물이 아니라 하나의 새로운 가능성의 지평으로의 질적 전환을 필요로 하는 의미 있는 자원이 될 것이다.

일방적 소통에서 상호 통섭적 소통으로의 소통의 패러다임 전환을 학문적으로 정초하기 위한 철학적 작업으로서 인식적 단초가 필요하다. 이를 위한 실험적 작업으로서 필자는 한편으로는 무지의 자각과 자기인식의 화두 그리고 산파로서 철학자의 소명을 탐색하여 볼 것이다.[8] 다른 한편으로는 상호 통섭성이 치료의 영역에 구체화될 수 있는 접목 지점을 모색해 보기 위하여 니체의 관점주의적 사상을 치료적으로 확장한 관점치료를 접목하여 볼 것이다.[9] 이를 바탕으로 철학이 지니고 있는 치료적 함의를 북한이탈주민의 사회적응 문제 해결이라고 하는 사회적 이슈와 직접적인 접목지점을 도출하여 본다.

4. 상호 통섭적 소통의 철학 치료적 지평

인간의 삶은 끝없는 물음으로 이루어져 있다. 특히 삶의 변화 폭이 큰 시기일수록 새롭고 이질적인 문제 상황에 직면하게 되며, 이 때 우리는 이 문제를 해결하기 위하여 여러 가지 물음을 던진다. 새터를 찾아 어려운 고비를 겪으며 남한 사회에 도착한 북한이탈주민이나 북한이탈주민을 맞이하는 남한 사회의 경우 모두 새로운 상황에 직

8) 다음 두 편의 기존의 연구의 성과를 새롭게 이에 접목하고자 한다. 김선희, 「앎에 이르는 길로서 산파법, 변증법, 아이러니 : 소크라테스, 낭만주의, 헤겔, 키에르케고어를 중심으로」, 한국동서철학회 편, 『동서철학연구』 제43집, 2008.3.31, 235~257쪽; 김선희, 「마음치료, 철학적 대화인가 프로작인가? : 인문치료적 관점에서」, 한국동서철학회 편, 『동서철학연구』 제53집, 2009.9.31, 225~248쪽.

9) 다음 두 편의 기존의 연구의 성과를 새롭게 이에 접목하고자 한다. 김선희, 「관점과 관점치료」, 강원대학교 HK 인문치료사업단, 『인문치료』, 강원대학교, 2009(재판), 122~138쪽; 「인문치료, 감성에게 묻다 : 관점치료를 중심으로」, 『호남문화연구』 제45집, 전남대학교 호남학연구원, 2009.9.3, 411~443쪽.

면하여 이 상황을 지혜롭게 해쳐나가기 위하여 많은 물음을 던지고 이에 대한 답을 구하고자 시도하고 있다. 특이 이질적인 사회에 적응하기 위해서는 이 사회를 지탱하고 있는 가치관, 세계관, 인간관 등과 같은 다양한 철학적 기반에 대한 인식과 이해를 필요로 한다. 뿐만 아니라 북한 체제 내에서 주어진 역할을 수행하곤 하였던 수동적 사고에 익숙한 북한이탈주민들은 스스로 궁리하고 새로운 아이디어 도출을 요구하는 남한 사회의 긴박하고 역동적인 삶과 사고에 적응해야 한다. 이처럼 북한이탈주민들은 개별적인 상황에서 개별적으로 자신의 문제를 고민하고 결정해야 하는 남한 사회에 적응하는 데 있어서 근원적인 어려움을 지니고 있다. 이들에게 필요한 것은 다른 삶과 다른 생각에 대한 이해 영역의 확대이자 이를 위한 출발점인 생각하기의 중요성에 대한 인식이다. 따라서 북한이탈주민들의 사회적응 프로그램의 핵심적인 과제 중의 하나가 바로 새로운 상황 속에서 부단히 스스로 생각하고 결정을 내리는 것을 돕는 철학적 훈련이다.

철학은 자신이 당면한 문제를 찾는 것을 돕는 동시에 그 문제를 해결하는 것을 돕는다. 핵심 문제를 찾고 이것을 해결하기 위해 철학이 일차적으로 사용하는 것은 생각하기thinking이다. 생각하기는 주어진 물음을 가지고 자신의 생각의 장을 방문하는 일이다. 그리고 이와 같은 생각은 생각들의 상호 통섭적 소통의 장이라고 할 수 있는 대화 과정을 통하여 촉진될 수 있다. 생각은 이 과정을 통하여 보다 더 효과적으로 핵심 문제를 찾고 이를 해결할 방법을 찾게 된다. 철학 상담이나 치료에 있어서 생각과 대화의 과정은 구체적인 물음에 대한 구체적인 대답을 찾아가는 과정을 수반한다. 그렇다면 물음의 제기나 물음에 대한 답을 찾는 과정은 어떻게 진행되는 것일까? 이러한 과정은 생각을 하고 대화를 하는 사람이 이미 지니고 있던 것일까 아니면 새롭게 획득되는 것일까? 이 물음에 대한 답변은 새로운 상황 속에서 던져진 물음에 대한 답을 개별자들이 지니고 있는 지식 속에서 생각해내기를 통하여 이끌어내야 하는지 아니면 우리의 내부에 부재하는 것이어서 외부로부터 새로이 획득되어야 하는지의 여부와 관계된다.

이때 분명한 사실은 우리가 새로운 상황에 직면하여 필요한 삶의 지혜들의 일정 부분은 우리들의 궁리 속에서 찾아질 수 있는 것인 반면, 어떤 것들은 현실적인 경험 없이는 획득하기 곤란한 부분들이다. 그러나 중요한 것은 우리는 그것이 먼 과거에서 얻어진 것이든 단 몇 분 전에 얻어진 것이든, 우리 내부에서 얻어진 것이든 외부에서 얻어진 것이든 우리는 이미 우리 내부에 들어온 것을 바탕으로 우리에게 필요한 지식과 지혜를 생각해낸다는 사실이다. 때문에 생각은 이미 일종의 지각이나 단순한 기계적 기억을 넘어선 관계적이고 창조적인 생각해내기 과정을 포함한다. 우리가 아무리 중요한 지식이나 정보를 지니고 있다고 할지라도 우리가 그것을 생각해내지 못한다면 무용지물에 불과하다. 따라서 우리에게 필요한 것은 자신이 지니고 있는 지식들 속에서 현재의 상황에 적합하게 지식을 이끌어내는 생각하기라고 할 수 있는 상기anamnesis 능력이다. 이런 의미에서 상기는 단순한 되불러옴이 아니라 집요한 내면으로의 탐구探求 과정이다.

이와 같은 앎에 이르는 인식론적 근거를 플라톤은 상기라는 개념을 통해서 풀어간다.[10] 그의 상기설은 그것의 신화적인 비유 때문에 현대인들에게 허무맹랑한 것으로 치부되곤 하였지만 상기의 과정에 대한 그의 강조는 앎이 단지 우리가 원하면 곧장 우리에게 떠오르는 것이거나 또는 우리에게 떠오르지 않으면 부재하는 어떤 것이 아니라, 때로는 집요한 상기의 과정을 필요로 한다는 점에 있어서 시사하는 바가 크다. 생각이 단지 기계적인 기억 작용이 아니라면 우리는 어떻게 잘 생각하거나 상기할 수 있는가? 철학적 산파는 과연 생각해내기를 돕기 위하여 어떤 기술이 필요할까? 상기의 과정은 분명 번거로운 절차 없이는 가능하지 않다. 결국 지식이나 지혜는 우리의

10) 참된 앎에 도달하는 방법으로는 플라톤의 대화편에서 펼쳐지는 소크라테스의 집요한 대화의 과정, 즉 문답법은 현상 속에서 그것의 이데아를 인식하는 상기나 진리에 대한 인간의 끝없는 사랑의 본성을 나타내는 에로스(Eros) 그리고 다양한 가시적인 사물들 속에서 그것의 본질을 추상해 내거나 개별적인 것들 사이의 상호 관련성을 이끌어내는 변증법(dialectic)의 원리를 통하여 현실화된다.

직접적이든 간접적인 경험에 의해서든 우리 안에 축적되어 있는 잠재적인 것이라는 점에서는 접근가능성이 좋은 것이지만 다시 특정의 문제 상황 속에서 이와 상응하는 것을 상기해내야 하는 노고를 통해서 우리 삶에 직접적인 모습을 드러낸다는 점에서는 까다로운 대상이다.

이와 같은 생각을 통한 삶의 물음에 대한 이와 같은 접근은 많은 경우 우리 혼자의 힘으로 해결해 갈 수 있지만 어떤 때는 혼자서 해결하기 곤란하기도 한다. 이럴 때는 함께 생각을 나눔으로써 자신의 문제 상황에 대한 생각을 발전시킬 수 있는 대화가 큰 힘이 될 것이다. 그리고 이와 같은 생각을 촉진하는 대화에 대한 전문적 지식을 지닌 전문가의 도움을 받는다면 훨씬 수월하게 자신의 문제에 접근하고 그것을 풀어가게 될 것이다. 이 지점이 바로 철학프락시스philosophical praxis, 철학상담philosophical counselling, 철학치료philosophical therapy, 또는 임상철학clinical philosophy이 필요한 순간이다.[11)]

이와 같은 도움을 주고자 하는 산파midwife로서 철학자의 역할 중의 하나가 바로 철학실천가, 철학상담사, 철학치료사 또는 임상철학자라고 할 수 있을 것이다. 그렇다면 왜 철학자는 대답을 주는 대신에 물음을 던지고 대화를 유도하는가? 더 근본적으로 보자면 물음조차도 스스로 찾을 것을 촉구하는가? 산파로서의 철학자가 진리를 스스로 말하지 않고 물음을 던진 자가 그것을 스스로 아는 것을 도와주는 것에 자신의 역할을 제한하는 진정한 이유는 무엇일까? 이 물음에 대한 답은 물음을 던지는 일과 진리 획득의 진정한 의미를 명시하는 대목이라고 할 수 있다.[12)]

---

11) 현대인이 지니고 있는 삶의 다양한 문제들에 철학이 기여할 수 있는 지점에 대한 실천적 연구가 바로 1981년 독일에서 아헨바흐(G. B. Achenbach)에 의해서 철학프락시스(philosophische Praxis)라는 개념을 통하여 시작된 이래 이와 같은 다양한 모습으로 오늘날 우리 앞에 다가와 있다. 최근에는 피터 B. 라베의 『철학상담의 이론과 실재』(김수배 역, 시그마프레스, 2010)라는 책이 국내에 번역되어 소개되었다.

12) 그것은 바로 그것만이 한 사람이 다른 사람에 대하여 가질 수 있는 최고의 관계라는 점이다. 이것을 소크라테스가 알고 있었기에 소크라테스는 아테네에서 가장 지혜로운 사람이자 역사 이래 가장 지혜로운 철학자로 남아있는 진정한 이유가 될 것이다. 자신의 과제를 낳는

상담자의 역할에 대한 이와 같은 물음은 바로 내담자의 역할과 직접적으로 연결되어 있다. 이는 개인 상담에 있어서 상담자가 아니라 문제를 안고 있는 내담자가 문제의 가장 좋은 해결원이라는 점뿐만 아니라 집단 상담에 있어서 문제를 안고 있는 구성원들 자신들이 문제 해결의 가장 좋은 자원들을 가지고 있기에 개인 상담의 자원의 협소성이 집단 상담 속에서 확장될 수 있는 강점을 지니고 있음을 시사한다.

여기서 한 걸음 더 나아가 내담자의 문제를 내담자가 스스로 해결하는 과정 속에 내담자는 스스로 문제를 해결해 나가는 능력을 얻게 되고, 결국 삶에서 부딪칠 수많은 문제들을 스스로 풀어갈 기본적인 능력을 강화하게 된다. 즉 문제에 대한 답을 찾는 과정은 한편으로는 생각해내기의 훈련과정이자 당면한 물음에 상응하는 자신의 현실적 상황이나 내적 자원과의 부단한 조우를 통하여 지혜를 찾아내는 과정을 의미한다. 따라서 단순히 답을 찾아내는 것 자체가 중요한 것이 아니라 자신의 상황을 직시하고 그 상황에 가장 적합한 대답을 찾는 것이 중요하다. 그리고 이와 같은 과정은 물음의 당사자 외의 누구도 적확하게 대신 할 수 없는 활동이다. 그리고 이와 같은 과정이 선행되었을 때 비로소 그 대답은 현실 속에 적절한 자리를 찾아 실현될 수 있을 것이다. 이와 같은 점이 시사하는 바는 북한이탈주민들이 당면하게 될 물음들이란 북한이탈주민 스스로가 가장 잘 제시할 수 있고 해결할 수 있으며 해결해야 한다는 점이다.

그렇다면 이 때 철학적 산파에게 필요한 기술, 즉 철학적 산파술의 핵심은 무엇일까? 물음을 제기한 자가 그 물음에 대한 대답을 찾아가는 과정에서 철학적 산파가 해야 할 일은 무엇인가? 그것은 대답을 찾아가는 첫 관문인 무지에 대한 자각이다. 내가 모른다는 사실에

일이 아니라 낳는 일을 도와주는 일, 즉 산파에 한정한 대목은 철학에서 교사와 제자 사이의 본질적인 관계일 뿐만 아니라 철학상담에 있어서 상담사와 내담자의 본질적인 과제를 명시적으로 환기시키는 부분이다. 키에르케고어가 지적한 것처럼 이것이 바로 교사와 제자 사이뿐만 아니라 모든 인간과 인간 사이에 진리를 배우는 일과 관계된 유일한 교훈일 것이다. 김선희, 앞의 책, 78쪽 참조.

대한 인식인 무지의 자각이라는 소크라테스의 핵심적 이슈는 상담적 의미로 확장하여 해석한다면 상담자나 내담자에게 주어진 현재적 제한성을 명시할 뿐만 아니라 고립된 개인들이 상호 통섭적 소통을 위한 기본 태도를 명시한다고 볼 수 있다. 무지에 대한 자각을 통하여 서로에 대한 과거의 선입견과 편견을 지양하고 무지의 상태에서 집단 활동을 통하여 새롭게 '지금 그리고 여기'에 충실하여 서로를 알아갈 수 있는 의미 있는 개념으로 활용될 수 있다.

개인 상담에 있어서 상담자와 내담자 사이의 기본 태도로서 무지에의 자각과 새로이 자신을 알아가는 개방적인 자기인식 그리고 집단상담에 있어서 집단 구성원 간의 무지에 대한 자각을 통한 자기 인식과 더불어 타자 인식의 과정은 철학 상담의 일반적 영역에 있어서뿐만 아니라 익명적 사회에 살고 있는 포스트모던 사회의 고독한 개인들과 새터를 찾아 나선 유목민인 북한이탈주민들이나 이들과 공존해야 할 남한 주민들이 서로 낯선 관점과 소통하기 위해 채비해야할 기본 태도라고 할 수 있다.

진정한 상호 통섭적 소통을 위해서는 북한이탈주민이 새로운 사회에 대한 무지에의 자각을 통하여 새로운 인식을 부단히 도모해야 하는 것과 마찬가지로 남한주민들 또한 북한이탈주민에 대한 선입견이나 편견을 지양하고 무지의 자각을 통해서 빈 마음으로 북한이탈주민들을 인식하고 이해하고자 시도해야 한다. 서로 낯선 북한이탈주민과 남한주민들이 서로의 정체성을 이해하기 위해서는 서로의 가치관, 세계관, 인생관을 이해하려는 노력이 필요하다. 일차적으로는 기존의 이데올로기적 인식을 지양하고 무지의 자각을 통하여 서로를 우선 있는 그대로 수용하려는 관용을 통하여 서로의 소통의 바탕을 충분히 마련한 후에야 이차적으로 서로의 동일성과 차이를 비판적으로 조형하는 작업이 이루어져야 할 것이다.

5. 북한 이탈주민 사회적응 프로그램 구성에 있어서 상호 통섭적 조건

지금까지 북한이탈주민 사회적응 교육은 대부분 북한이탈주민들 자신의 요구를 반영한 프로그램보다는 남한 정부의 기본적인 지침에 따라서 구성되어 왔다. 이와 같은 경향은 최근의 상담 영역에서 내담자 중심에 대한 문제의식이 적절이 반영되고 있지 못함을 나타낸다. 이와 같은 경향은 프로그램 구성에 있어서 일방적 소통을 그대로 나타내는 것이라고 할 수 있다. 이와 같은 일방적 소통 중심의 프로그램은 내담자들이나 피교육자들이 지니고 있는 자기 동기가 근본적으로 결핍되어 있기 때문에 그 효과에 있어서 상당히 부정적인 결과를 초래할 수 있다. 내담자 중심의 상담이라고 하는 문제의식을 북한이탈주민들의 사회적응과 지역적응에 적극적으로 수용하기 위한 연구는 특히 하나원의 기초 교육이 지니고 있는 불가피한 한계를 극복할 수 있는 중요한 과제이다.

이와 같은 입장에서 논자는 남한 사회의 정부기관을 대변하는 일방적인 상담자 중심의 프로그램 패러다임 전환의 필요성을 역설하고자 한다. 프로그램의 구체적인 내용은 남한사회의 상담사들의 문제의식을 반영하는 것 못지않게 북한이탈주민들 자신의 필요와 욕구를 적극적으로 반영할 필요가 있다. 마치 소크라테스가 물음을 지니고 있는 자만이 물음에 대한 답을 가장 잘 발견할 수 있음을 강조하였듯이[13] 북한이탈주민의 사회적응과 지역적응이라는 화두와 관련해서도 북한이탈주민 당사자들의 기대와 욕구를 반영하는 것은 기존의 프로그램의 구성의 일방성을 상호 통섭적으로 구성함으로써 프로그램 자체의 상호주관성을 강화할 수 있는 중요한 토대를 마련할 수 있다.

따라서 북한 이탈주민들의 하나센터에서의 3주간의 교육과 1년간의 사후 관리 프로그램 구성에 있어서 신규북한이탈주민을 비롯하여

13) Sören Kierkegaard, *Philosophische Brosamen*, München : dtv, 2005, p. 21.

기존의 북한이탈주민들의 의견을 적극적으로 수렴하는 것은 유의미한 작업일 것이다. 이와 같은 관점에서 바로 신규 프로그램 구성에 있어서 일방적으로 프로그램을 시작하는 것보다는 프로그램 운영 이전이나 초기 회기에 당사자들의 입장을 충분히 수용하는 절차가 필요하다. 이를 위하여 하나센터의 경우에는 지금 시행되고 있듯이 제공 가능한 서비스의 내용을 충분히 북한이탈주민들에게 설명하는 동시에 북한이탈주민들의 추가적인 의견을 적극적으로 프로그램 구성에 수렴하는 절차가 필요하다.

프로그램 구성에 있어서 이와 같은 상담자 중심에서 내담자 중심으로의 확대에서 한 걸음 더 나아가 내담자 중심에서 내담자의 접촉환경 중심으로의 확대 또한 필요하다. 이는 현재 북한이탈주민의 지역적응 교육의 최종 과제라고 할 수 있는 취업 문제와 관련되어 살펴보아야 할 것이다. 분명히 사회적응 프로그램은 적응해야 할 당사자들의 의견을 반영하는 것이 유의미한 일이다. 그러나 이것과 더불어 놓쳐서는 안 되는 부분이 바로 이들의 사회적응 공간에 공존하고 있는 사업장의 고용주, 동료, 직원들의 입장을 반영하는 것이다. 이들은 북한이탈주민들이 가장 직접적으로 접촉하는 남한주민들 그룹에 속한다. 북한이탈주민들이 이들의 입장을 이해하는 것은 북한이탈주민들의 사회적응의 중요한 요소라고 할 수 있다. 이를 위해서 일차적으로 간편하게 사용할 수 있는 것이 바로 설문조사라고 할 수 있다. 앞에서 이미 언급했던 것처럼 장기적인 차원에서 보자면 북한이탈주민의 남한사회 적응에 있어서 접촉 대상들의 입장을 북한이탈주민들이 충분히 알고 있는 것 또한 중요한 부분이다.

이 논의를 좀 더 확장하자면 북한 주민들이 접촉하는 남한 주민들에 대한 북한 주민들의 입장을 수렴하여 남한 접촉 주민들과의 상호소통을 돕는 것 또한 중요한 부분이다. 바로 남한 주민의 북한이탈주민에 대한 적극적인 소통이 수반되어야 비로소 근본적인 의미에 있어서 상호 통섭적 과제가 실현될 것이다.

이뿐만 아니라 프로그램 제작과 진행 집단, 즉 하나센터에 종사하고 있는 전문가 집단 내의 상호 통섭적 정보교환과 의견교환이 필요하다. 예를 들자면 심리상담사, 사례관리 담당자, 취업담당자, 교육강사, 자원봉사자, 보호담당관들(신변보호, 거주지보호, 취업보호), 정착도우미 간의 상호 통섭적 소통이 필요하다. 이를 위해서는 이들의 북한이탈주민들에 대한 정보와 의견들을 상호 교류할 수 있는 정기적인 회의 운영이 필요하다. 3주 사회적응과 1년 사후 관리의 현장에서 북한이탈주민들과 접하는 이와 같은 구성원들의 신속한 정보와 의견 교환이 이루어졌을 때 하나센터는 더 현장감 있고 생생한 프로그램을 북한이탈주민들에게 제공할 수 있게 될 것이다.

6. 상호 통섭적 소통의 효과적 장으로서 관점치료

북한이탈주민의 남한사회적응은 결국 차이나 다름에 대한 태도와 대처방안 모색이 관건이라고 할 수 있다. 서로의 다름에 대한 적응을 위해서는 서로의 다름에 대한 체험이 중요한 선행과제이다. 결국 다른 관점에 얼마나 개방적으로 적응하고 대처할 수 있는가에 따라서 그 다름에 대한 적응의 성공 여부가 결정된다고 할 수 있다. 북한이탈주민 차원에서는 남한사회의 다름에 대한 빠른 이해와 비판적 수용이 사회 적응과 행복한 삶을 가속화시키는 중요 요소들 중에 하나가 될 것이다.

그러나 이때 북한이탈주민이 성공적으로 남한사회에 적응하기 위한 자원 중에는 새로운 관점을 선별적 수용하는 것과 더불어 기존의 자신의 자원을 발견하여 활용하는 것이 중요하다. 그리고 이와 같은 이중적 자원에 대한 북한이탈주민들의 경험을 서로 공유하는 것이 사회적응에 있어서 귀중한 자원이 될 것이다. 그런데 이 때 서로의 경험을 공유하는 것의 가치 근거를 탐구하는 데 도움이 될 수 있는 핵심적인 개념들 중의 하나가 바로 관점perspective이다.[14] 즉 누구나 동일한 대상을 동일하게 경험하는 것이 아니라 동일한 대상이라고 할지라도 다양한 관계 구조 속에서 다양한 경험을 하게 된다. 만일 한 사람이 어떤 사회에 적응을 시도한다고 할 때 각자가 각자의 경험에만 의존하는 것보다는 유사한 상황에 있는 사람들이 각자의 경험을 공유할 경우, 결국 하나를 가져와 하나 이상의 경험을 얻게 되는 셈이다. 이러한 관점 공유를 통하여 개인들은 사회를 더욱 다양한 관점에서 볼 수 있는 동시에 타인에 대한 이해의 지평을 확장할 수 있게 된다.

따라서 관점 나누기 활동은 각각의 주체가 자신의 주체 영역 속에 폐쇄되는 것을 지양하고 주체들 간의 관계를 중시함으로써 상호 주체성을 강화한다. 이와 같은 관점의 상호주관성을 강조하는 관점 치료적 접근은 특히 주관주의나 객관주의에 사로잡혀있는 현대인들의 삶의 방식이나 사고 방식이 수반하는 소통의 단절과 이로 인한 마음의 병에 접근하는 중요한 통로 역할을 할 수 있다. 현대인의 마음의 병을 예방하고 치료하기 위하여 선행되어야 할 것은 현대인들의 실존적 조건에 결여되어 있는 상호 주관성을 강화함으로써 자기와 타자에 대한 인식과 더불어 이들과의 소통과 공감의 계기를 강화하는 것이다.15)

관점치료는 자신과 타인의 관점의 성찰, 이해, 공감, 조형의 과정을 통하여 개인들이 지니고 있는 고착된 관점을 심화·확장·변형함으로써 우리의 관점을 유연하게 하는 것을 돕는다. 이와 같은 관점치료는

14) 우리는 대상을 경험하는 데 있어서 대상과의 거리나 위치뿐만 아니라 분위기에 영향을 받는다. 동일한 주체라고 할지라도 이 양자 사이의 거리나 위치 그리고 그들 사이의 공간을 채우고 있는 분위기에 의해서 대상은 달리 체험된다. 이것을 미술에서는 perspective라고 한다. 그리고 원근법(遠近法)이라고 번역되곤 한다. 이와 같은 원근법주의는 니체에 의해서 철학적으로 해석되어 우리의 경험이 보편적인 주관의 형식에 의해서 보편적인 모습을 지니는 것이 아니라 우리 주체가 지니고 있는 다양한 조건들에 의해서 다양하게 보임을 설명하기 위하여 사용되었고 이를 원근주의나 관점주의로 번역하기도 한다. 필자는 이와 같은 관점주의에 대한 메타적 인식을 통하여 우리를 지배하는 특정의 관점에 대한 자기 이해와 이를 통한 자기 이해의 한계에 대한 자각 그리고 타자적 관점으로의 확대를 현대인의 삶의 병리적 현상을 진단하고 치료하는 하나의 방법으로 보고 이를 관점치료(Perspective Therapy)라는 용어를 통하여 시도하고 있다.

15) Kim Sun-Hye, "Socratic Dialogue and Praxis reducing Conflicts: Challenge of Humanities Therapy", *Global COE Symposium*, COE Center, Osaka University, 2010.02.17.

관계의 단절로 인한 소통 결핍에서 오는 현대인의 마음병 치료에 있어서 기본과제라고 할 수 있다. 그렇다면 다름의 상호공존을 위해 필요한 상호 통섭적 소통을 통한 사회적응을 위하여 관점치료가 제시할 수 있는 강점은 무엇일까? 그것은 바로 자기 변형력, 즉 관점의 조형력이다. 왜냐하면 비록 인간의 삶이 특정의 관점을 필요로 하고, 또 이와 같은 관점이 이미 삶의 자기 필요에 의해서 형성된 특정의 관점이라 할지라고, 이 특정의 관점은 세계의 변화와 그 속에서의 개인들의 변화와 더불어 변화되어질 수 있는 자기 조형력을 갖추고 있을 때만이 삶에 기여할 수 있기 때문이다. 따라서 현대인의 삶에 있어서나 이미 자신의 삶의 공간을 새로운 사회로 이동한 노마드적 공간의 노마드인에게 있어서 관점 조형은 필수적인 과제라고 할 수 있다. 만약 기존의 관점을 새로운 공간 속에서도 여전히 고수하려고만 한다면 그 관점은 결국 병들고 몰락할 수밖에 없다. 필자는 관점치료의 핵심인 관점전환의 여섯 가지 축, 즉 주체/대상, 인칭, 시간, 공간, 거리, 시점과 그것의 다양한 양태를 북한이탈주민의 사회적응의 관점으로 응용하여 보고자 한다.16)

16) 이와 같은 여섯 가지 축과 그것의 양태를 중심으로 관점전환이 시도된다. 관점 전환을 시도함으로써 현대인들의 마음의 병을 치료적 차원에서 접근하고자 하는 관점치료는 4단계의 과정 속에서 당면 문제와 관련된 관점 진단과 치료를 수행할 수 있다. 1단계는 관점-성찰(Perspective-Reflection)을, 2단계는 관점-이해(Perspective-Understanding)를, 3단계는 관점-공감(Perspective-Sympathy)을 그리고 마지막 단계는 관점-조형(Perspective-Molding)을 목표로 한다. 특히 마지막 단계에서 필요한 것은 과거의 우리의 관점이 유지되어야 하거나 변화되어야 할 정도와 한계를 문제 설정하는 조형력(Plastische Kraft)이다. 조형력을 통하여 철학치료사와 내담자는 문제를 해결하기 위해 관점의 심화가 필요한지, 확장이 필요한지, 아니면 관점 자체의 변형이 필요한지를 결정하게 된다. 김선희, 「관점과 관점치료」, 강원대학교 HK 인문치료사업단, 앞의 책, 140~141쪽 참조.

7. 관점전환의 6가지 축과 요소 그리고 상호 통섭적 기능

관점전환의 중심축	요소	상호 통섭적 기능
주체/대상	머리 가슴 배	상이한 관점을 지니고 있는 개인들에 의해서 작동되고 있는 현대 사회 속에서 한 개인이 자신이 속한 가족이나 직장 그리고 지역사회에 적응하기 위해서는 개인들과의 상호 접촉을 피할 수 없다. 사회 속에서의 모든 관계는 그 속에서의 개인들의 일률적인 기계적 작동에 의해서 이루어지는 것이 아니라 오히려 개인들의 인식, 정서 그리고 욕망의 움직임에 의해서 부단히 새로운 형태의 관계들이 형성되고 사라진다. 따라서 현대인들이나 북한이탈주민이 사회 속에 성공적으로 공존하기 위해서는 사회 구성원들의 인식, 정서, 욕망의 코드를 함께 이해하는 것이 필요하다. 사회에서 개인들의 관계는 단지 외부의 명령 체계나 원칙에 의해서만 작동하는 것이 아니라 그 사회의 원칙들을 수용하는 개인들의 세 가지 부분들의 다양성에 의해서 새롭게 변형되기 때문에 자신이 접하고 있는 개인들의 다양한 주체적 요소의 관점을 이해하고 공감하고 소통할 수 있을 때 성공적인 사회적응이 이루어질 수 있다. 이는 대상에 대한 인식에 있어서와 마찬가지로 주체 자신의 이해에 있어서 동일하게 적용된다.
인칭	1인칭 2인칭 3인칭	현대인들은 주로 1인칭 중심의 관점에 지배되어 있고 북한이탈주민들의 경우는 당이라고 하는 무인칭적 3인칭 관점에 지배되어 있는 경향이 강하다. 그러나 만일 우리가 자신의 특정의 인칭을 중심인칭으로 지속적으로 고수한다면 결국 배제되어 버리게 되는 다른 인칭들과의 관계에 있어서 소통의 단절을 피할 수 없게 되며, 이것은 사회적응의 기본 코드인 관계성을 약화시키는 결과를 초래하게 된다. 따라서 1인칭 관계 중심의 관점은 자신의 관점을 2인칭과 3인칭 관점으로 확장시키는 통섭의 과정이 필요하고, 3인칭 중심의 관점에 있어서는 1인칭과 2인칭의 관점과의 통섭 활동의 보완이 필요할 것이다. 이와 같은 결핍된 인칭관점을 보완함으로써 상호주관성은 강화될 수 있다. 이로써 성공적인 사회적응과 구성원들 사이의 연대성의 강화 그리고 사회 구성원들의 행복지수가 상승하는 바탕이 마련될 것이다.
시간	과거 현재 미래	동일한 대상이라고 할지라도 그것은 보는 시간적 관점에 따라서 상이한 모습을 보일 것이다. 시간 축 또한 상대적일 수밖에 없다. 누구도 동일한 시간 축 속에 존재하는 것이 아니다. 어떤 관점은 현재에 고착되어 과거와 미래를 망각할 수도 있고, 어떤 관점은 지나치게 과거에 고착되어 자신이 존재하는 현재의 관점과 앞으로 다가올 미래를 망각함으로써 과거 속에 감금되어 살 수도 있다. 또한 어떤 관점은 미래에 고착되어 있어서 자신이 서 있는 지금 이곳을 미래의 수단으로 전락시킴으로써 그의 현재는 끝없이 미래에 의해서 지연되어져 결국 어떤 현재도 온전히 자신의 삶으로 끌어안지 못할 수도 있다. 북한이탈주민의 경우에 있어서도 현실적으로는 과거의 상흔에 구속되어 있으면서도 동시에 이상적으로는 미래의 관점에 의존하는 이중적인 시간 관점을 지니기 쉽다. 그러나 우리의 삶은 과거, 현재 그리고 미래의 관점을 적절히 조형하고 디자인할 수 있는 조형력이 강할 때 더욱 강하고 행복하고 건강할 수 있다.

<table>
<tr><td rowspan="3">장소</td><td>여기</td><td rowspan="3">인간은 누구나 특정의 장소 구속적인 존재이다. 은둔형 외톨이처럼 자신의 행동반경을 자신의 방으로 제한한 사람이 있는가 하면 워커홀릭처럼 자신의 활동 공간을 철저히 일 중심으로 배분함으로써 자신의 삶의 공간의 중심에 일을 두는 사람도 있고 드라마 중독자들처럼 TV 앞을 자신의 삶의 중심 공간으로 위치시킨 사람들도 있다. 우리는 자의에 의해서든 타의에 의해서든 특정 공간을 중심으로 자신의 삶을 영위해 간다. 그곳이 바로 여기라는 곳이다. 우리의 일상의 대부분은 우리에게 익숙해진 공간, 즉 여기를 중심으로 행동반경이 그어진다. 여기 구속적인 우리의 삶은 저기로의 이동을 기피한다. 따라서 여기가 아닌 거기나 저기에 대한 정보와 이해는 그만큼 추상적이거나 피상적일 수밖에 없다. 하물며 미지의 장소인 저기는 영원히 도달할 수 없는 저기로 머무는 공간으로 남게 된다. 현대인들이 온라인 속에서 아무리 공간 비제약적인 삶을 영위한다고 할지라도, 아무리 교통수단의 발달에 의해서 달나라까지 가게 된다고 할지라고 현대의 많은 사람들은 붙박이의 삶을 살아간다. 그러나 삶의 이동 거리가 좁으면 좁을수록 우리의 정신의 세계와 더불어 육체의 세계, 즉 우리의 삶은 협소해지고 병들게 마련이다. 우리는 우리의 삶의 공간을 여기에서 거기로 그리고 거기에서 여기로 서로 소통하며, 한걸음 더 나아가 여기에서 저기로 그리고 저기에서 여기로 오도록 개방할 때 우리의 삶은 더 다양해지고 더 건강해질 수 있는 것이다.</td></tr>
<tr><td>거기</td></tr>
<tr><td>저기</td></tr>
<tr><td rowspan="2">거리</td><td>물리적 거리</td><td rowspan="2">거리는 물리적 거리와 가치적 거리로 구분될 수 있다. 대상이 그렇게 나에게 보이는 요인 중에 하나가 바로 물리적 거리이다. 눈과 대상의 거리는 나와 대상과의 새로운 관계를 설정할 때, 어떤 대상들은 가까이 있어야 잘 보일 수도 있고 어떤 대상은 멀리 있어야 잘 보일 수 있다. 그리고 거리는 위치 요인에 영향을 받게 마련이다. 동일한 거리라고 할지라도 대상과의 위치에 따라서 대상은 다른 모습을 보이기 마련이다. 따라서 대상을 다양한 관점에서 파악하고 이해하기 위해서는 다양한 거리와 다양한 위치에서 바라보는 경험이 필요하다. 그리고 그 대상을 가장 잘 볼 수 있는 거리와 위치들을 아는 것도 필요하다. 그러나 이때의 거리와 위치가 단지 물리적 거리만을 의미하지 않는다. 바로 가치가 거리에 또 하나의 중요한 요인으로 자리한다. 우리에게 경험된 대상은 단지 물리적 조건에 의해서만 영향을 받는 것이 아니라 가치적 요인에 영향을 받기에 그것은 우리가 그것에게 부여한 가치에 의해서 다양한 모습을 지니게 된다. 동일한 물리적 대상도 어떤 관점에게는 아름다운 것으로, 어떤 관점에게는 추한 것으로, 또 어떤 관점에게는 올바른 것으로, 다른 관점에게는 그른 것으로 보이기도 한다. 동일한 행동도 사람들에 따라서 가치정도가 다르기에 다른 의미를 가지게 된다. 따라서 사회 활동에 있어서 우리는 대상의 이와 같은 물리적 거리와 가치적 거리의 차이점에 유념함으로써 좀 더 상호 통섭적인 소통을 만들어갈 수 있다.</td></tr>
<tr><td>가치적 거리</td></tr>
<tr><td rowspan="2">시점</td><td>단일 시점</td><td rowspan="2">시점은 단일시점과 다시점의 양태를 지닌다. 우리가 대상을 경험할 때, 우리의 관점이 고정되어 있다면 그것은 단일시점에 속할 것이고 우리의 관점이 다양한 축들에 의해서 형성된다면 이는 다시점에 속한다. 이와 같은 관점 전환의 여섯 가지 축은 결국 다시점으로 압축될 수 있다. 이와 같은 다시점의 경험을 통하여 우리의 관점은 비로소 운동을 시작하고 나르시시즘에서 벗어나 상호주관적 성찰을 활발하게 할 수 있게 된다. 여섯 가지 축이 좀 더 자유롭게 움직임으로써 우리는 세상을 좀 더 다양한 관점으로 체험하고 있는 자기 자신과 조우하게 된다. 이는 결국 좀 더 나은 사회적응과 상호 통섭적 소통을 통한 행복한 삶을 가능하게 하는 토대가 될 것이다.</td></tr>
<tr><td>다시점</td></tr>
</table>

관점치료는 자기 자신의 관점에 대한 이해에서 출발하여 타자의 관점에 대한 이해로의 확장을 통하여 고립된 사회 속에 살고 있는 현대인들이나 새로운 사회에 편입하고자 하는 북한이탈주민들의 사회적응에 중요한 상호 통섭적 소통을 위한 가교의 역할을 할 수 있을 것이다. 관점치료의 방법을 통하여 상호 통섭적 소통에 어려움을 지니고 있는 현대인들이나 북한이탈주민은 자신이 지금까지 지니고 있는 정체성을 포기하고 새로운 정체성으로 완전히 바꾸는 대신에 자신이 지니고 있는 장점을 최대한 활용하면서도 새로운 사회에 적응하기 위한 새로운 정체성 형성을 적극적으로 도모할 수 있는 다차원적인 훈련을 하게 된다.

8. 맺음말

'우리'에게 '그들'이 타자인 것처럼 '그들'에게 '우리'도 타자이다. 우리에게 그들이 낯선 것과 마찬가지로 그들에게 우리도 낯선 존재이다. 우리는 때로 우리의 관점이 아니라 그들의 관점에서 세상을 볼 필요가 있는데, 이때가 바로 우리와 그들이 공존할 때이다. 쇼펜하우어는 인간이 지니고 있는 동고(Mitleid)의 능력을 높이 평가하였다. 그에게 있어서 인간은 다른 존재들과는 달리 다른 존재들의 고통을 함께 느낄 수 있는 능력이 있다. 이것은 인간이 근본적으로 상호 통섭적 존재임을 의미한다. 그러나 그와 같은 능력이 늘 발현되는 것은 아니다. 낯선 상황 속에서 우리는 당황하고 긴장하게 됨으로써 우리가 지니고 있던 기본적인 상호 통섭적 능력마저도 저하되게 된다. 새로운 사회로 편입해 들어오는 사람들이나 이들을 맞이하는 사람들에게 필요한 것은 상호 통섭력의 강화이다.

필자는 철학적 화두와 관점치료적 사유를 통하여 북한이탈주민의 사회적응이라고 하는 현대 우리 사회의 새로운 문제 영역 속에 철학이 기여할 수 있는 바를 실험적으로 접근하려는 시도를 해보았다. 새로운 문제영역이기에 아직 갈 길이 멀다. 다소 무모한 시도일 수도 있겠으나 천천히 지속적으로 이 영역들을 천착하고자 한다.

유아기에 적합한 다문화교육

-유아교육기관의 다문화교육활동 사례-

신현경

1. 서론

현대사회가 다양화되고 국제결혼가정이 늘어남에 따라 다문화교육에 대한 관심이 증대되고 있다. 법무부(2008)에 따르면, 1990년 이후 외국인의 유입이 늘어나면서 2008년에는 114만 명이 되어 전체인구의 2%를 초과하였다. 특히 국제결혼이 늘어 외국인 배우자가 있는 남성이 7만 7,000명으로 기록되고 있다. 물론 다문화국가인 미국의 경우 다인종이 차지하는 비율이 2008년 기준 전체인구의 32%인 것에 비하면 크게 우려할 만한 것은 아니다(김용신, 2009). 그러나 2000년도 이후 다문화가정이 늘어난 것을 보면 우리나라도 점차 다문화사회로의 진입이 진행되고 있음을 내다 볼 수 있다.

행자부(2009)에서 조사한 결과 외국인주민 자녀는 107,608명으로 전체 외국인 주민의 9.7%를 차지하고 있으며, 이 중 만 5세 미만의 유아가 전체 자녀수의 60%로 초등학생 27%, 중학생 7%, 고등학생

* 자연인재교육원 연구위원

6%보다 높은 비율을 차지하고 있었다. 이는 다문화가정자녀가 사회에 잘 적응하기 위한 교육이 유아교육기관에서부터 실시되어야 함을 시사하고 있다. 김인(2009)은 그의 연구에서 다문화가정의 아이들은 초등학교에 다니면서 언어 이외에 피부색이나 생김새로 인해 일반아동들로부터 심한 조롱의 대상이 되기도 한다고 하였다. 그러나 동시에 일반유아들을 대상으로 하는 다문화교육의 적용 없이는 서로에 대한 이해부족으로 인해 여러 가지 문제점을 일으키게 될 수 있다. 이러한 문제에 올바르게 대처하기 위해서는 교육을 통해 인종에 대한 편견과 긍정적인 태도가 형성되도록 도와야 한다. Derman-sparks와 Force(1989)는 만3세 이전의 유아들이 이미 초보적 편견을 나타낸다고 보고 만6세 이후부터는 지각적으로 외적 특성을 통해 타인을 범주화하고 자신과 구분 지으려 한다고 하였다. 이 점을 고려해보았을 때 만 5세 이전의 유아기 때부터 기관에서의 다양한 교육경험 제공은 다인종에 대한 편견 감소 및 다문화에 대한 관점변화를 일으켜 다문화가정 자녀뿐만 아니라 일반가정의 자녀 모두에게 서로를 이해하는 밑바탕이 될 것으로 보인다.

최근에는 시도교육청에서도 다문화가정의 자녀교육에 관심을 보이며 관련 정책을 제시하고 있다. 2006년 교육인적자원부에서 "다문화가정 자녀 교육 지원 대책" 이후 실시된 다양한 유형의 다문화가정 지원방안과 더불어 교사를 위한 "교과서 보완 지도자료"가 발간되었으며 "2007년 개정 교육과정"에는 "다문화교육"이란 주제가 초, 중등학교 교육과정 총론에서 35개 범교과 학습주제 가운데 하나로 포함되었다(양영자, 2007). 국가수준의 제7차 유치원 교육과정에서도 5개 영역 중 사회생활영역에서 "사회 현상에 관심가지기" 내용 중 "다양한 문화에 관심가지기"라는 하위내용을 통해 세계화, 개방화 시대에 대비하여 다른 나라 사람과 그들의 생활풍습에 관심을 가지도록 내용을 구성하였다. 또한 다양한 문화를 접하고 존중함으로써 편견을 갖지 않고 수용하는 태도를 갖도록 하고자 하였다. 2007년도에는 교육인적자원부에서 "유아의 세계이해 및 다문화교육을 위한 지침서"

가 발간되어 각 시도 유아교육기관에 배포되었다.

이러한 노력에도 불구하고 유아교사들은 유아교육기관에서의 다문화교육에 대한 필요성과 중요성에 대해서 인식하고는 있으나 다문화교육을 실천하는 데 있어서 교수자료의 부족, 교수방법과 그에 적절한 교사역할 이해 부족, 다문화교육에 대한 이론적 개념 확립 부족으로 인해 오는 자신감 상실이 수업에 임할 때 큰 부담감으로 작용하고 있는 실정이다.

따라서 본 연구에서는 유아교육기관에 있는 일반유아들을 대상으로 하는 다문화교육의 교육방법에 대해 제시하고 그와 관련된 실제 사례를 보여줌으로써 유아기의 적절한 다문화교육에 대한 방향 모색에 기여하고자 한다.

2. 다문화교육의 방향

미국의 다문화교육은 1960년대 아프리카계 미국인들이 그들의 권리를 주장하면서 시민권 운동을 시작으로 성장하였다. 다문화교육은 그 사회의 현상이었으며, 그들의 아이들이 흑인들을 보며 긍정적인 자아를 형성할 수 있도록 행정가나 교사로 채용하여 아프리카계의 문화를 소개하도록 함으로써 모국에 대한 긍정적인 사고를 형성하도록 도왔다. 1970년대와 1980년대에는 다양성에 관한 공공의 관심이 증가하게 되자, 교육자들은 노력 그 자체만으로는 진정한 교육개혁을 이루기에는 충분치 않다는 사실을 깨닫게 되었다. Manning과 Baruth(1996)은 교사들의 부정적 태도가 다인종에 관한 교육적 접근법의 효과성에 영향을 미친다고 지적하였다. 동시에 다문화교육의 범위도 문화라는 광범위한 관점으로 넘어가게 되었고, 전반적인 학교와 교실환경들을 포함하게 되었다. 지금까지도 미국 교육의 다문화주의, 특히 유아교육에 있어서의 다문화접근을 위한 노력의 역사는 여전히 진행되고 있다. 수많은 노력들이 지속되었음에도 불구하고, 사회가 보다 다양화됨에 따라 보다 많은 영역에서 여전히 개혁이 필요한 실정이다.

그에 반해 우리나라는 단일문화의 영향을 받아왔다. 또한 국내에서 행해지고 있는 다문화교육은 소수집단의 자발적 요구에 의한 교육이라기보다는 우리나라 사회의 문제를 해결하는 과정에서 불가피하게 생겨난 현상이라는 기본 가정 하에 그러한 문제를 예방하고 해결하고자 하는 목적을 지니고 있다. 다문화교육과 관련한 수행물들을 살펴보면 대부분이 다문화가정 구성원의 교육관련 실태에 대한 연구물들이다(오성배, 2005; 김정원 외, 2005: 조영달·윤희원·박상철 외, 2006; 조영달·박윤경·이정우 외, 2007; 조혜영·이창호·권순희 외, 2008; 이재분·강순원·김혜원, 2008). 이 연구들은 유아에서 청소년들에 이르기까지 다문화가정에서 겪는 교육문제의 어려움과 대처방안에 대한 모색을 주요 내용으로 삼고 있다. 박성혁·성상환·곽한영(2007)은 그의 연구를 통해 다문화교육 정책 198개 중 178개의 정책이 결혼이민자, 이주노동자, 탈북자를 대상으로 한 것인 데 비하여 기존 거주민을 대상으로 한 정책은 20개에 불과하다고 밝혔다. 이와 같이 기존 거주민 즉 일반인들에 대한 교육이 매우 부족한 실정이다.

한국사회의 다문화 가정의 변화추세를 살펴보았을 때 앞으로는 좀 더 다원화된 사회로 변화될 것으로 전망된다. 이에 다문화교육은 다원주의적 관점에서 모든 사회구성원들이 다문화교육의 대상에 포함되어야 하며 한국의 상황과 문화를 고려한 새로운 시도의 교육이 되어야 한다.

3. 유아와 다문화교육

3.1. 유아교육기관의 다문화교육

유아대상의 다문화교육은 크게 두 가지로 나누어 볼 수 있다. 첫째는 국제결혼가정, 새터민, 외국인 노동자의 자녀들을 대상으로 실시하는 교육으로 그들이 한국사회에서 잘 적응해나가기 위해 필요한 능력을 배양하기 위한 교육이고, 둘째는 그 외의 사람들을 대상으로 세계시민적인 자세를 지니도록 글로벌 인재로 키우기 위한 교육이다.

다문화가정의 유아들을 대상으로 하는 교육은 우선적으로 형평성, 평등성, 다양성을 주요 요소로 하며, 일반 유아들과 똑같이 특별하고 소중한 존재라는 인식, 자신도 다른 사람들과 똑같이 교육받을 수 있다는 인식, 모든 사람은 문화가 다양할 수 있다는 인식을 통해 자아정체성과 자기 존중감이 형성되도록 한다. 그러나 한국사회에서의 적응을 돕기 위해 실시하기 때문에 자민족중심의 주류사회에 사회통합화 하고자 한 쪽에 치우진 교육이 이루어질 수 있다. 또한 새로운 구성원들을 한국인화하는 데 필요한 언어, 문화 등에 대한 내용이 주를 이룰 수 있다.

일반유아들을 대상으로 하는 하는 교육은 상호존중감, 상호의존성을 주요 요소로 하여 주변 환경과 관계 맺는 과정에서 타인에 대해 개방적, 비판적, 반편견적인 태도를 지니도록 함으로써 세계시민성이 함양되도록 한다. 즉, 세계 여러 나라의 다양한 문화를 이해하고 존중하며 나아가 글로벌 리더로서의 능력을 키우기 위한 교육이다. 어린 시기부터 다문화를 경험한 사람들은 다른 문화를 이해하고 받아들이는데 그렇지 않은 사람들보다 이해의 폭이 넓다(김용신, 2008).

다문화교육은 우리사회의 구성원으로 살아가게 하기 위해 꼭 필요하지만 주류사회에 통합되어 살아가기 위한 방법을 지향하는 교육에 그쳐서는 안 된다. 유아의 20년을 내다보고 그들이 개인, 국가 간의 문화적 경계를 넘을 수 있도록 타인종과 타문화와 융합하고 새로운 문화를 창조해나갈 수 있는 능력을 지닌 인간으로 성장할 수 있도록 해야 한다. 즉, 한 사회 내에 존재하는 다양한 문화를 인정하고 구성원들 간의 차별 없는 공존을 돕는 교육이 되어야 한다. 그러기 위해서 유아교사들은 모든 유아들에게 그들로 하여금 다문화적 환경 속에서 성공적인 개인으로 되게끔 적절한 교육 프로그램을 제공함으로써 글로벌사회의 시민 능력을 쌓아야 한다. 이러한 교육을 할 때 특히 우리문화에 대해서는 전통문화에 대한 자긍심을 갖도록 해야 하며 타문화에 대해서는 다른 문화를 올바르게 이해하는 태도를 길러줌으로써 다양한 문화 위에 가치를 창조할 수 있는 인간으로 성장할 수 있도록 해야 할 것이다.

따라서 다문화교육을 실시할 때 일반유아들에게도 사회 내에 다양한 문화가 존재한다는 것을 인정하고 이러한 차이가 가치 있는 것임을 인식하도록 하는 것이 바람직하다. 또한 비판적인 사고를 형성할 수 있도록 도와 유아기 때부터 다양한 관점에서 사건이나 사물을 객관적으로 바라볼 수 있는 시각과 관점을 지닐 수 있도록 해야 한다.

3.2. 다문화 교육방법

유아기 때부터 한 사회의 구성원으로서 살아가기 위해 필요한 지식, 기술, 태도를 익히도록 하는 것은 유아교육의 목표이다. 다문화적 상황에서 살아가야할 유아들에게 다문화교육은 그들이 꼭 거쳐 가야 할 경험인 것이다. Banks(1994)는 그의 연구에서 아동들이 성장함에 따라 그들의 인종적 태도와 신념은 수정하기 어려워지므로 유아기 때부터 다양한 인종 및 문화에 노출시켜야 한다고 하였다. 특히 박찬옥(2005)은 만 3세에서 만 5세의 유아들은 자아개념을 구성해나가는 시기로서 인간관계, 신체적 특징, 소유, 기호 등 물리적 특성을 중심으로 자기를 인식해 나간다고 보았다. 이에 유아를 대상으로 다문화교육을 실시할 때에는 성인과는 다른 교육적 접근을 시도해야 하며 그 내용도 성인과는 달라야 한다.

Banks(1993)는 이와 관련하여 다문화교육의 접근법을 그의 저서를 통해 유아교사들에게 소개하였다. 구체적으로 살펴보면 [표 1]과 같다.

1단계 공헌적 접근법은 학급 내에서의 교육과정은 그대로 운영하되 그때그때 상황에 맞게 단편적인 주제를 중심으로 제시하는 것이다. 이러한 단계의 수업은 교사가 다문화교육을 시도하고자 하는 노

[표 1] 다문화교육의 접근법

단계	접 근	내 용
1	공헌적 접근 (The Contributions Approach)	교육과정은 그대로 두고, 상황에 따라 그때그때 짧은 시간동안 다문화적인 소재(영웅들, 명절, 예술품)를 중심으로 교육하는 시도가 이루어짐.
2	부가적 접근 (The Additive Approach)	기본적인 교육과정 안에 문화적인 주제(음식)를 추가하여 교육함.
3	변형적 접근 (The Transformation Approach)	교육내용이 반드시 다른 집단의 관점을 고려하는 것에 관한 문제를 목표를 가지고 시도가 이루어짐.
4	사회적 행동 접근 (The Social Action Approach)	교육과정은 다양성과 관련된 다양한 사회적 논쟁거리들을 주제로 하여 의사결정해보는 교육을 함.

력하에 진행되는 것이기 때문에 다문화교육의 가장 기본적인 접근단계라 볼 수 있다.

2단계 부가적 접근법은 기본적인 교육과정에 좀 더 인종적이고, 문화적인 주제를 추가하여 수업하는 것이다. 이 단계는 1단계보다 좀 더 교육과정의 변화가 이루어지는 단계이다. 이 접근에서의 성공 여부는 교사가 유아들의 발달 특징에 적합하도록 적절한 주제를 어떻게 조직해서 표현하는가에 달려있다.

3단계 변형적 접근법은 학급 내의 유아들의 가족환경 및 문화적 배경을 고려하여 효과적이고 문화적으로 민감한 교육과정을 만들어 가도록 하는 단계이다. 유아들이 자신의 문화 정체성을 발견하는 것 뿐 아니라 다른 인종의 문화에 대해 알게 되는 기회 제공해줌으로써 사회적으로 의미 있는 경험이 되도록 이끌어야 한다.

4단계 사회적 행동 접근법은 유아들이 공정하지 않은 사건, 상황을 직면하게 하는 것을 전제로 한다. 이 상황에서 문제점을 인식하고 분석하여 의사결정을 통해 열망을 가지고 수행해보도록 하는 단계이다. 즉, 다문화적인 환경에서 사회적인 변화의 주체자가 될 수 있도록 실제적인 사회 학습 경험을 제공하는 것이다. 그러므로 이러한 단계에서 교사는 반드시 주의 깊게 매체와 주제를 선택하고 가르치는 데 준비하는 시간을 더 많이 가져야 한다. 또한 가족과의 상호작용도 과정 안에 반드시 통합되어져야 한다.

다문화교육은 교육과정 속에 자연스럽게 포함시켜서 일회적인 교육이 되지 않도록 주의해야 하며 추상적이고 허상에 그치는 교육이 되지 않도록 해야 한다. 그러기 위해서는 직접체험을 중심으로 한 교육이 되어야 하며 유아가 흥미 있어 할 만한 다양한 자료 또한 교수자료로 활용해야한다. Banks(2000)은 그의 저서에서 다문화교육자료, 대리경험, 역할놀이, 시뮬레이션 등을 이용하는 것도 다양한 교육과정 개입을 통해 학생들의 타문화, 타인종에 대한 긍정적 태도를 형성할 수 있다고 밝혔다.

또한 Morrison(1998)은 다문화교육을 담당하는 유아교사는 다양한 문화의 인식, 유아의 학습양식 인지, 협동적 학습의 격려, 갈등해결 전략의 증진 및 사용, 부모와 지역사회 인사의 참여 유도 등을 해야 한다고 보았다. 이때 음식, 집, 의복, 민속춤, 노래 등을 특별행사처럼 꾸며서 소개하는 식의 관광식 교육이 되지 않도록 주의해야 한다고 하였다.

3.3. 다문화교육 사례

유아들을 위한 다문화교육은 하나의 교육활동이라도 점차 그 내용을 풍부하고 다양하게 구성하여 유아들이 스스로 탐구하여 문제 해결해 나가는 일련의 과정으로 이루어져야한다. 김용신(2009)은 다문화교육이 주제와 활동에 따라 수업방법은 달라질 수 있다고 보았다. 즉, 직접체험을 중심으로 한 활동이라 할지라도 유아들의 발달적 특징, 상황, 흥미정도를 고려해 향후의 교육활동을 계획해야 하며, 그 정도에 따라 목표 및 교육범위와 내용도 한정될 수 있다.

이때 교사는 유아들로 하여금 흥미위주의 활동을 경험하는 것에만 그치는 것이 아니라 '왜 그렇게 되었는지'에 대해 사고해보게 함으로써 타인과 타문화를 이해하는데 비판적인 사고능력을 기르도록 하는 것이 중요하다. 나와 다른 사람을 비교해보고 같은 점과 다른 점은 무엇이며 왜 그들과 다를 수밖에 없는지, 그들과 어떠한 부분이 서로 같고 소통할 수 있는지에 대해 이해함으로써 넓은 시야를 지니고 세상을 바라볼 수 있는 마음을 지니도록 하는데 중요한 역할을 할 수 있다.

<활동사례>

유아들에게 실시한 활동은 그 전개가 1단계에서 4단계로 진행되며 단순한 자기 위주의 경험중심 활동에서 남을 배려한 복잡하고 수준 높은 활동으로 구성이 되어있다. 이 활동은 Bank가 제안한 접근법을 침고로 하여 국내 유아교육기관의 문화적 상황과 만 5세 유아의 발달수준을 고려하여 활동을 전개하였다. 그러나 모든 유아가 1단계에서 4단계까지 순차적으로 다문화교육을 제공받을 필요는 없으며 흥미를 고려하여 융통성 있게 적절한 단계에서 활동을 끝마칠 수 있다.

주 제: 유치원에 온 다른 나라 사람을 도와요.

목 표: 유치원에 온 손님을 반갑게 맞이하고, 유치원을 소개해줌으로써 유치원에 대해 친숙함을 느끼도록 한다.

유치원에 온 손님이 겪을 수 있는 어려운 점들에 대해 인식하여 문제를 해결해본다.

활동내용: 1. 유아들이 다른 나라 사람을 유치원에 초대하여 유치원의 곳곳을 소개하도록 활동을 전개한다.

2. 유치원을 소개하는 과정에서 다른 나라 사람들이 어떠한 점들을 어려워했는지에 대해 각자 의견을 나눈다.

3. 유치원에 온 다른 나라 사람들의 어려움을 어떻게 해결할 수 있는지 논의해보았다.

4. 논의한 결과를 가지고 유아들이 참여하여 직접 해결해본다.

유아들로 하여금 다른 나라 사람에게 유치원을 소개해줌으로써 그들이 어떠한 어려움을 겪을 수 있는지에 대해 유아 스스로 인식하게 할 수 있다. 이러한 활동은 다른 사람의 어려움을 이해하고 그러한 어려움을 해결하도록 시도해보는 과정을 통해 수용적 사고능력을 향상시킬 수 있다. 확장하여 유치원 밖에서 다른 나라 사람들이 겪을 수 있는 문제들을 알아보고 그들을 도울 수 있는 방법에 대해 살펴봄으로써 기관에서뿐만 아니라 지역사회에서 살아가는 다양한 사람들을 이해하는 데에도 큰 도움이 되도록 할 수 있다.

이 때 교사는 문제인식, 의사결정, 수행과정에 있어서 다른 사람의 입장에서 사고해보고, 객관적으로 판단할 수 있도록 격려함으로써 비판적으로 사고하는 능력을 키울 수 있도록 도와야 한다. 또한 과정 중에 추측하기, 비교하기 등을 통해 유아들이 스스로 문제 해결해 나가갈 수 있도록 한다.

<활동사례>

주 제: 다른 나라에도 한복이 있을까?

목 표: 우리나라와 다른 나라의 전통의상에 대해 알아본다.
우리나라와 다른 나라의 전통의상을 비교해본다.
각 나라의 전통의상은 모두 다르지만 소중하다는 것을 알고 존중하는 태도를 갖는다.

활동내용: 1. 우리나라의 전통의상인 한복에 대해 알아본다.
2. 다른 나라의 전통의상에 대해서도 알아본다.
3. 우리나라와 다른 나라의 전통의상을 비교해본다.

유아들이 이러한 활동을 통해서 우리나라와 다른 나라의 전통의상을 비교해봄으로써 전통의상에 대해 이해하고, 서로의 옷은 생김새가 각기 다르지만 각 나라 사람들에게는 특별하기 때문에 소중하고 중요한 물건임을 이해하게 된다.

<활동사례>

주 제: 엄마가 태어난 나라도 소중해요.

목 표: 각 유아들은 엄마가 태어난 나라에 대해 알아봄으로써 엄마가 태어난

나라에 대해 이해한다.
지금 살고 있는 나라와 엄마가 태어난 나라는 모두 소중하다는 마음가짐을 갖는다.

활동내용: 1. 우리 엄마가 태어난 나라는 어떤 나라인지 알아본다.
2. 우리나라의 자랑스러운 것들을 찾아본다.
3. 엄마가 태어난 나라의 자랑스러운 것들을 찾아본다.
4. 내가 지금 살고 있는 대한민국과 엄마가 태어난 나라의 자랑스러운 것들에 대해 왜 자랑스러우며 소중히 여겨야 하는지에 대해서 친구들과 이야기 나눈다.

유아들로 하여금 내가 지금 살고 있는 나라의 자랑스러운 것과 엄마가 태어난 나라의 자랑스러운 것들에 대해 알아봄으로써 대한민국뿐만 아니라 엄마가 태어난 나라에 대한 자긍심을 느끼도록 하며, 엄마가 태어난 나라도 자신에게는 소중하며 특별하다는 생각을 갖도록 할 수 있다.

4. 결론 및 논의

다문화교육은 국가 내에서 다양한 민족이 잘 융합하여 살아가기 위해 필요한 교육이다. 그러나 글로벌 시대라는 현시대의 특징을 고려해본다면 다문화교육은 국내뿐만 아니라 외국에 나가서도 잘 살 수 있는 능력 있는 인간으로 육성하는 글로벌 인재양성교육이 되어야 한다. 말하자면 지식위주의 교육이 아닌 자연스러운 현상으로 받아들일 수 있는 기술과 태도를 익히는 가치교육이 되어야 한다. 나와 다른 것을 비교하는 차원에서만 그치는 것이 아니라 다른 것에 대해 이해하고 존중할 수 있는 마음을 기를 수 있어야 한다는 것이다.

유아기의 다문화교육은 직접 접할 수 있는 인적, 물적 자원을 통해 시작해야 한다. 다른 나라 사람들을 보아도 신기해하거나 특별한 존재라고 인식하기보다는 자연스럽게 여기고 지나가는 것이 다문화교육이라고 할 수 있겠다. 그러나 이러한 다문화교육이 효과를 얻기 위해서는 유아를 가르치는 교사와 학부모가 다문화교육을 얼마만큼 알고 있는지에 대한 지식의 정도와 다문화교육에 대한 긍정적인 태도에 따라서도 다문화교육의 효과는 달라질 수 있다.

따라서 다문화교육에 대한 학부모 및 교사대상의 교육이 활발하게 이루어져야 할 것이며, 다문화교육을 하나의 특별한 프로그램으로 여겨 특별 교육으로 여겨서는 안 될 것이다.

다문화 영어교육을 위한 교수-학습 방안 연구

-한국음식문화를 중심으로-

백현기

1. 서론

우리 사회는 국제결혼 이주 여성, 이주노동자, 새터민, 코시안과 같은 다인종 다문화를 가진 사회 구성원이 증가하고 있는 추세이다. 이에 따라 다문화 구성원에 대한 사람들의 인식도 긍정적인 방향으로 많은 변화를 보이고 있다(권순희, 2007).

또한 우리사회는 해마다 다문화 가정이 더욱 늘고 있는 추세로 초등학교에 입학하는 다문화 가정의 입학생이 증가하고 있는 추세이다. 이러한 다문화 가정의 초등학생들은 유아기에 한국어가 미숙한 외국인 어머니와 함께 생활함에 따라 언어발달이 지체되어 자신 있게 의사표현을 하는데 어려움이 있으며 두 나라의 문화가 혼재된 가정교육과 학교교육을 동시에 경험하면서 정체성의 혼란을 경험하는 것으로 나타나고 있다. 또한 '엄마가 외국인이기 때문에', '외모상의 특성'으로 인해 친구들에게 따돌림을 당하면서 정서적 충격을 경험하고 있

* 전주교육대학교 학술연구교수

다. 그 결과 학교에서 친구나 교사와의 관계에 있어 소극적이고 자신의 특성을 드러내지 않으려고 하며 학교 수업에 적극적으로 참여하지 않아 학교 적응에 어려움을 나타내고 있는 실정이다(김연권, 2007).

특히 초등학교 저학년 시기는 인종, 민족 정체감을 형성하는 시기일 뿐만 아니라 신체적 변화에 민감하고 행동표준과 성취에 대한 인정에 있어서 또래집단의 영향을 강력하게 받으며 자아상을 만들어 가고 공식적인 사회생활의 장인 학교에 첫 발을 내딛는 시기이므로 이 시기의 학교생활 부적응은 그 영향력이 심각할 수 있으므로 다문화 가정의 아동들이 학교생활에 잘 적응할 수 있도록 가족 내 이중문화와 자신의 인종과 민족에 대해 올바르게 이해할 수 있는 정보를 제공하며 주변인들이 가질 수 있는 편견에 대해 개방적으로 이야기 할 수 있는 기회를 제공하기 위해 학교 교사와 이웃, 지역사회, 다문화 가족들이 힘을 모아야 할 것이다(강진구, 2008). 이러한 다문화 가정 자녀들의 학교 적응을 돕기 위해 초등학교 저학년 시기부터 지속적인 영어교육활동이 이루어져야 하겠다. 그래서 영어교육분야에서도 수동적 학습을 통한 한정된 지식의 재생산보다는 다양한 사회 문화적 상황에 대한 고찰과 새로운 이해를 통해 자생력 있는 영어교육이 있어야 한다. 그러나 이제껏 우리 영어교육 상황에서 이루어진 문화교육은 자국문화와 목표분화와의 비교를 통해 문화차이를 나열하거나 제한된 국가 간의 문화차이 지도를 위한 내용이 많았다(박형기, 1982). 그리고 문화 간 원활한 의사소통을 위한 문화 차이점에 대한 이해를 돕기 위해 다문화주의나 다양성의 개념을 바탕으로 한 교과내용 개발 및 실제적인 교수활동이 이루어지기도 했지만 이런 과정 속에서 개인주의, 인권, 약속 잘 지키기, 평등과 같은 개념들이 서구인들의 전유물, 또는 우리가 꼭 배워야 하는 문화적 지식이나 내용이 획일화 되기도 했다(지계순, 2003).

한편 아직까지 다문화 영어교육을 위한 한국문화의 세계화에 대한 논의는 전혀 이루어지고 있지 않은 실정이다. 미국이나 외국에서 한국문화가 차지하고 있는 위상은 어떤 것이며 한국문화가 그곳에서 어떻게 교육되어지고 있는가에 대한 연구나 교육과정에서 잘못된 정보는 없는지, 한국문화에 대한 영어교육이 외국에서 활발히 이루어지게 하기 위하여 하여야 할 일들이 무엇인가 등에 대한 논의는 전무하다고 할 수 있겠다.

이러한 논의가 필요한 이유는 다문화 영어교육을 논할 때 외국의 영어문화를 우리가 일방적으로 수용하는 것으로 끝나서는 안 되는 것이기 때문이다. 한국에서 그들의 문화에 대한 교육이 이루어지는 것과 같이 그들의 학교교육에서 한국문화에 대한 인식이 높아지고 한국의 문화와 예술에 대한 교육이 이루어져야 한다. 세계의 다양한 문화가 서로 쌍방향으로 문화교류가 이루어지며 지구촌을 이루는 것 그것이 바로 우리가 추구해야 할 올바른 다문화 영어교육의 모습일 것이다.

따라서 이를 위하여 본 연구에서는 지금까지 이루어져온 다문화교육에 바탕을 둔 한국음식문화와 교수방법을 활용한 다문화 영어교육의 교수학습내용과 방향을 제시하고자 한다.

2. 이론적 배경

2.1. 문화의 정의

문화라는 용어는 다른 어느 개념보다 많이 사용되고 다양한 의미를 포함하고 있는바 영어교육에서도 많은 다른 관점과 입장이 있다. Richard와 Platt(1992)은 문화를 특정한 사회의 구성원들이 가진 신념, 태도, 관습, 행동, 사회적관 관행 등의 총체라고 하였다. Kachru(1999)는 문화를 "개인들이 서로 의사소통을 하고 자신의 경험, 개념, 그리고 신념을 나눌 때 행동, 표현, 그리고 다양한 의미적 대상 등과 같은 상징적 형태에 구현된 의미들의 유형"이라고 정의했다. Kramsch(1993)는 문화는 사회적, 정치적, 그리고 이념적 현실이며, 문화적 코드를 이

행하는 데 어려움은 바로 다른 관점에서 세상을 보지 못하고 언어적, 체계적 코드에 대한 다른 해석을 할 수 없기 때문이라고 설명했다. Geertz(1973)는 문화를 "인간이 만든 역사적으로 전해 내려오는 기호적 연계망으로 세상에 대한 지식, 믿음 그리고 태도를 갖도록 한다"고 했다. Hinkel(1999)은 문화에는 구성된 지식, 현상에 대한 관점, 믿음 그리고 역사 등을 포함되며 이는 언어를 통해 소통되며 한 집단의 언어와 문화를 자연스런 것으로 만든다고 설명했다.

Moran(2001)은 이제까지 나타난 문화의 정의를 설명하면서 몇 가지로 설명하고 있다. 이들 중에서, 문화와 문명을 동일한 것으로 보는 거시 문화적 입장이나 문화를 의사소통능력과 연계하여 유창성, 다양한 언어적, 비언어적 표현능력으로 보는 것은 문화를 너무 획일화하거나 제한적으로 보는 것이다. 또한 문화를 사람 또는 집단 간에 일정한 관계 속에서 나름대로의 가치관, 의미, 신념이 작용하는 일종의 인간 정신 현상으로 보거나, 생물학적, 진화론적, 심리학적인 입장에서 문화의 보편공통적인 면이 인간 두뇌의 작용, 즉 선천적이며 생물학적 공통성에 비롯된다고 입장은 문화의 역동성과 다양성을 간과하고 있다. 따라서 본 연구에서는 이러한 연구를 토대로 한국문화 중에 음식문화를 선택하여 학습자가 이해하고 생각할 수 있도록 재구조화 하였다.

2.2. 다문화 영어교육을 위한 교수·학습의 방향

사회 구성주의자 Vygotsky(1978)에 따르면, 아동 개개인의 발달적 변화는 사회와 문화에 기초한다(오은순, 2002). 즉, 아동은 문화를 매개로 사람들과 상호작용하면서 1세 이전에 자신과 타인을 구별하지 못했던 상태로부터 점차 자기 자신과 분리된 타인의 존재를 이해하게 되고 학령기가 되면 자신은 물론 다른 사람들도 각자의 특성과 정체성, 삶의 역사와 미래를 가지게 된다는 것을 이해하게 된다.

이와 같이 아동의 사회인지는 그들의 삶의 세계 가장 가까이에서 직접 상호작용이 가능한 가족으로부터 시작하여 점차 그 범위를 넓혀가면서 미래와 같은 추상적인 세계로까지 확장하여 발달하게 된다. 다문화 교육학자인 Banks(1988)는 일찍이 이러한 맥락에서 문화의 차이를 포함하는 민족성 태도 발달을 설명하였다. 장영희(1997)는 Banks의 민족성 태도 발달을 근거로 하고, 인종 및 민족성 발달과 관련된 많은 연구를 종합하여 6단계의 문화 발달이 점진적으로 진행되는 것으로 설명하였다. 즉, 첫째, 문화적·심리적 거부단계: 자신의 인종에 대한 부정적인 태도나 믿음을 내면화하는 시기, 둘째, 문화적 고립기: 인종적 배타주의의 단계, 셋째, 문화적 정체감의 명료화 단계: 자신의 인종에 대한 긍정적 태도 형성, 넷째, 이중문화 단계: 둘 이상의 문화에서 요구하는 가치, 태도, 지식, 기술 습득, 다섯째, 다문화 단계: 다문화주의와 반영적 국가관의 형성 단계, 여섯째, 세계화의 단계: 긍정적인 세계적 동질성 습득이 그것이다. 이와 함께, 다양한 문화가 공존하는 사회가 지속되면서 구성원들은 새로운 미래 사회를 창조해 나아가야 함을 제안하였다.

즉, 한 개인 내부에서의 문화에 대한 태도 발달은 한 개인이 다양한 문화를 접하면서 혼란과 갈등을 겪게 되며, 이러한 과정을 거쳐 자국 문화에 대한 정체성을 형성하게 되고, 사회에 대한 개념이 확대되면서 문화에 대한 태도도 다문화와 세계 문화, 나아가 미래 사회 문화로 넓혀 가는 것으로 이해될 수 있다. 이귀우(1999)는 이러한 입장의 다문화 교육을 자유주의적 혹은 다원주의적 다문화주의로 구분하여 설명하였다. 이와는 달리, 비판적 다문화주의critical multiculturalism는 문화에 대한 정체성 형성과 문화적 다양성 이해와 존중을 길러주는 것만으로는 불충분하다고 믿는다(Banks, 2004 재인용).

비판적 다문화주의는 평등과 정의의 관계를 억누르면서 억압의 관계를 만들어내는 사회구조의 변화를 도모하여, 다문화적 상황에 바람직하게 대응하고자 한다. 비판적 다문화주의 주창자들은 다문화 사회에서 서로의 다양성을 인정하고 더불어 사는 것만으로는 평등과 정의가 이루어질 수 없다고 가정한다(Banks, 2004). 따라서 비판적 다문화주의 관점에서의 다문화 교육은 단순히 차이를 인정하거나 격려해 주고 편견을 줄이는 수준이 아니라, 인종주의와 불의를 지적하고 적극 대응하도록 하는 데 목적을 둔다.

이러한 맥락에서 Sleeter(2008)는 한국의 다문화 교육과정을 위한 그의 제안에서 다양성과 공평·정의의 세로축과 국내적 입장Nation-Bound Perspective과 국제적 입장Global Perspective의 가로 축을 격자로 하는 4개 영역의 교육 방향을 제시하였다. 국내적 다양성과 국제(지구)적 다양성, 국내적 공평·정의와 국제적 공평·정의로 구분하여 각각의 교육과정이 가정하는 바와 교수전략, 그리고 관련 집단의 득실에 대한 담론을 펼쳤다. 이와 같이, 다문화 교육을 위한 교수·학습의 동향을 살펴보면, 어느 한 관점에 좀 더 많은 비중을 두는 경우는 있을지라도 온전히 한 관점을 추구하는 실천적 방안을 제안하는 경우는 거의 없다. 즉, 다문화 교육을 위한 대개의 교수·학습 프로그램들은 기울기에는 차이가 있을지라도 대부분 이 둘의 관점을 절충한 관점으로 해석될 수 있는 가치를 추구하고 있다.

예컨대, 박선영(2005)은 문화적인 다양성, 공동체 의식, 정체성, 민주적인 시민의 자질과 능력, 새로운 문화를 재창조할 수 있는 창의력 등을 다문화 교육의 중요한 가치 내지는 목적으로 제시하였다. 본 연구의 선행 연구인 오은순 외(2007)의 연구에서도 다문화 가정 학생의 적응, 문화적 상대성과 다양성, 문화적 편견 해소, 평등 사회 도모, 미래 사회를 위한 새 문화 창조를 다문화 교육이 추구하는 궁극적 목적으로 상정한 바 있다. 그 밖에, 조오(Zaw, 1996)는 차별, 부정의와 같은 사회악에 대한 대항을, Bennett(2007)는 문화 의식, 복합적인 역사적 관점, 간문화적 능력, 사회적 행동 기술, 인종·성 등의 편견과 차별 극복, 우주적·지구적으로 역동적인 상태에 대한 의식 등을 다문화 교육의 중요한 가치로 제안하였다. 아동들을 위한 다문화 교육에 초점을 맞춰 목적을 제시한 램시(Ramsey, 2004, 10~12)는 좀 더 구체적인 교수·학습의 목적을 포함시키고 있다. 즉, 정체성, 연대감, 사고력, 문제해결력, 학문적 기능 발달과 희망적인 미래 창조 등이 그것이다. 최근 Banks(2008)도 다문화

사회 적응, 문화적·민족적·언어적 다양성, 소수민족집단의 고통과 차별 감소, 자문화 이해와 존중, 자신이 속한 크고 작은 문화 공동체(지역문화, 국가적 시민 공동체)와 전 지구적 공동체 생활을 위한 기초 능력 등을 다문화 교육의 주요한 목적으로 제시하고 있다.

다문화 교육의 중요한 가치value 혹은 궁극적 목적goal들은, 위의 연구들이 보여 주는 바와 같이, 그 수준과 범위에 있어 매우 큰 차이가 있다. 하지만, 이상의 연구들이 제안하고 있는 다양한 수준의 가치들은 앞서 논의한 아동의 사회 인지 발달과 문화에 대한 태도 발달, 다문화 교육에 대한 비판적 다문화주의 관점, 다문화 교육 관련 선행 연구 등을 고려해 볼 때 다음과 같이 정리될 수 있다. 즉, 학생 자신의 정체성, 학생이 속한 크고 작은 사회에서의 다양성, 평등, 정의, 세계 시민성, 그리고 새로운 미래 사회를 위한 창조성이 그것이다. 본 연구는 이러한 가치들을 우리나라 다문화 영어교육의 교과 교수·학습이 추구해야 할 방향으로 설정하고자 한다.

2.3. PBLProblem-Based Learning을 이용한 다문화 영어교육

1960년 Canada의 McMaster대학의 의과대학 교수였던 Barrows는 기존 교육에 대한 대안으로 최초로 PBL을 실시하여 PBL의 이론을 정립하였다. 그 후 Barrows의 PBL이 구성주의 이론과 일치되는 점이 발견되면서 구성주의 학습모형의 하나로 정립되게 되었다(Savery & Duffk, 1995). 그 후 다양한 학문 분야는 물론 성인교육에 적용, 발전되어 중·고등학교에서도 PBL이 실시되고 있다. Hemstreet(1997)는 PBL의 특성을 비 구조화된 문제, 실제성authenticity, 자기 주도적 학습과 협동학습으로 요약하고 있다. PBL의 특성을 교수·학습 방법, PBL의 설계 원리라는 두 가지 측면으로 요약하면 다음과 같다(우옥희, 2000).

본 연구에서 사용한 다문화 영어교육을 위한 교수·학습 모형은 PBL을 활용한 교수·학습모형이다. 즉, 기존의 모형을 다문화 영어교육에 맞게 수정한 모형이다.

2.3.1. 교수-학습 방법

PBL은 교사의 안내적 역할에 의해서도 학습이 이루어지나, 학습자 상호간 또는 학습자와 자료 간의 상호작용에 의해 주로 학습이 이루어진다. 즉, 자기주도적인 학습과 협동학습을 통하여 학습이 이루어 진다는 것이 특징이다(Delisle, 1997; Hemstreet, 1997).

① PBL은 학습자의 자기주도적인 학습을 통하여 학습 내용이 결정된다.

② PBL은 협동학습을 통하여 효과적인 학습이 이루어진다. 성공적인 문제해결을 위해서는 계속적으로 다양한 역할 수행, 즉 해결책을 제안하거나 해결책에 대한 의문을 제기하고 비판하는 역할, 교수자로서의 역할 등이 필요하다(Hemstreet, 1997).

2.3.2. PBL의 설계 원리

Savery와 Duffy(1995)는 구성주의 이론을 바탕으로 추출한 8가지의 교수 원리들을 적용한 PBL을 제시하였다.

① 모든 학습 활동은 넓은 영역의 과제 또는 문제로 시작된다.

② 전체적으로 학습자들이 문제에 대하여 주인의식을 갖도록 하여야 한다.

③ 실제적 과제를 설계한다.

④ 환경의 복잡성을 반영한 과제와 학습 환경을 설계한다.

⑤ 학습자에게 해결책의 개발 과정에 대한 주인의식을 갖도록 해야 한다.

⑥ 학습자의 사고를 높여 줄 수 있는 학습 환경을 설계해야 한다.

⑦ 대안적 관점과 맥락에 대하여 검토해 볼 수 있어야 한다.

⑧ 학습 내용과 학습 활동을 위한 기회를 제공하며, 반성적 사고를 할 수 있도록 해야 한다.

3. 다문화 영어교육 교수학습 모형

3.1. PBL 교수·학습 개발 전략

본 연구에서는 다문화 교육이 지향하는 우리사회에서의 다양성과 공정성의 제고를 위해 '한국음식문화 영어로 배우기'라는 교과목을 개발하고, 그에 따른 교과내용 구성 및 학습활동에 대한 교수·학습 모형을 연구하였다.

본 연구에서 사용한 다문화 영어교육을 위한 교수·학습 모형은 PBL을 활용한 교수·학습 모형이다. 즉 기존의 모형을 다문화 영어교육에 맞게 수정한 모형이다.

문제 중심의 교수학습에서 가장 중요한 것은 초기 단계에 제시되는 문제들problems이다. 문제를 어떻게 개발하느냐에 따라 학습 효과가 판이하게 달라질 수 있으므로(Stinton & Milter, 1994) 문제를 개발하는 데 있어서 매우 신중해야 한다. 개발 전략은 첫째, 문제들은 비구조적이고ill-structured, 복잡한complexed 실제적 상황의 문제들로 개발한다. 즉, 실제 상황에서 학습된 지식이 활용될 수 있도록 현실 세계의 복잡성을 그대로 반영하는 실제적 성격의 학습문제이어야 한다. 둘째, 문제는 학습목표에서 제시된 사회생활에 필요한 지식들, 즉 학습내용과 관련된 개념과 원리를 끌어낼 수 있도록 개발한다(Savery & Duffy, 1994). 즉 학생들이 현재 또는 미래에 필요한 지식과 기능, 태도 가치가 무엇인지를 분석하고 종합하여, 그것에 입각하여 문제를 개발해야 한다. 셋째, 문제는 사전에 미리 정해진 단일한 하나의 해결책을 찾도록 개발되기보다는 주어진 상황에서 다양한 관점을 통해서 최선의 해결책을 찾을 수 있도록 개발한다.

3.2. 한국음식문화 영어로 배우기 교수·학습 모형

본 연구를 위해 개발한 한국음식문화 영어로 배우기 교과목의 각

[표 1] 주차별 강의 계획서

과목명: 한국음식문화 영어로 배우기	
목표:	1) 영어로 한국문화에 관한 이야기를 소개할 수 있다. 2) 영어로 된 한국음식문화를 서로 이해할 수 있다. 3) 조별로 한국음식문화를 서로 소개할 수 있다.
주차	강 의 주 제
1	Tteok(Rice cake): Happy Lunar New Year!
2	Kimchi jjigae(Kimchi stew): My favorite stew!
3	Jajangmyeon(Blackbean noodles): Delivery Food!
4	Bulgogi(Grilled meat): Let's try to make it!
5	Soondubu jjigae(Spicy soft tofu stew): Do you like dubu?
6	Gamjatang(The soup of pig's backbone): Why is it named Gamjatang?
7	Doenjang jjigae(Fermented soybean stew): Korean tradtional stew!
8	Naengmyeon(Cold noodles): It's so cool!
9	Songpyeon(Pine rice cake): Happy Choseok!
10	Bibimbap(Mixed vegetables and rice): Let's mix them!
11	Kimbap(Dried seaweed rolls): Let's go on a picnic!
12	Buchimgae(Korean-style pizza): It's raining outside!
13	Samgyetang(Ginseng chicken soup): What a hot summer!
14	Maeuntang(Spicy fish soup): How spicy the soup is!
15	Kimchi(Fermented vegetables): Korea is famous for Kimchi!

주차별 강의안은 [표 1]과 같다.

본 연구에서는 학습 내용만을 제시함에 그치는 것이 아니라, 그 학습 내용을 잘 이해하기 위하여 보다 기본이 되는 능력을 길러주기 위한 내용 및 그와 관련된 다양한 사진들을 함께 제시하는 등 풍부한 학습 환경을 제공하고자 한다. 학습 과제 역시 단순한 단편적 지식을 묻는 것이 아니라, 주어진 일정 기간 동안 나름대로 여러 관련된 자료들을 찾아보고 다양한 생각을 해 봄으로써 해결될 수 있는 종합적인 과제를 제시함으로써, 자기 주도적 학습 활동이 활발히 이루어질 수 있도록 고려하고 있다. 즉 본 연구에서 적용한 PBL은 학습자가 스스로 문제를 파악하고 결과를 발표하는 과정을 통해서 지식을 습득하며 이 과정을 통해서 문제해결력, 종합력, 판단력, 의사소통 능력을 기를 수 있다. 그리고 위에서 제시된 15주차의 교과내용을 각각 세부적으로 다음과 같이 구분하였다.

3.2.1. Identify problems

학습할 가장 기초적이고 기본적인 의사소통을 위한 예문을 사진과 함께 제시하였다. 대화내용을 듣고 이해하는 활동을 짝과 함께 상호 협의하며 점검할 수 있도록 하였다. 또한 비구조적인 문제를 제시하여 학습자들에게 다양한 접근의 가능성을 통해 스스로 학습을 이끌어 나갈 수 있도록 하였다. 하지만 교육과정에서 제공하고 있는 필수

[표 2] 교수·학습 교육과정의 기본 틀

단계	중심요소	교수-학습활동
Identify problems	A. Motivation	• 본 영역은 한국음식 동기유발을 위한 영역이다. • 본 영역을 통하여 한국음식에 관한 기본 정보를 상기시키거나 제공 받을 수 있다.
	B. Learning plans based on background knowledge	• 본 영역은 한국음식에 관한 정보이다. • 외국인을 만났을 때 한국음식을 설명해 줄 수 있는 지식이 포함되어 있다.
Inquiry into solutions	A. Dialogue	• 본 영역은 대화를 통하여 한국음식을 소개하고 배우는 영역이다. • 대화 내용을 보면서 한국음식에 관한 지식을 숙달할 수 있다.
	B. Knowledge comprehension	• 본 영역은 장면에 대한 질문에 응답을 통해서 지금까지 익힌 지식을 확인해 보는 영역이다. • 한국음식에 관한 지식을 더 숙달할 수 있다.
Check for Understanding	A. Self-examination	• 본 영역은 지금까지 익힌 내용을 스스로 평가해 보는 영역이다. 본 영역은 정답이 없는 영역이다. • 본인 스스로 배운 지식을 토대로 창의력을 발휘했을 때 더 숙달할 수 있다.
	B. Match	• 본 영역은 앞에서 나온 어휘들을 다시 한번 익히는 영역이다. • 의미가 같은 단어를 연결해 보면서 어휘를 확장시킬 수 있다.
Reflection	A. Test your knowledge	• 본 영역은 앞에서 배운 지식을 다시 한번 상기해 보는 영역이다. • 알고 있는 지식을 다시 한번 활용해보면 한국음식에 관한 지식이 더 확고하게 기억할 수 있다.
	B. Test your vocabulary	• 본 영역은 지금까지 익혀온 어휘를 다양한 맥락에 맞게 활용해 볼 수 있는 영역이다. • 알고 있는 어휘들을 다른 맥락에 적용해 보면 도움이 될 수 있다.

학습요소를 간과하고 넘어갈 경우에는 교사가 강의나 혹은 학습자료를 제공해서 보충해주어야 한다. 이런 역할을 교사가 하지 않고 학습자가 스스로 통제할 수 있다면 이것만큼 훌륭한 학습 장치는 없을 것이다.

3.2.2. Inquiry into solutions

문제를 파악하고 과제수행계획서를 작성하는 과정에서 학습자들은 개별적으로 문제해결을 위해 해야 할 역할 분담을 한다. 개별적인 역할을 수행하기 위해 학습자들은 인터넷 검색, 관련 도서읽기, 면담하기 등 문제 해결을 위한 다양한 활동을 하게 된다.

3.2.3. Check for Understanding

학습자들이 자신의 학습에 대해 생각을 정리해보고 검토할 수 있도록 생각할 수 있는 문제를 제시했다. 이를 통해 문제를 해결해 나가면서 생긴 학습자의 사고의 변화과정 및 깊이 있는 학습과정 및 실생활에의 전이정도를 정확히 평가할 수 있고, 학습자들의 무임승차를 방지할 수 있도록 하였다.

3.2.4. Reflection

이 단계에서는 학습한 내용을 물어보고 정리해준다. 학습자가 스스로 문제를 파악하고 결과를 발표하는 과정을 통해서 지식을 습득하며 이 과정을 통해서 문제해결력, 종합력, 판단력, 의사소통 능력을 기를 수 있도록 하였다.

4. 결론

다문화 가정의 아동들이 한국인으로 한국에서 살아가기 위해서는 자신들의 이중 문화의 당위성을 가르쳐야 한다. 아버지와 어머니 나라의 문화 모두를 존중하는 태도를 갖게 해야만 올바른 자아정체성이 형성되고 바르게 성장할 수 있기 때문이다. 이러기 위해서는 다문화 가정의 가족들만 노력해서는 안 된다. 편견 없는 세상을 위해서는 일반 아동들에게 다문화 가정의 자녀들에 대해 동등한 사람이라는 인식을 분명하게 교육시켜야 하며 일반 가정과의 다양한 교류를 통해 폭넓은 이해의 기회를 마련해야 할 것이다. 또한 다양한 교육프로그램을 지역의 사정과 학교실정에 알맞게 적용하여 운영한다면 보다 내실 있고 효과적인 운영이 되지 않을까 기대한다.

본 연구는 우리나라 다문화 영어교육을 위한 교수·학습을 지원하기 위하여 PBL을 활용한 프로그램을 개발함으로써 다문화 교육에서의 영어교과 교육 방향과 실천 방안을 모색하고자 수행되었다. 또한 한국 음식문화를 이용한 영어 교육은 바로 다문화 가정의 아동들에게 한국문화에 대한 정체감을 느끼도록 하고, 그리하여 문화적 정체성을 내면화하도록 도와주려는 것이다. 다문화 영어교육은 한국에서 이루어지는 한국문화에 대한 폭넓은 이해와 습득만을 말하는 것이 아니다. 우리는 세계의 다문화 영어교육의 흐름에 발맞추어 우리의 것을 올바로 외국에 알리고 선전할 줄 아는 기회로 삼아야 한다. 한국에서 그들의 문화에 대한 교육이 이루어지는 것과 같이 그들의 학교교육에서 한국문화에 대한 인식이 높아지고 한국의 문화와 예술에 대한 교육이 이루어지는 것, 즉 세계의 다양한 문화가 서로 쌍방향으로 문화교류가 이루어지며 지구촌을 이루는 것, 그것이 전 세계가 추구해야 할 올바른 다문화 영어교육의 방향이기 때문이다. 세계의 다문화 영어교육의 흐름과 한국문화의 세계화 작업을 위하여 세계 여러 어린이들을 위한 문화교육에 알맞은 다양한 학습 자료 개발과 이에 대한 논의가 영어교육계에서 앞으로 더욱 활발해지길 기대한다.

이상과 같은 연구 결과의 교육적 의의에도 불구하고, 본 연구는 다음과 같은 제한점을 지닌다.

첫째, 본 연구에서 개발한 교과 교수·학습 프로그램의 적용 및 타당성 검증 연구가 수행되어야 할 것이다. 개발된 프로그램과 활용 지침을 실제 교실 현장에서 실행해 보고 그 결과가 다문화 교육에 효과적인지 프로그램의 내용 및 형식이 적절한지 등을 알아봄으로써 프로그램의 적용 가능성을 탐색해 볼 필요가 있다. 그리고 그 결과에 따라 프로그램 실행에 필요한 제언과 프로그램의 수정·보완을 해야 할 것이다. 이러한 연구가 수행되고서야 본 연구에서 개발한 프로그램과 활용 지침은 그 적용 가치를 인정받을 수 있을 것이다.

둘째, 다문화 교실 상황에 적절한 다양한 교수·학습 방법과 자료를 연구하고 개발하는 연구가 필요하다. 하나의 프로그램에 반영될 수 있는 교수·학습 방법과 매체는 한정적이다. 본 연구에서 개발한 프로그램은 다문화 교육에서 실행할 수 있는 극히 일부분의 주제와 목표 및 내용 등을 다루고 있다. 따라서 향후 다문화 교육에 적합한 다양한 교수·학습 방법과 자료 유형을 연구하고 개발하여 보급할 필요가 있다.

동화, 정복, 번역

-한국 근대소설 속 혼혈 결혼의 의미-

김주리

1. 서론

이효석이 1940년 국민신보에 연재한 일본어 소설 「푸른 탑」은 제국대학에서 영문학을 전공한 조선(피식민)인 안영민과 조선에 거주하는 일본(제국) 여성 요코의 혼혈 연애와 결혼을 그리고 있다. 소설 속에서 피식민 남성과 제국 여성의 결합이라는 서사와 교차되고 있는 것은, 조선의 귀족이며 '백장미'로 집약되는 아름다움을 자랑하는 민소희의 실연과 유럽행이다. 요코와 영민의 굳건한 결합으로 인해 영민을 유혹하는 데 실패한 소희는 미국 영사 '스미스'의 딸 '엘렌'과 동행하여 숙원이던 유럽 여행에 나선다. 「푸른 탑」의 마지막 장면은 서로에 대한 사랑을 확인한 영민과 요코가 사랑을 방해해 온 "불손한 해협" 현해탄을 건너 부산에 도착했을 때, 그곳에서 "외국인 낭자와 맑고 귀여운 한복차림의 여자, 사람들의 눈을 끄는 귀여운 두 사람의 한 쌍", 엘렌과 민소희를 발견하는 것이 된다.

* 동덕여자대학교 전임강사

선실을 나와 많은 사람에 섞여 트랩을 내려선 영민들은 수십 미터 앞의 화려한 색채를 알아차리고 문득 피곤한 눈을 크게 뜨고 노려보았다. / "참으로 아름다운 사람이다."

요코는 무심코 인파 중에 우뚝 서서 정직하게 탄성을 쏟았다.

"미국 처녀다. 틀림없이." / 영민과는 다른 방향을 보며 요코는, / "나는 이쪽의 한복을 입은 사람을 말하고 있는 거예요. 참으로 아름다운 옷이예요. 저렇게 아름다운 모습은 처음이에요."[1)]

배에서 내린 요코와 영민은 각기 다른 존재를 향해 아름답다는 탄성을 쏟는다. 즉 피식민인 영민에게는 미국 처녀 엘렌의 서구적 아름다움이, 제국 여성 요코에게는 조선 처녀 민소희의 토속적 아름다움이 먼저 발견된다. 피식민인의 시선은 서구 제국의 보편적인 미(금발벽안)를 향하며 제국의 시선은 식민지의 색다른 미(한복)를 향한다. 「푸른 탑」의 서사를 극단화하면, 피식민 청년 영민은 제국 여성의 미를 동경하며 아내로서 수입하고, 피식민 여성 소희는 자신의 미를 발견하는 제국을 향해 그 미를 전시하기 위해 떠난다고 말할 수 있을지도 모른다. 그런데 영민과 요코가 최종적으로 도달하게 되는 세계는 일본인 요코가 고운 한복을 지어 입고 이를 영민에게 전시하기 위해 '왕가 일족의 유원이었던' 비원을 찾는다는 것으로 나아간다. 한복을 입은 요코의 아름다움을 확인하면서 영민은 "요컨대 우리들은 서로 아무것도 다르지 않았어요. 혈액형도 같았고, 지금 신체의 모습도 같아요. 다른 것은 다만 단체뿐이예요. 전통만이 달랐어요."(421쪽)라는 말로 최종적으로 서로간의 이질성이 결정적인 것이 되지 않음을 강조한다. 차이보다 동일성에 주목함으로써 그들은 손쉽게 내선간 혼혈결혼의 완전함을 그려 보인다.

제국 여성과 피식민 남성의 결혼이 제국 여성의 한복 입기라는 형식으로 손쉽게 동화·융합되는 것이라면, 한복을 입은 채 색다른 미로

1) 이효석, 「푸른탑」, 정창희 역, 『새롭게 완성한 이효석 전집』 4, 창미사, 2003, 418~ 419쪽.

서 전시되기 위해 떠나간 민소희는 무엇에 기대어 행복을 찾을 수 있을까? 그녀가 만약 미국인 남성과 결혼을 하게 된다면 그 혼혈 결혼은 영민-요코의 결혼과 어떻게 다른 것일까? 제국 여성-피식민 남성의 연애나 결혼과 제국 남성-피식민 여성의 연애나 결혼이 같은 의미로 서사화된다고 볼 수 있을까. 과연 제국 여성에 대한 피식민 남성의 응시와 피식민 여성에 대한 제국 남성의 응시는 어떤 점에서 같고 어떤 점에서 다른가. 이러한 질문들은 (서구) 제국과 (동양) 피식민인 사이의 결합을 고찰함에 있어 젠더적인 차이와 시선의 위계라는 문제를 중시하도록 한다.

식민지 시대 소설 속에서 혼혈 결혼이란 식민지와 제국, 보는 자와 보이는 자, 남성과 여성 사이의 복잡한 상호작용 가운데 서사화되고 있다. 인종적, 민족적 이질성을 기반으로 한 혼혈 결혼은 1912년 이인직의 「빈선랑의 일미인」을 출발점으로 해서 염상섭의 「남충서」, 「사랑과 죄」, 「이심」, 채만식의 「과도기」, 김동인의 「여인」, 이효석의 「벽공무한」, 임영빈의 「사랑의 모험」 등으로 이어지며 1940년대 초 내선일체 이데올로기와 결부된 내선(연애)결혼을 다룬 소설들(채만식의 「냉동어」, 이효석의 「아자미의 장」, 정비석의 「껍질」, 이광수의 「진정 마음이 만나서야말로」, 「그들의 사랑」, 최정희의 「환영 속의 병사」, 한설야의 「피」와 「그림자」, 김사랑의 「빛 속으로」 등)로 나아간다.[2] 식민지 시대 소설 속 혼혈 결혼에 대한 기존 연구는 1940년대 일본어 소설들을 주로 다루면서, 내선연애-결혼을 형상화하는 과정에서 작가들의 내선일체 이데올로기에 대한 협력이나 저항을 읽어내거나[3] 내선 연애-결혼을 가능케 한 욕

2) 서양인과의 연애, 결혼을 다룬 소설과 일본인과의 연애, 결혼을 다룬 소설을 뭉뚱그려 논의할 수 있는가에 대해서는 이견이 있을 수 있다. 서양인과의 혼혈 결혼이 조직적인 요구로서 제출된 것이 아닌 반면 내선 결혼의 경우 내선 일체 이데올로기를 내면화한 텍스트들이 다수 포함되어 있기 때문이다. 본고에서는 내선결혼을 다룬 서사가 1940년대에 고유한 것이 아닌 이상 혼혈 결혼에 대한 분석을 굳이 내선 결혼에 한정하는 것은 옳지 않다고 보았다. 본고가 지향하는 것은 이질적인 동시에 위계화된 두 (민족) 정체성의 결합 과정에서 젠더와 시선의 위계가 어떤 방식으로 차이를 가로지르는지를 모색하는 데 있기 때문이다.

3) 이상경, 「일제말기 소설에 나타난 '내선결혼'의 층위」, 『친일문학의 내적 논리』, 역락, 2003, 121~152쪽; 조진기, 「내선일체의 실천과 내선결혼소설」, 『한민족어문학』 50, 2007.12.

망의 세부를 들여다보며 내선 결혼을 통한 식민/제국, 젠더 위계의 균열을 밝히거나 내선일체 이데올로기의 모순을 드러내는 것으로 나타난다.[4] 본고에서는 내선일체 이데올로기라는 강요된 수사와 무관하게 이질적인 두 집단의 구성원이 연애, 결혼으로서 결합한다는 것이 갖는 의미가 무엇인가에 초점을 맞추고자 한다. 민족(국가) 정체성의 근거를 달리하는 개인의 결합이란 측면에서 혼혈 결혼이 식민/제국, 동양/서양 서로간의 차이를 어떻게 지우는지, 차이의 병치(정복)나 차이의 거세(동일시), 차이로서의 소통이 식민/제국, 젠더적 위계 속에서 어떤 식으로 서사화되는지 분석할 것이다.

2. 동화 : 피식민 남성의 세계주의와 교양의 환각

「푸른 탑」과 같은 시기에 한국어로 창작된 이효석의 장편소설 「벽공무한」에서는 러시아 미인 나아자와 조선인 문화브로커 천일마의 '세상에서 제일가는 연애'[5]로 불리는 혼혈 결혼이 그려진다. 천일마를 비롯한 피식민 문화 지식인에게 '세상에서 제일가는 연애'란 '예술과 함께' 수입해 오는 것, 곧 서구적인 교양과 외모의 소유자인 금발벽안의 미인을 옆에 끼고 귀국하는 행위가 된다. 세계 여러 나라 사람들이 제각기 자기나라의 말로 떠들어대는 하얼빈의 댄스홀이 피식민 동양 남성과 제국 서양 여성의 연애를 가능케 하는 장소로 설정되며, 언어가 아니라 댄스 스탭이 금발벽안 미인과의 연애를 가능케

4) 제국 여성/식민지 남성의 사랑을 이항 대립적 위계질서의 균열로 의미매김하는 심진경, 「식민/탈식민의 상상력과 연애소설의 성정치」, 『민족문학사연구』, 2005와 김미영, 「일제강점기 내선연애(결혼) 소설에 나타난 일본 여성에 관한 표상 연구」, 『우리말글』 41, 2007과, 내선연애결혼 소설에서 동화 이데올로기의 모순을 폭로하면서 내선일체 사상과 개인의 욕망이 갖는 간극을 폭로하는 한민주, 「일제말기 소설 연구」, 서강대 박사논문, 2005와 김수영, 「동화 이데올로기 : 그 이상과 현실의 변주」, 『한민족문화연구』 22, 2007.8 및 조윤정, 「내선결혼 소설에 나타난 사상과 욕망의 간극」, 『한국현대문학연구』 27, 2009 등이 있다.

5) 이효석, 「벽공무한」, 『이효석 전집』 5, 창미사, 1983, 13쪽. 이하 『이효석 전집』은 『전집』으로 표기한다.

하는 자질로 그려진다.

> 나아자와 말할 때, 일마는 물론 영어나 혹은 러시아어의 토막말로서 말과 감정이 지금과는 판연히 달라지는 것이었으나, 그런 국제인의 자격으로 조금도 서투른 법 없이 나아자와는 이상하게도 조화가 되었다. 몇 번 밖에는 만나지 않은 사이연만, 친밀한 구면인 듯한 느낌이 난다. 음악에 맞추어 스텝을 밟아도 익숙하다. (54쪽)

피식민 지식인 남성과 제국 여성간 혼혈 결혼은 댄스와 음악에 대한 감각의 공유, 서구적 교양의 공유를 통해 이루어진다. 천일마의 매혹은 음악에 대한 감식안과 댄스 실력, 만주를 무대로 활약하는 '국제인의 자격'에서 오는 것이다. 천일마와 나아자의 '국제인의 자격'(교양)에 입각한 친연성은 그들의 국적, 인종, 민족 등의 경계를 뛰어넘은 소통을 가능케 한다. 구라파 사람이건 동양 사람이건 서구 문명적 매너를 갖추었을 때 그들의 결합은 정당하며 어울리는 것이 된다. 민족의 요건이 아니라 문명적 교양의 요건에서 동질감이 조직되기에, 혈연이나 민족과 무관한 자리에서 국제인의 매너, 서구적 교양에 입각해 정체성을 조직한다는 것, (서양) 제국이 구축한 문명을 고향처럼 그리워한다는 구도가 피식민 남성, 제국 여성의 혼혈 연애결혼에 가로놓인다. 그것은 피식민 여성과 결합하는 제국 남성이 품는 '이국에 대한 그리움'과 다른, '고향에 대한 그리움'으로, 서로간의 차이가 아니라 동일성을 강조하는 세계주의 담론으로 나아간다.

> 구라파에 대한 애착을 나는 가령 구라파 사람이 동양에 대해서 품는 것과 같은 그런 단지 이국에 대한 그리움이라는 것보다도 한층 높이 자유에 대한 갈망의 발로라고 해석해왔다. (…중략…) 오늘의 세계는 구석구석이 그 어느 한 곳의 거리도 구라파의 빛을 채색하지 않은 곳이 없으며 현대 문명의 발상지인 그곳에 대한 회포는 흡사 고향에 대한 그것과도 같지 않을까.[6)]

이효석은 피식민인(동양인)의 구라파(서양 제국)에 대한 지향을 서구인의 단순한 이국취미, 동양 취미와 다르다고 설명한다. 그것은 자유에 대한 갈망의 발로이며, 문화적 유산의 넉넉함에서 오는 풍족하고 관대한 풍습에 대한 갈망이라는 것이다. 구라파에 대한 그리움을 고향에 대한 그리움으로 곧장 유비할 수 있는 것은 피식민 지식인들이 자신의 정체성을 식민지(출신지)의 풍토가 아니라 서구 제국의 교양으로부터 직조해내기 때문이다. 교양은 제국과 문명의 논리를 대변하는 동시에 특화된 계급의 취향과 감각, 향유를 대변하는 용어로, 스스로를 근대 문명의 교양을 갖춘 존재라고 명명함으로써 그들은 제국 여성과 자신 사이의 동일성(세계주의)을 강조하게 된다.

그러나 교양에 입각해 결합했다고 착각하는 피식민 남성의 서사는 이면에서 제국 여성의 환멸을 동반하고 있다. 혼혈 결혼이 형상화된 최초의 소설인 이인직의 「貧鮮郎의 日美人」에서부터 피식민 남성과 제국 여성의 결합이란 “영감이 내지에 있을 때에 얼마나 풍을 쳤소? 조선 있는 사람은 아무것도 모르는 병신 같고, 영감 혼자만 잘난 듯 조선에 돌아가는 날에는 벼슬은 마음대로 할 듯, 돈을 마음대로 쓰고 지낼 듯 그런 호기쩍은 소리만 하던 그 사람이 조선을 오더니 이 모양이란 말이오?”[7]라는 제국 여성의 공박처럼 피식민 남성의 허풍, 착각, 환각과 결부되어 있는 까닭이다. 제국 여성과 결합하는 피식민 남성은 제국의 교양을 자기화함으로써 자기 식민화의 환각에 도달한다. ‘조선 있는 사람은 아무것도 모르는 병신 같고 영감 혼자만 잘난 듯’한 인식이란 피식민인으로서의 자기를 감추고 제국(서구)의 가면을 쓰는 행위이지만, 제국 여성의 응시 속에서 가면은 손쉽게 벗겨지고 마는 것이다.

한설야의 「그림자」(『국민문학』, 1942.12)에서 서술자는 교양의 동일성에 입각해 내선 연애 환상을 꾸며내는 피식민 남성 자아의 욕망 실체

6) 이효석, 「여수」, 『전집』 2, 318쪽.

7) 이인직, 「빈선랑(貧鮮郎)의 일미인(日美人)」(매일신보, 1912.3.1), 권영민·김종욱·배경열 편, 『한국신소설선집』 2, 서울대 출판부, 2003, 200쪽.

를 은연중 드러내고 있다. 10년 전 내지 여인 치에코와의 연애를 회상하는 조선인 남성의 추억에서 "그 세계는 동화처럼 아름답게 느껴지는 것"(187쪽)[8]이다. 그러나 이런 환상, 동화로서 명명되는 연애란 사실 "남들이 보면 당신 때문에 쓴 잔을 마신 거"(187쪽)에 불과한 사건이다.

> 묘한 변명이지만 제가 당신과 진정 심리적으로나 정신적으로 교감을 가지게 된 것은 당신과 헤어지고 나서부터가 아닐까라는 생각이 듭니다. 그리고 그런 기분 때문에 당신과의 짧은 만남을 심정적으로 사실보다 더 기묘하게 재현한다는 것을 이해해 주신다면 제가 사실을 약간 바꾸거나 과장하고, 있지도 않은 사실 이상의 세세한 환상을 꾸며내는 것을 이해해 주시리라 믿습니다. (188쪽)

사랑에 실패한 피식민 남성의 기억에 의해 일방적으로 재구성된 연애란 사실이 아니라 기묘한 재현이며 왜곡되고 과장된 이야기로 존재한다. 그런데 「그림자」에서 피식민 남성의 환상으로 재현된(왜곡된) 제국 여성과의 연애 이야기는 제국의 주체(치에코)가 바라보는 대상(김)의 자기 응시, 다시 말해 제국 여성을 바라봄으로써 자신을 관찰하는 제국 여성의 눈에 비친 자신을 역으로 응시하는 복잡한 양태를 나타낸다.[9] 10년 전의 실연담을 동화, 환상으로 재구축함으로써 그는 자신을 제국 여성과 어쩔 수 없이 헤어졌으나 영원히 사랑으로 묶여 있는 동등한 대상, 교양을 갖춘 청년 신사라는 가면의 정체성으로 구축한다. 그러나 그 동화의 환상 속에서도 순간순간 그가 바라보

---

8) 한설야, 「그림자」, 김재용 외 편, 『식민주의의 협력과 저항』, 역락, 2003.

9) 레이 초우는 「원시적 열정」에서 "보여지는 것은, 예전에는 민족지의 대상이 되었던 문화의 '대상'으로서의 지위를 정의하는 시각성, 지금은 민족지의 대상이 되었던 문화가 자기를 표상하는 경우의 주요한 측면이 되는 시각성이라고 불러도 좋은 것을 통해서 전달되는 것은 아닐까"라고 물으면서 보이고 있다는 상태는 비서양문화가 서양문화에 보이게 되는 방식에 편입되는 것만이 아니라 보이고 있다는 상태가 비서양문화 스스로 자기를 표상하고 민족지화하는 적극적인 방식의 일부를 이루고 있다는 점을 지적한다. 보이는 객체는 바라보고 있는 보는 주체를 쳐다보고 있다. 레이 초우, 정재서 역, 『원시적 열정』, 이산, 2004, 270~271쪽 참고.

는 제국 여성의 반응을 통해 제국 주체의 시선에 응시되는 대상으로서 피식민 남성의 우스꽝스러운 실체가 노출된다.

치에코와의 연애가 시작된 계기부터가 "책을 읽으며 걸어가다가 십자로 가까이에서 돌에 걸려 앞으로 넘어질 뻔"해서 "굉장히 꼴사납게 비틀거"(189쪽)리는 모습을 그녀에게 들켜 웃음거리가 된다는 사건이다. 헤겔을 탐독하는 교양이 아니라 돌부리에 걸려 꼴사납게 비틀거린다는 광대의 몸짓을 통해 그녀와 교류하게 된 것이다. "품위가 있고 새침"한 제국 여성 치에코는 피식민인 남성에 걸맞게 꼴사나운 '김'의 행동 앞에서 웃음을 보인다. 즉 그녀는 화자를 연애의 대상으로서가 아니라 유희의 대상으로 바라보는 셈이다.

이러한 제국 여성의 응시를 미처 눈치 채지 못한 피식민 남성 화자는 하이네의 시집, 특히 연애와 결부된 달콤한 부분에 밑줄을 그어 놓은 책을 통해 그녀가 욕망하는 남성을 상상하고 그 남성과 자신을 동일시함으로써 제국 여성과 자신의 연애가 실제로 이루어지는 것인 양 착각에 빠져든다. 그는 "문자라는 것이 일종의 마법과 같다는 생각을 하"고 "독서라는 공통의 기호가 두 사람을 깊은 인연으로 부르는 것만 같았"다는 환각을 조직한다. 그러나 문학 초년생으로서 「파우스트」를 읽으면서 '세상의 평판을 듣고 하나 읽고 반을 아는 식의' 자기화하지 못한 독서, 중간 중간 골라 읽거나 닥치는 대로 읽는 식의 독서란 교양이 아니라 제국의 교양을 모방하는 흉내에 불과하다.

> "제게는 시가 너무 어려워요. 그래도 참고 읽노라면 작가의 광기 어린 강렬한 개성이 마치 폭풍처럼 휘몰아쳐서 통쾌한 압박감을 느낄 수 있습니다."
>
> "전 그저 재미있으니까 읽어요. 그러니까 재미없는 것은 안 읽죠."
>
> "그럼요 그러셔야죠. 책을 쓰는 사람도 처음부터 끝까지 읽으라는 주문은 하지 않을 테니까요."
>
> "그래도 저는 모르는 부분에서 황홀한 재미를 느낄 정도는 아니예요. 그걸 느끼는 것이 철학이겠지만요." (198쪽)

제국의 지배자를 흉내 내는 광대로서 피식민 지식 청년은 자신의 독서 교양을 과장해 제국 여성의 호감을 사려 하지만 정작 그녀에게서 돌아오는 것은 조소뿐이다. 재미있으니까 읽으며 책 같은 거 잘 보지도 않는다는 사실에 부끄럼 없이 솔직할 수 있는 지배자 여성에 비해 피식민 남성은 어렵고 모르는 것을 읽는다는 사실 자체에 집착하며 교양을 연기한다. 하지만 그의 연기는 지배자 여성에게 '모르는 것이 바로 철학'이라는 식의 조롱, '공부를 방해해서 죄송하다'는 식의 조소를 살 뿐이다. 제국 여성의 응시 속에서 제국 주체의 교양, 생활습속을 모방하는 피식민 남성의 퍼포먼스[10]는 그를 세계주의자로서 교양을 가진 주체로 호명하는 대신 기원에서부터 열등한 대상으로 바꾸어 버릴 뿐이다.

임영빈은 「사랑의 모험」(『문장』, 1941.1)에서 미국 대학에 재학 중인 조선 청년이 미국 학생의 초청을 받아 미국 중산층 가정을 방문한 후 그곳에서 만난 미국 여성(가정의 딸)에게 사랑을 느끼고 '사랑의 모험'이라는 도피의 환상을 꿈꾸지만 그것은 인종차별주의와 기독교 박애주의로 무장한 서구 제국의 주체들에게 자신을 거세하게 만드는 욕망일 뿐이라는 깨달음을 얻는 과정을 그리고 있다. 열등한 동양인이라는 편견을 버리고 자신들과 같은 '사람'으로 바라봐 주는 백인의 시혜의식은 피식민 조선 청년이 열렬히 욕망하는 동시에 구걸할 수밖에 없는 것이다. 한편에서 동양인 평등, 차이 없는 보편 인간론을 이야기하는 마호니 씨는 다른 한편에서 철저한 인종차별주의자인 순행목사 미스터 브라운과 별 충돌 없이 사교를 유지하고 있다. 앵글로색슨 여성이 이민족 남성과 결혼할 때에는 '솻껀 세례'를 주어야 한다고 주장하며 마호니 씨의 너무 자유주의적인 태도(동양인을 데려다 놓고 자기 딸과 데이트하는 것도 금하지 않는 태도)에 불쾌감을 토로하는 브

10) 퍼포먼스는 행위나 연기 등의 용어로 번역되는데, 이는 리비에어의 매스커레이드 이론을 바탕으로 한다. 박형지와 설혜심은 식민지에 거주하는 제국 남성의 교양이나 도덕성과 같은 것은 일종의 퍼포먼스로 구축된다고 설명한다(박형지·설혜심, 『제국주의와 여성성』, 아카넷, 2006, 42쪽). 퍼포먼스로서의 제국 남성성을 피식민 지식 청년은 혼성 모방함으로써 오히려 제국 여성의 응시하는 시선에 의해 조롱거리로 전락하게 된다.

라운 목사에게 마호니 씨는 이민족 간 결혼은 불가능하다는 전제 하에서 이민족 결혼의 허용을 이야기할 뿐이다.

> 목사님이 꽤 속이 튼줄 알았더니 아직 멀으셨구려. 우리 종교에서 이야기하는 만민이 다 하느님의 자녀라는 것을 어떻게 해석하시오. 만민이 다 하느님의 자녀면 거기 무슨 장벽을 둘것이 있으며 서루 혼인 하여서 못쓸 것은 어데 있겠어요. 참으로 미스터 박의 말과같이 당자간의 이해와 각오와 또 변하는 환경만이 문제지 인종적문제는 없을줄압니다. (37쪽)

마호니 씨의 말에는 기독교적 박애주의에 입각해 타인종간 결합이 가능하다는, 어디까지나 서구 우월주의적 보편성에 기반한 시혜적 태도가 담겨있을 뿐이다. 그는 기독교를 믿지 않는 동양인이 왜 서양 여인과 결혼하고 싶어 할지를 고민하지 않는다. 그는 결국 서구 제국의 기반을 이루는 기독교의 보편성을 믿으며 동양인의 서양화라는 측면에서만 인종 간 결합을 이야기하는 것이다. 서양 사회에 정착해 살아가는 동양인은 당연히 서양인의 문화에 동화되어야 하지만, 동양 사회에 정착해 살아가는 서양인에게 동양인의 문화에 대한 동화의 요구는 주어지지 않는다. 그렇다면 서양 제국 남성과 동양 피식민 여성의 혼혈 결혼은 어떻게 가능하고 어떤 방식으로 이루어지는가.

3. 정복 : 제국 남성의 이국취미와 전시되는 식민 여성

이효석의 「푸른 탑」에서 민소희의 아름다움이 그녀가 사랑한 영민에 의해서가 아니라 제국 여성 요코에 의해 먼저 발견되는 것처럼 유럽을 향해 출발하는 민소희, 제3세계 식민지 여성이란 제국의 교양과 지식에 의해 유별난 것으로서 발견되고 전시되는 존재로 자리한다.

> "욕심쟁이, –당신 참 미인이예요. 무엇을 입어도 잘 어울려요. 한복을 입고 미

국에 가면 얼마나 예쁠까. 다회에서도 야회에서도 틀림없이 인기가 있을 거예요. 사교계에 치고나가서 한국의 미를 크게 자랑하는 거예요." (…중략…)

"우리 본국에 스미스이아 슈도카메리아를 보내고 이번에 또 당신을 보내게 되면 한국의 가장 아름다운 자랑을 세계적으로 발표한다는 것이 돼요. 내가 가장 영광으로 여기는 바이지요." (390~391쪽)

식물학자 스미스 부인은 민소희의 아름다움을 자신이 이번에 발표한 산동백의 신품종 "스미스이아 슈도카메리아"에 빗대어 표현한다. 소희의 아름다움은 특히 빛깔 고운 한복을 입고 있을 때 발휘되며 제국의 주체에 의해 발견되고 호명된다. 한국의 산 속에 자라는 산동백이 수집 취미를 가진 제국 주체가 표본으로 만듦으로써 식물학이라는 근대 지식 속에 '스미스이아 슈도카메리아'로 호명되는 것처럼, 한복 입은 소희의 아름다움은 제국의 주체인 스미스 가족들에게 발견되고 발표되는 대상이 된다. 그녀는 서양인에 의해 발견되고 서양으로 수출되어 전시된다. 한복을 입고 미국으로 보내진 민소희는 그곳의 사교계에서 한국의 미를 집약하는 존재로서 전시되며 제국 주체에게 유혹적인 힘을 발휘할 것이다.

이처럼 제국 남성-피식민 여성의 혼혈 결혼에서는 피식민 여성에 대한 제국 주체의 엑조티시즘(이국취향)이 기본 전제가 된다. 염상섭의 장편소설 「이심」에서는 유부녀 박춘경이 텍사스 석유회사 사무원인 미국청년 커닝햄의 엑조티시즘을 부추겨 그와 사기 결혼하지만 남편(사실은 과거 동거인)을 자처하는 조선 남성의 복수로 유곽에 팔아넘겨져 자살한다는 이야기를 그리고 있다. 춘경과 커닝햄의 결합은 좌야라는 일본 사기꾼이 춘경의 미모를 커닝햄의 엑조티시즘에 맞도록 거짓으로 조작하면서 출발한다.

커닝햄은 자기가 동양에서 태어나지 못한 것을 한탄할만치, 동양의 자연과 문물풍습을 좋아한다는 말과, 자기는 직업상 관계도 있지만 동양에서 결혼하여 동양에 영주할 생각으로 부모와 떨어져서 이렇게 있는 것이란 말과, 언제나 내지여자가 아니면 조선여성과 「스윗홈」을 꾸미랴는 결심을 하고 일본말을 열심히 공부하고 조선말도 배웠다는 말을 장황히 늘어놓은 뒤에 춘경이가 가정의 형편과 자기 개인의 사정으로 커닝햄의 고마운 뜻을 받아줄수 없다고한 것은 무슨까닭이냐고 뇌가린 것을[11] (158쪽)

금발 벽안의 서양인 커닝햄에게 동양은 미학적인 숭배의 대상으로 자리하는 것 같지만 이러한 그의 동양숭배란 이국취향으로 자신을 과시하는 행위, 즉 이국 여성의 육체를 빌어 자신의 색다른 교양을 과시하는 행위라는 점에서 문제적이다. 그는 동양의 자연과 물물풍습을 좋아하기에 동양 여인과 결혼하고자 하지만 스스로 동양인이 되고자 하는 것은 아니다. 그가 욕망하는 스윗홈이란 다른 서양인에게 보이기 위한 미학적인 동양이며 전시되는 풍경이다. 그렇기 때문에 그는 춘경이 어떤 사람인지 내력을 제대로 알아보지 않으며 좌야가 엉터리로 꾸며대는 몰락한 재상의 딸, 부모의 강압, 규방에 갇힌 여인이라는 거짓 환상을 철석같이 믿고 사기 결혼을 행한다. 그 결혼은 좌야의 사기 때문이 아니라 춘경이라는 조선 여성에 대한 그의 응시가 왜곡된 것이기에 실패하고 만다. "커닝햄의 사랑은 그렇게 쉽사리 식을 것은 아니었으나, (…중략…) 한편으로는 사교계의 스타아가 되리라고 믿었던 춘경이를 실제에 내놓고 보니, 조선사람이라 하여 그러한지 여엿한 양가의 부인네로 대접 하여 주지 않는 것을 보고는 불쾌를 느꼈다."(279~280쪽) 커닝햄은 춘경이 사교계의 스타가 될 것이라고 생각했지만 현실에서 그녀의 지위는 '양인 첩, 조선여자'의 열등한 위치에 머물 따름이다. 춘경의 실체와 무관하게, 한복이 잘 어울리는 뼈대 있는 조선의 처녀라는 이미지를 욕망하는 서양(제국) 청년 커닝햄의 사랑이란 그녀와 자신의 차이를 소거하는 것이 아니며 그가 그녀에게 동화되거나 그녀가 그에게 동화되는 것이 아니라, 동양의 귀부인이라는 민족지적 존재로서 전시됨으로써 차이를 확연

11) 염상섭, 「이심」, 『염상섭 전집』 5, 민음사, 1988.

하게 만드는 것이 된다. 이처럼 식민지 시대 소설에서 제국 남성과 피식민 여성의 연애와 결혼은 제국 남성의 피식민 여성에 대한 엑조티시즘과 그에서 기원하는 차이의 확정행위, 전시되는 여성의 육체라는 문제와 결부된다.

일본어 소설 「소녀의 고백」(『신태양』, 1944.10)에서 이광수는 제국 남성 가쯔마로와 이주 조선인 여성 신정의 연애를 그리면서 가쯔마로의 신정에 대한 매혹이 그가 가진 이국취미, 백제에 대한 매혹과 결부됨을 보여준다. "가문으로 보거나 학력으로 보거나" 도무지 어울리지 않는 두 사람의 관계가 깊어지게 된 것은 백제의 작품인 당초제사 성관음상의 얼굴에서 신정의 얼굴을 읽어내는 가쯔마로의 응시가 작동함으로써이다.

> "신정 상, 이쪽으로 얼굴을 돌려 봐."
>
> 하고 고함쳤으므로 저는 아무 생각없이 가쯔마로님 쪽으로 얼굴을 돌렸습니다. 그러자 가쯔마로님은 유심히 저를 응시하더니
>
> "어이, 아사까야. 신정상의 얼굴이 성관음상과 똑같지. 저 부드러운 곳이나 팽팽한 부분말야. 그렇지? 미요꼬 상." (…중략…)
>
> "그렇다. 역시 그래. 백제 타입이야. 성관음님도 신자 상도."[12] (434쪽)

제국 지식 청년과 피식민 이주 여성의 연애는 그가 그녀의 미를 '백제 타입'으로 명명하고 그 이국적인 아름다움을 '실로 폭풍같은' 정열로 탐하는 방식으로 이루어진다. 그것은 "그날 밤이었습니다. 제가 가쯔마로님에게 사랑을 요구받았던 것은. 그리고 제가 가쯔마로님께 사랑을 바친 것은."(434쪽)이라는 진술에서처럼 요구받고 바치는 관계에 놓인, 제국의 위계도 젠더의 위계도 사라지지 않은, 차이를 넘어 차별로 고착된 관계 맺음이다. 조선 처녀 신정은 제국 청년 가쯔마로에게 버림받는 상황에서도 결코 원망하지 않는다. 그뿐 아니

12) 이광수, 「소녀의 고백」, 이경훈 편역, 『진정 마음이 만나서야말로』, 평민사, 1985.

라 그녀는 제국 청년의 이국취미, 백제타입의 미에 고착되어 자신의 정체성으로서 조선의 전통을 탐구하려는 작업에 매달린다. "저는 제가 이런 기분, 혼란스럽지 않은 기분이 될 수 있었던 것이 우리 선조들의 유유하고 낙천적인 피가 유전된 덕분으로 생각하며 감사합니다."(435쪽) 내지에서 태어나 자란 조선 이주민 여성으로서 그녀는 제국 남성이 그에게 부과하는 민족지(백제 타입)를 수긍하고 자신의 모든 행동에 선조들의 피의 유전이라는 의미를 부여한다. 이러한 그녀의 태도는 제국 남성이 부과하는 이국적 환상을 자기화함으로써 제국 남성의 정복과 전시, 응시하는 시선에 의해 왜곡된 정체성을 보여줄 따름이다.

최정희의 「환영 속의 병사」는 조선 지식인 여성이 일본 병사와의 연애를 통해 총후를 담당하는 존재로 탄생하는 과정을 그리고 있다. 그들의 연애는 일본인 야마모토 이등병이 조선인 영순에게 한글, 한옥과 같은 조선의 민족지를 투영하고 미학화하는 데서 출발한다.

> "아름다운 글씨군요. 당신과 잘 어울리는 것 같아요. 글씨가 살아있어요. 색깔과 향기가 있는 것 같아요." (…중략…)
>
> "재미있네요. 이 글자의 모양은 조선의 가옥 구조와 많이 닮은 것 같지 않습니까?"
>
> 야마모토 병사는 경이의 눈으로 영순의 얼굴을 쳐다보았다. 영순이 야마모토 병사의 시선을 그렇게 뜨겁게 느낀 것은 처음이었다. 야마모토 병사의 말을 듣고 보니 정말 언문의 모양이 자신이 살고 있는 조선가옥과 닮은 것처럼 보였다.[13] (44쪽)

야마모토는 언문에서 조선의 가옥을 발견하며 동시에 영순이라는 조선 여인의 색깔과 향기(이국적 정체성)를 읽어낸다. 지배자 남성의 응시에 의해 언문과 조선가옥은 조선의 민족지로 발견되며 이는 영

13) 최정희, 「환영 속의 병사」, 김재용·김미란 편역, 『식민주의와 협력』, 역락, 2003.

순의 육체, 색깔과 향기에 집약된다. 다시 말해 영순은 지배자의 이국취미에 의해 빛깔과 향기가 덧씌워짐으로써 새로이 발견된다. 이러한 제국 청년의 이국취미는 손쉽게 정복자(군인)의 독백, 강령으로 전환된다. 그는 조선과 지나의 가옥구조가 닮았다는 사실만을 가지고 먼 옛날부터의 숙명적인 관계를 설파하고 자신들의 정복 전쟁을 동양평화를 위한 신의 의지로 재정의한다. 문제는 피지배자 여성이 지배자 남성의 이국취미에 동조해 "제가 쓴 언문에서 조선 전체와 심지어 지나까지, 즉 동양 전체를 느낀 것처럼 당신과 알게 되어 저도 전쟁이 제 일처럼 느껴져 우연히 병사들을 만나면 당신을 만난 것처럼 반갑기만 합니다."(46쪽)라고 쓴다는 데 있다. 정복 전쟁을 평화 추구로 왜곡하는 지배자 남성의 독백을 깨뜨리지 못하고 일방적으로 수용할 때, 그녀는 지배자 남성의 이국취미가 타자의 차이를 확정하고 타자에 대한 정복을 통해 차별을 확장하는 방식을 취한다는 사실에서 눈을 돌리고 마는 것이다.

4. 번역 : 경계에서의 정주와 차이의 소통

피식민 남성과 제국 여성의 연애, 결혼이 서구적 교양에 대한 피식민 남성의 (과잉)모방으로 나타남으로써 세계주의(서구 보편주의, 기독교 박애주의)의 관점에서 서로간의 차이를 거세하고 환상적인 동화同化를 조직하는 것으로 나타나고, 제국 남성과 피식민 여성의 연애, 결혼이 제국 남성의 일방적인 이국취미를 피식민 여성의 육체 위에 투사하고 그 정체성을 단순히 '다른 것'(차이)에서 나아가 하위의 것으로 규정하고 전시하는 정복 논리로 나타난다면, 과연 식민과 제국의 혼혈 연애, 결혼에서 동화와 정복이 아니라 제국/식민, 남성/여성의 경계를 넘어 차이로서 소통하는 결합이란 불가능한 것인가? 그러한 결합은 '거울처럼 반사되는 경계상의 주체'로서 식민/제국, 남성/여성의 혼혈 연애와 결혼이 이루어질 때 가능하다고 볼 수 있다. 이러한 주체는 "방랑자(망명객)의 이미지로서 이곳에서 저곳으로 자기의 실질적인 모습을 찾다가 결국 본질적으로는 안식처와 안식처 「사이의」 인간에 머무른다는 이미지"14)로 집약된다. 망명자는 경계를 넘나드는 행위를 통해 고향이 부재한다는 것을 깨닫게 해준다. 이러한 경계성의 주체로서 식민/제국, 남성/여성의 위계를 뛰어넘어 소통하는 혼혈결혼 서사는 어디에서 발견할 수 있을까.

「벽공무한」의 후반부에서 천일마는 국제인의 매너와 교양에 입각해 결합한 서구 여성 나아자에게 갑작스레 '쭉정이' 계급의 동질성을 부여하고 있다. 천일마와 나아자는 피식민 동양인 남성 천일마가 서구 제국 여성 나아자로 대변되는 문화에 완전히 동화되는 것이 아니라, 서로에게 (국가적 혹은 계급적으로) 빈 정체성(국가를 잃은 천일마, 계급 특권에서 쫓겨난 나아자)을 확인함으로써 굳건히 결합한다.

> 할빈은 어디보다도 심한 쭉정이의 도회이다. 거리는 국제적 쭉정이의 진열장이다. 삶에 쫓겨 할 바를 모르고 갈팡질팡 헤매인다. (…중략…) 나아자 - 그는 쭉정이가 아니던가. 그 역 쭉정이에 틀림없는 것이다.
>
> (그럼 나는 대체 무엇일까?)
>
> 일마는 자기 또한 하나의 쭉정이임을 알았다. 뜬돈 일만 오천원이 생겼대야 지금 정도의 문화사업을 한대야 기실 쭉정이밖에는 안되는 것이다. 쭉정이끼리이기 때문에 나아자와도 결합이 되었다. (139쪽)

쭉정이들의 도시 할빈의 발견이란 천일마에게 소통의 상상력을 열어 놓는다. 국제적 쭉정이의 진열장으로, 삶에 쫓겨 어찌할 바를 모르고 갈팡질팡 헤매는 망명객들의 집합소로서 하얼빈을 인식하면서 그는 나아자와 자신의 동질감의 근거를 발견한다. 실체를 빼앗긴 쭉

14) 강상중은 "내부와 외부가 폭력적으로 분할되는 장, 그러면서도 지배적인 문화를 예지 불허의 이질화로 유혹할지 모르는 장이야말로 새로운 비적대적인 공동체가 성립할 수 있는 만남의 장"이 될 수 있다고 설명하면서 이를 "거울처럼 반사되는 경계상의 주체"(경계인 거울상)와 결부시킨다. 강상중, 이경모 역, 『오리엔탈리즘을 넘어서』, 이산, 2003, 175~176쪽.

정이, 돌아갈 고향을 갖지 못한 망명객으로서 그들은 서구 제국과 피식민 동양의 사이(하얼빈)에 거처한다. 진짜가 아닌 쭉정이로서 운명의 공통성을 갖기에, 유랑의 동질감을 갖기에 그들의 결합은 어느 한 쪽의 일방적인 동화로 구성되는 대신에 각자의 정체성 가운데 아름다움을 찾는 소통의 노력을 보여준다.

이광수는 일본어 장편소설 『진정 마음이 만나서야말로』에서 제국 청년 다케오와의 사랑을 받아들여 중국 대륙을 방랑하는 조선인 여성 석란의 존재를 그려 보이는데, 그녀는 망명 생활을 통해 중국어와 중국 문화, 지리에 익숙하고, 유학 생활을 통해 일본인보다 완벽한 동경어를 구사하는 피식민 조선 여인이라는 경계상의 주체로 형상화된다. 그녀의 완벽한 일본어와 일본인보다 더 엄격한 예법은 처음으로 조선 옷을 입고 조선 여자와 접촉한 타케오의 의식에 떠오르는 불쾌감, 이질감을 해체시키고, 유혹하는 힘을 발휘한다. 석란에 대한 타케오의 매혹은 그녀의 세련된 예법과 훌륭한 일본어라는, 자신과 동질적인 자격요건에서 온다. 일본인보다 더 일본인 같은 석란의 존재에 기대어 타케오는 조선인과 일본인이 다르지 않음을 석란의 아버지 김영준 앞에서 강조한다. 그런데 이러한 타케오의 동화 담론은 석란의 입을 통해 번역됨으로써만 김영준에게 전달된다. 조선옷을 입은 석란에 의해 일본인 청년과 조선인 노인의 대화가 번역되어야만 두 사람 사이의 공통성이나 동질감에 대한 논의는 구체성을 띠게 된다. 제국과 피식민, 원전의 언어와 토착민의 언어 사이를 오가며 번역하는 석란의 존재는 청년과 노인, 일본과 조선의 경계에 서서 서로를 거울처럼 반영함으로써 이질적인 두 세계 사이의 소통을 가능케 하는 기반이 된다.

그런데 석란이 이러한 경계에 선 자신의 정체성을 제국 청년에 대한 사랑이라는 형식으로 환원함으로써 일견 석란과 다케오의 사랑은 제국 남성에 동화된 채 자기 식민화에 도달한 피식민 여성을 그리는 것처럼 보이기도 한다. 하지만 다케오와 석란의 관계에서 그녀의 매력은 단순하지 않아서, 다케오는 그녀를 이국취미의 대상으로 환원하지 못하고 그렇기 때문에 차별을 재생산하지도 못한다. 그뿐 아니라 실명이라는 사건은 석란에게 완전히 의존한 채 살아갈 수밖에 없는 상황을 만들어낸다는 점에서 제국/식민, 남성/여성의 관계에 역전을 가져온다. 그 자신 중국어를 한 마디로 할 줄 모르고 장님이기에 방향조차 알 수 없는 제국 남성 다케오의 선무공작이 허무맹랑한 활극으로 끝나지 않는 것은 중국어를 능수능란하게 구사하고 길을 안내해 줄 수 있는 석란이 옆에 있기 때문이다. 결국 선무공작이란 타케오가 대변하는 일본 제국의 이데올로기를 석란이라는 조선인이 중국어로 옮겨줄 때에만 가능한 것이다. 그렇다면 조선인 석란은 일본어와 중국어 사이에서, 제국과 식민지 사이에서 원전과 번역본 사이에서 과연 어떤 번역가로 자리하고 있는가를 묻지 않을 수 없다.

> 석란이 타케오의 말을 차례로 통역해 가는 도중에 초새들은 눈초리나 안색이 몇 번이고 바뀌었다. 때로는 놀라는 듯도 했으며, 또 때로는 곧 그대로 덤벼들 듯한 무서운 얼굴도 보였다. 한 명의 부관은 주먹을 쥐고 탁자를 쳤다. 석란의 여성적인 목소리나 몸동작의 우아함이 그들의 분격을 누그러지 않았다면, 아마 칼을 빼었을지도 모른다.[15] (95쪽)

다케오의 이데올로기적 강변에 대한 석란의 번역은 원문을 배반하며 소통을 지향한다. 조선인 석란의 중국어 번역에 의해 다케오의 선무공작(정복)은 오히려 여성적인 유혹으로 변화하는 것이다. 타케오의 남성적이고 제국적인 담론은 석란에 의해 여성적인 목소리와 우아한 몸동작으로 중국인들에게 전달됨으로써 그들의 분격을 누인다. 조선인 석란은 일본인과 중국인 사이에서 제국 남성의 일방적인 강령을 부드럽게 번역하고 여성적인 목소리와 몸동작을 사용함으로써 왜곡한다. 레이 초우는 벤야민의 번역 개념을 검토하면서 번역은 한편으로는 전통, 다른 한편으로는 배반과 연관되어 있다고 지적한다. 벤야

15) 이광수, 「진정 마음이 만나서야말로」, 이경훈 편역, 앞의 책.

민에게 번역은 원전에 대해 해체적인 것인 동시에 원전과 번역본 사이에서 상호 작용하는 해방이다. 이를 제국/식민의 문제와 결부지어 생각해 본다면, 번역은 토착문화와 이질 문화 사이에서 서로가 서로에게 영향을 주거나 서로를 오염시키는 과정이다.16) 이처럼 번역을 원전으로부터 번역본으로 일방향적으로 진행되는 과정으로 보지 않는다면, 다케오의 선무공작이란 석란의 번역에 의해서만 성립되며 그녀의 번역에 의해 왜곡되고 그를 통해 새로이 창조되는 것이라고 볼 수 있다. 번역 기계로서 석란의 중국 방황은 그러므로 다케오의 선무 공작과 완전히 같은 것이 되지는 않는다. 그녀는 시력을 상실한 다케오와 일본도 조선도 아닌 중국이라는 지역을 떠돎으로써 경계에 선 존재로서 자신의 가능성을 획득하는 것이다.

염상섭의 「남충서」(1927)에서는 조선에서 세 손가락에 꼽히는 부자 남상철과 일본 기생 출신 첩 미좌서 사이에서 태어난 혼혈아 남충서가 가산 상속 문제, 어머니의 민적 문제, 혼인 문제 등으로 부모와 갈등을 겪고 방랑을 꿈꾼다는 서사를 전개하고 있다.

> 충서 자신이 조선 사람도 아니요 일본 사람도 아닌 이상한 틈박우니에서 부대기며 자라낫고 성인한 오늘날에도 역시 가정적으로나 사회적으로나 긔이한 처지에 노혀 잇는 것이라던지 나이 먹어가고 장가를 가고 하여 완전한 한사람 목시되어갈쓰록 어쩐지 공연히 맘이 불안초조하여 (…중략…) 나는 내 몸하나만 훌적 빠져나가면 고만이니까 뒤ㅅ일은 맘대로 하시란 밧게 어떠케하란 말씀이얘요17) (264쪽)

조선인 아버지와 일본인 어머니 사이의 경계에 위치한 존재임에도 불구하고 남충서는 무책임한 번역자이다. 그는 민적과 상속 문제를 고민하는 어머니의 불평을 잠재우지 못하고, 서자이며 반 일본인인

---

16) 레이 초우, 앞의 책, 273~282쪽 참고.

17) 염상섭, 「남충서」, 『염상섭 전집』 9, 민음사, 1987.

자신을 못미더워하는 아버지에게 신뢰를 주지도 못한다. 어머니의 정확한 현실 인식(아버지가 장남인 충서 대신 본처 아들 충희에게 상속을 하리라는 것, 자신을 민적에 올리지 않고 충희 이모와 결혼해 상속과 민적 문제를 해결하려 한다는 것)을 오해라고 덮어버리고 아버지의 비열함에도 눈을 돌린다. 그는 양쪽의 불만을 모두 감지하면서도 자신을 소통로로 열어두는 대신 제삼의 영역으로 도피하기만을 꿈꾼다. 믿을 수 없는 중재자, 무책임한 번역자로서 충서는 따라서 일본과 조선의 두 문화를 소통시키는 존재가 아니라 끊임없이 오해를 사는, 양쪽의 정체성에서 모두 배척되는 존재로 자리한다. 그는 어머니에게는 '조선인'으로, 아버지에게는 '일본인'으로 자리하며 이방인이 되고 만다. 시야충서矢野忠緖, 야노 다다오와 미나미 다다오, 남충서를 경과하는 그의 이름은 그에게 일본인으로서도 조선인으로서도 명백한 정체성을 갖지 못하게 한다. 일본인과 조선인이라는 이중의 정체성(혼종성)을 갖는 대신 일본인도 조선인도 아니라는 불가능한 정체성을 갖게 된 것이다. 그가 상실한 것은 특정 민족으로서의 정체성(고향)만이 아니고 자아 자체(전통)라고 할 수 있다. 그는 혼혈인이라는 불명확성만이 아니라 부르주아로서 사회주의 민족운동 단체에 가담하는 불명확성까지 보유한다. 어떤 집단에도 뿌리내리지 못하는 업둥이로서 그는 정주를 거부하는 동시에 소통조차도 거부한다. 그렇기 때문에 그는 망명자가 아니라 나그네이며 번역자가 아니라 자기 독백자가 될 따름이다. 망명자에게는 떠나온 고향과 정주하는 지역이라는 두 개의 장소가 있지만 나그네-방랑자에게는 어디에도 거처할 장소가 허락되지 않는다.

「남충서」의 후반부는 고향을 갖지 못한, 상실한 것이 아니라 애초부터 갖지 못한 혼혈인 남충서가 어떠한 과정을 거쳐 '남'이라는 성으로 대변되는 피식민 아버지의 정체성을 자기의 것으로 인정하게 되는가를 보여준다. 그는 자신을 "「야노」도 아니요 「미나미」도 아니요 남가도 아닐새마는 그러나 그 중에 제일 적절히 나라는 존재를 설명하는 것은 「미나미」라고 부르는 것이겠지!"(286쪽)라고 규정함으로써 일본인도 조선인도 되길 거부한 채 원어의 흔적을 간직한 번역어로서 존재하고자 한다. 그러나 최후로 어머니 미좌서와의 담판에서 남충서가 도달하는 결론은 뜻밖에도 경계에 선 자아를 거부하고 전통으로서의 조선을 수긍하는 것이 된다. 왜 그는 조선인도, 일본인도 아닌 경계에 선 존재로서 자신의 정체성을 긍정하지 못한 채 한 민족의 절대성을 외치는 것에 귀결되고 마는가.

이와 달리 김사량의 「빛 속으로」가 문제시하는 혼혈인의 고민은 내지에서의 정주 욕망에 있다. 어머니-조선의 정체성을 긍정하지 못하면서도 그에 대한 한없는 그리움과 애착을 느끼는, 그래서 스스로를 일본인으로 호명하고자 하지만 일본인이 되지 못하는 경계에 선 존재로서 혼혈아 야마다 하루오의 위상이 문제적인 것으로 드러난다. 그가 자신의 분열된 정체성을 당당하게 인정할 수 있을 때 방랑은 정주가 되며 소통 가능성이 생겨난다. 어머니가 제국을, 아버지가 식민지를 대변하는 까닭에 선택에 있어 많은 망설임과 괴로움을 겪으며 제 3지역으로의 탈출 방랑을 꿈꾸는 혼혈인 남충서와 달리 야마다 하루오는 제국 아버지와 피식민 어머니의 결합에서 태어난 까닭에 처음부터 제국 아버지의 담론을 절대화할 수밖에 없다. 그에게 피식민 이주 여성(써발턴) 어머니의 이름이나 기억은 아버지의 담론을 모방해 폭력적으로 지움으로써 획득한 내지인의 정체성을 훼손하는 상처이며 자신을 거세하는 폭력이 된다. 이런 상황에서 조선인 선생 '남'과의 관계맺음은 어머니와의 동일성 회복과 동시에 지배자 아버지의 독백적인 세계에서 벗어나 공존하고 소통하는 새로운 부모, 번역자 아버지를 발견하는 행위라고 볼 수 있다. 남선생의 충실한 번역을 통해서 야마다 하루오는 자신 속에 내재하는 어머니의 피를 인정하고 경계인으로서 자신의 정체성을 긍정하게 되는 것이다. 조선인 남선생 또한 하루오의 비뚤어진 자의식에서 자신을 돌아본다. 내지에서 살아가는 조선인으로서 기원을 감추려는 비굴을 행사할 때, '미나미'라고 불리면서 '남'이라는 성을 지워갈 때 그 역시 정체성 내부에서 열등한 조선인의 자리를 상정하고 부정하고 있었던 것이다. 하루오가 조선인 어머니의 세계를 인정하게 함으로써 그 역시 조선인

'남'의 정체성으로 긍정될 수 있는 가능성을 갖게 된다.

일본인 아버지의 애정을 받지 못하고 조선인 어머니를 인정하지 못했던 하루오에게 조선인이면서 제국대학 학생이기도 한 남선생의 혼성적인 위치란 내지인이 되지 않아도 좋다는 사실, 내지와 조선의 경계에 서서 서로의 흔적을 몸에 새기는 것으로 충분히 긍정적일 수 있다는 사실을 각성하는 계기로 작용한다. 남선생과의 평화롭고 행복한 하루를 통해 그는 조선인 어머니의 피를 인정하고 동시에 혼혈로서 자신의 자리 또한 인정하게 된다. 그의 불우한 환경, 상처받고 일그러진 삶은 경계에 선 존재로 번역됨으로써 '빛 속으로' 편입됨을 꿈꾼다. 여러 빛깔의 빛을 좇으며 빛 속에서 춤을 추는 야마다 하루오의 영상-환상은 곧 이국의 땅에서 경계인으로서 정주할 수 있음, 이주민으로서 자신의 정체성을 비굴함을 갖지 않고 돌아볼 수 있음과 결부된다. 혼혈아와 망명객 청년은 연대를 통해 소통을 모색하고 제국의 도시 가운데 경계인의 정체성을 구축해간다.

> "선생님, 전 선생님 이름 알고 있어요." / "그래?"
>
> 나는 멋쩍음을 감추려고 웃어 보였다.
>
> "말해 보렴." / "남 선생님이죠?"
>
> 말이 끝나기 무섭게 그는 내 손에다 자기 옆구리에 끼고 있던 웃옷을 던져 주고 좋아하면서 돌 계단을 혼자서 뛰어 내려갔다.
>
> 그제서야 나도 '휴'하고 구제받은 것 같은 가벼운 발걸음으로 쓰러질 듯 비틀거리며 후다닥 그의 뒤를 좇아 내려갔다.[18] (65쪽)

'조센진'도 아니고 '미나미'도 아닌 '남'이라는 이름을 야마다가 불러줄 때 내지에 정주한 피식민 지식인 남선생의 망명은 참된 가치를 지니게 된다. 쓰러질 듯 비틀거리면서도 그의 발걸음이 가벼운 것은 혼혈아가 그의 이름을 불러 줌으로써 드디어 피식민의 기억을 가진

18) 김사량, 「빛 속으로」, 『김사량 작품집』, 소담출판사, 2001.

자신의 정체성을 제국의 도시에서 고통이나 과장 없이 번역해 내고 소통할 수 있게 되었기 때문이다. 제국의 문화에 함몰되지도, 피식민 문화의 토착성에 고착되지도 않은 채 그들은 자신들을 둘러싼 두 개의 문화 사이에서 굴욕 없는 균형, 상호적인 소통과 서로를 해방시키는 번역을 모색해 나가게 될 것이다.

모국 체험이 조선족 정체성에 미친 영향 연구

-허련순의 『바람꽃』을 중심으로-

강진구*

1. 문제제기

조선족이 '중국거주교포 고국방문'이란 이름으로 한국과 본격적인 교류를 시작한 지 벌써 25년이 지났다. 고국방문 1진이 입국했던 1984년 219명이던 조선족 입국자 수는 88년 올림픽을 기점으로 1만 명을 돌파한 이래, 폭발적인 증가세를 보이다 최근에는 36만 명[1])을 넘어서고 있다. 조선족의 급격한 유입은 한국과 조선족 모두에게 적지 않은 영향을 미쳤다. 조선족들은 이른바 전통적인 3D(Dirty, Difficult, Dangerous) 산업인 영세 제조업은 물론이고 건설 노동자, 파출부와 간병인, 식당 종업원 등에 종사하고 있다. 게다가 '농촌총각 장가보내기 운동'으로 촉발된 국제결혼에서 조선족 여성이 차지하는 비율[2]) 등을 따지면 조선

---

* 중앙대학교 문화콘텐츠기술연구원 연구교수

1) 법무부의 통계 자료에 따르면 2009년 국내 체류 등록 외국인수는 870,636명이다. 이 중 조선족은 363,087명으로 전체 41%를 차지하고 있다(자료: 법무부, 출입국·외국인 정책본부 통계자료, '등록 외국인 국적별·지역별 현황').

2) 2009년 현재 국제결혼 배우자로 등록된 사람은 125,087명이다. 이중 조선족 여성 배우자는 25,759명으로 전체 국제결혼 배우자의 20%를 차지한다. 국내 거주 조선족 배우자의 숫자

족은 이미 "한국 생활의 일부"[3]라고 할 만하다.

조선족의 한국 입국으로 인한 영향은 한국 사회보다 조선족 사회가 훨씬 커 보인다. 조선족 사회에서 '코리안 드림'이 불기 시작한 지 10년이 지난 후의 모습을 동북3성의 현지 르포를 통해 전달하는 ≪조선일보≫에는 그간의 변화가 고스란히 담겨 있다. 미혼 여성들과 농민들은 말할 것도 없고 심지어는 주부와 교사, 그리고 공무원까지 자신들의 일을 버리고 한국으로 떠났다. 기사에 보도된 두만강 국경 조선족 마을인 용정시 백금향의 경우는 미혼 여성들이 한국의 농촌총각과 결혼하거나 돈을 벌러 나가는 바람에 노총각 40명이 결혼을 못하는 상황이 벌어지기까지 했다. 미혼 여성의 탈향은 결과적으로 수많은 문제를 양산했다. 출산율의 급격한 하락으로 인해 조선족 학교가 폐교 되는 등 지난 100년간 구축해온 조선족 사회의 기반마저 흔들고 있다.[4]

그런데 한국과 조선족의 교류로 인해 생겨나는 문제들은 비단 인적 구성의 불균형에서 오는 것만은 아니다. 보다 근본적이고 직접적인 것은 자본주의와 사회주의라는 이질적인 사회체제에서 오는 문화적 갈등과 '국가/민족' 개념과 연결된 조선족 정체성의 혼란이다.

지난 25년 동안 한국 사회에서의 조선족의 존재는 '중국거주 교포'에서 '조선족'으로의 변화라는 말로 정리할 수 있다. 이 과정에서 조선족은 중국에 거주하는 한민족으로 이해되기보다는 "중국약을 들여와 팔거나 값싼 노동력을 제공하는 하층계급"[5] 또는 경제적인 이득을 위해 한국인 남성과 결혼하는 배우자로 인식되었다. 게다가 1995년부터 한층 강화된 출입국 관리와 그로 인한 조선족의 밀입국과 여

가 32,566명임을 감안하면 한국인과 결혼한 조선족의 80%가 여성임을 알 수 있다(자료: 법무부, 출입국·외국인 정책본부 통계자료, '국민의 배우자 국적 및 성별 현황').

3) 여수경, 「한국체류 조선족의 갈등과 적응」, 『인문연구』 제48호, 영남대학교 인문과학연구소, 2005, 246쪽.

4) 보다 자세한 사항은 조선일보, 2001년 12월 17일~19일까지 연재된 특집기사 「무너지는 조선족 사회」를 참조할 것.

5) 오경희, 「민족과 젠더의 경계에 선 여성의 이산: 강경애의 『소금꽃』과 허련순의 『바람꽃』 비교」, 『아시아여성연구』 제46권 1호, 2007, 184쪽.

권위조, 위장결혼 등이 성행하면서 조선족은 "똥포"6)로까지 취급되었다.

한국인들의 이런 태도는 한국을 민족의 '뿌리'인 동시에 새로운 부를 얻을 수 있는 '기회의 땅'7)으로 여겼던 조선족에게 적지 않은 충격이었다. 전체 인구의 약 91%를 차지하는 한족과 55개의 소수민족으로 구성된 중국사회에서 조선족이란 민족적 아이덴티티ethnic identity는 자신들의 정체성을 지키기 위한 자랑스러운 징표였다. 조선족은 한국 체험을 통해 자신들의 피와 땀의 결정체인 조선족이란 민족적 아이덴티티가 한국인들에 의해 한순간에 "열등 국민"8)의 상징으로 전락하는 상황을 목격하게 된다. 조선족들은 이 믿을 수 없는 사실을 통해 한국을 새롭게 인식하기 시작 한다. 아버지 또는 할아버지의 땅으로서의 한국이라는 환상에 머물러 있던 그들의 시선은 자신들을 '거지 발싸개'처럼 대하는 한국인들의 천대와 마주하면서 현실로 향하게 된다. 그들은 "헐고 곪고 썩어버린 여체의 국부"9)처럼 역겨운 냄새가 진동하는 한국의 감춰진 속삭을 들춰내 과장된 포즈로 비판한다. 또한 조국(한국)에 대한 배신감을 토로하거나 원한에 사무친 저주를 퍼부음으로써 상처받은 자존심을 위로받고 싶어 한다.

물론, 이러한 반응은 상대적인 소외감에서 비롯된 것이다. 선행 연구10)에 따르면 대다수 조선족들은 오늘날 한국의 발전이 어떤 식으로든 자신들과 관련이 있다고 생각한다. 심지어 일부 조선족들은 자

6) 설동훈, 『외국인노동자와 한국사회』, 서울대학교 출판부, 1999, 22쪽.

7) 위의 글, 190쪽.

8) 설용수, 『재중동포 조선족 이야기』, 미래문화사, 2004, 30쪽.

9) 허련순, 『바람꽃』, 범우사, 1996, 71쪽(이하 쪽수만 인용함).

10) 대표적인 선행 연구는 다음과 같다.
문형진(2008), 「한국내 조선족 노동자들의 갈등사례에 관한 연구」, 『국제지역연구』 제12권 1호; 여수경(2005), 「한국체류 조선족의 갈등과 적응」, 『인문연구』 제48호, 영남대학교 인문과학연구소; 유명기(2002), 「민족과 국민사이에서: 한국체류 조선족들의 정체성 인식에 관하여」, 『한국문화인류학』 제35-1집, 한국문화인류학회; 이현정(2001), 「조선족의 종족 정체성 형성 과정에 관한 연구」, 『비교문화연구』 제7집 2호, 서울대학교 비교문화연구소; 이혜경·정기선·유명기·김민정(2006), 「이주의 여성화와 초국가적 가족 : 조선족 사례를 중심으로」, 『한국사회학』 제40집 5호, 2006.

신들의 부모와 선조가 항일투쟁에 참가해 조국 광복에 기여한 만큼 "마땅히 그에 합당한 보상이나 지원을 받아야 한다"[11]고 생각하기까지 한다. 그러나 대부분의 한국인들은 이 같은 조선족의 주장에 대해 무관심하거나 심지어 냉소적인 반응을 보이기까지 했다. 역사에 대한 최소한의 연루의식implication조차 없는 한국인들의 태도에서 조선족은 분노와 배신감을 표출했던 것이다.

이 논문은 한국과 조선족 사이에 존재하는 문화적 갈등을 극복하기 위한 방법을 모색하기 위한 것이다. 이를 위해 허련순의 『바람꽃』을 분석 대상으로 삼았다. 『바람꽃』에는 개혁개방 정책 이후 조선족의 현실과 그들의 욕망이 섬세하게 형상화 되어 있[12]을 뿐만 아니라, 한국체험을 통해 변화되는 그들의 정체성이 잘 드러나 있기 때문이다.

필자는 허련순의 『바람꽃』을 대상으로 조선족의 정체성이 한국 체험을 통해 어떻게 변화되었는지, 또한 정체성의 변화가 한국과 조선족의 교류에 어떤 영향을 미치는가를 살펴보고자 한다. 이것을 통해 단순히 현재 겪고 있는 갈등뿐만 아니라 보다 근본적인 문제로의 접근과 해결의 가능성을 찾고자 한다.

---

11) 문형진, 「한국내 조선족 노동자들의 갈등사례에 관한 연구」, 『국제지역연구』 제12권 1호, 2008, 138쪽.

12) 『바람꽃』에 대한 대표적인 선행 연구는 다음과 같다.
최우길, 「중국 조선족 여류작가의 작품에 나타난 한국」, 『국제어문학회 학술대회 자료집』, 국제어문학회, 2008; 전상기, 「다문화시대의 중국 조선족의 운명 : 허련순의 『바람꽃』, 『누가 나비의 집을 보았을까』를 중심으로」, 『다문화 시대의 문화적 접근』, 문화콘텐츠R&D센터·아시아 디아스포라 연구소 학술대회 자료집, 2009; 오경희, 「민족과 젠더의 경계에 선 여성의 이산 : 강경애의 『소금꽃』과 허련순의 『바람꽃』 비교」, 『아시아여성연구』 제46권 1호, 2007; 오상순, 「조선족 여성작가 허련순의 소설과 당대 남성작가들의 소설에 나타난 "뿌리 찾기 의식" 연구」, 『여성문학연구』 제12권, 2004.

2. 모국 체험과 조선족의 민족정체성

2.1. 중국의 개혁개방 정책과 허련순

일제가 조선을 무력으로 지배하고 있던 1918년 함경북도 회령의 어느 농촌 마을에서 살던 가난한 농부는 마침내 강을 건너기로 결심한다. 그에게는 부양해야 할 어린 자식들이 여럿 있었다. 굶주림에 허덕이는 아이들을 위해서라도 그는 뭔가를 해야만 했다. 더 이상 막연한 희망을 붙잡고 고향에 머물러 있기에는 사정이 너무나 절박했다.

고향을 떠난 그(들)는 날품팔이, 중국인 소작농, 수전 농사꾼 등으로 만주 일대를 전전하다 한 곳에 모여 조선인들만의 집단 거주지를 형성하게 된다. 이 과정에서 그(들)는 청나라의 비호를 받은 한족漢族 출신의 지주나 산주, 고리대금업자들로부터의 수탈은 물론이고 만주를 지배하려는 일제의 직·간접적인 탄압까지도 감수해만 했다.

필자가 논의할 중국작가협회 회원이고 국가1급 작가이기도 한 허련순은 이렇게 만주를 정착했던 그(들)의 3세이다. 허련순이 '조선족'이라 불릴 수 있었던 것은 만주에 정착한 조선인들이 중국 내에서 하나의 '소수민족'을 구성할 만큼 많다는 것을 의미한다.

구한말과 일제 강점으로 이어지는 격변기에 보다 낳은 삶을 위해 압록강과 두만강을 건넌 사람은 비단 허련순 할아버지와 같은 농민들만이 아니었다. 1851년을 전후로 강을 건너기 시작한 조선인들은 1875년 청나라 정부의 봉금령 해제되자 많은 이들이 비옥한 농토를 찾아 강을 건넜다. 특히 일제 강점 하에 이루어진 토지조사 사업(1912~1918)과 만주국 수립은 수많은 조선인들을 만주로 내몰았다. 당시 만주로 이주한 이들은 대부분이 농사꾼들이었지만 그들 중에는 빼앗긴 조국을 되찾고자 하는 독립운동가와 일제 앞잡이, 일확천금을 꿈꾸는 이 또한 적지 않았다. 만주로 이주한 조선인들은 오족협화五族協和를 이념으로 내세운 만주국의 혼란된 공간 속에서 말 그대로 생존을 위해 몸부림쳤다. 이 과정은 때로는 내선일체로 자신을 합리화 한 일제日帝의 충실한 조력자를 낳기도 했고, 항일무장 투쟁을 조직해 중국인들과 연대해 일본의 침략군에 맞서 싸우는 독립투사들을 양산하기도 한 혼돈의 시기였다. 이렇게 조선인들은 청–일본–만주국–중화인민공화국으로 이어지는 격동의 시기에 만주라는 공간을 중심으로 혼재된 삶을 살아왔던 것이다.

1945년 일제 패망과 중화인민공화국의 수립은 다양한 욕망과 의지가 혼재되어 있던 조선인들의 삶을 일정한 방향으로 이끄는 계기가 된다. 일본 패망과 동시에 이루어진 한반도의 이념적 분단, 중화인민공화국의 탄생 과정을 목격한 조선인들은 자신들의 정체성을 어떤 식이로든 정리하지 않을 수 없었다. 게다가 중국 당국에 의해 전일적으로 진행된 민족식별 작업은 그동안 유지해 왔던 조선인이란 정체성에서 '조선족'이라는 새로운 정체성으로 자신들을 규정하게 만든다.

조선인들이 단시간 내에 조선족으로서의 정체성을 갖게 된 데에는 민족식별을 근거로 다양한 종족들을 민족으로 재구성하려 했던 중국 당국의 소수민족 우대정책'[13]도 한 몫 했다. 민족식별을 통해 조선족을 하나의 민족 단위로 규정한 중국 정부는 조선족의 자치와 권익을 보호하는 한편, 조선어의 사용과 교육을 위한 민족학교(교육)와 조선어 잡지 발간까지 허용한다. 이 같은 조건을 활용해 조선족들은 조선어를 사용해 자신들의 자랑스러운 역사를 호명해 복원한다. 조선족들은 자신들이 중국사회에 무임승차한 손님이 아니라 "척박한 옥토를 개간하고 중국 민중과 힘을 합쳐 중화인민공화국이라는 새로운 나라를 세우는데 주체적인 역할을 한 민족"[14]이라는 것을 증명함으로써 '조선족'이라는 자신들만의 독자적인 정체성을 형성하게 된다.[15]

허련순은 조선족 사회가 안정기로 접어들던 1954년 연길시에서 태

13) 이현정, 「조선족의 종족 정체성 형성 과정에 관한 연구」, 『비교문화연구』 제7집 2호, 서울대학교 비교문화연구소, 2001, 72쪽.

14) 유명기, 「민족과 국민사이에서 : 한국체류 조선족들의 정체성 인식에 관하여」, 『한국문화인류학』 제35-1집, 한국문화인류학회, 2002, 80쪽.

15) 소수집단의 역사복원과 민족 정체성 형성 과정에 대해서는 강진구의 논문(강진구, 「구소련권 고려인 문학에 나타난 역사 복원 욕망 연구」, 『민족문학사연구』 제25집, 2004)을 참조할 것.

어났다. 그는 집과 학교에서 조선어를 배웠고, 대학도 연변대학교 조선어학부를 졸업했다. 대학 때부터 창작에 관심이 많았던 그는 시, 소설 가사 등을 창작하다 1986년 첫 소설 「안해의 고뇌」를 발표하면서부터 본격적인 소설가의 길을 걷기 시작한다. 허련순이 소설가로서의 길을 모색하던 당시는 이른바 '중국거주교포 고국방문'붐이 조선족 사회를 강타하던 때였다. 허련순은 남한에 거주하고 있는 삼촌을 방문한다는 목적으로 1989년 한국에 입국한다.

허련순이 입국한 1989년은 조선족과 한국의 교류에 있어 매우 중요한 의미를 갖는 해이다. 학계에서는 조선족의 한국입국을 크게 '약바람과 일바람'으로 구분[16]하여 설명하고 있는데, 1989년은 이른바 '약바람'이 조선족 사회를 휩쓸던 때였다. 88서울올림픽을 계기로 한국(남한)을 새롭게 인식한 조선족들은 친척방문이란 이름으로 대거 한국에 입국한다. 그들 중 일부가 친지들을 위한 선물로 중국제 한약을 가져 왔는데, 그것이 인기가 있어 많은 돈을 벌기도 했다. 약장사로 돈을 번 이들은 주로 한국과 연고가 있던 흑룡강성 거주 조선족이었다.

그런데 흑룡강성 거주 조선족의 성공 소식은 '경제개혁과 대외개방 정책으로 인한 고용과 사회보장의 불안에 대한 위기의식'[17]에 휩싸여 있던 조선족들에게 '한국=일확천금'의 논리로 다가온다. 그 결과 수많은 조선족들이 한국으로 들어온다. 허련순 역시 한국 바람에 몸을 맡긴다. 그는 1989년 조선족 작가 중 가장 먼저 한국에 들어온 후 매년 1~2회씩 한국을 방문했다. 2000년에는 광운대학교 대학원 국어국문학과 석사 과정에 입학해 2년 동안 한국현대문학을 전공하기까지 한다. 이 같은 이력 덕분에 허련순은 이른바 '약바람과 일바람'을 한국과 조선족 양쪽에서 모두 경험하게 된다. 그는 중국의 개

16) 이혜경 등은 조선족의 대량입국을 1988~1993년까지의 약바람과 1994년 이후부터를 일바람으로 구분하고 있다.
이혜경·정기선·유명기·김민정, 「이주의 여성화와 초국가적 가족: 조선족 사례를 중심으로」, 『한국사회학』 제40집 5호, 2006, 269쪽.

17) 중국의 개혁개방 정책에 따른 고용 불안 문제에 대해서는 신은영의 글(신은영, 「중국의 개혁개방정책과 도시여성의 지위」, 『한국여성학』 제17호 1호, 2001)을 참조할 것.

혁개방 정책과 조선족의 한국유입의 과정을 직접 경험하면서 한국과 조선족 사이의 갈등의 본질에 접근할 수 있었던 것이다.

그런데 여기서 한 가지 기억해야 할 것은 허련순의 행적이 작가라는 신분의 특권에서 오는 행동이 아니라는 점이다. 그의 경험들은 1987년 이래 한국을 방문했던 15만 명과 아직도 체류하고 있는 36만 명의 체험과 궤를 같이한다. 따라서 허련순은『바람꽃』은 이들 경험의 현재화라 할 수 있다.

2.2. 이산자 조선족의 욕망과 좌절

허련순의『바람꽃』은 조선족 2세 홍지하가 아버지의 유언을 좇아 할아버지를 찾기 위해 한국을 방문한 후 겪은 다양한 경험을 통해, 한국에서 생활하는 조선족의 비극적인 생활을 형상화한 작품이다.

주인공 홍지하는 평소 입버릇처럼 "고향을 한 번만 보고 죽어도 원 없겠다"[18]던 아버지 한을 풀어드리기 위해 골회함을 안고 한국에 입국한다. 아버지의 고향은 경북 달성군 다산면이다. 일제 강점기 고향 마을에서 결혼까지 했던 아버지는 1944년 일본군에 강제 징병되어 중국 땅으로 끌려온다. 그곳에서 병에 걸린 아버지는 일제가 패망했지만 귀환은커녕 소식조차 전하지 못한 채 중국에 눌러 앉게 된다. 중국에서 새로운 삶을 영위할 수밖에 없었던 아버지는 끝내 두고 온 가족과 고향 땅을 잊지 못한다. 그 일이 빌미가 되어 아버지는 목숨까지 잃게 된다.

(…전략…) 아버지는 생전에 눈만 뜨면 고향을 외웠다. 밤나무며 소롯한 오솔길이며 맑은 시내물이며 잡초 무성한 뒷동산이며를 자나 깨나 잊지 않았다. 밤나무를 외울 때면 그의 이슬 맺힌 눈에는 파아란 그리움이 숲처럼 설레였다. 그러나 고향의 밤나무는 그의 마음속에 영원히 지울 수 없는 어두운 그늘만을 드리운

18) 허련순, 앞의 책, 41쪽.

채 소리없이 사라져버렸다. 고향인 남한을 외웠던 죄와 일본군에 있었던 역사문제로 문화대혁명기간에 '××특무'로 몰리어 조리돌림을 당했다.[19]

아버지에게 고향은 목숨과도 같은 것이었다. 아버지가 떠올린 것은 비단 밤나무로 대표되는 고향의 풍경만은 아니었을 것이다. 아버지가 고향을 통해 얻고자 했던 것은 결혼 반 년 만에 두고 온 아내와 피붙이를 사지에 보내고 노심초사 했을 부모형제에 대한 그리움이었을 터이다. 여기서 한 가지 주목해야 할 것은 아버지의 기억 속에서 형상화된 고향의 이미지다. 고향의 이미지는 밤나무, 소롯한 오솔길, 맑은 시냇물 등 매우 정적이고 목가적이다. 그렇다면 아버지는 고향을 왜 이렇게 목가적으로 이미지화 했던 것일까? 디아스포라들의 고향에 대한 기억 방식에서 단서를 찾을 수 있다. 대부분의 디아스포라들은 이주한 곳에서의 생활이 안정화되면 다양한 방식으로 고향을 기억한다. 이 과정에서 한 가지 재미있는 사실은 이들의 고향에 대한 기억(형상화)이 객관적 재현보다는 기억 주체의 의식·무의식적 동인에 더 의지한다는 점이다.

소련에서 거주했던 고려인들의 삶을 형상화한 고려인 문학은 이 점을 단적으로 보여준다. 고려인들은 박해를 받거나 어려운 처지에 빠지게 되면 그 고통을 극복하는 "강력한 흡입력"[20]으로 고향을 호출해 내곤 했다. 이때 호명된 고향은 대부분이 현실의 고통스런 모습과는 정 반대인 평화로운 모습으로 연출되었다. 이런 측면에서 살펴봤을 때 아버지에 의해 정적이고 목가적인 이미지로 구성되는 고향 풍경은 조선족으로서 아버지의 삶이 문화대혁명 등으로 인해 그만큼 혼란스럽고 신산했음을 간접적으로 보여주는 것이라 할 수 있다.

고향에 대한 이런 이미지들은 단순히 아버지의 기억 속에만 머물지 않고 개관적인 상관물이 되어 그 이미지를 사실로 고정시키는 역할을

19) 위의 책, 41~42쪽.

20) 최강민, 『탈식민과 디아스포라 문학』, 제이앤씨, 2009, 193쪽.

한다. 즉, 아버지에 의해 만들어진 고향 이미지는 의식·무의식적으로 나(홍지하)의 인식체계를 지배함으로써 재생된다. 그 결과 홍지하는 아버지의 고향을 자신의 것으로 동일시하게 된다. 이 같은 동일시 덕분에 그의 고향방문과 이복형제와의 만남은 특별한 의미를 지닌다. 아버지의 고향을 방문한 홍지하의 모습은 이 점을 잘 보여준다.

할아버지 소식을 얻고자 고향으로 가는 홍지하는 그곳에서 지금껏 한국에서 느껴보지 못했던 "깊은 신뢰와 애정같은 것"(39쪽)을 기대한다. 빨갛게 타고 있는 감나무에 파묻힌 고향 마을의 모습은 홍지하의 기대를 충족시켜 주기에 충분했다. 예상대로 된 것은 풍경만이 아니었다. 그곳에서 만난 할아버지 친구는 할아버지를 찾기 위해 중국에서 왔다는 홍지하를 "장하이, 장해!"(36쪽)라며 반갑게 맞는다. 게다가 홍지하를 마치 손주 대하듯 하면서 "가만! 이거 내 성의니께 교통비루 보태 쓰게"(38쪽)라며 돈봉투까지 손에 쥐어준다. 이 같은 할아버지 친구의 인정에 홍지하는 감격의 눈물을 보인다. 무엇이 홍지하로 하여금 눈물을 흘리게 한 것일까? 그리고 이 눈물의 의미는 무엇일까? 필자는 홍지하가 흘린 눈물은 감격 이상의 의미가 담겨 있다고 판단한다. 이 눈물을 통해 작가는 조선족들이 한국사회에서 얻고자 하는 것이 무엇인지를 정직하게 보여준다.

그러나 조선족의 바람은 현실이라는 장벽과 마주하면서 물거품처럼 사라지고 만다. 큰어머니와 이복형과의 만남은 모든 꿈을 한순간에 앗아간다. 그들은 선뜻 홍지하를 가족으로 인정하려 들지 않는다. 아니 오히려 자신들의 재산을 탐내는 존재로 의심까지 한다.

> "안그래도 요즘 대한민국에는 별 희귀한 일들이 다 있어요. 이산가족 찾는답시구 비슷한 케이스를 들구 와서는 아들이요 삼촌이요 하구 생판 모르는 사람끼리 맞붙잡고 눈물콧물 쥐어짜며 난리다가 어느날 갑자기 재산 다 털리는 한심한 일이 한두 건이 아니예요."(48쪽)

인용문은 홍지하에 대한 큰어머니 안씨의 반응이다. 안씨에게 있어 어느 날 갑자기 나타나서는 남편의 아들이라고 주장하는 홍지하는 거추장스런 인물임에 틀림없다. 더군다나 홍지하의 출현이 "유산의 상속권 문제와 관련"(342쪽)을 맺고 있다는 점에서 단순한 가족상봉 이상의 의미를 갖고 있다. 홍지하의 갑작스런 출현으로 안씨와 이복형 홍성표는 엄청난 유산을 홍지하의 몫으로 양도해야만 하는 상황에 내몰릴 수도 있게 되었다. 이 지점에서 가족을 찾고자 하는 홍지하의 욕망과 재산을 지키려는 안씨의 욕망이 충돌한다. 그렇기 때문에 그들은 유산 따위에는 관심도 없고 오직 가족의 일원으로만 인정해 달라는 홍지하의 간청마저 무시한다. 더욱이 이복형은 아버지의 유골함마저 거부한다. 가족들의 냉대로 아버지의 유골을 할아버지 곁에 묻을 수 없게 된 홍지하는 아버지의 뼈를 고향의 산에 뿌리면서 비정한 현실에 분노한다.

홍지하의 분노는 혈육의 정보다 유산 상속에만 혈안이 돼 있는 안씨 모자의 위선적인 행동에서 비롯된다. 그렇다면 안씨 모자의 행동이 거액의 유산을 상속받기 위한 예외적인 행동이었을까? 문제는 그렇게 간단치 않다. 이들의 행위가 조선족에 대한 한국인들의 일반적인 인식과 맥을 같이 한다는 점에서 그렇다. 즉 안씨 모자가 홍지하를 혈육이라는 점을 악용해 돈을 뜯어내려는 사기꾼으로 인식하듯, 대부분의 한국인들은 조선족을 자신들이 애써 이룩한 재산을 강탈해 갈지도 모르는 불청객으로 규정한다는 점이다. 한국인들의 이와 같은 태도에서 조선족들은 참을 수 없는 모욕을 경험하게 되는데, 홍지하 또한 "얼굴에 고지랑물을 들쓴 듯 물씬 치솟는 수모"(14쪽) 느낀다. 이 같은 굴욕감을 통해 홍지하는 비로소 자기 자신이 한국 곳곳에서 '거리의 미아'로 떠도는 조선족임을 직시하게 된다.

2.3. 천민자본주의와 그 소모품 조선족

타자를 이해하는 데 있어 첫인상은 매우 중요하다. 첫인상은 10년 간다는 말처럼 첫인상은 좀처럼 바뀌지 않을뿐더러 세계인식의 중요한 지표가 되기도 한다. 그런 점에서 『바람꽃』의 주인물 홍지하가 한국에 입국해 처음으로 만난 사람이 서은미라는 점은 상징적이다. 그녀는 남동생의 대학 등록금 마련과 전신마비에 걸린 자신의 치료비로 재산을 탕진한 아버지를 위해 서울 변두리 여관에서 몸을 판다. 홍지하는 서은미를 보면서 비록 몸은 아직도 불편하지만 "여자의 왜소한 몸으로 가정을 살리려는 그 강인한 생존의식"(24쪽)에 감동한 나머지 자신이 가지고 있던 돈의 절반인 100달러를 준다.

돈벌이를 위해 몸을 파는 창녀 서은미에서 받은 첫인상은 이후 작품 곳곳에서 홍지하가 한국사회를 이해하는 하나의 준거점이 된다. 홍지하는 성性마저도 거래되는 현실을 경험하면서 한국 사회에서 가장 중요한 가치가 '돈'이라는 것을 깨닫게 된다. 즉, 서은미는 홍지하가 한국사회에서의 모든 인간관계를 오직 금전적 관계라는 색안경을 끼고 바라보게 하는 역할을 한다.

물론 홍지하는 중국에서 살 때부터 돈이 매우 중요하다는 것을 잘 알고 있었다. 특히 친구 최인규의 경험을 통해 돈의 위력이 얼마나 큰 것인지 뼛속 깊이 새기기까지 했다. 홍지하의 친구 인규는 딸 미영이 백혈병에 걸려 목숨이 위태로워지자 치료비를 마련하고자 도둑질까지 한다. 그러나 도둑질의 실패로 치료비를 마련하지 못한 채, 딸을 그만 잃고 만다. 인규는 딸 미영을 잃게 된 것이 돈이 없어 치료를 받지 못했기 때문이라고 생각하고 돈을 벌러 한국에 간다. 인규는 돈에 원한이 사무친 사람처럼 악착같이 돈벌이에 매달린다. 인규가 돈벌이에 매달린 것은 두 가지 이유 때문이다. 하나는 두 번 다시는 돈 때문에 딸을 잃은 것과 같은 불행한 일을 당하지 않겠다는 의지에서 이고, 다른 하나는 자신을 대신에 감옥에 간 친구 홍지하에 대한 속죄와 보상을 위해서다. 인규가 마련해 준 초청장으로 한국을 방문하게 된 홍지하가 돈의 가치를 모를 수 있을까? 그러나 홍지하와 최인규 사이에서 우리가 놓치지 말아야 할 것은 두 사람의 관계가 돈보다는 우정에 기초해 있다는 사실이다. 지하와 인규의 관계에서는 인정 또는 우정이라는 부를 수 있는 것이 돈보다도 훨씬 본질적이고 중요한 역할을 한다.

그런데 한국에서는 이런 것이 존재하지 않는다. 가장 순수해야 할 남녀 간의 사랑마저 돈을 매개로 이루어진다. 이것은 사랑이 아니라 거짓 욕정일 뿐이다.

> "아저씨, 노시다 가세요!"
>
> 요염스러운 아가씨가 껌딱지처럼 찰싹 감겨들었다. 버러지를 떨어 버리듯 홍지하는 살천스럽게 그녀를 밀어버렸다.
>
> "왜 이래! 길가는 사람 붙잡고!"
>
> "이 골목에 오실 땐 전혀 생각이 없으신 건 아니겠는데요?"
>
> 그제야 그는 이곳이 사창가인 줄을 알았다. 만취되어 잘못 들어섰음을 후회하면서 멸찬 말을 뱉어냈다.
>
> "난 아가씨와 놀 돈이 없어!"
>
> 그러면 물러설 줄 알았는데 여자가 한 수 더 떴다.
>
> "싸게 해드릴게요!"(50쪽)

홍지하가 술에 취해 잘못 찾아 든 사창가에 아가씨와 말씨름을 하는 장면이다. '버러지'라는 어휘는 창녀에 대한 홍지하의 인식이 어떤 것인지를 단적으로 보여준다. 게다가 돈이 없다며 거절하는 자신을 향해 '싸게 해드릴게요'라며 마치 물건을 흥정하듯 하는 그녀의 행위에서 홍지하는 바보로 전락하는 느낌마저 받는다.

계속해서 홍지하는 거짓 욕망이 창녀촌이나 윤락가에 한정되지 않고 한국 사회 전체를 지배하고 있는 현실에 대해서 문제를 제기한다. 홍지하는 멀쩡한 이발소가 매음을 위한 장소로 제공되고 여관과 호텔, 사우나 등이 성性과 관련되어 있는 것을 목격하면서 "아무 곳이나 처벙처벙 들어"(207쪽)서는 것에 대한 두려움을 갖기까지 한다. 심지어 섹스에 몰두하는 남녀의 교성 소리를 듣고는 "헐고 곪고 썩어버린 여체의 국부를 보는"(71쪽) 듯한 괴로움에 괴성을 내지르기까지 한다.

홍지하가 남녀 간의 성적 결합에 대해 병적인 거부감을 드러내기도 하지만, 모든 남녀 간의 관계를 부정하는 것은 아니다. 그가 부정하는 것은 돈을 매개로 이루어지는 남녀 간의 결합이다. 홍지하의 이런 인식은 고애자와 지혜경에게서 비롯된 측면이 강하다. 고애자는 홍지하가 감옥에 가자, 가족을 부양한다는 이유로 한국 관광객의 가이드를 하다 한국 남자와 관계를 맺은 전부인이다. 그 일로 가정이 파탄난다. 일방적으로 이혼을 요구하는 홍지하의 태도가 "정조 하나로만 여자를 가늠"(68쪽)한다는 점에서 문제가 있지만, 아무튼 홍지하는 이 일을 계기로 남녀 간의 관계에서 사랑과 믿음보다는 돈이 더 우선할 수도 있음을 깨닫게 된다.

지혜경의 경우는 돈으로 맺어지는 남녀관계가 어디까지 갈 수 있는지를 극명하게 보여준다. 인규의 아내 지혜경은 공사장에서 일하다 다친 남편의 치료비를 위해 한국인 강사장과 대리모 계약을 체결한다. 이 계약을 겉에서 감싸고 있는 것은 아이를 갖고 싶어하는 강사장 부부의 욕망이다. 그러나 그 이면을 조금만 파고들면 저렴한 비용으로 젊은 여성의 육체를 소유하려는 한국인 남성과 몸을 상품화해서라도 돈을 벌어야만 하는 조선족 여성 사이에 성립한 불평등한 계약임을 알 수 있다. 따라서 조선족 여성의 몸이 상품으로써의 가치를 잃을 경우 언제든지 파기되는 계약이다. 지혜경의 폐병과 그로 인한 자살은 이 점을 잘 보여준다.

돈을 매개로 이루어진 계약은 비단 여성에게만 국한 된 것은 아니다. 돈을 위한 것이라면 최소한의 인간적 "존엄과 체면"(57쪽)마저도 팽개치는 몰염치한 조선족 남성들은 말할 것도 없고, 자본의 노예로 전락해 버린 한국인들도 마찬가지다. 한국인 사장은 인규의 산재 치료비를 요구하는 홍지하에게 "나한테 인간성이나 양심이 필요한 게 아니라 돈이 필요해요. 돈!"(94쪽)이라며 매몰차게 거절한다. 한국인 사장이 조선족을 고용한 것은 동족에 대한 인정에서가 아니라 불법체류라는 조선족의 약점을 악용해 더 많은 이윤을 얻기 위해서였다. 대자본과의 무한경쟁에서 도태될 수밖에 없는 소규모 자산가인 한국인 사장들에게 조선족은 그나마 비교적 수월하게 자본축적을 할 수 있는 소모품이었다. 조선족들은 "일할 줄 아는 로봇"(151쪽)이었던 것이다. 따라서 조선족을 자본축적의 도구로 인식한 한국인들에게 인정을 요구한다는 것은 처음부터 불가능한 일이었다.

인정에 기댄 홍지하와 달리 최인규는 철저히 자본의 논리로 사람을 대한다.

> "난 이미 삶을 포기한 사람이오. 너 죽고 나 죽으면 다요. 협박? 사치한 말 작작하시오."
>
> 인규의 눈에는 살기가 등등했다. 죽음을 철같이 각오한 사람들이 그러하듯 인규의 눈은 인광 같은 파란 빛이 번뜩이고 있었다. (263쪽)

강사장을 찾아간 최인규는 아내의 목숨 값을 요구하며 협박을 한다. 인규의 이런 행동은 억울하게 아내를 잃은 분노의 표출이기는 하지만, 아내의 "죽음을 대고 돈을 받아"(262쪽)내려 한다는 점에서 그가 경멸했던 한국인들의 모습을 닮아 있다. 인규는 조선족들이 '염치없고 무지하며 난폭'하기까지 해서 싫어한다며 차별하던 한국인들을 저주하면서 어느새 그 자신이 한국인들의 모습을 한 채 파멸해 가고 있는 것이다. 그런데 이러한 인규의 모습은 조선족에 대한 기왕의 스테레오타입을 강화하는 동시에 한국 사회에서 조선족들이 이루고자 했던 꿈이 결코 이루어질 수 없음을 의미한다. 꿈을 잃은 조선족들은 중국으로 귀환이거나 한국 자본주의의 최하층으로 스며드는 것 중 하나를 선택해야만 하는 상황으로까지 내몰리게 된다.

2.4. 새로운 고향 만들기

중국의 개혁개방 정책과 함께 한국에 입국한 수많은 조선족들은 한국인들의 냉대와 차별, 그리고 자본주의의 경쟁체제 속에서 꿈을 잃고 좌절하고 만다. 그 결과 그들은 "천당과 지옥이 병존"(55쪽)하는 한국 땅에서 인간으로서의 자존심을 버리고 "임신부의 배처럼 욕심만 팽창된 한국의 한쪽"(96쪽)으로 살 것이지, 아니면 최소한의 인간다움을 위해 귀국할 것인지를 결정해야만 하는 상황에 놓이게 된다.

허련순은 이런 상황에 내몰린 조선족들에게 고향으로 돌아갈 것을 종용한다. 그는 조선족이 고향으로 돌아가야만 하는 이유를 세 가지 측면에서 제시하고 있다.

첫째는 한국 정부에 대한 비판이다. 허련순은 텍스트 곳곳에서 서사 전개와 상관없이 한국정부와 한국 사회를 부정적으로 형상화 한다. 가령 사창가에서 불신검문에 걸린 홍지하가 어떠한 해명도 없이 보름 동안이나 구치소에 수감된 것이나, 한국 정부의 불법체류 노동자 단속에 대해 '민족성'을 운운하면서까지 비판하는 대목이 그것이다. 작가는 한국정부에 대한 비판과 원망이 크면 클수록 귀향의 정당성도 또한 높을 것이란 전략을 취하고 있는데, 이러한 작가의 의도는 곧바로 그 논리적 한계를 드러낸다.

오늘날 조선족이 직면한 문제들에 대한 책임은 일확천금을 꿈꾸는 조선족들의 욕망과 조선족들을 '똥포'로 바라보는 한국인(정부)들의 태도와 시선, 그리고 글로벌 자본주의 체계 속에 조선족을 방치한 채 모든 것을 조선족에게만 떠맡긴 중국정부 등에 있다. 그런데도 허련순은 조선족 문제의 한 축을 담당하고 있는 중국정부에 대해서는 어떠한 비판도 하지 않는다. 일반적으로 문화 간의 교류는 "자기발전과 자기부정이라는 서로 모순된 두 가지 계기를 포함"21)한다. 이 말은 문화 간 교류에서 발생하는 갈등을 해결하기 위해서는 그만큼 자신이 변하는 상호변용이 전제되어야 함을 의미한다. 그런데도 작가는 교류의 상대축인 중국 정부의 문제—인민 개개인의 생존의 문제를 전 지구적 자본주의 체제 속에서 방치한 "중국 정부의 기만술"22)—에 대해서는 일언반구도 하지 않은 채 오직 책임을 한국정부로 돌리

21) 西川長夫, 윤대석 역, 『國民國家論の射程』(1998), 『국민이라는 괴물』, 소명출판, 2002, 140쪽.

22) 전상기, 「다문화시대의 중국 조선족의 운명: 허련순의 『바람꽃』, 『누가 나비의 집을 보았을까』를 중심으로」, 『다문화 시대의 문화적 접근』, 문화콘텐츠R&D센터·아시아디아스포라연구소 학술대회 자료집, 2009, 10쪽.

고 있는 것이다. 이러한 작가의 태도는 문제의 본질을 애써 외면한 것이라고밖에 할 수 없다. 이에 대해 전상기는 작가로서 조선족 문제의 핵심을 바라보려 하지 않았거나 아니면 “모종의 착시와 혼란”[23]에 빠져 있다고 비판한다.

둘째는 한국인들의 조선족에 대한 태도를 문제 삼는다. 허련순은 작중 인물 홍지하를 통해 한국은 선조들의 뼈가 묻혀있는 곳이기는 하지만, 정작 이곳의 주인들이 자신들을 향해 “이방의 타민족으로 여기면서 쌀의 뉘와 물에 뜬 몇 방울의 기름처럼 대”(275쪽)하고 있다고 비난한다. 그러면서 한국 땅에서 조선족은 아무리 노력해도 결코 물속에서 용해될 수 없는 기름과 같은 존재라고 주장한다. 작가는 조선족들을 향해 처지가 이와 같은데 어떤 선택을 하는 게 옳으냐고 묻는다.

> “내 부탁은 너 여기서 더 머물지 말고 어서 널 키워준 고향으로 가라! 고향은 의복과 같은 거야. 비바람과 추위를 막아주면서 너를 보호해주는 곳이야. 난 죽을 때 고향을 향해 머리를 놓겠다!”(270쪽)

인용문은 최인규가 홍지하에게 유언처럼 남긴 편지의 일부다. 텍스트 말미에 인규는 지하를 향해 아버지의 유골함마저 거절한 가족과 ‘조선족’ 차별을 위한 법률인 ‘재외동포법’이 시퍼렇게 살아 있는 “사고무친한 타관”(204쪽)일 뿐인 한국에 무슨 미련이 남아서 머뭇거리고 있냐고 질책한다. 이러한 인규의 비판은 홍지하 개인이 아닌 조선적 전체를 향한 외침에 가깝다고 할 수 있다.

셋째는 인물 형상화를 통해서이다. 작가는 귀환하는 윤미연을 긍정적으로 형상화하고 한국에 정착하는 고애자를 부정적으로 그림으로써 귀환의 정당성을 부여한다. 허련순은 고애자를 거칠고 우악스러운 인물로 그릴뿐만 아니라 “돈, 돈을 벌자! 어떤 수단을 다해서든

---

23) 위의 글, 같은 쪽.

돈을 벌자"(327쪽)는 모습만을 강조함으로써, 그녀가 돈의 노예로 추락했음을 강조한다. 반면 홍지하와 함께 귀국하는 윤미연은 얼마간 자본주의에 물이 들기도 했지만 여성스럽고 순정적인 인물로 형상화하고 있다. 이 같은 인물형상화를 통해 작가는 조선족의 한국 정착이 헛된 '야망'에 불과하다는 것을 보여준다.

마침내 홍지하는 그동안의 한국 생활을 정리하고 귀국하기로 결심한다. 그는 자신이 "욕망으로 난무하는 어지러운 바다와 물욕으로 출렁이는 물결"(370쪽)과도 같은 곳을 빠져나왔음을 새삼 깨닫게 된다. 그의 귀환은 친구 인규와 아버지 고향과의 영원한 이별을 의미하는 것이었지만, 실패한 것만은 아니었다. 왜냐하면 문학소녀 시절부터 자신을 흠모해왔던 윤미연과 함께 하기 때문이다.

> "어디선가 훈훈한 바람이 볼을 긋고 지나갔다. 열에 들뜬 애모의 정을 는적는적 풀어놓는 바람이었다.
>
> 침침하고 뿌연 겨울 속에서 봄이 바야흐로 다가오고 있었다."(371쪽)

소설의 결말이다. 작가는 '겨울'과 '봄'이란 이미지를 통해서 중국으로 귀환한 홍지하의 미래가 밝을 것이라고 예견한다. 중국으로 귀환한 홍지하는 정말로 봄을 맞을 수 있었을까? 장편소설 『누가 나비의 집을 보았을까』(2004)는 허련순의 계획이 성공과는 거리가 있음을 보여준다.

『바람꽃』을 통해 자본주의의 거짓 욕망과 조선족에 대한 차별에서 벗어나 중국인으로 당당히 살 것을 주장한 허련순은 8년이 지난 시점에서 한국을 향해 떠날 수밖에 없는 사람들의 이야기를 다시 꺼내든다. 이것은 작가의 고향 만들기 담론에도 불구하고 여전히 많은 조선족들이 고향을 떠나고 있음을 의미한다. 더군다나 밀항을 시도하는 이들 중에 과거 한국체험을 했던 사람들도 있고, 이들이 정상적인 절차가 아닌 '밀항선'을 선택한다는 점에서 조선족들이 극한 상황에까지 내몰리고 있음을 예측케 한다.

조선족의 이 같은 상황은 처음부터 예견된 것이었다. 왜냐하면 그들이 귀환한 중국은 예전의 중국이 아니라 국제자본주의 질서 속에 철저하게 편입된 곳이기 때문이다. 중국과 조선족 사회 전체가 돈을 중심을 재편된 사실상의 자본주의 국가임에도 불구하고 허련순의 『바람꽃』은 개혁개방 정책 이전의 조선족 사회를 상정하고 있다. 현실을 애써 무시한다는 점에서 이 작품은 조선족들이 느끼는 "현실적 불만을 민족이라는 상상적 허구체虛構體에 전가함으로써 국가에 대한 문제 제기를 봉쇄"[24]하고자 하는 중국의 공식적 민족 담론에 포섭되어 있다고 할 수 있다. 자신들을 배신한 한국에 대한 원한을 바탕으로 조선족들을 중화민족주의 안으로의 통합하려 한 허련순의 시도는 결국 생존이란 문제 앞에서 여지없이 무너지고 만다.

3. 맺음말

한국과 조선족 사이의 갈등을 극복하고 소통을 이루기 위해서는 제도적인 정비 못지않게 조선족에 대한 올바른 이해가 선행되어야 한다. 이를 위해 필자는 '시대의 서기관'답게 조선족의 현실과 그들의 욕망을 섬세하게 그려내고 있다고 평가받는 허련순의 『바람꽃』을 대상으로 삼아, 조선족의 정체성이 한국 체험을 통해 어떻게 재해석되고 변용되는지를 살펴보았다. 그 결과 다음과 같은 결론을 얻을 수 있었다.

첫째, 아버지의 고향을 자신의 것으로 동일시했던 조선족들은 한국체험을 통해 자신들이 꿈꿔왔던 고향이 아버지의 고향 일 뿐 자신들과는 아무런 관련이 없음을 깨닫게 된다. 조선족들은 국적은 비록 중국이지만 민족적으로 '한민족'임을 의식·무의식적으로 강조해 왔다. 즉 스스로를 한국과 중국의 경계에서 생활하는 중첩된 존재로서의 규정했던 것이다. 그러나 한국체험은 이들의 이런 정체성을 근저

24) 위의 글, 7쪽.

에서부터 흔들었다. 조선족들은 한국에서의 생활을 거치면서 그동안 자신들이 한 발을 걸치고 있던 '민족'에서 발을 뺀 후 '중국인'으로서의 아이덴티티를 구축하려 한다.

둘째, 현재 겪고 있는 혼란과 불안에 대한 책임을 한국 정부 또는 한국인에게 전가하려 한다. 오늘날 조선족들은 공동체의 붕괴와 빈곤 등으로 심각한 위기에 직면해 있다. 그 위기의 원인은 크게 ① 일확천금을 꿈꾸는 조선족들의 욕망, ② 조선족들을 '똥포'로 바라보는 한국인(정부)들의 태도와 시선, ③ 글로벌 자본주의 체계 속에 조선족을 방치한 채 모든 것을 조선족에게만 떠맡긴 중국정부 등 3가지로 규정할 수 있다. 그런데도 한국을 체험한 조선족들은 이 3가지 원인 중에서 유독 두 번째만을 강조한다. 다시 말해 조선족 문제는 한국과 중국 양쪽 모두에게 책임이 있지만, 작중 인물(작가)들은 문제의 공간을 한국으로만 한정함으로써 그 책임을 한국에 떠넘기려 한다.

셋째, 조선족이 스스로를 자본주의 체제에 맞는 인간으로 재편한다. 조선족은 한국 체험을 통해 몸이 상품으로 거래되는 현실을 목격하게 된다. 이 같은 경험의 반복을 통해 조선족은 자본주의 사회에서 살아남기 위해서는 스스로가 일할 줄 아는 로봇이 되어야 한다는 사실을 직시한다. 그 결과 조선족은 비록 '임신부의 배처럼 욕심만 팽창된 한국의 한쪽'이지만 무한경쟁의 자본주의 사회에서 어떻게 하면 살아남을 수 있는지를 체득하게 된다.

이상의 논의를 통해 우리는 조선족이 한국 체험을 계기로 자신들의 아이덴티티를 새롭게 구축하고 있다는 것을 확인할 수 있었다. 한국체험을 통해 구축한 새로운 아이덴티티는 조선족의 현재 위치와 욕망을 반영하고 있다. 따라서 한국과 조선족 사이의 소통과 공존은 바로 이처럼 변화된 아이덴티이에서 시작되어야 한다. 다시 말해 과거 민족주의적 관점에서 형성된 조선족의 아이덴티티를 기반으로 한 현재의 교류방식에서 과감히 탈피해야 한다. 변화된 아이덴티티에 의한 새로운 교류방식의 모색만이 한국과 조선족의 해묵은 갈등을 해소할 수 있을 것이다.

'경계境界'의 보편성과 특수성

-탈북자를 대상으로 한 최근 소설들을 중심으로-

김효석

1. 서론

2010년 현재, 남한에 살고 있는 탈북자의 수는 2만 명에 달하는 것으로 알려져 있다. 이처럼 탈북자들이 늘어나면서 문학계에서도 '탈북'을 소재로 한 다양한 소설[1]들이 잇달아 나오고 있다. 이들 탈북자 소재의 소설과 담론들을 보면 탈북자의 시선과 탈북자를 바라보는 다양한 시선들이 서로 복잡하게 얽혀 있음을 확인할 수 있다.

그런데 이러한 '탈북자'에 대한 담론에 있어 간과해선 안 될 부분

---

* 강원대학교 강사

** 본 논문은 계간 『문예운동』(2010년 봄호)에 실린 「거울의 서사와 탈북을 둘러싼 다양한 시선들」을 일부 수정한 것임.

1) 탈북자를 총체적으로 조망하고 있는 소설들로는 박덕규의 『고양이 살리기』(청동거울, 2005), 강영숙의 『리나』(랜덤하우스코리아, 2006), 황석영의 『바리데기』(창비, 2007), 권리의 『왼손잡이 미스터 리』(문학수첩, 2007), 이대환의 『큰돈과 콘돔』(실천문학, 2008), 정도상의 『찔레꽃』(창비, 2008), 이호림의 『이매, 길을 묻다』(아이엘앤피, 2008) 등을 꼽을 수 있다. 이러한 탈북자 소재의 소설에 대한 최근의 담론으로는 강영숙의 『리나』와 정도상의 『찔레꽃』을 대상으로 한 이경재의 「네이션과 2000년대 한국소설」(『문학수첩』, 2009년 겨울호), 공선옥의 소설과 전성태의 『늑대』 등을 기본 텍스트로 삼고 있는 백지연의 「타자의 인식과 공공성의 성찰」(『창작과비평』, 2009년 겨울호) 등이 있다.

들이 있다. 우선 탈북자를 바라보는 우리의 시선이 편견과 오해로 점철될 가능성이 있다는 사실이다. 1945년 광복 전후와 한국전쟁기 발생했던 '월남'행위에 대해 일정 부분 사회적 편견이 존재하듯 현재 우리 사회에는 '탈북자'를 향한 고정되고 편향적인 시선이 자리하고 있음을 부인할 수 없다. 소설을 통한 탈북자에 대한 형상화도 예외는 아니어서 다양한 스펙트럼으로 전개되는 그들의 이데올로기 양상과 뿌리내리기 과정을 바라보는 자의 일방적 시선 속에 가두는 경우를 어렵지 않게 보게 된다.

또하나 염두에 두어야 할 점은 소설 속 탈북자의 시선이 외부의 압력과 검열로 인해 변질될 가능성이 크다는 사실이다. 무엇보다 탈북자 소설이 대부분 탈북자에 의한 창작이라기보다는 탈북자의 증언이나 수기를 토대로 재구성되었다는 사실에 주목할 필요가 있다. 이는 소설 속 탈북자의 시선 속에 작가의 현실인식이 직간접적으로 투영되어 있다는 사실을 인정할 수밖에 없게 한다. 사실 작중인물을 통한 작가의식의 반영은 문학 속의 작중인물과 작가의 관계에 있어 그리 특별하지도 부정이지도 않다. 작가들은 탈북자들을 통해 분단 현실 속에 놓여진 우리 삶의 특수성을 풀어 헤쳐 보이기도 하고 나아가 전지구적 자본주의를 비판하는 등 보편적 문제로 시선을 확대하기도 한다.

여기서 중요한 점은 실질적으로 우리 현실이 갖고 있는 특수성, 즉 분단된 국가와 민족에 대한 천착 없이는 탈북자 문제에 대해 본질적으로 접근하기는 어렵다는 사실이다. '탈북'이란 기표는 단순히 국가와 민족을 가르는 보편적 경계 넘기와는 다른, 우리만의 금기를 담고 있는 동시에 포스트모던 시대의 초국가, 초민족의 탈경계적 상상력을 보편적으로 드러내고 있다. 이 같은 맥락에서 탈북자에 대한 소설적 형상화의 성패는 우리의 분단 현실이 지닌 보편성과 특수성을 얼마나 깊이 있고 균형감 있게 소설로 형상화할 수 있는가에 달려 있다.

본고는 탈북자를 향한 다양하고도 주목할 만한 시선들을 드러내고 있는 장편과 연작소설을 기본 텍스트로 하여 탈북자와 분단현실에 대한 작가의 대응방식을 크게 세 가지 방향으로 고찰해 보았다. 본론의 2장 '경계짓기와 금기 허물기'에서는 특수한 분단 현실 아래 발생한 탈북자를 바라보는 남한 사회의 상반된 태도를 이호림과 권리의 소설을 통해 살펴보고, 3장 '경계인으로 살아가기, 전지구적 자본주의에 대한 저항'에서는 탈북자 문제를 인간의 보편적 삶의 문제로 확장하고 있는 황석영과 강영숙의 소설에 대해 논의해 보았다. 본론의 마지막 부분인 4장에는 탈북 후 남한에서 뿌리내리기를 시도하고 있는 탈북자들을, 그들의 시선으로 접근하려한 정도상과 이대환의 소설을 논의의 주대상으로 삼았다. 이상의 논의들을 통해 필자는 지금까지 발표된 '탈북'소재의 소설들이 보여준 성과와 한계들을 다각도로 살펴보고, 나아가 탈북자에 대한 보다 총체적 형상화를 위해 작가들이 취해야 할 자세가 무엇인지 모색해 보았다.

2. 경계 짓기와 금기 허물기
: 이호림의 『이매, 길을 묻다』와 권리의 『왼손잡이 미스터 리』(문학수첩, 2007)

이호림의 『이매, 길을 묻다』(아이엘앤피, 2008)는 탈북자란 프리즘을 통해 우리의 분단현실을 문제삼고 있는 작품이다. 작가는 탈북자를 소재로 한 이 연작 소설에서 탈북자 문제에 대해 소극적인 태도를 보이는 정부와 남한 대중을 직접적으로 비판하고 있다. 의협심이 강한 주인공을 등장시켜 탈북자를 구출하려는 조금은 무모한(?) 계획이 담긴 「고향을 떠나올 때」와 「길의 남쪽」엔 정부에 대한 작가의 극단적 비판의식이 투영되어 있다. 현실문제에 대한 작가의 적극적이고도 극단적인 발언은 강○○ 교수의 한국전쟁에 대한 인식의 문제성을 비판하고 황석영, 고은, 조정래, 백낙청 등 실명을 거론하며 이들이 왜 탈북자 문제에 대해 관심을 갖지 않는가 캐묻는 장면—"은하수 사연에 귀기울이지 않을 것이다. 관심조차 갖지 않을 일이다."[2)]—에 이르러 극에 달한다. 이호림은 우리의 '진보'가 북한의 인권에 눈감은 채 인권을 이야기하는 이중적 잣대를 갖고 있다고 문제 삼는다.

그런데 여기서 주목해야 할 점은 작가의 이 같은 선명한 현실 재단이 오히려 소설의 미적 형상화의 실패로 이어지고 있다는 사실이다. 탈북자 '은하수'의 수기가 어떠한 소설보다 훨씬 소설답다며 높이 평가하고 있는 소설(「나의 이상한 탈북자」) 속 작가의 심리에는 창작에 있어 작품의 형식적, 미학적 부분을 간과한 채 소설의 내용적 부분에 경사해 있는 작가 이호림의 내면이 겹쳐보인다. 또 하나 문제적인 부분은 사회현실에 대해 다양하고도 상반된 시선의 가능성을 배제한 채 현실 정세에 대한 주관적이고 일방적인 판단을 소설의 외피에 여과없이 드러내고 있다는 점이다. 지난날 강렬한 생체험을 했던 월남작가들이 전후에 보여준 소설 속 반공이데올로기가 스스로 의도하였건 그렇지 않았던 간에 일정부분 시대적 한계로 이어지기도 했다는 사실을 염두에 두면 이와 같은 일방적 정세판단은 소설 속에서 좀 더 신중하게 진행될 필요가 있다.

단편 「퇴출」은 작가의 이 같은 비판적 칼날이 탈북자에 대해 무관심한 현 세대에까지 나아가고 있음을 확인케 한다. 「퇴출」에서 시간강사인 '현'은 대학생들이 가진 탈북자에 대한 무관심, 나아가 부정적 인식에 절망한다. '현'은 북한 인권에 대해 유명 논설위원의 관점을 그대로 답습하고, 탈북자의 생체험이 담긴 수기마저 국정원 직원의 조작이라 여기는 대학생들의 경직되고 단면적인 정세판단의 위험성을 꼬집고 있다. 하지만 '현' 또한 영화 '국경의 남쪽'이 탈북을 소재로 했기에 대중의 무관심을 가져왔고, 그로 인하여 흥행에 실패했다고 단정하면서 대학생들과 정확히 대척되는 지점에 서서 똑같은 우를 범한다.

「김경남을 살려주시오」 또한 북한 인권문제에 대해 지극히 일방적 시선을 지닌 '만기'를 내세워 탈북자 인권의 문제를 정치 편향적으로

---

2) 이호림, 『이매, 길을 묻다』, 아이엘앤피, 2008, 112쪽.

바라보는 현실인식이 얼마나 심각할 수 있는지 여실히 보여주고 있다. 주인공 '만기'는 탈북자 '김수남'이 탈북하다 붙잡힌 형, '김경남'을 구명운동하는 것을 짜증 섞인 시선으로 바라본다. '만기'는 북한엔 인권유린이 전혀 존재하지 않을뿐더러 탈북자를 정치범 수용소로 가게 하는 것이 마땅한 법적용이라고 판단하는 극단적 사고의 인물로 그려진다. 무엇보다 '만기'는 국가인권위원회의 탈북자 인식을 대변하고 있는 것처럼 비춰지고 있는데 이 같은 인물설정은 앞서 지적한 바 있듯 탈북자에 대한 다양한 인식과 판단의 가능성을 아예 차단하고 있어 더욱 문제적이라 할 수 있다.

또한 작가는 「망명」에서 탈북자 '옥란'이 남한 입국 이후에도 북한의 보위부원에게 살해 위협을 당한다는 예외적 상황을 설정한 후 이러한 극단적 상황에 놓여진 '옥란'의 입을 통해 북한의 비도덕성을 설파하는 한편, 그 위협이 현존하고 있음을 환기시킨다. 이는 이호림이 경계를 넘은 이들의 이야기를 통해 이쪽과 저쪽의 경계짓기를 더욱 공고히 하고 있다는 사실을 말해주는 대목이다. 무엇보다 「망명」은 여성국회의원에게 행해진 카트칼 테러와 북한 보위부원의 탈북자 테러 위협을 자연스럽게 몽타주한다. "우연이 아니다. 극우파쑈 국회의원년이 테러당하는 것 봤지"3)라는 소설 속 북한 보위부원의 목소리가 단지 탈북자를 향한 테러위협으로만 비춰지지 않는다.

이는 표면적으로 탈북자 문제에 대해 정치적 논리로 접근하고 있는 남한 사회와 정부의 문제점을 꼬집고 있다는 점에서 나름의 가치를 지닌 듯 보인다. 하지만 작가 스스로도 탈북자 문제를 정치 편향적으로 다룸으로써 '탈북'과 '탈북자'가 지닌 심층적이면서도 양가적 특성들을 원천봉쇄하는 자가당착에 빠지고 만다. 탈북자 문제에 대한 정치편향을 문제 삼는 과정이 또 다른 정치편향으로 기울어질 수 있다는 사실. 문학에 있어 탈북자 문제에 대한 보다 유연하고 열린 시선이 절실하기에 이 소설은 아쉬움을 더한다.

3) 위의 책, 275쪽.

이에 반해 권리의 『왼손잡이 미스터 리』(문학수첩, 2007)는 탈북자에 대한 고정화된 시선에서 벗어나려 한다는 점, 탈북자를 소재로 남한 사회의 이분법적이고 정치편향적인 현실을 정면돌파하고 있다는 사실에서 주목을 요한다.

소설 속 탈북자 리지혁은 자신을 '리우리'라 소개한다. '리우리'란 좌우 동형의 기호는 유랑을 상징하는 'liu li 流离', 즉 뿌리뽑힌 인물을 상징하면서 작가가 우리 사회에 편재한 이분법적 시선을 다분히 의식하고 있음을 짐작케 한다. 리지혁의 이름짓기는 타자화된 시선을 거부하고 '우리'란 보편성(남한 사회) 속에 스스로를 편입하고자 하는 탈북자의 의지를 보여준다. 하지만 동시에 '우리'란 호명은 그 자체로 이쪽과 저쪽을 나누는 배제의 성격 또한 함유하고 있어 불확정적이며 다면적이다. 이처럼 가변적이고 유동적인 서사전략은 리지혁이 탈북 후 빠져드는 롤플레잉게임 '왼손잡이 미스터 리'가 현실의 탈북자와 게임 속의 캐릭터를 동시에 지칭하고 있다는 점, 소설 속에 사용된 현실과 비현실, 실재와 환상(게임)의 경계를 지우는 '미스테리'한 추리소설적 기법에서도 찾을 수 있다.

이 소설의 배경이 되는 이태원 거리의 미로장엔 왼손잡이임에도 오른손잡이로 살아가는 미로와 그의 동생 미아, 지적인 엄마 은유, 트럭운전사인 아빠 민호, 그리고 우편향의 이데올로기를 가진 할아버지 우익이 살고 있다. 우익 성향의 이 집에서 왼손잡이인 미아는 환영받지 못하는 존재다. 왼쪽과 관련된 것은 모두 나쁜 말—'왼손잡이, 빨갱이, 좌천'[4]—로 규정하는데서 알 수 있듯 이들은 왼쪽과 오른쪽의 경계 가르기에 민감하게 반응한다. 소설 속 남남북녀의 결혼이야기를 분단된 우리의 현실로 확대해석할 수 있는 것처럼 이들 가족의 왼쪽과 오른쪽, 왼손잡이와 오른손잡이의 경계가르기는 우리 사회 전반에 팽배한 좌우 편향적 시선의 축소판으로 읽힌다.

이 소설의 또 하나의 서사는 남한에 넘어와 자장면 배달을 하던 탈

4) 권리, 『왼손잡이 미스터 리』, 문학수첩, 2007, 30쪽.

북자 김철이 살해당하면서 범인을 찾는 과정으로 전개된다. 리지혁은 같은 집결소 출신인 김철이 그에게 빚을 지고 있었다는 이유로 살인용의자로 몰리게 된다. 그런데 살인 사건을 취재하는 섹시일보 이준 기자가 리지혁을 살인자로 의심하자, 은유는 '누군가 왼손잡이한테 죄를 뒤집어씌우려고 일부러 조작한 것'이라는 의미심장한 말을 던진다. 이 말은 탈북자 살인 사건이 미로장의 가족 이야기와 무관하지 않다는 사실을 은연중에 드러내면서 며느리 은유와 시아버지 우익의 갈등 또한 일상 전반에 틈입해 있는 이분법적 사고에 원인이 있다는 사실을 말해주고 있다. 종교인이라는 가면을 쓴 채 탈북브로커 사업을 하고 있는 소설 속 신목사의 좌우편향적 시선은 더욱 놀랍다. 대학 운동권 출신임을 자처하는 신목사는 독재 타도와 친북좌파 척결을 같은 층위의 문제로 바라본다. 그는 박정희와 김정일을 동일시하며 "지금 사회는 너무 좌측으로 기울어져 있어 우향우가 필요한 시기"라며 반민주적 독재자와 사회주의 독재자를 구분짓는 세상의 이중성을 참을 수 없어한다.

조선족으로 위장한 채 살아가는 탈북자 강영묘와 리지혁의 대화는 이와 같은 이분법적인 시선이 난무한 남한의 현실을 꼬집고 있다. "그들의 일부가 되고 싶어 우리가 되었는데 대한민국의 우리는 니들 즉 나의 집합일 따름"이라는 리지혁의 토로와 "내는 탈북자고 이등인이지 한국인이 아니야"라 말하는 강영묘의 발언은 탈냉전 시대의 이중적 잣대가 여전히 우리 사회를 이분하는 굴레와 억압으로 작용하고 있다는 사실을 말해준다. '오른손잡이[5]들이 가꾸어 놓은' 이러한 '두꺼운 세계'[6]에서 이들 탈북자들이 쉽게 동화될 수 없음은 자명한 사실이다. 리우리가 된 리지혁이 탈북의 과정에서 잘린 오른손을 의수로 위장하며 살아갈 수밖에 없는 현실, 남한에 발붙이지 못하고

---

5) 이 오른손잡이/왼손잡이의 구획을 이데올로기를 기반으로 한 우익/좌익의 상징성으로만 읽어내는 것은 곤란하다. 왼손잡이 보다 오른손잡이가 많은 현실, 오른손잡이 즉 다수 위주로 전개되는 현실에 대한 비유로 읽는 것이 필요하다.

6) 권리, 앞의 책, 106쪽.

게임 '왼손잡이 미스터 리'의 캐릭터로만 침잠할 수밖에 없는 이유도 같은 맥락으로 이해할 수 있다.

"우리는 이집트에서 탈출한 유대인들의 혼란을 이해할 것 같았다. 행복의 땅인 줄 알고 찾아온 시나이 반도가 실은 그토록 가고 싶었던 기회와 행복의 땅 가나안으로 가는 길을 막는 곳이란 사실. 우리는 한반도가 제2의 시나이 반도가 될까 두려웠다"라는 리우리의 말은 남한 사회 속의 탈북자의 방황을 함축적으로 보여준다.

그렇다면 이와 같은 편향적이고 좌우로 갈라진 세계를 극복할 방법은 없는가. 작가는 이를 해결하기 위해 미로의 가족과 리우리 등을 미로의 꿈(가상 공간)으로 끌어들인다. 이들이 미로의 꿈속에서 탈출하기 위해 하는 행위들은, 자신들이 지닌 이분법적 편견과 공고화된 관습에서 벗어나는 일과 같다. 이들이 '미로'에서 벗어나기 위해선 "그럼 먼저 길을 잃으세요. 잃지 않고서 찾을 수 있는 길은 어디에도 없으니까요"란 소설 속의 말처럼 '미로' 속으로 들어가는 수밖에 없다. 결국 이들의 '미로' 탈출은 익숙한 길만을 고집했던 기존의 자신을 버리고 길을 잃어버리는 것으로부터 시작된다.

그리고 이러한 미로의 꿈, 현실과 환상의 혼융 속에서 그동안 미로를 괴롭혔던 고통들이 서서히 드러나기 시작한다. 미군인 외할아버지에 물려받은 외모로 그리스인이라 놀림을 받았던 일, 그래서 언제나 타인의 세상에서 살고 있는 듯 했다는 것, 무엇보다 오른손을 강요하던 할머니의 죽음에 대한 죄책감이 미로로 하여금 본래 왼손잡이였던 '나'를 버리고 오른손잡이로 살아가도록 만들었다는 사실들이 혼란스럽고 은유적인 방식으로 서사의 수면 위로 떠오른다. 그리고 이는 남으로 넘어온 탈북자 리지혁이 타자의 시선에 의해 겪었던 고통과 연계된다. 미로와 리지혁이 게임의 레벨 차이에도 불구하고 가상 공간에서 miro89와 mrlee로 만나 소통할 수 있었던 것은 사회적 소외자로서의 고통을 공유했다는 데서 비롯한다. 또한 미로의 친구들, 태우, 정희, 두환 등이 환상 속에서 경험하는 왼손잡이의 세상은 소설 속의 '우향좌 좌향우'가 상징하듯 오른쪽과 왼쪽이란 경계 자체는 물론 이를 구획하려는 아집이 얼마나 환상에 불과한 것인가를 말해 준다. 이들은 경계의 이쪽과 저쪽, 좌와 우가 혼란스런 꿈(환상) 속에서 이러한 구획짓기가 지극히 상대적 개념에 의해 좌우될 수 있으며 '님을 위한 행진곡'과 '6.25의 노래'가 서로 혼동되고 융화되듯, 결코 섞일 수 없는 것이라 생각했던 것도 서로 섞일 수 있다는 사실을 경험하고 깨닫게 된다.

결국 미로의 가족들과 주변 인물들은 카오스 이론, 프랙털, 파이겐바움 보편상수 등 서구의 이분법적 이성주의를 넘어선 갖가지 이론들을 동원, 미로의 꿈속에서 탈출하게 된다. 그 과정 속에서 그들은 서로를 도우며 상대방의 아픔을 이해하고 상대방의 입장이 되는 경험을 하게 된다. 가상공간 속에서 벌어지는 이들의 역할극은 각자가 현실에서 대립적이었던 인물(타자)들이 되어 봄으로써 '그들' 또한 '또 다른 나'라는 사실을 체험케 하는 매개가 된다.

리지혁 또한, 섹시일보 이준기자에 의해 신목사의 허위의식과 김철을 살해하려 했던 동기들이 밝혀지면서, 살인누명을 벗고 남한에서의 진정한 뿌리내리기를 시도한다. 리우리가 의수(오른손을 감추었던 가짜 오른손)를 떼어버리는 행위는 더 이상 타자를 의식하여 허울만의 오른손잡이로만 살아가지 않겠다는 의지를 보여준다.

미로 역시, 생전에 오른손잡이로서의 삶을 강요했던 할머니도 원래는 왼손잡이였다는 사실을 알게 되고, 오빠를 의식해 왼손잡이 행세를 했던 미아 또한 본래 오른손잡이였다는 반전이 겹쳐지면서 할머니의 죽음으로 인한 죄의식에서 서서히 벗어나기 시작한다. 미로의 죄의식은 강요된 이데올로기의 억압과 굴레를 불가항력적으로 짊어져야만 했던 우리 민족의 특수한 역사를 상징적으로 보여준다.

무엇보다 권리는 우리 민족만의 특수한 현실, "분단이 민족의 몸무게를 무겁게 했다"[7]는 사실에 주목한다. 작가는 분단과 민족을 따로 생각할 수 없는 현실, 분단으로 인한 민족적 결핍이 오히려 민족을

---

7) 위의 책, 240쪽.

지나치게 의식하게 만들었고, 둘을 인정치 않으려는 굴레와 억압이 되었다는 사실을 미로 찾기의 과정을 통해 풀어내고 있다. 그런데 권리는 우리 사회 전반에 깔린 이분법적 시선에 대해 비판적이고 진지하게 접근하면서도 이를 가볍게 다룬다. 이 같은 서사전략은 소설을 통해 분단 현실이 낳은 단단하고 오래된 편견들과 관습에 저항하려는 작가의 현실 극복 의지에서 나온 것이라 할 수 있다

이를 위해 작가는 미로, 미아, 리우리 등 주인물에 대한 호명은 물론 깁스부인, 정희('삼선' 슬리퍼를 신고다니는), 태우, 두환 등 주변인물의 이름짓기를 통해 기존관념과 금기를 깨뜨리려 한다. 근엄함과 무거움, 신사적 이미지의 대명사였던 노주현(소설 속 정희의 아버지)이 드라마 속에서 망가지는(?) 모습마냥 이제는 정치의 세계도 금기와 무거움의 영역을 깨뜨릴 필요가 있다는 것. 이 같은 권리의 현실인식은 소설의 형식과 미학적 장치로 전화됨으로써 더욱 날카롭게 빛난다. 무엇보다 좌/우의 편향된 시선이 여전히 유효한 우리 사회에 대해 작가가 타진한 해법, 우리 스스로 몸을 비워야만 타자와, '우리' 너머의 '우리'와 뒤섞일 수 있다는 지적은 귀담아 둘만 하다.

이를 염두에 두면, 또 다른 탈북자이며 미로의 친구인 태우가 익명의 존재들을 옹호하고 현실의 편견에 구멍을 낼 대안으로 '익명의 카오스모폴리탄'을 내세우고 있는 장면도 가상공간 속 은둔자의 욕망으로만 치부할 수 없을 것이다. 호명을 통한 구획과 경계짓기가 또다시 수많은 '우리'들을 만드는 현실에서 경계의 무화를 꿈꾸는 익명의 '각개전투' 또한 하나의 방법이 될 수 있기 때문이다.

이처럼 권리의 소설은 '왼손잡이지만 그렇다고 오른손잡이가 아닌 것은 아닌' 것처럼 제 삼, 제 사의 다양한 가능성을 인정하고 오욕의 역사가 불러온 죄책감에서 벗어날 때만이 탈북자 문제에 대한 본질적 접근이 가능하리라는 사실을 다시금 확인케 한다. '타자'는 '또 다른 나'와 다름 아니며 '타자'는 '자신'을 비추는 거울이라는 사실. 권리와 이호림의 소설은 거울(탈북자를 통해)에 비친 우리의 일그러진 모습을 대하는 태도가 얼마나 상반될 수 있는지 보여주고 있다.

3. 경계인으로 살아가기-전지구적 자본주의에 대한 저항 : 황석영의 『바리데기』와 강영숙의 『리나』

황석영의 『바리데기』(창비, 2007)와 강영숙의 『리나』(랜덤하우스, 2006)는 탈북자를 매개로 세계화의 그늘에 놓여진 사회적 약자에 주목하고 있다. '바리'(『바리데기』)와 '리나'(『리나』)는 분단된 현실이 낳은 '탈북자'라는 국지적이고 한정적인 기표를 넘어 전지구적 자본주의에 의해 뿌리뽑힌 자, 소외된 자를 대변하는 보편적 의미로 확대된다. 이들 소설 속에서 '탈북자'는 경계 밖에서 경계 안을 보다 객관적으로 바라보고 비판할 수 있다는 점에서 긍정적이고 예외적 인물로 그려진다.

『바리데기』의 '바리'는 '바리데기 설화'의 '바리'가 현대적으로 변용된 인물이다. 위로 여섯 언니를 둔 일곱째 딸로 태어나 이름도 없이 버려질 위기를 겪는다는 것. 영매의 특별한 능력을 타고 났다는 사실은 소설 속 '바리'의 신화적이고도 보편적인 상징성을 함축하고 있다.

'바리'는 월남한 외삼촌으로 인해 가족과 헤어지고, 정신적 지주와도 같았던 할머니도 잃은 채 미꾸리 아저씨(박소룡)를 따라 중국으로 월경越境하게 된다. 바리는 중국의 안마방에서 일하며 정착하려 하지만 그 곳에서 만난 샹언니와 그녀의 남편 쩌우와 함께 또다시 도망자의 신분이 된다. 결국 바리는 중국의 따렌에서 영국으로 밀항하는 처지가 되는데 이는 해가 저무는 서천으로 생명수를 찾아가는 신화 속 바리의 여정과 닮아 있다.

결국 영국에 도착한 바리는 이주노동자들의 아파트에서 생활하게 되는데 그 곳은 영국 속의 또 다른 작은 세계라 할 수 있다. 중국인 요리사와 필리핀인 청소부, 스리랑카, 폴란드, 파키스탄, 불가리아 출신의 불법체류자들로 북적이는 아파트에서 이웃집의 압둘 할아버지는 바리의 정신적 지주인 할머니를 대신하여 바리에게 안식을 준다. 영국으로 밀려간 바리에게 있어 압둘할아버지는 '삼승할멍'의 역할을 한다. 압둘 할아버지가 하는 말 “세상 이치는 어디나 다 같은 거야. 힘센 부자는 그걸 누리기가 아주 힘이 든단다”는 자본주의에 의해 뿌리뽑힌 인간들이 서역 너머에도 존재한다는 사실. 소외된 삶이 단지 일부 국경안의 문제로 국한될 수 없다는 사실을 명백히 한다.

이로써 굶주림을 피해 국경을 넘었던 바리의 탈북서사는 우리의 현실, 민족적 특수성을 벗어나 전지구적 자본주의 체제 아래 버려지고 소외된 약소민족의 보편적 문제로 확대된다. 바리가 종교적 분열로 분단된 파키스탄 출신의 압둘, 알리 등과 새로운 가족을 꾸리게 되는 것도 불법체류자로서의 동류의식에서 비롯되었음을 알 수 있다.

그리고 우리의 분단이나 파키스탄/인도의 분열에 미국, 영국과 같은 강대국이 관계되어 있다는 작가의 현실인식은 제3세계 국가와 약소민족의 슬픔과 고통의 원인을 전지구적 자본주의에서 찾는 것으로 이어진다. 바리의 남편 알리 또한 동생 우즈만을 따라 잠무카슈미르 분쟁에 얽혀듦으로써 영어囹圄의 몸이 되는데 분열과 반목으로 고통받는 현대인의 숙명을 “사람들은 왜 국경 같은 걸 만들었을까”[8]라는 말로 대신하고 있다.

그리고 부모를 살리기 위해 생명수를 찾아 생사를 넘나드는 바리가 그러했듯 이 시대의 생명수란 분열과 반목을 극복하기 위한 과정, 그 자체에 있다는 사실을 작가는 담담히 전한다. 비극적이지만 고통 속에 몸담지 않는다면 그 고통의 실체를 결코 알 수 없으며 그 극복의 가능성 또한 기나긴 고통의 터널을 건너는 현재 진행형의 과정 속에 있다는 사실. 이런 이유로 테러의 아수라장 앞에서, 뱃속의 아이에게 바리가 할 수 있는 것은 미안하다고 말하는 것뿐이다. 이처럼 황석영의 『바리데기』는 경계인의 시선을 통해 세계가 여전히 자본의 논리 아래 민족과 종교, 국가 간의 분쟁으로 얼룩져 있다는 사실을 전하고 있다.

강영숙의 『리나』 또한 탈북자를 약소 민족과 유색인종, 여성, 창녀,

8) 황석영, 『바리데기』, 창비, 2007, 199쪽.

하층노동자, 철거민 등 사회에서 소외된 보편적 약자들의 이야기로 확대하고 있다는 점에서 황석영의 『바리데기』와 맥을 같이 하고 있다. 강영숙이 창조한 탈북자 '리나LINA'는 남성적 세계에 저항하는 여성인물이란 점에서 달의 여신 '루나LUNA'를 연상케 한다. '리나'는 극한적 고난 앞에서도 당차고 극성맞기까지 한 적극적 성격의 소유자로 그려진다. 리나의 기나긴 여정은 22명의 탈북자 행렬에 끼어 P국으로 향하면서 시작되는데, 남동생을 우선하는 가부장제와 궁핍이라는 이중적 억압 속에서 괴로워했던 리나에게 '떠남'은 그 자체로 설레임과 기대가 된다. 리나에게 있어 국경을 넘는다는 것은 억압된 현실에서의 탈출을 의미하는 것이기에 "목에 걸려있던 사탕이 쏙 하고"[9] 넘어가는 시원한 희열로 다가오는 것이다.

리나가 탈북 도중 화공약품공장으로 끌려가 성적 학대와 비인간적인 대우를 받는 상황 설정이나 창녀촌 시링으로 흘러들어가 폭력적 남성의 세계를 경험하는 것은 이 소설이 단순히 탈북자 서사에 머물러 있지 않다는 사실을 말해준다. 리나의 여정에는 국경과 경계를 불문하고, 핍박받고 소외된 사회적 약자의 삶이 비추어져 있다. '리나'의 새로운 가족이 되는 '천막의 여가수'가 영원불멸한 존재로 지칭된다는 사실은 몸과 몸으로 이어지는 뿌리뽑힌 여성, 마이너리티가 겪는 질기고 질긴 고난의 연속성을 상징하고 있다. 리나가 천막의 여가수가 걸었던 길을 되밟아가게 되면서 부르는 랩에는 국경과 민족을 초월한 소외된 자들의 갖가지 이야기가 세헤라자데의 천일야화처럼 슬프고도 외롭게 이어진다.

'리나'의 노래—"우이씨 우리 엄마는 외국여자야. 우리는 당당한 노동자 농민으로 살아가지 (…중략…) 그럼 난 수줍게 말하지. 국경이오."—는 중심으로 편입되지 못하고 영원한 주변부로 밀려 살아가야만 하는 경계인들의 운명을 현재화한다. 그러므로 이 소설에서 국경, 경계는 단순한 지리적 차원을 넘어 보편적 금기와 속악한 현실의

9) 강영숙, 『리나』, 랜덤하우스, 2006, 13쪽.

벽을 의미한다고 할 수 있다. 그리고 경계를 넘은 자들에게는 폭력과 억압이라는 처벌이 가해진다. '리나'에게도 "국경을 넘은 이후로 항상 따라다니는 누군가"[10]처럼 자본의 음험한 논리는 은밀하면서도 일상적인 형태로 따라붙는다. 화약공장의 네모반듯한 얼굴의 남자나 탈북자들에 기생하여 살아가는 선교사 장은 물론 소외된 자들에게 최소한의 터전조차 허용치 않는 국가기구의 압력—창녀촌 시링을 사적인 감정으로 철거하는 공무원들과 공단지대에 가해지는 전국가 차원의 탄압—은 리나가 행하는 두 번의 살인을 비윤리적이거나 비이성적으로 느낄 여지를 주지 않는다.

이처럼 "공해와 화공약품 냄새로 찌든 아랫도리"[11]를 이끌고 또다시 국경지대로 이동하는 '리나'의 모습에서 황석영이 만들어낸 현대적 '바리'의 모습을 겹쳐 읽어내는 것은 어렵지 않다. 그리고 이들의 훼손된 여성성은 전 세계 뿌리뽑힌 자들의 보편적 고난을 상징적으로 보여주고 있다. 결국 '리나'의 서사는 '바리'의 서사가 그러했듯 p국을 향한 탈출, 탈북 이야기로 국한되지 않고 p국 내부의 모순, 나아가 전세계 국가의 어두운 이면에 대한 이야기로 확대된다.

'리나'의 탈주 욕망이 향하는 곳도 p국으로 한정되지 않는다. '리나'는 p국 또한 자본과 배제의 논리로 점철된 곳이란 사실을 깨닫기 시작하면서 결국 '오만가지 형태로' 탈출해봤자 그곳이 결코 안식처가 될 수 없다는 사실을 깨닫는다. 그럼에도 '리나'가 갈 곳 없는 네 명의 남자애를 데려다 돌보아주는 장면은 극한적이고 비극적 상황에서도 인본주의적이고 본래적인 여성성이 잔존한다는 사실을 우회적으로 보여준다. 사실 리나는 강인해 보이는 겉모습과는 달리 내면에는 하나의 진정한 인격체로, 여성으로서 인정받고자 하는 욕망이 가득차 있다. 소외의 아픔을 공유했던 동반자 '삐'가 "사랑한다. 예쁘다"란 말을 해주기를, 끈 떨어진 운동화를 벗고 한번쯤 꽃무늬 샌들

10) 위의 책, 101쪽.

11) 위의 책, 301쪽.

을 신어보길 간절히 욕망한다. 하지만 아무리 꽃무늬 샌들 앞에 서 있어도 결국 신발은 키 큰 금발 여자의 차지가 된다. 신발을 사기 위해 열어본 돈깡통엔—사선에서도 결코 놓지 않은—쓸모없는 흰 재만이 가득 담겨 있을 뿐이다.

이처럼 리나의 이야기에는 국경 안의 삶이나 국경 밖의 삶이 별반 다를 것이 없다는, 현존하는 물신주의와 반인본주의가 낳은 삶의 보편적 모순이 국경과 민족을 초월하여 곳곳에 산재해 있다. P국으로의 탈북에 성공한 아이가 버스에서 내리며 하는 말 "그래서 여긴 살만하다는 거지?"에는 탈출하여 다다른 곳도 떠나온 곳의 억압과 좌절이 여전히 존재하리라는 사실, 탈북 후 p국까지의 여정이 안겨준 절망이 고스란히 담겨있다.

소설 '리나'가 지닌 이러한 서사의 보편적 측면을 염두에 두면 주인공 '리나'는 공고화된 삶의 보편적 억압을 뚫고 저항한다는 점에서 숙명적으로 하나의 경계 안에 머무를 수 없는 전형적인 경계境界인을 표상한다고 할 수 있다. 그녀는 계속해서 국경 근처에서 살아갈 수밖에 없는 처지로 전락하는데 p국으로 갈 수 있는 기회가 있음에도 불구하고 이를 거부한다. p국에 정착하여 또다시 가족이란 틀 속에, 탈북자란 꼬리표를 달고 순응하며 살 수는 없다는 것. 훼손된 자본의 논리에 굴복하는 방식으로는 p국으로 들어가기 싫다는 확고한 의지를 보여줌으로써 리나는 다른 탈북자 소설의 인물들과 변별된다. 가족으로부터 온 편지를 미끼로 또다시 돈을 요구하는 선교사 장에게 리나가 당당하게 되받아치는 말 "저 여기요. 선교사 아저씨 나 돈 없거든요", "거긴 들어가서 뭐 하는데 씨팔"12)은 결코 주어진 운명 앞에 수동적으로 굴복하지 않겠다는 자발적 경계인의 의지를 엿볼 수 있게 한다. 오히려 '리나'는 p국으로 가기 위해 모아둔 돈을 선교사 장에게 내놓으며 p국으로 들어간 가족에게 보내달라고 요청한다. 이 같은 예외적 상황은 정작 돈(자본)이 필요한 곳은 경계의 삶이 아닌,

---

12) 위의 책, 314쪽.

돈이면 다 된다는 물신주의가 팽배한 국경 안의 삶일 것이란 사실을 강조하는 역할을 한다.

이처럼 황석영의 『바리데기』와 강영숙의 『리나』는 경계 밖의 이야기인 듯 하지만 사실은 경계 내부의, 나아가 경계와 국가를 초월한 인간 삶의 보편적 서사라 할 수 있다. 또한 이 두 소설은 진정한 자아를 찾기 위한 탈북자들의 여정 자체를 가치 있고 유의미하게 바라보고 있다는 점에서도 탈북자를 향한 동일한 시선을 보여주고 있다.

4. 뿌리내리기의 두 층위
: 정도상의 『찔레꽃』과 이대환의 『큰 놈과 콘돔』

60여 년 전 월남했던 작가 황순원·김이석·이호철 등이 남한 사회에서 뿌리내리는 과정은 당시 한국사회의 복잡한 사회상황과 분단현실, 냉전 체제 등을 고려하지 않으면 올바로 읽어낼 수 없다. 당시의 월남 행위를 단순히 이데올로기의 측면에서 바라본다든지 또는 개인적 행위의 소산으로만 접근한다면 월남자들이 지닌 복잡한 내면은 물론 월남의 원인과 배경을 너무 순진하게 재단하는 잘못을 범할 수 있다.

경계를 넘는다는 것은 기존의 많은 것들을 잃어야 하는, 나아가 사활을 걸어야 한다는 점에서 고통을 수반할 수밖에 없다. 하지만 익숙한 본토에서 뿌리 뽑혀 다시금 새터에 뿌리를 내리는 일은 인간을 내적, 외적으로 성숙시킴은 물론, 당시 사회에 대해 가장 민감하게 대응할 수 있는 기회를 준다. 경계 안에서 보는 것과 경계 밖에서 보는 것이 같을 수 없거니와 중요한 사실은 자의든 그렇지 않던 간에 경계에 서 본 자만이 경계의 안과 밖의 삶이 어떤 것인가 이야기할 수 있기 때문이다.

하지만 이들 탈북, 월남자들이 전하는 경계에 대한 이야기를 당시의 상황이나 개인사를 간과한 채 고스란히 수용하는 것도 너무 순진한 접근태도라 할 수 있다. 월남민 중에는 떠나온 북한의 고향을 평생 그리워하며 살아온 이들이 있는 반면, 북한에 대한 이야기를 입밖에 내는 것조차 금기시하며 남한의 삶을 영위했던 이들, 북한에서의 삶을 부정하고 북한에 대한 비판을 통해 남한에 뿌리내리기를 시도했던 이들이 공존한다. 지난날 월남민들의 다양한 층위처럼 이 시대의 탈북자들도 탈북 행로 및 탈북의 동기에 따라 남한에서의 뿌리내리기를 달리한다.

정도상의 연작 소설 『찔레꽃』(창비, 2008)은 각각의 단편으로 발표되었지만 서로 긴밀히 연결되어 있어 한 편의 장편소설을 연상케 한다. 연작소설집 안의 각각의 단편, 「함흥, 2001, 안개」는 충심의 탈북 배경을, 「풍풍우우」와 「늪지」는 인신매매되어 중국 등지에서 고난을 겪는 이야기가, 「겨울 압록강」에서는 '미나'라는 이름의 안마사로 일하며 남한으로의 입국을 준비하는 과정을, 「찔레꽃」은 남한으로 입국한 충심의 이야기가 담겨진다.

충심은 인신매매에 의해 탈북자 신세로 전락하는데 이는 충심의 탈북이 자의에 의한 것이 아니라는 사실을 말해 준다. 그녀는 자신의 탈북 행위가 지난 삶에 대한 배신 행위라 여기며 남한으로의 입국을 주저하기도 한다. 충심과 미향이 인신매매되어 각각 해림의 신흥촌과 광명촌으로 팔려가게 되었을 때 북한으로 보내달라며 몸부림치는 모습은 이들이 결코 남한을 가기 위해 탈북한 것이 아니라는 사실을 말해준다.

함흥이 고향인 충심의 여정은 북조선의 남양을 거쳐 국경 너머 중국의 도문으로 이어지는데 작가는 소설 속에 북한식 용어와 철자법을 그대로 사용함으로써 탈북자의 시선을 가능한 살리려 노력한다. 소설 속의 충심과 미향은 생계를 위해 중국으로 넘어왔다가 갑봉, 삼식이, 춘구 등 인신매매단의 덫에 걸린다. 이들 인신매매범들은 충심과 미향에게 북조선 보위부원에게 걸리면 탈북자 감옥행이며 그것은 곧 죽음을 의미한다며 위협한다. 결국 충심과 미향은 중국의 외지로 팔려가게 되는데 탈출해도 돌아갈 곳이 없다는 사실은 충심이 불가항력적으로 남한행을 결정케 하는 결정적 이유가 된다.

또한 충심과 미향의 결핍과 고통은 돌아갈 집이 존재하지 않는다는, 어머니와 동무들과 함께 했던 고향으로 돌아갈 수 없다는 실향의식에서부터 시작된다. 미향이 남편에게 학대를 받으면서도 두만강을 건너 고향으로 회귀하는 꿈을 버리지 않는 것, 충심이 가족과의 영원한 이별이 두려워 쉽게 남한으로의 월경을 결정하지 못하는 것 등에서 알 수 있듯 탈북자로 전락한 이들의 의식지향은 한국이 아닌 북한의 고향으로 향해 있다. 미향이 까마귀와 까치를 보며 어디든 떠날 수 있는 자유를 부러워하는 장면 또한 국적이나 국경과는 상관없이 경계를 넘어 자유롭게 회귀하고자 하는 욕망을 대변하고 있다. 이처럼 작가는 탈북자들의 의식지향이 모두 남한을 향하고 있지 않다는 사실을 명백히 하는데 "내 나라 제일로 좋아", "장군님하고 비교하지 마세요. 어디 감히"라는 말에서 짐작할 수 있듯 북한에서의 삶을 쉽게 버리지 못하는 탈북자들의 내면을 진솔하게 보여주고 있다. 반면 남한에 대한 이들의 인식은 탈북자를 인신매매하여 살아가는 춘구의 발언, "한국에서 온 선교사 새끼들, 미국놈들 돈 받고 탈북자 후리는 놈들"13)에서도 알 수 있듯 부정적이다. 이 소설에서 자본의 음험한 덫에 걸려든 탈북자들의 비참한 행로는 현실의 불모성과 뿌리뽑힌 자의 비극성을 더욱 부각시키는 역할을 하고 있다.

특히 「얼룩말」에서 부모 없이 국경을 넘어야 했던 어린 영수의 죽음은 초원(야생)에서 살아남아야 하는 새끼 얼룩말과 오버랩되면서 경계를 벗어난 약자에게 가하는 경계 내의 처벌이 얼마나 가혹한지 보여준다. 현실의 냉혹함은 생사의 갈림길에서도 탈북자들을 카메라에 담으며 의도된 촬영에 열중하는 박선교사에 이르러 극에 달한다. 결국 약육강식의 현실(야생)에서 영수(어린 얼룩말)는 도강하지 못하고 죽음을 맞는다. '엄마 엄마'를 찾으며 죽어가는 영수의 모습은 고향을 잃고 타지에서 죽음을 맞는 탈북자들의 비참함을 더욱 아프게 각

13) 정도상, 『찔레꽃』, 창비, 2008, 186쪽.

인시킨다.

한편 「찔레꽃」에는 남한으로 입국한 충심의 모습이 그려진다. 노래방 도우미 생활을 하는 충심이 즐겨부르는 노래 찔레꽃—"찔레꽃 붉게 피이인 북쪽나라 내 고오오햐앙"—에는 떠나온 고향을 그리는 탈북자의 내면이 투영되어 있다. "함흥을 떠난 이래 한번도 발을 땅에 붙여보질 못했다"는 충심의 토로는 남한에서 영원히 이방인으로 살아갈 수밖에 없는 탈북자의 보편적 좌절감을 보여준다.

물신주의가 지배하는 도심에서 하얗고 순박하게 피어난 찔레꽃은 노래말—엄마 가는 길에 하얀 찔레꽃 엄마 엄마 부르며 따먹었다오. 밤마다 꾸는 하얀 엄마꿈—처럼 모성과 고향을 향한 안타까운 동경으로 피어난다. 「소소, 눈사람이 되다」의 '흰 눈'의 상징성 또한 세상의 더러움을 덮는 순수성과 모성성의 회복에 있지 않을까. 「겨울 압록강」에서 '나'가 애타게 찾아다니는 '그 여자'는 찔레꽃과 흰눈의 이같은 상징성이 현존화한 인물이라 할 수 있다. '그 여자'는 중국의 집안과 북의 만포를 들락거리며 압록강처럼 도도히 흐른다.

「겨울, 압록강」에서 '나'는 탈북자인 '미나'(충심)와 만남으로써 자신 또한 어쩔 수 없는 자본주의 속물이란 사실을 깨닫는다. 그리고 서울서 온 '나'나 탈북자 '미나'(충심)는 모두 가질 수 없는 것을 욕망하기에 메울 수 없는 결핍에 공허함을 느낀다. '나'가 경계의 무화를 실현하는 '그 여자'를 찾는 일에 더더욱 매달리는 이유가 여기에 있다. 결국 '미나'가 지닌 결핍, 탈북으로 인한 뿌리뽑힘과 고향 상실감은 아이를 잃은 '나'의 결핍과 소통하면서 보편성을 획득한다. 이들은 모두 건널 수 없는 경계의 언저리에서 경계 너머의 고향과 안식을 희원한다.

탈북하여 남한으로 오게 된 여성탈북자의 이야기가 전개되는 또 다른 탈북자 소재의 소설로 이대환의 『큰돈과 콘돔』(실천문학, 2008)이 있다. 주인공 표창숙은 돈을 벌기 위한 목적으로 탈북을 시도했다는 점에서 특이한 이력을 갖는다. 표창숙은 함께 중국으로 왔던 고영란이 남편과 함께 북으로 되돌아감에도—돌아갈 기회가 있었음을 의미한다 — 홀로 중국에 남는다.

탈북 이후 표창숙은 탈북자 사냥꾼들에게 쫓기는 과정에서 리봉규의 도움을 받고 그와 사랑에 빠지지만 리봉규는 그만 중국공안에 체포되고 만다. 이후 탈북에 성공한 창숙은 남한으로 함께 넘어온 또다른 탈북자 김금호와 새로운 가정을 꾸리게 된다. 그리고 성공한 보험설계사가 되어 자신의 탈북과정을 바탕으로 북한의 실정에 대해 강연할 기회까지 얻는다. 표창숙은 이처럼 남쪽 사회에 완벽하게 적응한 탈북 여성으로 형상화된다. 정직하게 자본을 축적하려는 표창숙은 노래방 도우미 등으로 학비를 버는 이웃집 여자와 대조되면서 더욱 부각된다. 표창숙은 강연을 통해 북한 현실에 대해 여실히 비판하면서 자본주의 체제를 옹호한다. 남편 김금호의 시선도 이와 별반 다르지 않은데 '한국과 공화국의 차이는 개방과 폐쇄의 차이'라는 사실을 강조하면서 북한에 비해 자유가 보장된 남한 사회가 훨씬 우월하다는 논리를 전개한다. 자신을 명품이라고 부르는 직장동료들의 자본주의적 시선에도 이를 껄끄러워하지 않고 오히려 즐기는 창숙의 모습에서 — "하지만 싫지 않았다. 재미있었다."[14] — 자본주의에 침윤된 탈북자의 모습을 보는 것은 어렵지 않다.

작가는 탈북자가 남한에 정착하기 위해 가장 중요한 것은 남한의 자본주의에 재빨리 그리고 깊숙이 몸을 담그는 것이라 역설하고 있는 듯하다. 하지만 탈북자의 자본주의 침윤이 현실성을 담보하고 있다 하더라도 남한 사회에 대한 비판의식의 소멸과 순응의 모습으로 비춰진다면 이를 건강한 소설전략이라 할 수 없다. 이 같은 맥락에서 소설 속 김금호의 시선, 탈북자는 '정부에 반대하기 어려운 사람들'이라는 선입견 또한 탈북자의 복잡다단한 심리와 뿌리내리는 과정을 너무 단순하게 접근한 것 같아 아쉽게 느껴진다.

탈북자의 남한 정착을 문제삼고 있는 이 소설에서 표창숙의 '콘돔을 벗는 일'은 탈북자의 완전한 남한 정착을 위한 시도라는 점에서

14) 이대환, 『큰놈과 콘돔』, 실천문학, 2008, 98쪽.

작가의 탈북자 인식의 가장 중요한 부분을 보여준다. 유랑민에게 가장 큰 문제는 아이를 갖는 일이라 할 수 있을 것인데, 탈북의 과정 속에서 리봉규와의 사이에서 갖게 된 아이를 지울 수밖에 없었던 아픔은 표창숙에게 임신에 대한 불안감으로 작용한다. 표창숙의 악몽 속에 자주 출몰하는 '배꼽위의 들쥐' 또한 이와 같은 '임신'의 불안감을 표상하는 부정적 상징물이라 할 수 있다. 이 같은 맥락에서 콘돔은 정착에 대한 일종의 방어기제로 작용함을 알 수 있는데 표창숙은 이를 제거함으로써 남한에서의 진정한 뿌리내리기를 시도한다.

하지만 표창숙은 자본주의에 철저히 침윤됨으로써 이와 같은 정착에의 불안감에서 벗어나기 시작했다는 점에서 탈북자의 다양한 뿌리내리기 과정을 총체적으로 보여주기에는 분명한 한계를 지닌다. "사실 명품은 항상 큰돈을 싫어했어"라고 말하는 표창숙의 모습은 정착을 담보로 더 이상 돈(자본)에 얽매이지만은 않겠다는 건강한 욕망을 보여준다. 하지만 그 모습은 남한 사람보다 더욱 남한사람처럼 변해버린 탈북자의 일그러진 표상을 동시에 함유하고 있다.

5. 결론

이처럼 탈북자를 소재로 삼고 있는 최근 소설들 속에는 경계에 대한, 그리고 경계의 안과 밖을 규명하려는 다양한 시선들이 교차되어 있다. 그리고 이들 소설들에 담겨진 탈북자의 시선에는 작가의 현실 인식이 고스란히 투영되어 있다. 그리고 지금 여기. 소설과 현실, 모두에게 있어 '탈북'이 문제되는 이유는 '탈북'과 '탈북자' 그리고 '새로운 뿌리내리기'의 행위가 시대를 민감하게 들여다볼 수 있는 시금석의 역할을 하기 때문일 것이다. 과거 월남민들이 당대의 현실을 반성적으로 비춰볼 수 있는 거울이 되었듯 지금의 '탈북자'들은 여전히 분단국가로 남아 있는, 또한 전지구적 자본주의 논리가 지배하는 우리의 현실을 비춰주는 중요한 기호가 되고 있다.

무엇보다 '탈북'에 대해 편향된 시선에서 벗어나 균형감 있게 접근하기 위해선 좌우이데올로기가 여전히 현존해 있는 분단국가의 민족적 특수성과 함께 전지구적 자본주의체제라는 세계사적 보편성을 동시에 고려하지 않으면 안 된다. 이를 염두에 두지 않은 채 민족적 특수성에 함몰되어 '탈북'과 '탈북자' 문제에 접근한다면 의도되었건 그렇지 않던 간에 이러한 방식이 체제의 공고함에 복무하거나 탈북자를 타자화하여 재단하는 결과를 낳을 수 있다. 반대로 우리의 분단현실과 민족적 특수성을 간과한 채, 탈북자를 세계화로 인해 소외된 보편적 경계인 정도로 치부하는 것도 탈북자를 또다시 타자화하는 결과를 불러올 것이다. 무엇보다 경계해야 할 점은 이들 경계를 넘은 자들을 그들이 지닌 이중, 삼중의 억압을 간과한 채, 체제 내 잣대로 함부로 재단하는 일이다.

본고에서 논의한 여섯 편의 장편, 연작 소설들은 탈북자 소설이 지닐 수 있는 이러한 문학적 성과와 한계들을 잘 보여주고 있다. 황석영의 『바리데기』와 강영숙의 『리나』는 '탈북자' 소재가 우리의 특수한 현실을 넘어 보다 보편적이고 인간 본연의 소설적 주제로 확장될 수 있는 가능성을 보여준다. 또한 권리의 『왼손잡이 미스터리』나 정도상의 『찔레꽃』은 현존하는 분단 현실을 보다 깊이 있게 천착하고 '탈북자'들의 뿌리내리기 과정을 편견 없이 바라보고자 했다는 점에서 높이 평가할 만하다. 하지만 이호림의 『이매, 길을 묻다』와 이대환의 『큰놈과 콘돔』은 분단 현실과 탈북자에 대한 보다 균형감 있고 열린 시각이 절실함을 확인케 한다.

앞으로 전개되는 '탈북자' 소재의 소설들이 보다 유의미한 문학적 성과들을 얻기 위해선 남북한 현실과 탈북자가 지닌 특수성과 보편성을 아우르는, 그리하여 탈북자들의 다양하고도 의미있는 정체성 찾기를 섬세하게 포착해내려는 작가들의 부단한 노력이 더욱 절실히 요구된다.

『나마스테』에 나타난 외국인 노동자의 재현 양상

홍원경

1. 서론

2000년대 들어 한국 사회에서 외국인 노동자 문제는 한국소설에서도 구체적인 실례 속에 주제나 배경면에서 중요한 의미로 작용한다. 외국인 노동자들의 재현 양상을 보여주고 있는 한국소설은 그들이 한국에서 적응해 가는 과정 속에 한국인들의 편견과 차별로 인하여 발생된 사회문제가 다각적으로 나타나고 있음을 알 수 있다.

고원정의 『한국인』 2는 외국인 노동자에 대한 한국인의 폭력성을 형상화하여 극단적인 차별화로 인한 사회문제를 제기하고 있다. 고종석의 「고요한 밤, 거룩한 밤」에서는 외국인 노동자에 대한 한국 사회의 차별에 대해 비판적인 지식인의 양상을 보여주고 있다. 손홍규는 「이무기 사냥꾼」에서 한국인들의 차별에 대한 응징으로서 외국인 노동자의 부도덕성을 묘사하여 그와 관련된 한국사회의 문제를 제기한다. 그리고 김재영의 「코끼리」에서는 네팔사람 아버지와 조선족

* 남서울대학교 강사

어머니 사이에서 태어난 아이의 시선에서 바라본 외국인 노동자들의 실상을 보여주고 있다. 이혜경의 「물 한 모금」에서는 한국인들의 차별에 대한 외국인 노동자의 대응 양상이 나타나고 있다.

이처럼 외국인 노동자의 재현 양상을 보여주고 있는 이들 작품[1] 대부분은 사실 '외국인 근로자 고용법'[2]이 새로 제정되어 공포된 시점을 기점으로 하여 발표된 것이라 할 수 있다. 그리고 앞으로도 한국사회에서 외국인 노동자에 대한 문제가 전반적으로 해소되지 않는 한 그들을 문제로 다룬 한국 소설들이 계속적으로 발표될 것이다.

그러나 기존 소설들은 외국인 노동자의 제 문제 가운데 그 일면만을 부각시킨 데 반해서, 본고에서 모색할 박범신의 장편소설 『나마스테』에서는 외국인 노동자들의 총체적인 삶의 모습이 나타나고 있다. 따라서 소설에서 외국인 노동자에 대한 한국인의 편견과 차별에 대해 구체적으로 분석해 보고자 한다. 그 다음으로 한국인과 외국인 노동자와의 관계를 고려 해볼 것이며, 특히 주인공 카밀이 바라보는 한국 사회가 어떤 것인가도 분석하고자 한다.

한편 박범신의 경우 『촐라체』(2008), 『고산자』(2009) 등에서 볼 수 있듯이 인간과 삶에 대한 작가의 시선이 이후 '산山'과 관련되어 전개되고 있다. 이런 점에서 외국인 노동자들의 총체적 삶을 보여주고 있는 『나마스테』도 예외는 아니다. 유한한 삶에 대한 극복과 인간에 대한 보다 근원적인 문제들이 카일라스 산이라는 공간을 통해 나타나고 있다. 따라서 『나마스테』에서 주인공 카밀의 인생행로로서 등장하는 세 개의 서사 공간[3] 가운데 중요한 공간이라 할 수 있는 카일

---

1) 다음은 외국인 노동자와 관련된 소설들이다.
고원정(2000), 『한국인』 2, 해냄; 고종석(2004년 봄), 「고요한 밤 거룩한 밤」, 『파라 21』, 문학동네; 손홍규(2005년 여름), 「이무기 사냥꾼」, 『문학동네』; 김재영(2005), 「코끼리」, 『코끼리』, 실천문학사; 이혜경(2006), 「물 한 모금」, 『틈새』, 창비.

2) 산업연수생을 근로자로 편법 활용하거나 불법 체류자를 고용할 수밖에 없는 현실적 문제를 해결할 목적으로 한국정부는 2004년부터 '고용허가제'를 도입하였다. 하지만 정부는 외국인 근로자의 장기 체류가 내국인 고용기회를 보장하는 데 문제가 될 것을 우려하여 단순기능 외국 인력의 체류 기간을 3년으로 제한한다(김은미·양옥경·이해영, 『다문화사회, 한국』, 나남, 2009, 192쪽). 따라서 당시 대부분 3년이 넘은 외국인 노동자들이 강제추방 당하는 사태가 벌어진 것이다.

라스의 의미에 대해 고찰하고자 한다. 더 나아가 주인공 카밀에게서 볼 수 있는 종교적 신념도 함께 고찰하고자 한다. 사실 『나마스테』에 나타나 있는 서사 공간은 이처럼 카밀의 공간 분석만으로 해소될 수 있는 문제가 아닐 것이다. 이 소설은 카밀의 인생행로뿐만 아니라 그의 아내인 신우의 인생행로가 서사 공간에서 빚어내는 현실 문제에 있어 중요한 의미로 작용하고 있기 때문이다. 따라서 신우의 공간 분석 또한 본고에서 살펴보고자 한다.

2. 소설에서의 서사 공간

작가에 의해 창조된 서사 공간은 작품의 근간을 이루는 가장 중요한 요소가 된다고 할 수 있다. 이 서사 공간은 지형학적인 피상적 의미뿐만 아니라 그 내재적인 의미도 함께 고려해야 할 대상이다. 다시 말해 그것은 작중 인물들의 인식과 그 궤를 같이 한다고 볼 수 있다. 물론 여기서 서사 공간은 다분히 지배적인 개념[4]으로서 다른 요소로부터 전경화시켜 사용한 것에 지나지 않는다.

『나마스테』에서 카일라스는 주인공 카밀의 인생행로라 할 수 있는 고향 마르파-카트만두-서울로 이어지는 길이 '카르마'의 과정임을 인식시켜 주는 원천적인 서사 공간인 셈이다. 카일라스는 현실과 이상의 결합을 견고하게 하는 서사 공간으로, 주인공으로 하여금 피상적 세계에서 벗어나 심층적 세계로 향하게 하는 중요한 공간이라 할 수 있다. 다시 말해 『나마스테』에서는 카일라스 산이라는 핵심적 공간을 중심으로 이야기가 전개되고 있다. 작가는 창작 내내 "불멸의 얼음산 카일라스"가 언제나 떠나지 않았다고 한다.

---

3) 『나마스테』에서는 크게 세 개의 서사공간 즉 네팔에 있는 주인공 카밀의 고향 마르파를 포함한 카일라스 산과 카트만두 그리고 서울을 중심으로 이야기가 전개되고 있다.

4) 야콥슨에 의하면 작품은 기법들의 체계이며, 위계 질서가 나타나는데, 이 질서 속에서 주도적 역할을 하는 기법이 이른바 지배소가 된다고 하였다(이승훈, 『현대비평이론』, 태학사, 2001, 77쪽).

누구나 자본주의 세계통합 국면에 놓여진 우리의 삶이 미치광이 삶은 아닐까 하고 느끼게 된다. 우리는 이미 독종이 돼서 신으로 가는 길을 잃었을 뿐만 아니라, 어떻게 해도 우리 자신의 삶을 구원할 수 없는 참혹한 지경에 빠지고 말았다. (…중략…) 연재하는 내내 내 눈앞엔 언제나 불멸의 얼음산 카일라스가 흘러다녔다. 문명은 본래 서열과 층하가 없다. 필요한 것은 티베트말로 모귀, 갈망과 염원을 가지고 우리의 마음속에서 계속, 끈질기게, 상주불멸의 본성과 같은 카일라스를 품는 일이다. 그것을 히말라야에선 마야라고 한다. 우리가 사랑이라고 부르는, 그것.5)

소설에서 집중적으로 묘사된 카일라스는 물론 히말라야 설산 너머 티베트의 광야에 위치한 만년빙하의 얼음산이라는 사실만을 의미하기보다는 인간 삶의 척도로서의 신성한 영혼의 의미를 가장 효과적이고도 생생하게 묘사할 수 있도록 고안된 일종의 상징적인 산이나 다름없다. 우리 자신의 삶을 구원할 수 없는 각박한 자본주의 세계 속에서 빈부의 차별 없이, 욕망과 집착에 따른 온갖 번뇌와 망상을 다 씻을 때 순정한 본성만 떠오르게 된다는 영혼의 심지가 바로 카일라스를 의미한다. 즉 이 공간은 인간과 자연 전체를 포용할 수 있는 사랑의 힘이 넘치는 산임을 말해준다.

네팔 사람 카밀에게 있어 카일라스 산에 대한 종교적인 숭배는 절대적이다. 그 산의 가르침인 자비로운 사랑은 그에게 있어 어떤 시련과 고난도 이겨낼 수 있는 자산이다. 따라서 그 산을 마음속에 간직하고 있는 것은 가장 값진 것을 소유하고 있는 것이다. 카일라스 산에 대한 그의 애착심은 소설 여러 군데에서 발견된다.

내게는 티베트의 피가 흐르고 있어요.

할아버지 젊었을 때 캉자, 한국말로는 오체투지로 카일라스를 한 바퀴 돌았대요. 가슴에 품은 거지요. 죽음도 삶도 없는, 성스런 산의 기운이 내 안에 흘러요.

---

5) 박범신, 『나마스테』, 한겨레신문사, 2005, 398쪽.

(…중략…) 내 속, 내 안 어디에, 세상의 중심, 카일라스 산 숨어 있었을 거예요.[6]

이처럼 카일라스라는 공간이 인간과 자연 전체를 사랑의 힘으로 포용해주는 산山으로 카밀에게 작용하고 있는 서사 공간이라면, 카밀의 아내 신우에게 이런 의미와 같은 공간으로는 사실 카밀과 함께 보낼 수 있는 현실적인 공간, 바로 서울의 한 가정家庭이 되는 셈이다. 이 공간 속에서라면 그녀는 어떤 시련과 고난도 이겨낼 수 있는 것이다. 따라서 그녀에게 있어 카밀이라는 사람은 카일라스 산과 같은 소중한 존재인 것이다. 카밀에 대한 그녀의 애착심은 소설 여러 군데에서 발견된다.

나(신우)는 너무도 충일한 내 영혼 때문에 절로 웃음이 나왔다. 서른 살이 될 때까지 상상조차 하지 못한 충일함이었다. 나는 카밀을 사랑했으며, 카밀을 사랑한다고 용기 있게 스스로 인정하고 나자 만트라가 쑥 내 속으로 들어와 눈부시게 터진 격이었다. 이런 세계가 있었구나. 나는 때로 혼잣말을 했다.[7]

『나마스테』에서는 세 개의 서사 공간들이 유기적으로 연결되어 있다. 따라서 이들 공간에서 전개된 내용을 분절적으로 읽기보다는 통합적으로 해석할 경우, 각각의 공간에서 등장하는 중심인물에 대한 사전적 지식을 확보할 수가 있다. 이는 가장 핵심적인 공간이 소설 전체에 나타나고 있기 때문이다. 이러한 특성은 주인공 카밀에게서 볼 수 있는 종교적 성향으로 설명할 수 있다. "꿈을 좇아 끝끝내 장렬히 산화하고 마는 주인공 카밀의 고향은 히말라야 빙하가 흘러내리는 칼리간다크 강이 흐르는, 안나푸르나 연봉들 사이의 아름다운 마을 마르파이다. 카밀은 협곡 사이의 위태로운 길을 따라 더 넓고 곧은 도로망이 뻗은 카트만두로 왔고, 문명의 하늘 길 좇아 서울까지

6) 위의 책, 85쪽.

7) 위의 책, 141쪽.

흘러나왔다." 그의 인생행로 가운데 고향 마르파에서 카밀은 종교적 성향으로서의 순수성이 나타나고 있음을 알 수 있다. 항상 사과향기가 배어 있는 어머니와 함께 보낸 그 곳에서의 카밀은 행복한 아이의 모습 그 자체로 순수했기 때문이다.

그러나 어머니가 갑자기 돌아가신 직후 아직 어린 카밀이 아버지와 함께 오게 된 카트만두에서는 고향에서 볼 수 있는 카밀의 종교적 성향이 상실되고 만다. 그곳에서 카펫 공장 사장님의 딸인 새엄마와 결혼한 아버지는 돈만 추구하는 사람으로 변해 가는데, 이에 반기한 카밀은 자연히 반항적인 십대를 보내게 된다. 여자들에게 무서운 건달로 소문난 카밀은 방탕한 삶을 지속한다. 그러던 중 아버지가 운영하는 공장 여직원들에게 짐승 같은 행위를 일삼던 카밀은 사비나로부터 포허르 깨따(네팔말로 더러운 놈)라는 치욕스런 말을 듣게 된다. 그때 카밀은 번개가 치는 것처럼 바르도[8]의 순간을 경험한다. 이는 카밀의 카르마가 사비나의 카르마로 엮어 들어가는 순간을 의미한다. 사비나를 통해 카밀은 자신의 카르마와 바르도를 인식하게 된다. 사비나는 어머니가 카밀에게 가르쳐준 모귀[9]를 인식시켜 준다. 그녀는 카밀에서 운명적인 여인으로, 카밀에게 본래 티베트 사람의 피가 흐르고 있음을 일깨워 준다. 즉 카밀은 사비나로 인하여 자신의 마음 속에 숨어있던 카일라스 산에 대한 종교적 신념이 다시 나타나고 있다. 이로 인하여 카밀의 할아버지가 젊은 시절 캉자(네팔말로 오체투지)로 한 바퀴 돌았던 그곳, 다시 말해 삶도 죽음도 없는, "고통 속에 카르마를 쓸어버린 성스런 카일라스"가 자신의 몸속에 흐르고 있음을 카밀은 인식한다. 그는 오로지 아버지의 카펫 가게 일에만 전념한다. 그렇게 해서 카밀은 사비나의 한국행 비용에 결정적인 도움을 준다.

그러나 사비나의 행방을 찾기 위해 한국을 방문한 카밀이 사실 코리안 드림을 위한 외국인 노동자는 아니다. 한국에서 외국인 노동자

---

8) 티베트말로 바르(bar)는 사이, 틈, 도(do)는 매달린이라는 뜻으로 위험한 어떤 뜻, 과도기를 의미한다.

9) 모귀는 티베트말로 간절한 그리움, 존경, 헌신을 의미한다.

로 살아갈 수밖에 없는 카밀은 고통스런 한국생활로 인하여 회의에 빠지게 된다. 자본주의의 치열한 경쟁논리가 가장 선도적으로 도입된 한국사회는 그러한 논리에 의해 산성화한 사람들이 단단한 카르텔을 이루고 있는 구조화된 세계이다. 카밀은 결코 그 구조의 중심에 편입될 수도 없으며, 그 구조로부터 자신의 순정을 끝까지 지켜낼 수도 없는 상태에 빠지고 만다. 이처럼 카밀에게 있어 한국은 카르마로 해결할 수 없는 고통의 공간으로 인식된다. 이곳은 구도자의 고행의 길로 받아들이기에는 힘겨운 총체적 문제가 나타나 있는 공간이기 때문이다.

인생행로의 측면에서 볼 때, 카밀의 아내 신우에게서도 이러한 심각한 문제의 공간이 발견된다. 그녀의 가족은 L.A. 흑인폭동[10] 사건 때 가장 많은 피해를 입은 가정 가운데 하나이다. 1992년 4월 말일경 흑인폭동이 발생한 그 날, 그녀의 아버지는 L.A. 흑인 거주지역에 있는 자신의 마켓을 지키다가 총상을 입었으며, 둘째오빠 또한 총상을 입었고 막내오빠는 총을 맞고 죽었다. 그녀의 아버지는 결국 그때 입은 총상의 후유증으로 돌아가시고 말았다. 사실 이 사건을 흑인폭동이라고 지칭하지만, 그것은 남미계 사람들이 더 심했던 인종폭동이었다. 카밀 같은 외국인 노동자들이 한국에서 처한 상황처럼 미국사회에서 흑인, 아시안들, 멕시칸들은 대부분 무시받고 억압받는다. 미국사회 또한 구조적으로 불평등한 사회로서 총체적 문제를 안고 있는 것이다. 따라서 카밀에게 있어 한국이 고통의 공간이듯이 L.A. 흑인폭동으로 인하여 치명적 상처를 입은 신우 가족에게는 미국이란 곳이 가족의 모든 것을 앗아간 절망의 공간인 셈이다.

한국이라는 공간 속에서 사는 것이 힘들다고 느낄 때마다 카밀은 카일라스 산으로 떠난다. 바닥이 보일 정도로 맑고 에메랄드처럼 파

10) L.A. 흑인폭동은 '로드니 킹 사건'에서 촉발됐다. 고속도로 순찰대 소속인 백인 경찰 네 명이 고속도로를 과속 주행하던 흑인 운전사 로드니 킹을 추적한 끝에 무차별로 집단구타한 사건이 발단인 폭동이었다. 그러나 항거불능의 그를 집단구타한 백인 경찰관 네 명이 전원 무죄판결을 받은 것으로 인하여 백인인종우월주의가 제도에 의하여 보호받고 있음에 격분한 흑인이나 소수민족이 L.A.에서 일으킨 폭동이었다.

란 마나사로바 호수가 있는 카일라스 산으로 그는 마음의 고향을 찾아간다. 새로운 외국인 근로자 고용법이 공포된 후 불법체류하는 외국인 노동자들의 합동 단속이 본격화되면서 희생자가 발생하기 시작하자, 카밀은 강제추방반대 농성에 적극 참여한다. 이처럼 자신을 헌신하며 모귀를 실천할 수 있게끔 계기를 마련해준 힘의 원천은 바로 카일라스를 향한 그의 종교적 신념 때문이다. 그의 종교적 성향은 이러한 데 기반을 두고 다시 나타나고 있는 것이다.

> "모두…… 저만 아니고, 모두들…… 자기 자신만을 위해 농성, 안 해요. 지금은요. 우리가 투, 투쟁하는 거, 외국인 노동자만이 아니라 여기, 우리 한국, 가난하고 힘없는 사람들과도 관, 관계 있어요. 못사는 사람들 계속 못살면, 좋은 나라 안돼요. 못돼요……."[11)]

> "저, 신, 신념, 있어요. 지금까지, 농성하면서요, 저, 잘 모르고 잘못 살아왔다, 생각했어요. (…중략…) 여기서 제가 맡은 역할, 꼭 해야만 돼요. 이런 기분 생전 첨인걸요. 용, 용서하세요. 농성 끝나면, 말씀대로 할게요."[12)]

신성한 카일라스 산에 대한 카밀의 신념은 그가 숭상하는 티베트 불교에서 한 성인의 잠언을 통해서도 나타난다. "이 세상의 어떤 기쁨도 다른 모든 사람을 행복하게 하려는 의도에서 비롯한다." 따라서 농성의 현장에서 그의 마음속에 타오르는 불꽃은 같은 처지에 놓인 동료의 희생에 대한 분노의 불꽃이 아니라 타인에 대한 헌신의 순수한 불꽃을 의미한다. 다시 말해 그는 현실 문제의 고통을 종교적 신념으로 극복하고 있다. 이처럼 『나마스테』에서 주인공 카밀은 두 개의 서사 공간(카트만두와 서울)의 현실세계에서 벗어나 핵심적인 서사 공간(카일라스)의 이상세계로 들어가 자신의 고향을 다시 발견함으로

---

11) 박범신, 앞의 책, 311쪽.

12) 위의 책, 312쪽.

써 그의 종교적 성향을 보여주고 있다.

한편 카밀의 아내 신우 또한 그로부터 영향을 받고 있음을 알 수 있다. 카밀과 함께 보내는 서울의 한 공간 속에서 신우는 카밀의 종교적 성향과 유사한 또 다른 공간 체험을 하게 된다.

> 나는 그곳에 있었다. 카밀의 고향이자 내 고향인 히말라야 산협의 아름다운 마을 마르파에. 그것은 놀라운 체험이었다. 나는 분명히 나의 고향이 마르파라고 느끼고 또 보았다. 꿈도 아니었고, 그렇다고 환상을 보고 있다고 생각하지도 않았다. 모든 것은 너무도 사실적이었으며 생생했다. (…중략…) 천천히, 그러나 한순간에, 마치 책장을 넘기듯, 혹은 수레바퀴가 돌아가듯, 삼계(三界)와 육도(六道)로 가득 찬 미혹의 카르마가 돌아갔다고 느끼자마자, 나는 마르파, 내 고향집 뜰의 무화과나무 밑에 앉아 있었다.[13)]

그러나 삶의 구심점이 되는 카일라스 산을 갈망하고 있음에도 불구하고 카밀은 한국인들의 차별로 인하여 심한 고통을 받고 있는 외국인 노동자들과 농성장에서 혼재混在된 상태다.

> 카밀은 물론 농성 지지파 수장이었다. 이제껏 잘 꾸려지던 공동체가 삐걱삐걱 균열이 갔다. 밤마다 토론이 벌어졌지만 뒷맛은 늘 좋지 않았다. 카밀에게 동조하던 사람들조차 2월이 되자 대부분 현실론에 동조하는 쪽으로 바뀌었다. (…중략…) "아녜요. 이건 포기하는 거예요!" 카밀이 비장하게 소리쳤다. 사람들은 침묵을 지키고 있었다. 카밀은 한 삶, 한 사람, 오랫동안 고통을 나누어온 동지들을 핏발 선 눈으로 바라보았다.[14)]

코리안 드림을 실현하기 위해 한국으로 온 외국인 노동자들은 "폭압적인 인간사냥"을 규탄하기 위해 일터가 아닌 광화문 부근의 성당

---

13) 위의 책, 160쪽.

14) 위의 책, 349~350쪽.

에서 데모를 하게 된다. 그들에게 서울은 더 이상 꿈의 실현을 보장해줄 수 있는 공간이 아니라 절망과 분노로 가득찬 투쟁의 공간으로 바뀌고 만 것이다. 그러나 투쟁 기간이 지속될수록 그들도 서서히 지쳐만 간다. 결국 현실의 벽을 뛰어넘지 못한 채 그들은 자진 해단식을 한다. 새로운 법 실행을 통한 한국정부의 강경책에 그들은 타협할 수밖에 없는 것이다.

결국 농성이 완전히 해체된 후 카밀은 "온갖 카르마를 쓸어갈 만트라"를 잊으며 "카일라스의 신묘한 산소리"도 잊고 만다. 이제 그에게서 종교적 성향은 더 이상 보이지 않는다. 해단식마저 불참한 그는 어느 날 고층호텔의 옥상 외벽에다가 "더 이상 죽이지 마라"는 현수막을 내려뜨린 채 투신하고 만다. 미국 사회의 구조적 문제라 할 수 있는 극심한 인종차별로 인한 사건으로 인하여 치명적인 피해를 입은 신우에게 절망감이나 자기모멸감을 벗어나 무한한 모귀를 움트게 해준 카밀이 결국 한국 사회에서 산화하고 만 것이다.

신우에게 있어 카일라스 산의 상징적 의미와 같은 존재인 카밀이 투신하는 그 순간, 신우는 그를 받으려다가 충돌하여 식물인간이 된 후 결국 죽고 만다. 그녀에게 있어 원래 한국은 카밀과 함께 종교적 신념을 통해서 카일라스와 마르파의 공간을 꿈꿀 수 있던 공간이었다. 그러나 치명적 상처를 안겨준 미국 사회와 마찬가지로 한국은 심각한 구조적 문제로 인한 희생자를 낳게 함으로써 다시 그녀에게 상처투성이로 얼룩진 공간으로 남는다.

3. 외국인 노동자의 재현 양상

외국인 노동자들은 한국의 직장과 그 주변 사회 속에서 적응하면서 살아가고 있다. 따라서 그들의 삶의 공간은 직장과 그를 에워싼 지역사회이다. 그들은 한국 사회에서 한국인들과 더불어 다양한 형태로 부대끼며 살아가고 있다. 특히 『나마스테』에서는 외국인 노동자들의 총체적인 삶의 모습이 나타나고 있다. 따라서 소설에 나타나고 있는 외국인 노동자에 대한 한국인의 편견과 차별에 대해 구체적으로 살펴보고자 한다. 이런 과정 속에서 오래된 민족주의나 국수주의, 피부색에 대한 편견들을 볼 수 있을 것이다. 또한 소설에 나타나 있는 한국인과 외국인 노동자와의 관계를 고려해 보고자 하는데, 특히 주인공 카밀을 비롯한 그의 동료들이 바라보는 한국 사회가 어떤 것인가도 분석하고자 한다.

소설에서 카밀과 그의 동료 덴징과 구릉, 사비나, 로리와 펠르는 외국인 노동자에 대한 한국사회의 차별로 인하여 자신들의 생존을 위해 끊임없이 싸워야 하는 치열한 삶의 모습을 보여주고 있다. 이들은 모두가 한국에서 불법체류자[15]로 남게 되어서 하루하루 위태로운 삶을 연장해 갈 뿐이다. 그러나 새로운 외국인 근로자 고용법으로 인한 강제추방은 외국인 노동자들을 궁지로 몰아가면서 잇단 자살을 유발시키는데, 이에 충격을 받은 카밀은 동료 외국인 노동자와 함께 "야만적이고 폭력적인 단속과 연행"하는 것을 철폐할 것과 강제추방 반대를 옹호하는 농성장의 선두에 서게 된다. 즉 항상 일에 있어서 모귀(헌신)를 우선시 하는 카밀은 외국인 노동자를 강제 추방하는 것을 강력하게 반대하는 농성장에서 수장首長이 된 것이다. 사실 네팔 수도 카트만두에서 카펫공장을 운영하는 아버지 일을 도우며 남부럽지 않은 생활을 해온 카밀은 코리안 드림[16]을 위해 한국에 온 외국인 노동자들과는 애초부터 다른 부류이다. 그들에게 한국은 돈을 벌 수 있는 희망의 터전이자 가족생계의 젖줄인 셈이다. 이 같은 코리안 드림을 목적으로 한국에 가있는 연인 사비나의 소식이 끊기자, 카밀은

15) 불법취업자들은 여러 가지 법적 보호에서 배제되어 있으며, 정부 당국에 의한 색출과 고발, 그리고 강제출국의 위험을 항상 안고 일하게 된다(석현호·정기선·장준오, 『외국인 노동자의 노사관계와 사회적 적응』, 집문당, 1998, 112쪽).

16) 외국인 노동자가 한국취업을 선택하게 된 가장 근본적인 동기는 금전적인 것에 있음을 알 수 있을 것이다. 즉 외국인 노동자가 '돈을 벌기 위하여' 한국에 왔다는 것은 그들의 신분·민족·출신국을 불문하고 공통된 사실이다(설동훈, 『외국인노동자와 한국사회』, 서울대학교 출판부, 1999, 227쪽).

곧바로 한국을 방문하게 된다. 우여곡절 끝에 연인을 만나게 되지만 그 과정 속에서 카밀은 자신의 의도와는 상관없이 불법 체류할 수밖에 없는 외국인 노동자로 전락하고 만다. 연인을 다시 만난 그는 고국 네팔로 돌아가려 하지만 불법체류자로 강제 추방당할 상황에 직면한 동료 외국인 노동자들을 간과할 수 없게 된다. 즉 코리안 드림을 위한 외국인 노동자도 아닌 모호한 입장에 서있는 카밀이 결국 농성에 참여하게 된 것은 외국인 노동자에 대한 한국사회의 차별에 기인한 것이다. 여기서 차별은 여러 요인이 작용하는 데서 시작된다고 볼 수 있는데, 그 가운데 하나가 우선적으로 한국인의 배타적 민족의식에 있다. 외국인 노동자에 대한 한국인의 차별 요인 가운데 하나가 민족주의적 배타성,[17] 즉 피부색에 대한 편견에서 기인한다고 볼 수 있다.

네팔 사람 덴징의 한 친구는 "한국 사람만 되면 욕 안 먹고 사람대접 받을 줄 알"고 한국 여자와 결혼하여 귀화까지 한다. 그러나 한국 사람 누구도 그를 한국인으로 받아들여 주지 않는다. 회사 진급에서도 그는 누락된다. 이처럼 외국인 노동자들은 어떤 직종에서 일하든 주변적인 역할을 담당한다. 그들은 공장주뿐만 아니라 동료 한국인 노동자들로부터도 명령을 받는 위치에 있다.[18] 심지어 덴징의 친구는 아내의 친정집에서도 외톨이 신세가 된다. 즉 귀화는 그에게 법적 권리 몇 가지를 행사할 수 있는 것일 뿐 그 이상도 아닌 것이다. 이런 차별의 요인이 국적 문제가 아니라 외국인의 피부색에서 비롯된다는 것을 알게 된 덴징의 친구는 결국 네팔로 돌아가고 만다. 이처럼 덴징 친구의 경우에서 알 수 있듯이 한국인들은 자기보다 못사는 나라에서 온 사람들에게는 배타적인 성향을 보여준다. 이 같은 사람들이 대부분을 차지하는 한국에서 외국인으로 살아간다는 것은 결코 쉬운 일이 아닐 것이다.[19]

---

17) 경제적 필요성과 민족주의적 배타성, 이 두 가지 요인이 복합적으로 작용하여 외국인 노동자의 수입 정책이 결정되었다(위의 책, 150쪽).

18) 위의 책, 265쪽.

카밀의 동료 덴징과 구릉 그리고 로리 또한 자신들을 차별한 공장주와 동료 한국인들에 대한 원망만이 남아있을 뿐이다. 그들에게는 한국인들 어느 누구와도 자유롭게 소통할 수 있는 여건이 조성되어 있지 않다.

한편 소설에서 외국인 노동자가 바라본 한국사회, 다시 말해 카밀을 비롯한 외국인 노동자들이 한국의 현실에 대해 어떻게 생각하는지를 살펴보고자 한다. 특히 외국인 노동자들이 외국인이기 때문에 한국에서 겪게 되는 여러 가지 어려움을 '문화적 갈등'[20]이라는 측면에서 살펴보고자 한다.

『나마스테』에서 다른 문화적 배경으로 인하여 겪게 되는 여러 가지 문제들 가운데 하나로, 가장 기본적으로는 언어소통의 문제가 있다. 카밀과 같은 네팔 사람 덴징과 구릉의 경우가 이와 관련된다고 볼 수 있다. 덴징은 한국에 와서 처음 배운 말이 "얌마"였다. 공장에서 나이 든 사람이나 어린 사람이나 누구든 자신을 "얌마"라고 불렀기에 덴징은 그 말이 인사말인 줄 알았다고 한다. 그러다가 회장에게 실수를 한 적도 있었다. 한편 구릉은 주임이 자신에게 "졸라 말 많은 놈"이라고 한 데서 시작되어 붙여진 졸라라는 별명이 처음에는 좋은 말인 줄만 알았다고 한다. 이는 다른 문화적 배경을 가진 사람을 비하하는 차별적 언어행위라 볼 수 있다. 다시 말해 이는 언어적인 문화적 차이가 문화적 차별로 문제가 심각해질 수 있는 경우다. 그러나 코리안 드림을 위해 한국에 온 외국인 노동자들은 언어와 문화의 차이에도 불구하고 한국 생활방식에 빨리 적응해간다. 주인공 카밀과 그의 동료 구릉과 덴징, 그리고 로리와 그의 아내 펠르는 이 같은 한국인들의 차별을 어쩔 수 없이 수용하는 입장에 서 있게 된다.

반면에 소설에 나타나고 있는 한국의 고용주나 관리자가 바라본

19) 김은미·양옥경·이해영, 『다문화사회, 한국』, 나남, 2009, 111쪽.

20) 문화적 갈등이란 개개인이 문화적 배경이 서로 다르므로 인하여 겪게 되는 문제들로서, 언어소통의 문제, 가치관, 생활방식의 차이로 인하여 겪게 되는 문제, 그리고 다른 문화적 배경을 가진 사람을 차별하는 행위까지를 포괄하는 개념이다.

외국인 노동자, 다시 말해 카밀이나 그의 동료들, 그리고 사비나와 같은 외국인 노동자들에 대한 고용주나 관리자의 의식은 부정적인 견해가 일반적이다.

한편 『나마스테』에서는 한국인들에 대한 외국인 노동자들의 사회적 거리감[21]이 나타나고 있다. 그들 노동자의 사회적 거리감은 흔히 직장에서 상사나 동료와의 관계와 같은 특정한 상황이 아니라 한국 사람들과 관계를 맺는 사회적 상황들에서 나타나고 있다. 전혀 다른 새로운 사회문화적 환경 속에서 생활하게 된 그들이 외국인으로 한국 생활을 하는 과정을 보면 일반적인 상호작용과는 다른 특징을 가진다. 그들은 자신들이 접촉하는 한국 사회의 특성을 개인적인 속성으로 이해하기보다는 집단적 속성으로 이해하려는 성향이 있다. 다음 인용문을 통해 카밀의 이런 성향을 알 수 있다.

> 이 나라, 우리 한국 사람들, 앞으로도 계속 가난한 아시아 나라 사람들에게, 외국인이라고, 가난뱅이라고, 피부색 틀리다고 편, 편견, 가져봐. 우리 애린이 컸을 때 나처럼 고통받을 거야.[22]

TV를 통해 불법체류하는 외국인 노동자를 강제추방하기 위한 단속반이 조직될 것이라는 사실을 알게 된 동료 구릉이 결국 음독 자살을 시도하기에 이른다. 본래 심성이 착하고 정이 많은 카밀은 이 소식에 큰 충격을 받는다. 카밀은 술에 취한 채 한국인 아내 신우에게 자신의 심정을 토로한다.

> "왜…… 구릉이…… 여기서…… 손…… 손가락도 잘……리고…… 죽어야 해요? 자기 나라…… 대……대한민국…… 그렇게 잘났느냐구요. 우리…… 네파리 사람…… 한국 사람보다 못…… 못하지 않아요. 다 착……해요. (…중략…) 한

---

21) 사회적 거리감은 어떤 집단에 대해서 느끼는 주관적 거리감을 말한다.

22) 박범신, 앞의 책, 338쪽.

국…… 싫고…… 누……나도 싫고…….”[23)]

카밀의 이런 말에 그녀 또한 큰 충격을 받는다. 카밀과 그녀 사이에는 건너뛸 수 없는 견고한 성이 가로놓여 있는 것이다. 가족이라는 이유만으로 네팔 사람 카밀이 완전히 한국 사람이 될 수 있는 것은 아니다. 카밀의 말에서 알 수 있듯이 조국(민족)과 가족(사랑)은 서로 배타적인 경우가 될 수 있다. 사실 한국을 싫어하지 않음에도 불구하고 카밀은 결국 외국인 노동자들에 대한 한국인의 편견을 비판하기에 이른다.

> 한국 사람들, 학바(카밀의 동료)를 사람이 아니라 짐승이라고 생각해요. (…중략…) 우리 네팔 사람처럼 가난해봤고, 침략 받아봤고, 돈 벌러 팔려가 봤고, 그러니 우리 같은 사람들 심정 잘 알 테니 뭐든지 이해해주겠구나, 생각하는 거 당연하지 않으냐구요. 그런데 학바 회사 관리부장, 말하는 거예요.
>
> 너희 같은, 종자가 다른 놈들 보면 무조건 화가 나. 패고 싶어.
>
> 미안해요, 누나.[24)]

당연히 외국인 노동자들 간에도 한국인에 대한 거리감에 있어 차이가 있을 수 있다. 즉 카밀의 경우는 동료 외국인 노동자들과 다른 차이를 보여주고 있다. 카밀은 한국 사람을 싫어하지는 않지만, 그렇다고 한국생활이 고향처럼 아주 편안하다고 느끼지도 않는다. 카밀은 한국인 아내 신우가 자신을 극진히 보살펴주는데 고마움을 느끼면서도 한편으로는 항상 고향 마르파와 어머니, 카일라스 산 그리고 옛 연인 사비나를 생각한다.

카밀은 어린 시절 고향 마르파에서 빙하가 흘러내리는 강과 설산, 사과밭을 너무도 소상히 기억하고 있다. 그때 카밀은 고향 마을 뒷산

---

23) 위의 책, 242쪽.

24) 위의 책, 84~85쪽.

에 있는 사원에서 마니차를 온종일 돌린 적이 있는데, 이는 갑자기 쓰러지신 어머니가 깨어나시기를 간절히 비는 일종의 기도 행위다. 그러나 어머니에 대한 그의 정성이 물거품이 되며 어머니는 닷새 만에 돌아가시고 만다. 그 이후 고향을 떠나 도시 카트만두로 온 카밀은 아버지의 재혼과 함께 반항적인 모습으로 바뀌면서 가족의 위기를 자초한다. 새엄마한테 꼼짝 못하며 돈만 추구하는 아버지에게 실망한 카밀은 아버지에 대한 야속함이나 섭섭함의 감정을 새로운 가족 구성원 전부에게 느낀다. 새 가족 구성원과 단절한 공간 속에서 외롭게 지내던 카밀을 풍요로운 삶으로 바꿔준 운명적인 사람은 바로 그의 동창생 사비나이다. 그녀는 가족의 생계를 위해 지금껏 희생해온 여자다. 카밀은 그녀를 통해 죄악을 씻고 속죄하여 새로 탄생하는 카르마, 즉 '바르도'의 순간을 경험한다.

그러나 한국에서의 카밀과 신우의 관계는 무언가 보이지 않는 거리감이 있다. 특히 그들 부부간의 거리감은 신우가 카밀에게 가까워질수록 점점 더 높아지고 있음을 알 수 있다.[25)]

3D업종을 기피하는 한국인들로 인하여 인력난을 겪고 있는 중소기업은 외국인 노동자들로 그동안 대체하여 왔다. 하지만 새로운 고용법의 문제로 인하여 외국인 노동자들은 순식간에 불법체류자로 강제추방 당하는 신세가 된다. 원래 코리안 드림이 목적이 아닌 카밀의 경우 자신에게는 이런 불합리한 법이 별로 대수롭지 않게 보일 수도 있다. 그러나 한국의 제도와 한국인의 배타적 민족의식에 반기한 그는 결국 농성에 적극 참여하기에 이른다. 그런데 그와 동료들의 농성에도 불구하고 한국정부는 그들의 입장을 이해하고 도와주기는커녕 도외시한다. 이처럼 한국정부가 강경한 입장을 보임으로써 그들은 종교나 사회봉사 단체의 도움을 받고 있음에도 불구하고 결국 농성

25) 한국인이 외국인과 결혼을 통해 가족의 일원으로 받아들이는 것과 같은 매우 개인적인 경험 및 밀접한 사적 관계를 가지는 관계적 거리는 일반적으로 (외국인을) 대할 때보다 훨씬 더 거리를 두는 성향을 확실히 보여주고 있다(김은미·양옥경·이해영, 『다문화사회, 한국』, 나남, 2009, 50~53쪽).

을 해체하기에 이른다. 그러나 강제추방반대 농성의 실패와 동료의 피해를 더 이상 보다 못한 카밀은 극단적인 결심을 하기에 이른다. 그의 이런 결정을 아내 신우나 옛연인 사비나는 전혀 눈치를 못챈다. 이런 결과로 볼 때 카밀은 한국인 아내와 자식을 두고 있음에도 불구하고 오히려 한국 사람에 대한 사회적 거리감을 가장 크게 느끼는 외국인 노동자임을 알 수 있다. 다시 말하면 카밀은 무엇보다도 자신에게 극진한 한국인 아내가 있기에 한국사회를 보다 잘 이해할 수 있는 좋은 기회가 있음에도 불구하고 외국인 노동자에게 불합리한 제도와 한국인들의 차별로 인하여 한국에 대한 사회적 거리감을 더 이상 좁힐 수 없는 한계에 이른 것이다.

한편 한국인들이 기피하는 3D업종에서 일하는 외국인 노동자들은 보호막이 없는 직장 내에서 차별 대우를 받는 게 다반사다. 외국인 노동자에 대한 차별 대우는 그들에게 부여되는 직무에 집중된다. 그들의 직무는 누군가가 반드시 하기는 해야 되지만 생성과정에서 소위 "힘들고 지저분하며 위험한 일"이 많다.[26] 소설에서 한국인에 대한 카밀 동료들의 거리감은 심층적으로 보여주지 못하고 있으며, 자신들이 경험한 좋지 못한 사건들에 대한 피해의식이 피상적으로 나타나고 있을 뿐이다. 이를테면 한국인들이 자신들을 무시한다는 식의 일반적인 속성을 말한다. 따라서 그들은 카밀과 함께 강제추방반대의 농성에 참여하면서도 소극적 자세로 조심스럽게 행동할 뿐이다.

코리안 드림을 위해 한국에 온 사비나는 공장주와 직장상사의 횡포로 농락당하고 만다. 즉 한국인 직장상사와의 굴욕적인 성관계를 통해 그녀는 죄책감에 빠진 나머지 카밀과의 관계를 의도적으로 끊으려 한다. 또한 사비나는 신우의 집에서 동료들과의 관계에서도 이와 같은 거리감을 볼 수 있다.

한편 한국인들도 외국인 노동자들을 집단적 속성으로 이해하려는 성향이 나타나고 있다. 소설에서 신우의 오빠에게서 이런 성향을 볼

26) 설동훈, 『외국인노동자와 한국사회』, 서울대학교 출판부, 1999, 265쪽.

수 있다.

오빠가 탁자를 소리나게 쳤다.

"건방진 놈이네, 야가. 그래서 너희들이 지금 너희들뿐 아니라 한국의 가난한 사람들을 위해서 십자가를 지고 간다? 그게 도대체 말이 된다고 생각하냐."[27)]

이 장에서 지금까지 살펴본 바는 외국인 노동자이든 한국인이든 간에 서로 부정적인 견해가 대부분이다. 그러나 이 소설은 외국인 남성 노동자와 한국인 여성이 사랑을 매개로 성장하는 과정을 그리고 있다는 점을 주목해야 한다. 이들 남녀 주인공이 바라보는 한국 사회에 대한 문제 인식이 이미 살펴본 대로 외국인 노동자나 한국인의 편견으로 나타나고 있는 것은 사실이지만, 그들 주인공은 사랑하는 관계이기에 한국사회에서 외국인 노동자와 한국인 사이의 장애를 통한 전형적인 편견을 넘어설 수 있는 가능성을 보여주고 있다.

카밀을 운명적으로 만나기 전까지 신우의 인생은 파란만장한 삶 그 자체이다. 그녀는 십대 때의 암울한 생활과 연이은 가족의 불행 그리고 이십대 초반 시절의 결혼 실패로 인하여 심신이 피폐해진 상태다. 신우는 미국 사회에서 소수민족에 대한 백인들 주류의 심한 차별을 철저히 체험한다. 한국에서 처한 카밀의 경우처럼, 그녀는 미국 사회에서 카밀과 유사한 비참한 현실을 경험한다. 따라서 신우는 누구보다도 카밀과 같은 사람들을 충분히 이해할 수 있다. 그러나 오히려 카밀에 의하여 신우는 자신이 새롭게 다시 태어나고 있음을 인식한다. 자신을 구제해준 카밀에게 그녀는 진심으로 감사하며 결코 그에게 동정이 아닌 진정한 사랑을 느끼게 된다.

나에겐 아무런 사랑도 남아 있지 않다고 느꼈으며, 남아 있다고 하더라도 그것을 인정하고 받아들일 줄 몰랐다. 나 자신을 용서할 수 없었기 때문에 날로 황폐

27) 박범신, 앞의 책, 311쪽.

해졌을 뿐이었다. 그런데 카밀이 나타나 내 가슴속 쌓인 재 속에서 불씨를 찾아 내 지피고 만 것이었다. 그가 나의 만트라였다. (…중략…) 내 속에선 매일 감사의 마음이 물결쳤다. 카밀에게 감사했고 만트라에게 감사했고 내가 죽지 않고 살아남아 있던 것에 감사했다.[28)]

오빠의 반대에도 불구하고 신우는 자신의 집에서 카밀과 동거한다. 하지만 이러한 신우의 고충을 알고 있음에도 불구하고 카밀은 신우에게 거리감을 나타낸다. 이는 어떻게 보면 카밀이 옛 연인 사비나를 아직 잊지 못하고 있음을 의미한다고 볼 수 있다. 그러나 카밀과 동거 중인 신우는 현재 자신의 행복을 스스로 깨트리고 싶지 않은 심정에 그런 카밀의 의심스런 행동을 방관하기에 이른다. 다시 말하면 신우는 편안한 한국생활로 인하여 카밀이 옛 연인 사비나마저 잊고 있을 것이라고 생각한다. 따라서 카밀에 대한 신우의 헌신은 사랑이라는 구실 하에 카밀을 그녀 자신의 성城 안에 가두려 한 집착에 지나지 않을 수 있다. 카밀에 대한 신우의 이러한 집착은 결국 카밀에 대한 그녀의 배신감으로 바뀌고 만다.

돈벌이 욕심에 제 나라도 등지고 여기까지 떠밀려 온 주제에 ……라고, 나는 생각했다. 무엇인지 모르겠지만, 나는 암튼 카밀에 대해 묘한 배신감을 느꼈다.[29)]

그러나 카밀에 대한 신우의 편견은 근본적으로 외국인 노동자에 대한 한국인의 전형적인 편견을 의미하기보다는 일종의 애증과 연관된다고 볼 수 있다. 따라서 카밀과 그의 동료들에 대한 그녀의 비판의식은 연인에 대한 배신감, 섭섭함, 시기, 질투심 등 사랑 감정에서 연유된 일종의 증오심인 것이다. 다시 말하면 카밀에 대한 신우의 편

28) 위의 책, 144쪽.

29) 위의 책, 54쪽.

견은 복잡하고 미묘한 사랑 감정에 지나지 않기에 외국인 노동자와 한국인 사이의 벽은 사실상 형식에 그칠 뿐이다.

4. 결론

지금까지 필자는 박범신의 『나마스테』에 나타난 외국인 노동자의 재현 양상에 대해 살펴보았다. 소설에서 외국인 노동자의 모습은 이제 우리에게 그렇게 낯설지 않다. 외국인 노동자들은 한국의 직장과 그 지역 사회 속에서 적응하면서 살아가고 있다. 따라서 그들의 삶의 공간은 직장과 숙소, 그를 에워싼 한국사회이다. 그들은 한국 사회에서 한국인들과 함께 여러 형태로 부대끼며 살아가고 있다. 그들은 문화와 언어가 다른 사람, 즉 혈통과 피부색이 다른 사람이면 선線부터 긋기 시작하는 모순된 한국 사회의 희생자이기도 하다. 『나마스테』에서는 이러한 희생을 포함한 외국인 노동자의 모습을 총체적으로 접근하고 있음을 알 수 있었다. 이 소설에 대해 고찰한 바를 요약하면 다음과 같다.

첫째 외국인 노동자에 대한 한국인의 편견과 차별이 구체적으로 재현된 경우, 특히 외국인에게 이중 잣대를 보여주는 민족주의나 국수주의, 피부색에 대한 편견들의 실태가 소설에 나타나고 있음을 알 수 있었다. 둘째 이 소설은 외국인 남성 노동자와 한국인 여성이 사랑을 매개로 성장하는 과정을 보여줌으로써 이들 남녀 주인공이 바라보는 한국 사회에 대한 문제 인식을 살펴보았다.

서사 공간의 측면에서는 카밀의 인생행로와 그의 아내 신우의 인생행로가 서사 공간에서 빚어내는 현실 문제를 중심으로 살펴보았다. 특히 주인공 카밀의 인생행로라 할 수 있는 세 개의 서사 공간 즉 카일라스, 카트만두, 서울로 나타나고 있는데, 이들 공간과 주인공의 현실인식의 관계에 있어서는 사실 분명한 의미가 나타나지 않고 있다. 다시 말하면 종교적 신념 위에서 주인공 카밀은 외국인 노동자로서의 책임감 있는 행동방식을 보여주고 있지만, 『나마스테』에서 핵심적 공간이라 할 수 있는 카일라스라는 이상세계의 마음의 공간이 현실세계의 실질적인 문제를 타개하기 위한 대안의 공간으로서는 한계에 있음을 알 수 있다.

따라서 외국인 노동자의 총체적 삶을 보여준 『나마스테』에서는 물론 작가의 한국 사회에 대한 인식이겠지만 이와 관련하여 한국인과 외국인 노동자 모두가 한국 사회에서 같이 살아가는 입장에서 국적과 피부색을 넘어 연합할 수 있는가 하는 구체적인 문제도 고려해야 할 것이다. 사실 『나마스테』에서도 알 수 있듯이 이러한 문제를 해결하기 위한 방안으로 우리 모두가 서로 다르다는 것에 대한 인식과 변화가 우선시 되어야 할 것이다. 편견과 고정관념을 버린 한국인과 피해의식에서 벗어난 외국인 노동자가 원활하게 소통할 수 있는 한국 사회가 하루빨리 조성될 수 있도록 우리 모두가 뜻을 모아 지혜로운 대책을 세워야 할 때다.

2000년대 한국영화에 나타난 이주노동자의 재현 양상 연구

-〈로니를 찾아서〉와 〈반두비〉를 중심으로-

류찬열

1. 머리말

이 논문의 목적은 2009년 개봉한 〈로니를 찾아서〉(심상국 감독)와 〈반두비〉(신동일 감독)에 나타난 이주노동자의 재현 양상을 추출하고, 이를 토대로 현 단계 한국사회의 이주노동자에 대한 인식과 태도를 고찰하는 것이다.

지난 2009년 7월 10일 한국인 남성이 외국인 남성을 인종차별적인 언어폭력으로 가해한 사건이 발생했다. 이 사건은 한국사회가 아직까지도 이주민에 대한 편견과 차별이 심심찮게 발생하고 있는 곳이라는 사실을 새삼 일깨웠다. 이날 보노짓 후세인 성공회대 연구교수는 한국인 남성에게 "더러운 새끼!", "더러워, 너 더러워, 이 새끼야!"라는 욕설을 들었다. 보노짓 후세인 연구교수는 이 정도로 극단적인 수준은 아니었지만, 평소에도 인종차별을 종종 경험했다고 한다. 후세인 교수가 지하철이나 버스를 타면 한국인들은 그에게서 멀리 떨

* 중앙대학교 문화콘텐츠기술연구원 연구교수

어져 앉았고, 개중에는 손으로 코를 막거나 욕설을 내뱉는 사람들도 있었다고 한다. 그때마다 후세인 교수는 치욕감과 모멸감을 느끼면서도 참아냈다.

만약 후세인 교수와 동행한 한국인 여성 동료가 없었다면, 이 사건 역시 후세인 교수가 참는 것으로 마무리되었을 가능성이 높았을 것이다. 하지만 이날 다행인지 불행인지 후세인 교수는 한국인 여성 동료와 함께 있었고, 그 때문에 언론에 기사화될 수 있었다. 문제의 한국 남성은 후세인 교수의 한국인 여성 동료에게도 "넌 정체가 뭐야? 조선년 맞냐?", "조선년이 새까만 자식이랑 사귀니까 기분 좋으냐?"며 막말을 해댔다. 결국 후세인 교수와 한국인 여성 동료는 이 한국인 남성을 경찰에 신고했고, 검찰은 이 한국인 남성을 약식 기소했다.1)

후세인 교수 사건을 계기로 입법부는 '인종차별 금지법안'을 준비 중이다. 이 법안의 뼈대는 인종·국가·민족·피부색 등을 이유로 악의적인 인종차별을 하면 국가인권위의 시정 명령을 거쳐 2년 이하의 징역이나 1천만 원 이하의 벌금에 처할 수 있도록 하는 것이다. 물론 이러한 반인권적 인종차별이 발생하지 않도록 하는 법적·제도적 장치를 마련하는 것은 시급한 일이다. 하지만 더 중요하고 바람직한 일은 한국사회 구성원 개개인이 자신의 인권을 존중받기 위해서는 반드시 타인의 인권을 존중해야 한다는 성숙한 시민의식을 갖는 것이다.

현재 한국사회의 다문화 담론은 무성한 편이다. 하지만 그에 비해 다문화 실천은 상대적으로 빈약한 것도 사실이다. 이는 대다수 한국인들이 머리로는 다문화를 받아들이고 있지만, 몸으로는 이를 받아들이지 못하기 때문에 발생하는 모순이다. 대다수 한국인들이 자신의 이해와 직접적으로 관련되지 않을 때에는 이주노동자나 결혼이민

---

1) 이 사건은 한겨레 21의 안수찬 기자가 쓴 두 기사를 주로 참조했다. 하나는 「냄새나는 한국의 인종차별」(『한겨레 21』 773호, 2009년 08월 14일자 http://h21.hani.co.kr/arti/society/society_general/25561.html)이고, 다른 하나는「더러운 X, 왜 외국X 만나고 다니냐」(『한겨레 21』 778호, 2009년 09월 17일자 http://h21.hani.co.kr/arti/society/society_general/25776.html)이다.

자에 대한 편견과 차별이 부당하다는 것을 인정하지만, 자신의 이해와 직접적으로 관련될 때에는 그들에 대한 편견과 차별을 암묵적으로 용인하는 데 주저함이 없다. 버스 안에 타고 있던 다수의 한국인들이 한국 남성과 후세인 교수 사이에서 벌어진 사건을 적극적으로 제지하지 않고 그저 바라보았다는 사실도 이와 관련된다.

따라서 한국사회가 진정한 다문화사회로 진입하기 위해서는 다문화 담론과 다문화 실천 사이에 놓인 괴리를 극복할 수 있는 방법이 적극적으로 모색되어야 한다. 여러 가지 방법이 모색될 수 있지만, 대중이 쉽게 접할 수 있는 영상서사물(특히 영화나 TV드라마)을 통한 문화적 실천은 가장 효과적인 방법이라 할 수 있다. 저조한 흥행실적(〈로니를 찾아서〉 1478명, 〈반두비〉 7687명)이 아쉽긴 하지만, 〈로니를 찾아서〉와 〈반두비〉는 우리에게 외국인노동자 문제를 진지하게 사유하고 성찰할 수 있는 기회를 제공했다.

2. 우리와 그들, 무리짓기의 착각을 넘어서[2)]
: 〈로니를 찾아서〉의 경우

이 영화의 초반부에는 인호가 태권도장을 홍보하기 위해 현수막을 설치하는 장면이 나온다. 이 장면에서 인호(유준상)는 현수막을 설치하는 인부에게 큰 목소리로 "오른쪽 왼쪽도 몰라요. 오른쪽으로 올려달라고요."라고 크게 말한다. 그러자 옆에 있던 진수(박영서)는 "저쪽에서 보면 저게 오른쪽 맞는데."라고 작게 말한다. 영화의 초반부에 등장하는 이 장면은 〈로니를 찾아서〉의 주제를 함축적으로 전달한다. 결국 이 영화는 현수막 위치를 놓고 자신의 입장에서 "오른쪽을 올려달라"고 말하던 인호가 상대방의 입장에서 "왼쪽을 올려달라"고 말할

2) 이 소제목은 데이비드 데레비의 『우리와 그들, 무리짓기에 대한 착각』(에코리브르, 2007)에서 가져왔다. 이 책은 "인간은 서로 비슷한 사람들이 한 무리가 되는 것이 아니라, 한 무리가 되고 나서 서로 비슷해진다는 것"을 다양한 사례를 통해 흥미롭게 밝힌다.

수 있게 되는 과정을 그리고 있기 때문이다. 따라서 이 영화는 인호의 로니를 찾는 여정인 동시에 자신을 찾는 여정이라 할 수 있다.

영화의 제목에도 분명히 드러나 있듯이 이 영화는 주인공 인호가 로니를 찾는 과정 자체가 서사의 중심에 놓인다. 이때 중요한 것은 "로니를 찾는 것이 아니라 로니를 찾는 과정 그 자체"[3)]라 할 수 있다. 이러한 의미에서 이 영화는 로드무비 형식을 취하고 있는 셈이다. 주지하듯 로드무비는 여행을 매개로 진정한 자기를 발견하고 정립하는 과정을 그린다. 이러한 맥락에서 이 영화는 토박이 인호가 이방인 로니를 추적하면서 다문화시대에 적합한 새로운 자기를 발견하고 정립하는 과정을 그린 로드무비 형식의 성장영화라 할 수 있다.

로니를 추적하는 인호의 여정은 태권도 사범인 인호가 학예회 수준의 태권도 시범대회에서 외국인노동자 로니에게 불의의 일격을 당하는 데서부터 시작된다. 자신의 태권도장에서 정체불명의 외국인노동자의 한 방에 나가떨어진 인호는 억울하고 분한 마음에 생계도 팽개치고 로니를 찾아 나선다. 그 과정에서 인호는 로니와 함께 태권도장에 왔던 뚜힌을 만나게 되고, 그를 통해 외국인노동자에 대한 오해와 편견에서 벗어나 그들을 하나의 인격체로 받아들이게 된다.

이 영화가 주인공 인호의 직업을 태권도 사범으로 설정한 것은 매우 의미심장하다. 태권도 사범으로서 인호가 갖는 자부심이 타민족에 대한 인호의 우월의식과 자연스레 맞물리기 때문이다. 따라서 태권도로 무장한 한국인 남성 인호가 정체불명의 외국인노동자 로니의 한방에 나가떨어지는 장면은 배타적 민족주의를 향한 열린 다문화주의의 반격으로 읽힌다.

안산에서 태권도장을 운영하는 인호는 자의반 타의반으로 지역 자율방범대장을 맡는다. 이 지역에 자율방범대가 조직된 것은 낯선 외국인 이주노동자들이 늘고 있기 때문이다. 다시 말해 근거 없는 외국인혐오증Xenophobia 때문이다. 이러한 외국인 혐오증은 자율방범대

---

3) 김지미, 「동정하지 말 것, 존중할 것」(『씨네21』 707호, 2010년 06월 18일자 http://www.cine21.com/Article/article_view.php?mm=005004001&article_id=56724).

조직에 대해 논의하면서 지역주민들 사이에서 오고가는 아래 인용한 대화에 비교적 잘 나타나 있다.

> "나도 밤길에 그놈들하고 눈만 한번 마주치더라도 내가 마음으로부터 시겁한다니께"
>
> "내 말이 그 말이여. 엊저녁엔 말이여 우리 딸내미가 글쎄 아 내가 기가 막혀 말이 안 나오네. 아유 이 나쁜 놈의 새끼들."
>
> "왜 딸내미가 뭔 일이라도 당했는가?"
>
> "뭔 소리여 일이라니?"
>
> "아니 뭔 소리라니 딸내미가 어떻게 됐다는 거야?"
>
> "아니 그냥 밤길 다니기가 쪼까 거기시 하다는 거지."

위의 인용문에 잘 드러나 있듯이 마치 큰일이나 겪은 양 발설되는 지역 주민들의 외국인 이주노동자들에 대한 경험담은 사실 실체 자체가 매우 모호하다. 이렇듯 대다수 한국인들의 외국인혐오증은 실체 없이 심증만으로 유지되는 경우가 허다하다. 실체 없이 심증으로 유지되는 외국인혐오증이 외국인노동자들과의 접촉과 대면을 꺼리게 하고, 이렇게 강화된 오해와 편견이 다시 외국인혐오증을 합리화하는 기제로 작동하는 악순환이 계속해서 반복되는 것이다.

자율방범대 완장을 찬 평범한 동네 아저씨 삼룡(박충선)이 로니의 좌판을 뒤엎고 로니를 구타하는 장면은 이러한 외국인혐오증이 작동하는 메커니즘을 충격적으로 재현한다. 이 장면에서 삼룡은 같은 한국인에게는 생각조차 할 수 없는 사적 폭력행위를 외국인노동자 로니에게 별다른 죄의식 없이 행사한다.

이처럼 이 영화는 외국인노동자 차별이 일상적 차원에서 발생한다는 사실을 설득력 있게 재현한다. 자신과 이해관계가 직접적으로 부딪치지 않는 담론 차원에서 외국인노동자 차별의 부당함을 인정하는 것은 쉬운 일이다. 하지만 자신과 이해관계가 직접적으로 부딪치는 일상 차원에서 외국인노동자 차별의 부당함을 반성하고 성찰하는 것은 쉬운 일이 아니다.

이 영화에서 인호가 외국인노동자 차별의 부당함을 반성하고 성찰하게 되는 과정은 인호가 로니 대신 찾은 뚜힌과 함께 겪는 일련의 사건을 통해 구체화된다. 특히 인호가 방글라데시 식당에서 방글라데시인들과 다툼을 벌이다 쫓기게 되는 사건은 인호로 하여금 자신도 언제든 이방인의 위치에 놓일 수 있다는 낯선 경험을 제공한다.[4] 물론 이러한 최초의 낯선 경험에 인호가 내보이는 최초의 반응은 분노다. 분노에 찬 인호는 방글라데시인들을 끈질기게 추적하여 그들을 불법체류자로 신고하기에 이른다. 하지만 이 과정에서 그들과 함께 있던 뚜힌은 단속을 피해 도망가다 다리가 부러지는 중상을 입는다.

인호는 부상당한 뚜힌을 들쳐 업고 병원에 도착하지만, 그곳의 간호사는 무심한 표정으로 "보호자 없는 분은 받을 수 없다고요. (뚜힌을 힐끗 보며) 더더군다나……"라고 말한다. 이때 인호는 "내가 보호자예요. 친구, 친구……"라고 계속해서 답한다. 이 장면은 인호가 뚜힌을 "그 사람이 소속된 집단과 관련된 채색된 판단",[5] 다시 말해 오해와 편견 없이 동등한 하나의 인격체로 받아들이고 있음을 감동적으로 보여준다. 하지만 인호의 이러한 변화에도 불구하고 불법체류자 신분인 뚜힌은 결국 강제출국 당하고 만다.

이 영화의 마지막 방글라데시 장면에 대해서 영화평론가 김지미는 "뚜힌과 함께 한 경험들은 그에게 로니를 찾아야 할 감정적 동인들을 흐릿하게 만들었고 뚜힌을 찾으러 갔다고 하기에는 그들의 이야기가 소통 직전에 강제로 종결된 것처럼 보인다"[6]고 지적하며 의구심을 표명한다. 그리하여 그녀는 이 장면을 "실제상황 보다는 인호의 꿈으로 읽"[7]기를 권고한다. 하지만 필자는 이러한 읽기가 가능하기는 하

---

4) 이방인은 상대적인 개념이다. 누가 주체의 위치에 서는가에 따라 이방인의 지위는 상대적으로 규정되기 때문이다. 이에 대해서는 김애령, 「이방인과 환대의 윤리」, 『철학과 현상학 연구』 제39집, 한국현상학회, 2008, 178쪽을 참조.

5) 옌스 푀르스터, 장혜경 역, 『바보들의 심리학』, 웅진씽크빅, 2008, 22쪽.

6) 김지미, 앞의 글, 같은 곳.

7) 위의 글, 같은 곳.

지만 두 가지 문제점을 안고 있다고 생각한다. 하나는 이 영화의 처음 장면 역시 방글라데시 장면이라는 점이고, 다른 하나는 이 영화의 문제의식과 주제의식을 희석시킨다는 점이다.

첫 번째 문제와 두 번째 문제는 밀접하게 맞물려 있다. 김지미가 지적한 것처럼 이 영화에서 방글라데시 장면이 차지하는 비중과 역할은 상당히 제한적이다. 하지만 만약 도입부와 종결부의 이 짧은 방글라데시 장면이 없었다면, 이 영화는 인호와 로니 혹은 뚜힌의 특별한 만남 이상의 의미를 갖기 힘들었을 것이다. 짧게나마 이 장면이 영화의 도입부와 결론부에 들어감으로써 이 영화는 비로소 서사의 완결성을 갖게 된다. 즉 도입부에 인호가 낯선 도시를 여행하는 장면을 넣어 관객의 호기심을 자극하고, 결론부에 인호가 로니 혹은 뚜힌(영화는 이 장면에서 인호가 누구를 만나는지는 밝히지 않는다)을 만나 환하게 웃는 장면을 넣어 관객의 호기심을 해소한다.

이 마지막 장면에 대한 김지미의 분석은 이 영화의 의미와 한계를 비교적 정확하게 지적하고 있다. 이 영화는 "우리와 그들을 명확하게 구분하며 살던 이가 완전하게 계몽되고 전향하는 것이 아니라 어떻게 진행될지 모르는 변화를 위한 문을 연 그 시점, 인호의 자아가 비로소 새로운 국면을 인식하기 시작한 그 순간"[8]에서 멈춰 선다. 영화는 그 변화의 선택할 것인가 또는 거부할 것인가를 관객에게 묻는다. 그 물음의 진정성만으로도 이 영화는 충분히 좋은 영화라 할 수 있다.

3. 이주노동자, 적대를 넘어 환대로
: <반두비>의 경우

〈반두비〉는 신동일 감독의 세 번째 작품이다. 신동일 감독은 이른바 관계 3부작을 통해 한국사회에 편재하는 계급 갈등(「나의 친구, 그

8) 위의 글, 같은 곳.

의 아내」), 소수자 인권(「방문자」), 인종 차별(〈반두비〉) 문제를 냉철하고도 날카롭게 재현해 왔다.[9] 신동일 감독이 자신의 세 번째 작품으로 방글라데시 출신 이주노동자와 한국인 소녀의 우정(혹은 사랑)을 다뤘다는 것은 의미심장하다. 이는 한국사회의 다문화적 환경과 상황이 이제는 특수성의 차원을 넘어 보편성의 차원으로 이동했다는 것을 의미하기 때문이다.

〈반두비〉는 신동일 감독이 전작에서 탐구해온 주제의식을 좀 더 친숙한 내러티브 속에 녹여내고 있는 작품이다. 이 영화에는 당찬 여고생 민서(백진희)의 이야기(성장서사)와 착한 이주노동자 카림의 이야기(수난서사)가 맞물려 있다. 김소영의 지적처럼, 이 영화는 비관행적으로 재현되는 민서의 이야기와 관행적으로 재현되는 카림의 이야기가 만나 이주노동자를 다룬 기존의 영화들과 차별화된 이야기를 만들어 낸다.[10]

민서는 원어민 영어 강의를 듣기 위해 각종 아르바이트를 전전한다. 이러한 민서의 성격을 단적으로 보여주는 장면이 있다. 어느 날 민서가 일하는 주유소에 사장 아들이 용돈을 받기 위해 들른다. 한심한 한량인 사장 아들은 민서에게 추파를 던지고, 이에 민서는 주유 중이던 기름을 사장 아들에게 끼얹는 것으로 응수한다. 이 정도의 소신과 고집을 갖춘 인물로 그려져 있기에, 카림에게 밀린 임금을 주지 않는 한국인 사장 집에 홀로 찾아가 집안을 온통 뒤집어 버리는 민서

9) 이동진은 가상인터뷰 형식의 글에서 신동일 감독을 "한국영화계에서 가장 정치적인 감독"으로 규정한다. 이동진이 밝힌 신동일 영화의 특징은 다음과 같다. "그(신동일 - 인용자)는 에둘러가지 않는다. 화살을 날릴 과녁에 재빨리 쏘고 정확히 쏘며 쉬지 않고 쏜다. 서로 다른 생각과 시선이 뒤엉키는 현실 문제들에 대해 날카롭고도 비타협적으로 개입하면서 이야기를 끌어가는 그의 어법을 모든 관객이 좋아할 수는 없을 것이다. 그의 작품에는 빗장이 있는 게 사실이다." 이동진, 「반두비의 감독, 신동일의 전쟁」 참조. 이동진의 글은 http://news.naver.com/main/read.nhn?mode=LSD&mid=sec&sid1=106&oid=263&aid=0000000376에서 읽을 수 있다.

10) 김소영은 이 영화의 재현 방식의 의미를 다음과 같이 정리하였다. "두 개의 축(민서의 이야기와 카림의 이야기 - 인용자)이 만나 이루어내는 복합적, 양가적, 비균질적 이야기는 기존 판박이, 그 재판이 아니라 판의 형세를 어느 정도 변동시킬 잠재력을 갖는다. 말하자면 인종과 성, 젠더가 부딪히는 축과 판을 형성하는 것이다." 이에 대해서는 김소영, 「다인종, 다문화사회: 얼굴, 클로즈업, 괴물성」, 『작가세계』 2010년 봄호, 세계사, 2010, 327쪽을 참조.

의 행동이 과장돼 보이거나 허황돼 보이지 않는다. 이 영화가 묘한 활기를 띄는 것도 대부분 이 인상적인 캐릭터 덕분이다.

반면 이주노동자 카림은 체불 임금을 받기 위해 만나주지 않는 사장 집을 찾아다닌다. 임금을 받지 못한 카림은 설상가상 아내에게 이혼을 요구받는 딱한 처지에 몰린다. 이렇게 궁지에 몰린 상황에서도 카림은 선량함과 의연함을 잃지 않는다.11) 하지만 이러한 카림도 세 번 정도 자신의 목소리로 한국사회에 대한 분노를 표현한다.

첫 번째 카림의 분노는 민서와 함께 민서의 원어민 영어강사를 만난 후 민서와 언쟁하는 과정에서 표출된다. 원어민 영어강사를 만나고 돌아오는 길에 민서는 카림에게 "사람이 왜 그래 좀생이 같애, 답답해 보여. 하인즈(원어민 영어강사-인용자) 봐. 한국생활 즐기잖아. 후진국에서 와서 그런가"라고 말하며 자신의 불만을 토로한다. 이에 카림은 민서에게 "그래 나 못 사는 나라에서 왔어. 그래서 즐길 줄 몰라. 그럴 시간도 없어. 하지만 너희들 얼마나 웃긴 줄 알아. 힘센 백인들한텐 아부하고, 우리들은 막 무시하고. 정말 비겁해."라고 응수한다.

두 번째 카림의 분노는 어렵게 찾은 전前 사장과의 대화 과정에서 표출된다. 사람 좋은 웃음으로 이 상황을 모면하려는 전 사장에게 카림은 "저 가족이 너무 힘들어요. 일 년 넘게 기다렸잖아요. 저 이혼할지도 몰라요. 사장님 저희 같은 사람 입장 생각해보셨나요."라고 애원한다. 하지만 사장은 이런 저런 핑계를 대며 또다시 자리를 피하려 한다. 이에 카림은 "사장님 저 정말 무슨 짓 할지 몰라요"라고 말한다.

이러한 카림의 분노는 정당하다. 하지만 이러한 정당한 분노는 민

11) 이러한 카림의 인물 형상화에 대해 김영진은 "선한 의지의 강박 아닐까" 라는 의문을 제기하면서 다음과 같이 언급하였다. "그에 비하면 카림은 어떤 상황에서도 화를 잘 내지 않고 마냥 착하기만 한 인물이다. 이런 것도 정치적 올바름에 대한 나름의 강박이 아닐까. 피해자를 피해자답게 그려야 한다는 강박감은 인간적인 접근이 아닐 수도 있다. 그 사람들에게도 나름의 욕망과 인간적인 결함이 있을 것이다. 그건 걸 끄집어내기 어렵다는 것은 아무래도 선한 의지의 강박 때문이 아니었을까 생각하게 되는 것이다." 이에 대해서는 김영진, 「선한 의지의 강박 아닐까」(『씨네21』 710호, 2010년 07월 10일자 http://www.cine21.com/Article/article_view.php?mm=005003026&article_id=56871)를 참조.

서와 전 사장에게 전혀 상반된 반응을 불러온다. 민서의 경우 카림을 더욱 잘 이해하는 계기가 되지만, 전 사장의 경우 오히려 카림을 배은망덕한 사람으로 몰아세우는 구실이 된다. 문제는 카림의 정당한 분노를 이해하는 민서와 같은 한국인 친구가 카림에게 많지 않다는 것이다.

세 번째 카림의 분노가 자신의 언어(방글라데시어)로 독백처럼 표출될 수밖에 없는 것도 이 때문이다. 아내에게 이혼을 통보받은 카림은 민서와 함께 간 바닷가에서 다음과 같이 절규한다. "나 이러려고 한국 온 거 아니었어! 이제 어떡하면 좋지? 개처럼 이용만 당했어. 미친 한국인들아! 너희도 우리처럼 똑같이 노예들이야! 난 그냥 행복해지고 싶었어. 알라이시여! 당신께서 만든 세상이란게 이런 겁니까. 난 그냥 행복해지고 싶었어. 난 그냥 행복해지고 싶었다구."

카림의 분노가 표출되는 세 장면에 대한 이상의 상세한 분석은 앞서 각주 6)에서 소개한 김영진의 비판을 재고할 수 있는 근거를 제공한다. 물론 김영진의 "그 사람들(이주노동자와 탈북자－인용자)에게도 나름의 욕망과 인간적인 결함이 있을 것이다. 그건 걸 끄집어내기 어렵다는 것은 아무래도 선한 의지의 강박 때문이 아니었을까 생각하게 되는 것이다."라는 인물의 스테레오타입화에 대한 비판은 경청할만한 것이다. 하지만 이 영화의 성과는(주제적 측면과 미학적 측면을 아우르는) 앞서 각주 5)에서 소개한 김소영의 관점을 적용할 때 훨씬 잘 부각될 수 있다는 것도 잊지 말아야 한다. 김영진의 언급처럼 이 영화의 한계를 비판하는 것도 중요하다. 하지만 김소영의 언급처럼 "두 개의 축이 만나 이루어내는 복합적, 양가적, 비균질적 이야기는 기존 판박이, 그 재판이 아니라 판의 형세를 어느 정도 변동시킬 잠재력"을 주목하는 것이 더 시급하기 때문이다. 이 점을 좀 더 상세히 살펴보도록 하자.

이 영화는 악한 한국인 고용주와 선한 이주노동자 그리고 그를 돕는 한국인 조력자라는 익숙한 인물 구도로 서사화되고 있다. 그렇지만 이 영화는 이러한 익숙한 구도를 낯선 방식으로 활용한다. 한국인 소녀와 외국인 이주노동자(동남아시아 출신의 이주노동자)와의 우정(혹은 사랑)이라는 방식이 바로 그것이다.[12] 사실 한국사회에서 남성 이주노동자와 한국인 여성의 우정(혹은 사랑)[13]을 다루는 일은 그 반대의 경우(한국인 남성과 외국인 여성)보다 훨씬 더 민감한 문제를 야기한다.[14]

신동일 감독은 한 인터뷰에서 "내 작품이 정치적으로 해석될 수밖에 없는 건 한국사회의 현실이 그렇기 때문이다. 그리고 왜 그런 영화가 만들어졌을까 하는 것도 한국사회의 현실이 그렇기 때문"이라고 답한다. 이 말은 자신의 영화가 '정치적 올바름Politically Correct'[15]을 추구한다는 말로 이해된다. 같은 인터뷰에서 신동일 감독은 자신의 작품에 "미학적 야심이나 야망이 있는 것"은 아니고 "단지 서로 연대하

---

12) 소설의 경우 박범신이 『나마스테』에서 이 문제를 전면적으로 다루었다. 이 소설은 외국인 남성 노동자(카밀)와 한국인 여성(신우)이 사랑을 매개로 함께 성장하는 과정을 그림으로써, 외국인 노동자를 일방적인 시혜와 동정의 대상으로 설정하여 그들을 또 다른 오해와 편견에 가두는 기존의 외국인노동자를 다룬 서사물들이 종종 빠지는 함정에서 멀찌감치 벗어난다. 이 소설은 신우가 카림과의 아름다운 첫 만남을 회고하는 다음과 같은 문장으로 시작된다. "'나마스테'는 안녕하세요, 안녕히 가세요, 어서 오세요, 건강하세요, 행복해지세요, 다시 만나요 등의 광범위한 뜻을 가진 네팔 말이라는 걸 나는 나중에 알았다. 만남의 의미이자 사람과 사람 사이에 아름다운 다리를 놓는 소통의 시작이 그 말에서 비롯된다고 했다. 그는 히말라야에서 온 사람이었다. 히말라야는 산스크리트어로 '눈의 보금자리'라는 뜻을 지녔다. 눈의 보금자리라니 밤낮없이 얼마나 고요하고 청결하고 환하겠는가." 박범신, 『나마스테』(한겨레출판사, 2005), 13~14쪽.

13) 민서와 카림의 관계에서 카림 쪽보다는 민서 쪽이 훨씬 적극적이다. 카림은 민서의 "결혼하자"라는 제의를 "우리는 친구(반두비)"라면서 사려 깊게 거절한다. 성숙한 이주노동자 카림과 미숙한 여고생 민서의 이러한 구도는 기존의 서사적 관행(시혜와 동정의 대상으로 이주노동자를 설정하는 방식)을 유쾌하게 전복한다.

14) 실제로 몇몇 네티즌들은 이 영화에 대한 거의 저주에 가까운 악담을 지속적이고도 반복적으로 인터넷상에 게재했다. 이는 철지난 가부장주의와 민족주의로 무장한 남성 주체가 훼손된 자신의 권위를 익명성에 의지해서 회복해보려는 부질없는 시도라 할 수 있다. 이를 뒤집어 보자면, 이제 한국사회에서 이러한 철지난 주장은 익명성에 의지해서만 가능하다는 것을 보여준다.

15) 안드레아 샘프리니에 따르면 정치적 올바름(Politically Correct)은 "각기 다른 사회적 그룹들, 소수집단 혹은 개인들의 감성이나 자기존중이, 관련된 사람들이 그들을 폄하하거나 죄스럽게 보는 시각들을 증폭시키거나 이끌어내는 부적절한 의도나 태도, 행위에 의해 공격당하거나 약화되지 않도록 하는 것"이다. 이러한 맥락에서 신동일 감독은 현재 활동하는 한국의 영화감독 중에서 가장 정치적인 영화감독이라 할 수 있다. 정치적 올바름에 대해서는 Andrea Samprini, 이산호·김휘택 역, 『다문화주의: 인문학을 통한 다문화주의의 비판적 해석』, 도서출판 경진, 2010, 78쪽 참조.

자는 주제의식이 강할 뿐"이라고 답한다. 물론 그는 연대의 토대에 "우정과 환대"가 놓여야 한다는 이야기도 잊지 않는다.

〈반두비〉의 주제는 민서가 엄마의 남자친구가 싫다고 하자 카림이 민서에게 한 "조금만 마음을 열어."라는 말로 압축된다. 이렇게 '조금만 마음을 열'면, 그들도 우리의 친구가 될 수 있는 것이다. 불법체류자로 수감된 카림은 면회온 민서에게 "친구를 웃게 만드는 사람은 천국갈 자격이 있다."고 말한다. 이 영화는 우리가 마음을 열면 외국인 이주노동자가 더 이상 적대의 대상이 아닌 환대의 대상이 된다는 것을 보여준다. 이러한 의미에서 〈반두비〉는 〈로니를 찾아서〉가 연 문안에 성큼 한 발을 들여놓은 작품이라 평가할 수 있다.

4. 맺음말

지금까지 2009년 개봉한 〈로니를 찾아서〉와 〈반두비〉를 통해 현 단계 한국영화의 이주노동자 재현 양상을 살펴보았다. 서론에서 지적한 바 있듯이, 대중이 쉽게 접할 수 있는 영상서사물(영화와 TV드라마)은 다문화 담론과 실천 사이의 괴리를 극복할 수 있도록 하는 가장 효과적인 재현수단이다. 이 두 영화는 이전 영화들과는 다른 방식으로 이주노동자를 재현하는 데 성공함으로써 다문화사회에 필요한 감수성과 윤리의식을 관객들에게 제공하였다한다.

물론 이 두 영화가 김영진의 언급처럼 "경직된 창작자의 초자아를 완전히 벗어나진 못한"16) 것은 아쉬운 점이다. 이로 인해 발생하는 "인물의 스테레오타입화도 문제"17)라는 지적도 귀담아 들어야 한다. 하지만 이 두 영화에는 이러한 문제점 보다는 새로운 가능성이 담겨 있다. 비록 그 가능성이 이주노동자에 대한 편견의 벽을 일거에 무너

16) 김영진, 앞의 글, 같은 곳.

17) 위의 글, 같은 곳.

뜨릴 수는 없을지라도, 그 벽을 넘나들 수 있는 소통의 문 하나를 열었기 때문이다.

한국사회가 다문사회로 진입하면서 다문화 담론도 함께 활성화되고 있다. 다양한 입장 차이가 존재하지만, 모든 다문화 담론들은 '타자성에 대한 존중'과 '문화적 차이에 대한 인정'을 기본적으로 전제한다. 자신이 존중받기 위해서는 타인을 존중해야 한다. 이러한 시민의식이 담론 차원이 아닌 실천 차원으로 확장될 때, 비로소 한국사회는 온전한 의미의 다문화사회로 진입할 수 있을 것이다. 역시 문제는 담론이 아니라 실천이다. 이것이 〈로니를 찾아서〉와 〈반두비〉가 발견한 '소통의 문'이 우리에게 던진 작지만 소중한 의미이다.

농촌드라마 〈산너머 남촌에는〉에 재현된 결혼이주여성

이명현

1. 서론

한국사회는 1990년대 중반 이후 한국 남성과 외국인 배우자의 국제결혼이 급증하였다. 이와 같은 현상은 결혼에 어려움을 겪는 농어촌이나 도시 저소득층의 한국 남성이 상대적으로 경제력이 약한 아시아 여성과 결혼하는 사례가 늘었기 때문이다. 한 신문이 통계청 자료를 분석한 기사를 보면 2007년 결혼한 남자 농어업 종사자 7,930명 가운데 무려 40.0%인 3,172명이 외국인 부인을 맞은 것으로 집계되었다고 한다.[1)]

TV 방송에서도 이러한 인구구성비율의 변화와 다문화가정 증가 추세를 반영하여 다양한 프로그램을 제작하고 있다. 시사교양 프로그램으로 KBS의 〈러브인 아시아〉가 매주 방영되고, KBS 〈인간극장〉에서도 다문화가정의 외국며느리 이야기가 심심치 않게 방영되고 있

---

* 중앙대학교 문화콘텐츠기술연구원 연구교수

1) 조선일보, 2008.3.25.

다. 또한 오락 프로그램으로 2008년 종영된 SBS의 〈일요일이 좋다: 사돈 처음 뵙겠습니다〉가 있었고, 드라마로는 SBS의 주말극 〈황금신부〉를 비롯하여, 특집극 〈하노이 신부〉, 〈깜근이 엄마〉 등이 방영되었다.

또한 각종 드라마에서도 다문화가정과 외국인 며느리라는 소재는 자주 등장하고 있다. 특히 KBS 수요 드라마인 〈산너머 남촌에는〉에서는 농촌으로 시집온 베트남 며느리 이야기가 한 부분을 차지하고 있다. 드라마 〈산너머 남촌에는〉[2]은 〈전원일기〉(MBC)로부터 시작된 농촌드라마의 맥을 잇는 작품으로 〈대추나무 사랑 걸렸네〉(KBS)가 종영되면서, 그 후속으로 2007년 10월부터 방영되었다. 〈산너머〉는 이전 농촌드라마와의 차별성을 부각하기 위하여 '전원드라마'라는 타이틀을 전면에 내세웠으며 드라마의 소재도 귀농가족, 다문화가정 등으로 확장하였다.

이 글에서 주목하는 것은 〈산너머〉에 등장하는 결혼이주여성과 다문화가정이다. 예전의 농촌드라마에서는 외국인 며느리를 찾아 볼 수 없었다. 그러나 오늘날 한국사회의 인구구성비율 변화를 반영하는 한편, 새로운 소재를 찾아내기 위한 방편으로 국제결혼과 다문화가정을 드라마의 중요한 요소로 활용하고 있는 것이다.

〈전원일기〉로부터 시작된 농촌드라마는 농촌을 평온하고 안락한 공간으로 묘사하고, 3대로 구성된 가족관계와 전통적인 가부장적 질서 속에서 화합과 조화를 모색하는 매우 비현실적인 드라마라는 비판을 받아왔다.[3] 즉, 현실의 농촌이 아니라 도시인의 상실된 고향으로서 농촌을 그리고 있다는 것이다. 드라마에서 농촌을 삶의 현장보다는 이상화된 전원으로 재현하는 것은 농촌의 실제 문제를 은폐한 채 과거 농촌 공동체의 전통적 가치를 호명하기 위한 것이다.

이러한 비판의 관점에서 볼 때 한국사회의 중요한 사회적 현상으

2) 논의의 편의상 이후 〈산너머〉로 표기함.

3) 정영희, 「한국사회의 변화와 텔레비전 드라마에 대한 연구」, 고려대 박사논문, 2005.

로 부각하고 있는 국제결혼과 다문화가정의 문제가 농촌을 소재로 한 드라마인 〈산너머〉에서 어떠한 방식으로 재현되고 있는지 분석하는 것은 오늘날 대중의 농촌과 결혼이주여성에 대한 인식을 살펴 볼 수 있는 작업이라 할 수 있다.

따라서 이 글에서는 결혼이주여성에 초점을 맞추어 〈산너머〉를 분석하고자 한다. 무엇보다 농촌이라는 공간적 배경 속에서 결혼이주여성과 가족이 어떠한 방식으로 재현되고 있는지 살펴보고자 한다. 이를 통해 결혼이주여성이 농촌의 전통적인 가족 속에서 어떠한 지위를 차지하고, 어떠한 역할을 수행하며, 그녀를 바라보는 외부의 시선이 어떠한지를 살펴보고자 한다.

2. 〈산너머〉의 기획의도 분석

〈산너머〉는 매주 수요일 7시 30분에 방영되는 드라마로 2010년 4월 7일 현재 124회가 방영되었다. 〈산너머〉의 스토리라인은 크게 세 줄기로 정리해 볼 수 있다. 첫째 도시생활을 뒤로 하고 새로운 인생을 열어가는 귀농가족의 이야기, 둘째 종갓집의 신세대 며느리와 종부 시어머니와의 이야기, 셋째 국제결혼을 통해 등장한 베트남 새댁 이야기이다.

〈산너머〉의 배역을 살펴보면 반효정이 남편과 사별하고 종갓집을 지켜온 노종부 '한길선'을 연기하고, 며느리 '최명희'역은 양금석, 신세대 종부 '정유미'는 이은우가 맡았다. 명희의 남편 '김영곤' 역은 최일화, 신세대 종손인 '종수'역은 김동윤이 맡는다. 또 노종부 길선의 딸인 동시에 이장 춘봉(황범식)의 며느리로 5년 전 남편을 사고로 잃고 귀향한 '승주' 역은 조은숙이 열연한다. 이진우는 도시생활에 지쳐 모든 걸 뒤로 하고 귀농한 '진석' 역에 캐스팅돼 조은숙과 멜로라인을 형성한다. 또한 이장의 큰아들 봉순호 역은 배도환이 맡고, 그의 베트남 신부 역은 베트남 출신 배우인 하이엔이 맡는다.

〈산너머〉는 비록 세간의 주목을 받는 인기배우를 캐스팅하지는 않았지만 출연자들의 안정된 연기와 탄탄한 구성으로 시청자들의 좋은 반응을 얻고 있다. 〈산너머〉는 큰 규모의 제작비[4]를 투입하거나 특정한 유명 스타를 캐스팅하지는 않았지만, 시청률은 한때 15%대까지 올랐으며 최근에도 10~13% 내외로 꾸준히 사랑받고 있는 드라마이다.[5]

〈산너머〉의 꾸준한 인기는 기존 농촌드라마의 한계를 극복하려고 한 제작진의 기획의도에서 원인을 찾을 수 있을 것이다. 〈산너머〉의 제작진은 이 드라마를 기존의 농촌드라마라는 명칭 대신에 전원드라마라는 타이틀을 사용하고 있다. 그리고 기존의 농촌드라마의 한계로 지적된 소재고갈과 부진한 시청률, 비현실적인 소재를 극복하기 위하여 당면한 농촌의 현실과 새로운 농촌의 환경을 소재로 삼고자 하였다. 아래의 글은 제작진이 밝힌 기획의도 전문이다.

> 전원드라마 〈산너머 남촌에는〉은 농촌의 꿈과 현실을 함께 담아냅니다.
>
> 우리들 마음 속 정겨운 고향, 건강한 삶의 의지가 충만한 농촌의 '꿈'을 그리면서 동남아신부와 코시안 2세가 늘어가는 곳, 치열한 삶의 터전인 농촌의 '현실'을 생생하게 담아냅니다.
>
> 맑고 서정적인 농촌의 4계절, 그리고 뭉클한 삶의 의지가 함께하는 이야기
>
> 아름답고 서정적인 대한민국 농촌의 4계절이 우리의 눈을 시원하게 합니다. 건강하고 뭉클한 삶의 의지가 함께하는 이야기들이 우리의 마음을 따뜻하게 합니다.
>
> 농촌으로 온 사람들+농촌에 사는 사람들이 하나가 되는 이야기
>
> 농촌에 뿌리내리고 사는 사람들의 이야기를 기본으로 하면서 도시에서 농촌으로, 외국에서 농촌으로 온 다양한 사람들이 하나되는 이야기를 그립니다.[6]

---

4) 제작비 역시 다른 드라마의 3분의 1 수준인 회당 4,400만원임에도 비교적 좋은 반응을 얻고 있다.

5) 〈산너머〉가 4월에 기록한 15%의 시청률은 대규모 제작비를 투입한 역사 드라마 〈거상 김만덕〉과 비슷하며 MBC의 야심작으로 이민호와 손예진 두 슈퍼스타가 출연하는 수목드라마 〈개인의 취향〉보다는 오히려 0.4% 포인트 높다.

〈산너머〉 이전의 농촌드라마인 〈전원일기〉[7]와 〈대추나무 사랑 걸렸네〉[8]가 인기를 얻을 수 있었던 요인 중 하나는 1960~1970년대 정부의 근대화·도시화 정책에 따라 이농한 농촌출신 시청자들 때문이었다. 1980년대 도시민의 대부분을 차지하게 된 농촌 출신 시청자들은 농촌드라마로부터 사실적 향수를 경험하며, 전통적인 가족관계와 농촌을 추억했다.[9] 그러나 2000년대 이후 들어서면서 농촌을 경험하지 못한

새로운 세대가 사회의 주류로 등장하고, 농촌과 대가족이 더 이상 상실된 고향의 지위를 누릴 수 없게 되었다. 그에 따라 〈전원일기〉가 폐지되었고, 2007년에는 〈대추나무 사랑걸렸네〉도 종영하였다.

이러한 상황에서 〈산너머〉는 2007년 10월부터 '전원드라마'라는 타이틀로 새롭게 방영되기 시작하였다.[10] 〈산너머〉는 기존 농촌드라마와 차별성을 부각하기 위하여 장 담그는 종갓집, 귀농가족, 다문화가정, 철없는 며느리 등의 소재를 전면에 내세웠다. 그러나 본질적으로 이전의 농촌드라마가 표방한 도시인의 영원한 고향으로서 농촌이라는 점은 변하지 않았다. 이것은 '우리들 마음 속 정겨운 고향'이라는 기획의도의 표현에서도 명확히 드러난다.

---

6) http://www.kbs.co.kr/drama/namchon/(기획의도)

7) 〈전원일기〉는 1980년 '박수칠 때 떠나라'를 첫방송으로 시작하여 2000년 3월 1,000회를 방송하며 한국 텔레비전 드라마사에서 한 획을 그었지만 그해 12월 '박수칠 때 떠나려 해도'를 마지막으로 종영하였다.

8) 〈대추나무 사랑 걸렸네〉는 1990년 9월 9일 첫 방송을 시작하여 3기에 걸쳐 2007년 10월 10일 852회를 끝으로 종영되었다.

9) 정영희, 앞의 논문.

10) 〈산너머 남촌에는〉이 방영되면서 귀농가족, 다문화가정의 이야기를 다루고 있지만 1980~1990년대처럼 호응을 받지는 못했다. 정영희, 위의 논문, 101쪽.

비록 건강한 삶의 의지가 충만한 농촌의 '꿈', 농촌의 꿈과 현실, 치열한 삶의 터전인 농촌의 '현실' 등과 같은 표현을 사용하여 현실의 농촌 모습을 보여주겠다는 의도를 내세웠지만 다양한 사람을 하나로 통합하는 이상향으로서의 농촌공동체의 추억을 포기하지 않고 있다. 기획의도의 마지막 문단을 보면 이와 같은 점이 잘 드러난다.

〈산너머〉는 농촌이라는 공통분모를 통해서 농촌으로 온 사람들과 농촌에 사는 사람들을 하나로 묶는 이야기이다. 농촌으로 온 사람은 귀농한 도시인이기도 하고, 외국에서 한국으로 이주한 결혼이주여성이기도 하다. 이러한 다양한 사람들이 농촌에 터를 잡고 사는 사람들 속에 동화되어 농촌공동체를 구성하는 것이다. 여기서 간과해서는 안 되는 것이 하나의 공동체로 형성되는 과정이다. 서로가 가지고 있는 각자의 개성을 유지하면서 공동체를 형성하는 것인지, 농촌이라는 단어에 내포되어 있는 전통적 가치를 기준으로 동화되는 것인지를 따져보아야 한다.

〈산너머〉에는 원래부터 농촌에 자리 잡고 있는 종갓집, 이장집, 양산댁 가족이 등장한다. 그리고 도시에서 귀농한 나진석 가족과 남편의 죽음으로 농촌의 시댁으로 돌아온 승주 모자, 사업실패로 고향에 돌아온 재곤, 농촌으로 시집온 베트남 신부 하이엔이 있다. 농촌으로 온 사람들과 농촌에 사는 사람들은 가족과 마을이라는 울타리 안에서 차츰 하나의 공동체로 동화된다.

초보 농사꾼 진석은 도시의 삶에 지쳐 귀농을 택한 인물이다. 그는 황폐한 자신의 삶을 행복으로 채울 수 있는 대안으로 농촌의 삶과 농촌공동체의 가치를 택한 인물이다. 승주 모자는 남편의 죽음으로 인해 더 이상 도시의 삶에 미련이 남지 않은 상황이다. 승주 모자는 농촌의 시댁에서 남편의 빈자리를 채우고 싶어 한다. 재곤은 농촌이 싫어서 도시로 떠났지만 사업에 실패한 후 어머니의 집으로 돌아온 인물이다. 그는 자신과 농촌은 어울리지 않는다고 허세를 떨기도 하지만 실상은 마음의 안식을 주는 고향의 삶에 만족하고 있다.

〈산너머〉에서 귀농 혹은 귀향한 사람들은 산업화된 도시의 삶에

만족하지 못하고, 평온한 농촌의 전원을 그리워하는 인물들이다. 이들의 농촌 귀향은 새로운 곳으로의 이주라기보다는 원래 자기자리로 돌아온 것이라 할 수 있다. 그렇기 때문에 이들의 농촌 정착과정은 상실된 농촌공동체의 문화와 전통적인 가족질서를 회복하는 과정이기도 하다.

그러나 베트남 결혼이주여성인 하이엔의 경우는 이와는 다르다. 하이엔은 한국의 전통적 가족질서와 농촌공동체의 삶을 그리워해서 농촌으로 이주한 것이 아니다. 하이엔에게 농촌의 전원은 향수의 대상인 낭만적 전원이라기보다는 다양한 문화적 차이와 갈등이 현존하는 삶의 터전이다.[11] 기획의도에서 표방한 '다양한 사람들이 하나되는 이야기'는 실상 하이엔에게는 '하나가 되어야만 하는' 강요된 선택이다.

〈산너머〉의 기획의도에 보이는 결혼이주여성의 등장은 최근 농촌의 현실과 갈등을 반영한 것이지만, 결혼이주여성이 농촌정착과정에서 경험하는 다양한 문화적 문제를 전통적 가족질서를 중심으로 일방적으로 환원시킬 위험성을 내포하고 있다. 선행연구에서 TV드라마에 재현된 다문화가정은 국제결혼을 둘러싼 현실적 난제들을 '낭만적 사랑'과 '가족만들기'의 서사를 통해 가족 내부의 문제로 환원하는 방식으로 나타난다는 지적이 있었다.[12]

〈산너머〉의 기획의도를 살펴보면 전면에는 변화한 농촌의 치열한 삶을 보여주겠다는 것을 드러내지만, 그 이면에는 여전히 농촌이라는 공간을 중심으로 전통적 가치를 지켜나가야 한다는 것을 전제하고 있는 것을 알 수 있다. 특히 결혼이주여성의 경우 기존의 전통적 가치에 동화되어야 할 대상으로 인식하고 있음을 알 수 있다. 이에 대해서는 다음 장에서 자세히 분석하도록 하겠다.

11) 이것은 물론 농촌만의 문제는 아니라 결혼이주여성이 이주한 모든 곳에 해당하는 문제일 것이다.

12) 류찬열, 「TV드라마에 재현된 국제결혼과 혼혈연구」, 『다문화콘텐츠연구』 1, 2009, 23쪽.

3. <산너머>에 재현된 결혼이주여성의 삶

<산너머>에 등장하는 하이엔은 베트남 출신으로 이장집 큰아들 봉순호의 아내이다. 봉순호는 종갓집 김영곤의 소개로 베트남에서 하이엔을 만나 결혼에 이른다. 순호와 하이엔이 결혼하는 과정은 5화 <선녀와 나무꾼>(2007년 11월 21일)에 나타난다. 순호는 베트남에서 하이엔을 보자마자 첫눈에 반한다. 순호와 하이엔은 베트남에서 결혼식을 올리고, 순호가 먼저 귀국한다. 하이엔이 귀국하기로 한 날 순호는 공항으로 마중 나가지만 하이엔은 나타나지 않는다. 순호는 하이엔의 행방을 수소문 하지만 입국 기록만 확인할 수 있을 뿐 행적이 묘연하다. 순호는 하이엔을 애타게 찾고, 순호의 주변사람들은 하이엔이 불법체류를 목적으로 입국했다고 수근 거린다.

> 양촌댁: 내뺀거 아니가. 요새는 처음부터 결혼만 하고 안 들어오는 색시들이 쌨다카던대. 저 뭐꼬 아랫마실의 민성이 처도 처음부터 들어올 생각 없이 들어와 살다가 그 길로 내뺏다 카던대. 사방에서 그런 일이 많타까니까 내 걱정이 돼서 하는 소리지.

> 공항직원 A: 뻔하게 내뺀거지 뭐. 그런 식으로 불법체류하는 여자들이 한둘이니.
> 공항직원 B: 어떻데 하루에 한 두건씩 저런 일이 생기니.

위의 인용문은 봉순호가 인천공항에서 하이엔을 찾지 못하자 양촌댁이 이장에게 하는 대화이고, 아래의 인용문은 봉순호가 출입국 기록을 확인한 후에 공항직원들끼리 소근 거리는 내용이다. 양촌댁과 공항직원은 봉순호가 하이엔을 찾지 못하자 돌발적인 사고나 급박한 사정이 있을지 모른다는 생각을 하기보다는 위장결혼과 불법체류를 의심한다. 여기서 알 수 있듯이 한국사회에는 결혼이주여성에 대한 의심의 눈초리가 상존하고 있다. 특히 경제적 차이가 있는 동남아시아와 중앙아시아 결혼이주여성에 대해서는 결혼사기, 위장입국, 가출 등의 부정적 선입견이 형성되어 있다.

이러한 부정적 이미지는 결혼이주여성의 진정성을 의심하게 만드는 요소가 된다. 위의 대화에도 봉순호와 하이엔이 서로 사랑하기 때문에 결혼하는 것이 아니라 제3세계 국가의 여성이 잘사는 한국에 입국하기 위한 방법으로 국제결혼을 선택했다는 의미가 내포되어 있다. 이것은 결혼이주여성을 주체로서 인식하지 않고, 그녀의 자기 정체성을 존중하지 않기 때문에 발생하는 것이다. 사실 하이엔은 공항에서 가방을 분실하는 바람에 출입국장에 늦게 나타난 것이었다.

이와 같이 드라마의 전개 과정에서 결혼이주여성의 관점은 배제되고, 한국인의 시선으로 재현하고 있다. 이러한 한국인의 시선은 결혼이주여성을 낯선 한국에서 아무 것도 할 수 없는 보호받아야 하는 대상이자, 외모가 다른 이방인으로 재현한다. 하이엔은 여름옷을 입고 입국했는데 베트남과 한국의 날씨 차이 때문에 추위에 고생하고, 차를 타 본 경험이 별로 없어 차멀미를 한다.[13] 결국 봉순호는 하이엔을 아이처럼 보호하고, 사람과의 접촉을 제한한다. 또한 가족들도 그녀의 상황을 이해하려하기 보다는 봉순호와의 나이 차이와 하이엔의 외모에만 관심을 갖는다. 조카 봉현은 하이엔을 처음 보자 자기 엄마에게 "큰엄마가 왜 누나 같아"라며 신기해하고, 친구 재곤과 대식은 봉순호와 하이엔의 14살 차이에 관심을 가지고 도둑놈이라고 놀려댄다.

결혼이주여성이 한국남성과 결혼을 결정하고, 한국에 첫발을 내딛는 순간은 아마도 드라마와 같은 일들이 발생할 것이다. 그런데 과연 결혼이주여성이 한국을 처음 접하는 순간에 그들의 관점에서 이해하려고 하는 노력이 있었는가 생각해 보아야 한다. 먼저 결혼이주여성을 무조건 보호받을 대상으로 여기는 것부터 문제이다. 물론 처음 한국에 입국해서는 언어도 서툴고, 낯선 환경에 적응하기 어렵기 때문

13) 가방분실, 몸살, 차멀미 등은 결혼이주여성이 처음 한국에 입국하면서 겪을 수 있는 문제로 드라마에서 이러한 부분을 환기시켜 주는 것도 의미가 있지만, 어떠한 방식으로 재현되는가는 생각해 볼 문제이다.

에 많은 부분 도움을 받아야 하겠지만, 그래도 그들은 자신의 삶을 개척하기 위해 국제결혼을 선택한 사람들이다. 그들은 스스로의 선택과 결정을 통해 삶의 방향을 바꾼 적극적인 사람들이다.[14] 따라서 결혼이주여성의 마음가짐과 삶의 의지에 대해 관심을 가져야 한다.

그리고 결혼이주여성의 관점에서 한국, 특히 농촌에 대한 이미지를 생각해 보아야 한다. 아래의 인용문은 농촌지역 결혼이주여성의 인터뷰를 바탕으로 진행된 연구에서 재인용한 글이다.

> 정읍 넘어오니까 해가 지고 사면을 돌아보는데 길이 다 구불구불하지, 마침내 남편들이 사는 순창군 지역으로 들어서자 산골 같은 느낌이 들었고, 같이 온 고려인 여성들끼리 우리 어디로 (인신매매되어) 팔려가는 거 아니냐는 불안감에 시달렸다고 한다.[15]

> 필리핀 여성들은 한국에 도착하자 곧 남편과 한국생활에 대해 가진 기대가 사실이 아닌 것을 알게 된다. 부자로 알고 있던 남편이 도시에서 외따로 떨어진 농촌이나 어촌에 살고 있으며 살림살이가 형편없는 것을 발견한다. 그 중에는 이미 많은 빚을 지고 있거나 결혼과정에서 빚을 지게 되어 생계가 곤란한 사람도 있다. 도시적인 삶을 기대하고 온 사람들은 밖에 나가면 논과 산, 바다만 보이는 곳에 고립된 자신을 발견한다.[16]

위의 인용문에서도 알 수 있듯이 결혼이주여성이 한국의 농촌을 처음 접할 때 기대와 다른 모습에 당황하고 놀라게 된다. 결혼이주여성의 한국에 대한 이미지는 텔레비전 드라마 등 매체를 통해서 구축된 도시적이고 소비적인 화려한 모습이 대부분이다. 그에 비하여 실

14) 이명현, 「텔레비전 오락프로그램에 재현된 결혼이주여성」, 『다문화콘텐츠연구』 1호(통권 6호), 중앙대 문화콘텐츠기술연구원, 2009, 71쪽.

15) 한건수, 「농촌 지역 결혼 이민자 여성의 가족생활과 갈등 및 적응」, 『한국문화인류학』 39-1, 한국문화인류학회, 2006, 210~211쪽.

16) 윤형숙, 「국제결혼 배우자의 갈등과 적응」, 최협 외 편, 『한국의 소수자, 실태와 전망』, 한울아카데미, 2004, 331~332쪽.

제 생활하게 될 농촌의 현실은 매우 다르다. 드라마에서는 기획의도에서 드러낸 것처럼 전원의 아름다움을 보여주지만, 결혼이주여성이 처음 접하게 농촌의 모습은 낭만적인 전원의 풍경과는 거리가 멀 것이다. 더구나 현실의 한국 농촌은 도시와의 소득격차가 현저하고, 고령화와 공동화로 황폐화되어 가는 곳이다. 첫 번째 인용문처럼 구불구불한 산길을 통해 가야하는 외진 곳이고, 살림살이도 기대와는 다른 것이 현실인 것이다.

비록 결혼이주여성이 경제적으로 낙후된 아시아지역 출신이라도 그들의 기대치와 현실의 한국 농촌은 괴리가 클 수밖에 없을 것이다. 그러나 〈산너머〉에서는 농촌을 이상적인 공동체의 전형으로 재현하고, 결혼이주여성의 시선을 배제한 채 기존 공동체의 구성원의 입장에서 그들을 바라보고 있다. 인구구성비율의 변화로 결혼이주여성이 농촌의 한 부분이라는 것을 인정하기는 하지만, 여전히 그들을 타자로 인식할 뿐 주체로 받아들이지 않는 것이다.

39화 〈그녀를 믿어주세요〉(2008년 7월 30일)에는 타자화된 결혼이주여성의 모습이 비교적 잘 나타난다. 하이엔은 한국에 시집온 후 적응을 위해 군청의 문화센터를 다닌다. 거기서 산업연수생으로 한국에 온 베트남 친구를 만나 서로 향수를 달랜다. 그러나 주변 사람들은 그들의 우정을 의심의 눈초리로 바라본다.

> 대식: 얼마 전에 저 옆 동네에서도 외국서 온 색시 셋이 몰켜 다니다가 한꺼번에 가출해가지고 그 동네 남자들 단체로 홀애비 신세됐다는 말 못 들었어.
>
> 재곤: 순호 너도 제수씨 모임이다 뭐다 다 쫓아다니면서 잘 봐. 옛말에 여자랑 사기그릇은 밖으로 내돌리면 깨진다는 거 그거 틀림없는 얘기여 임마.

봉순호를 비롯한 마을 주민들은 지속적으로 결혼이주여성의 가출에 대한 불안감을 가지고 있다. 그것은 결혼이주여성이 사회적으로 활동하고자 할 때 극단적으로 나타난다. 하이엔은 고향의 어머니 생신에 맞추어 생일 선물을 보내기 위해 아르바이트를 하고 싶어 한다.

그러던 차에 베트남 친구의 도움으로 이주여성센터의 아르바이트를 얻게 된다, 그러나 봉순호는 하이엔이 사회활동을 하게 되면 농촌에서 벗어나 가출하지 않을까 불안해한다. 그래서 심지어 여권을 감추기까지 한다. 그에 대해서 주변 사람들의 반응 역시 '외국에서 색시 데리고 오는 사람들은 다 그렇게 한다'며 당연시한다. 또한 봉순호는 하이엔이 아르바이트를 하겠다고 하자 '무슨 돈이 필요하냐'고 반문한다.

이렇게 남편과 시댁 식구가 결혼이주여성을 관리하고 통제하는 것은 경제적 위계를 이용하여 결혼한 것에 대한 정당한 권리라고 생각하기 때문이다. 그래서 결혼이주여성을 주체로 인정하지 않고, 보호받아야 하는 아이 취급하고, 사회적·경제적 활동에 부정적인 것이다.17) 그러나 이러한 방식의 가족관계는 갈등을 유발할 수밖에 없다.

하이엔: 오빠 나빠요 나 안 믿어요.

베트남 친구: 한국 남자 이상해요. 베트남 신부 아무 것도 못하게 해요. 집안에 가둬 놓고 나가지 못하게 해요. 한국 신부한테 안 그래요.

베트남 친구: 한국 남편들은 돈 들여서 결혼했다고 외국 신부 함부로 생각하는 것 같아. 다 그런 건 아니겠지만, 뉴스에 나쁜 한국 남편 얘기 나오면 너무 화가 나.

첫 번째 인용문은 하이엔이 자신을 믿어주지 않는 봉순호에게 화를 내는 내용이고, 아래의 두 인용문은 하이엔의 베트남 친구가 한국

17) 경제권을 갖지 못하고 지속적으로 '아이 취급'을 받는 것이 결혼 이민자 여성들에게 갈등을 일으킨다. 처음 시집와서는 언어도 서툴고 모든 일이 낯설기 때문에 남편이나 시부모가 마치 '어린 아이'를 키우는 것처럼 매사를 도와주워야 한다. 그러나 이러한 태도가 결혼한 지 4~5년이 넘고 아이가 커 가는데도 지속된다는 점에서 이주여성들은 불만을 갖는다. 특히 살림을 맡아 하는데도 모든 경제권은 여전히 시어머니나 남편이 관할하는 점을 힘들어 한다(한건수, 앞의 글, 221쪽).

남성에 대해 이야기하는 것이다. 결혼이주여성에게 가장 중요한 것은 가족관계에서 오는 신뢰의 문제일 것이다. 신뢰는 서로가 상대를 존중할 때 발생한다. 그러나 한국남편은 결혼이주여성을 주체로 존중하기 않기 때문에 믿음과 신뢰에 의심이 발생하게 된다. 또한 상호 존중의 마음이 없기 때문에 결혼이주여성을 집안의 존재로 가둬두려고 하고, 함부로 대하는 것이다.

결혼이주여성에 대한 한국남편의 가부장적 태도는 한국 남성과 한국 여성이 결혼한 부부관계보다 훨씬 더 보수적이고 위계적이다. 결혼이주여성은 경제적 약자이자 성적 약자로 한국사회에 유입되었기 때문에 가부장적 문화에 수동적일 수밖에 없다. 더구나 한국 남성의 국제결혼은 이제는 한국에서 찾기 힘들어졌지만 자신의 상황을 '참아 낼' 여자만 찾게 된다면 자신의 부계가족을 구성하고 문제없이 유지할 수 있을 것이라는 기대와 희망[18]에서 출발하는 경우가 대부분이다.

한국남편의 권위적 태도와 이로 인한 결혼이주여성의 수동적 자세는 부부간의 정서적 친밀감을 형성하는데 장애요인으로 작용한다. 문화적 차이로 인한 갈등은 언어, 의식주 등의 문제뿐만 아니라 부부관계에 대한 인식 차이도 중요한 부분이다. 이 문제를 해결하기 위해서는 결혼이주여성을 욕망화된 시선으로 바라볼 것이 아니라 동등한 주체로 인식해야 한다. 그러나 현실의 농촌 남성에게 결혼이주여성은 가부장적 가족질서의 구축과 더불어 성적 욕망의 대상이다.

95화 〈내 사랑 올리야〉(2009년 9월 9일)에는 농촌 남성의 외국인 여성에 대한 성적 욕망과 환상이 잘 나타나 있다. 양촌댁의 사위인 길수는 국제결혼정보회사를 운영하는 친구에게 부탁하여 노총각인 대식에게 외국인 여성을 소개해 주겠다고 한다. 대식은 외국인에 대한 거부감과 아무것도 내세울 것이 없는 자신의 처지 때문에 처음에는 주저한다. 그러나 대식은 과수원에서 올리야를 본 순간 첫눈에 반하

18) 김민정 외, 「국제결혼 이주여성의 딜레마와 선택 : 베트남과 필리핀 이주여성의 사례를 중심으로」, 『한국문화인류학』 39-1, 한국문화인류학회, 2006, 171쪽.

고 만다. 오른쪽 그림은 대식이 올리야를 처음 만나는 순간이다. 올리야의 뒤편에 햇빛이 쏟아지면서 마치 천사가 손을 내미는 것처럼 재현되고 있다. 이후 대식은 올리야와 데이트를 하며 결혼을 결심한다. 이 과정에서 대식이 올리야에게 매력을 느끼는 가장 큰 요소는 뛰어난 미모이다. 노총각인 대식에게 과분할 정도의 미인이라는 것이 반복적으로 이야기되고, 중앙아시아 출신 여성에 대한 성적 환상이 강조된다.

길수: 인물 하나만큼은 두말할 것 없는 왔다래요.

대식: 어휴 그렇게 이쁘대요.

길수: 우즈베키스탄에서는 이영애가 밭 갈고, 김태희, 송혜교가 애를 업고 다닌다잖아.

재곤: 그쪽 지방 여자들이 그렇게 예쁜 줄 몰랐다니까요.

인수: 아 그 아가씨 정말 미인이네.

위의 인용문은 마을 사람들이 올리야의 외모를 화제로 삼아 이야기한 내용들이다. 마을 사람들에게 대식과 올리야의 만남이 알려지면서 올리야의 미모는 뜨거운 화제가 된다. 이렇게 결혼이주여성의 이국적인 외모에 관심을 갖는 이유는 현실적으로 농촌 총각이 한국 사회에서 이룰 수 없는 성적 판타지를 결혼이주여성과의 결혼에서 충족시키기 때문이다. 이러한 방식의 재현은 농촌에 살더라도 경제적으로 낙후된 아시아 지역의 젊고 아름다운 여성을 신부로 맞이할 수 있다는 환상을 유포하는 것이다.[19]

한국남성이 욕망의 주체로서 외국인여성을 성적 대상으로 바라보는 것은 진정한 사랑과 행복한 결혼생활을 위해서 바람직한 것이 아니다. 오히려 정작 중요한 것은 둘 사이의 정서적 교감과 단계적인 사랑의 감정이다. 특히 이 과정 속에서 결혼이주여성을 한국남성과 똑같은 동등한 주체로서 인정해 주는 것이 필요하다.

결혼이주여성을 동등한 주체로 받아들이는 것은 문화적 차이에 대한 다양성을 인정[20]하는 것이다. 그러한 현실은 문화적 다양성을 인정하기 보다는 결혼이주여성이 한국사회에 동화되어야 한다는 생각이 일반적이다. 〈산너머〉 66화 〈꿈엔들 잊힐리야〉(2009년 2월 18일)에서는 동화를 강요당하는 결혼이주여성의 모습이 잘 나타난다.

하이엔은 한국으로 시집 온 지 1년이 조금 넘었지만, 여전히 한국말과 풍습에 잘 적응하지 못하고 있다. 그러나 남편 봉순호는 하이엔이 노력하지 않기 때문에 적응하지 못하는 것이라며 채근한다. 하루는 날씨가 풀리면서 봉순호는 보일러 온도를 낮추고, 더운 나라 출신인 하이엔은 결국 감기에 걸린다. 몸이 아픈 하이엔은 고향 음식이 먹고 싶어 베트남 음식을 정성스레 마련한다. 그러나 식구들은 강한 향신료 맛을 알지 못해 상한 음식 취급을 한다. 식구들이 나간 사이 혼자서 몰래 고향 음식을 먹던 하이엔은 급체해서 보건소로 간다. 동서인 승주는 하이엔이 보건소에 간 사이에 그 음식이 상한 줄 알고 버리게 된다. 음식과 관련된 문화적 차이와 갈등은 다문화가정에서 빈번하게 발생하는 일이다.[21] 그런데 여기서 중요한 것은 결혼이주여성이 자신의 주장을 내세우기 어렵다는 것이다.

남편 봉순호가 한국말과 한국음식을 강조하고, 동서와 시아버지가

---

19) 이명현, 앞의 글, 72쪽.

20) 안드레아 샘프리니에 의하면 다문화주의는 다수자에 비해 소수자들이 가지고 있는 지위와 권리들의 문제를 제기하는 것으로, 결국 정체성과 인정의 문제를 제기하는 것이라 할 수 있다(Andrea Samprini, 이산호·김휘택 역, 『다문화주의 : 인문학을 통한 다문화주의의 비판적 해석』, 도서출판 경진, 2010, 54쪽 참조).

21) 한건수의 조사에 의하면 다문화가정의 남편과 시어머니는 결혼 이민자 여성의 모국 음식에 대해 "맛이 없다"거나 '먹을 만한 음식'이 아니라는 태도를 견지하고 있다. 또한 하루 빨리 한국 음식에 적응하고 한국 음식을 요리할 수 있어야 한다며 결혼 이민자 여성들이 모국 음식을 요리하는 것을 달가워하지 않는다(한건수, 앞의 글, 213쪽).

베트남 음식을 이상하다고 판단하는 것은 문화적 다양성을 배제한 자국중심의 사고방식이다. 무엇보다 베트남 여성으로서 하이엔의 정체성을 인정하지 않는 것이다. 이렇게 결혼이주여성이 한국문화에 일방적으로 동화되기를 바라는 것은 농촌 지역 다문화가정의 가족 대부분의 시각이기도 하다.

다문화가정의 가족들이 결혼이주여성의 한국사회에로의 동화를 바라는 것은 그만큼 우리사회의 차별이 심각하다는 반증이기도 하다. 차별받지 않기 위해 한국인보다 더 한국인 같은 외국며느리가 되어야만 하는 것을 강요받는 것이다. 이러한 문제는 자녀의 출산과 양육과 관련될 때 더욱 심각하게 나타난다.

> 재곤: 다문화가정의 아이들이 생김새가 다르니까 애들에게 놀림도 받고 그러잖니.
> 순호: 걱정말어. 우리 하이엔은 얼핏 보면 한국 사람처럼 생겼잖아.

> 순호: 이 아이 봉씨 집안의 장손이유. 하이엔이 베트남 사람이라고 우리 애도 베트남 애요, 우리 애는 봉씨잖요. 봉씨.
> 하이엔: 나는 베트남 사람이에요. 나는 한국 사람 닮았다는 말은 듣고 싶지 않아요.

> 하이엔: 엄마는 왜 작은 엄마랑 다르게 생겼어. 그러면 엄마 나라 따로 있다고 말해 줘야 하잖아요.

위의 인용문은 102화 〈내 자식 당신 자식〉(2009년 10월 28일)의 일부 내용으로 하이엔이 임신을 한 후 벌어지는 사건들이다. 재곤은 봉순호에게 태어날 아이가 차별받을지 모른다며 걱정을 한다. 봉순호는 하이엔이 '한국사람'처럼 생겨서 아이의 외모가 크게 다르지 않을 것이라 기대한다. 그런데 하이엔은 베트남의 해방 영웅 호치민의 사진을 보면서 태교를 한다. 봉순호는 호치민의 사진을 빼앗으며 아이는 한국사람이고, 봉씨 집안의 장손이라고 강변한다. 그러나 이에 대해서 하이엔은 자신은 베트남 사람이고, 아이에게도 자신이 베트남 사람인 것을 설명해주어야 한다고 이야기한다.

이 내용에서도 알 수 있듯이 한국의 농촌총각이 외국인 여성과 결혼을 하는 중요한 이유 중 하나는 부계혈통을 재생산하려는 것이다. 아버지의 혈통을 중심으로 한 가부장적 질서는 어머니의 모성이 자리 잡을 공간이 부족하다. 외국인 어머니는 한국의 '부계혈통', '전통'을 이어 주는 역할을 하고 있음에도 불구하고 매매혼의 혐의 속에서 가족과 사회의 존경을 받기 힘든 위치에 있다.[22)]

〈산너머〉에 재현된 결혼이주여성의 삶은 한국사회에서 정착하기 위하여 자기정체성을 부정하는 과정임을 알 수 있다. 결혼이주여성은 자신의 삶을 개척하기 위하여 국제결혼을 택한 것에 대해 돈을 보고 결혼했다는 의심의 눈초리를 받는다. 결혼 시작부터 사랑의 진정성을 의심받는 것이다. 그뿐 아니라 한국말과 한국 풍습에 서툰 것인데 아이 취급당하고, 심지어는 생활 전반에 걸쳐 관리와 통제를 받기도 한다. 결혼이주여성을 주체로서 인정하지 않고 타자화된 대상으로 바라보는 것이다. 이것은 결혼이주여성을 성적 환상의 대상으로 여기는 현상과도 관련을 가진다. 그녀를 개별적 인격체로 바라보기보다는 한국 남성의 욕망의 시선으로 포획하는 것이다.

이와 같이 결혼이주여성을 타자화하는 시각은 그녀를 동화의 대상으로 바라보게 만든다. 결혼이주여성의 정체성과 문화적 다양성을 인정하지 않고, 한국사회의 가치규범, 특히 가부장적 질서에 편입시키고자 하는 것이다.

4. 봉합된 현실과 은폐된 문제들

〈산너머〉에는 결혼이주여성이 한국사회에 정착하는 과정에서 발생하는 다양한 갈등이 나타난다. 앞에서 살펴 본 것처럼 위장결혼과

22) 윤형숙, 앞의 글, 321~349쪽.

불법체류에 대한 의심, 문화적 차이와 민족적 정체성에 대한 문제, 아이의 출산과 양육에 대한 이견 등이 발생한다. 여기서 주목해 볼 것은 드라마에서 이러한 문제들이 해결되는 방식이다.

〈산너머〉에서는 갈등의 원인을 규명하지 않은 채 부부간의 사랑과 가족애로 극복하는 방식이 주로 나타난다. 이러한 방식의 갈등 해결은 하이엔이 처음 등장하는 5화 〈선녀와 나무꾼〉부터 지속적으로 나타난다. 하이엔은 고향의 어머니가 아파서 약값이 필요하지만 남편인 봉순호에게 의지하고 싶지는 않다. 그런데 높은 수익을 보장하는 아르바이트 전단지 광고를 보고 가족 몰래 찾아간다. 하이엔이 사라지자 봉순호와 가족들은 가출한 것이라 의심한다. 봉순호는 하이엔을 찾아 헤매는데 그날 저녁 하이엔이 유흥업소에서 접대부 일을 강요당하는 것을 발견한다. 봉순호는 가출해서 간 곳이 왜 하필 유흥업소냐며 나를 진정 사랑하기는 한 것이냐고 울먹인다.

이 사건은 드라마 전개의 표면상 어머니의 약값을 벌고 싶은 하이엔과 한국사정에 서툰 하이엔을 이해하지 못한 봉순호의 오해에서 벌어진 것이지만, 그 이면을 보면 결혼이주여성의 가출과 불법체류에 대한 의심과 결혼이주여성의 경제적 활동과 자립을 부정적으로 바라보는 구조적 모순이 자리 잡고 있는 것이다. 그런데 이 갈등은 봉순호와 하이엔이 둘만의 신혼여행을 가는 것으로 해결되고 있다. 둘은 서로를 잘 이해하지 못하고 있기 때문에 서로의 사랑을 확인하고 이해하기 위한 시간이 필요하다는 것이다.

물론 부부 상호간의 이해와 사랑은 모든 갈등을 풀어가는 가장 근본적인 요소일 것이다. 그러나 문제가 발생하는 원인에 대한 접근 없이 부부의 애정의 문제로 결론짓는 것은 오히려 현실의 갈등을 봉합하는 것이라 할 수 있다. 즉, 사회적 문제를 은폐하기 위해 개인과 가정의 문제로 환원하는 방식인 것이다.

이러한 문제 해결방식은 39화 〈그녀를 믿어주세요〉에도 반복된다. 하이엔은 한국사회에 적응하기 위해 군청 문화센터에 다닌다. 봉순호는 하이엔이 한국말과 한국요리를 배우는 것은 좋아하지만, 베트남 친구와 함께 어울리는 것은 못마땅하게 여긴다. 봉순호는 특히 하이엔이 경제적 활동을 하기 위해 가정의 울타리를 벗어날 까 노심초사한다. 봉순호가 하이엔을 사랑하는 방식은 그녀의 삶 전체를 완전히 소유하고자 하는 가부장적 방식이다.

하이엔은 봉순호의 생각과 달리 한국에서 자신이 할 수 있는 일을 찾고 싶어 한다. 그리고 다가오는 어머니의 생일에 맞추어 자신이 직접 번 돈으로 선물을 보내고 싶어 한다. 하이엔은 산업연수생으로 온 베트남 친구의 소개로 아르바이트를 한다. 봉순호는 하이엔의 아르바이트를 오해해서 여권을 감추고, 외출을 금지시킨다. 그런데 하이엔이 한 아르바이트는 결혼이주여성의 삶을 홍보하는 영상물을 제작하는 것이었다. 하이엔은 인터뷰에서 남편에 대한 사랑을 표현하고, 가족과 마을 사람들에 대한 감사를 표한다. 하이엔의 인터뷰가 인터넷에서 유포되자 봉순호는 하이엔을 오해한 것을 미안해하고, 둘은 화해한다.

이 에피소드의 갈등이 일어나는 원인은 결혼이주여성의 진정성을 의심하는 주변사람들과 그녀의 사회적 활동을 제한하고자 하는 가부장적인 한국남편 때문이다. 그러나 갈등이 해결되는 방식은 문제의 원인을 제거하려고 하는 것이 아니라 아내를 오해한 봉순호라는 한 개인의 결함을 드러내고 해소하는 과정이다. 드라마에서는 봉순호가 아내를 이해하려는 노력이 없어서 아내의 진정성을 미처 알지 못한 것으로 나타난다. 그래서 다문화가정의 문제는 봉순호라는 가부장적 인물 때문에 발생한 것이고, 부부의 사랑을 재확인하는 순간 문제가 해결되는 것이다.

〈산너머〉에서 보여주는 문제해결 방식은 부부간의 사랑에 의한 이상적 방식의 화합으로 재현되지만 실상은 문제의 원인을 은폐하는 방식의 해결인 것이다. 더구나 갈등을 일으키는 요소가 한국사회의 정체성과 관련된 경우는 더욱 그러하다. 102화 〈내 자식 당신 자식〉의 경우를 보면, 결국 마지막엔 하이엔이 아이의 태교과정에서 베트남인으로서의 정체성을 유지하려고 하는 자신의 주장을 포기하고 남편의 의견을 따른다.

이렇게 결혼이주여성의 희생과 양보를 통한 갈등 해결은 '주체－한국남편/타자－이주여성'이라는 시각이 무의식중에 전제되어 있기 때문이다. 비록 갈등의 원인으로 한국남편의 문제가 부각되더라도 마지막 해결 부분에는 이주여성의 사랑과 이해가 요구되는 것이다. 〈산너머〉의 하이엔은 언제나 자기주장을 드러내지만 결국엔 남편과 가족의 요구에 맞추는 삶의 방식을 택하는 것이다. 이렇게 결혼이주여성에게 요구되는 한국적 삶의 방식은 요즘의 한국 여성들조차 쉽게 받아들이기 어려운 것이다. 〈산너머〉에는 바로 이러한 강요된 선택과 내면의 갈등에 대한 부분이 재현되지 않았다. 오늘날 한국의 젊은 여성들에게 쉽게 부과할 수 없는 전통적이고 가부장적인 요소를 받아들일 수밖에 없는 결혼이주여성의 선택과 삶의 갈등이 배제된 것이다.[23)]

물론 66화 〈꿈엔들 잊힐리야〉 같은 에피소드에서는 결혼이주여성의 입장을 이해하려는 시도를 하고 있다. 그러나 해결방식을 보면 결혼이주여성의 주체적 시각을 드러내기 보다는 마을사람들과 가족의 시혜적인 모습을 보여주고 있다. 문화적 차이를 재현하는 과정에서 억압의 대상으로서 소수자를 바라보는 시각은 피해자의 억울한 현실을 드러내 준다는 점에서 긍정적인 측면도 있지만, 주체적인 문제 해결의 가능성을 배제한다는 점에서 만족스럽지 못하다. 소수자는 소외당한 객체이기도 하지만 자신이 처한 현실과 문제를 해결하려고 적극적으로 움직일 가능성을 지닌 주체이기 때문이다.[24)]

〈산너머〉에서 보여주는 현실의 문제를 은폐한 해결방식이나 시혜적 방식은 결혼이주여성을 주체로서 인식하지 않았기 때문에 발생하는 것이다. 한국의 농촌에서 결혼이주여성은 부정할 수 없는 삶의 주체이다. 그녀들의 삶을 재현하기 위해서는 더 이상 한국인의 시선으

---

23) 이명현, 앞의 글, 71쪽 참조.

24) 박경태, 『소수자와 한국사회』, 후마니타스, 2008, 307~308쪽.

로 바라보아서는 안 된다. 그녀들이 삶의 의지와 갈등해결을 위한 노력의 과정에 초점을 맞추어야 한다.

5. 결론

이상으로 〈산너머〉에 재현된 결혼이주여성에 대하여 살펴보았다. 실제 결혼이주여성은 문화의 차이로 인하여 부부간의 관계설정에도 문제가 발생하고, 언어장벽으로 인해서 남편과 가족과의 정서적 관계 형성에도 어려움이 있다. 드라마 〈산너머〉에서는 이러한 현실의 어려움을 재현하기 보다는 부부간의 사랑과 가족애로 한국에 안정적으로 동화하는 모습을 보여주고 있다. 더구나 〈산너머〉에서는 결혼이주여성의 관점은 배제하고, 한국인의 시선으로 결혼이주여성과 다문화가정을 재현한다. 그렇기 때문에 드라마에서는 현실에서 발생할 수 있는 다양한 문제의 원인이 은폐되고, 결혼이주여성은 문제 해결을 위하여 자신의 정체성을 양보해야만 하는 것이다.

이와 같은 동화주의적 관점에는 공고한 가족주의가 자리 잡고 있다. 가족의 한 구성원인 결혼 이주여성은 동화의 대상이고, 우리는 우리 내부의 타자들을 가족이라는 형식을 기준으로 다시 재배치하고 있는 것이다.[25] 결혼이주여성은 한 가족의 구성원으로서 한국사회의 전통적 가치를 재생산할 때만 그 의미를 확보한다.

실제 결혼이주여성들은 한국사회의 적응과정에서 부정적 선입견, 언어·문화적 차이, 경제적 문제 등에서 심각한 어려움을 느낀다. 그러나 한국사회는 드라마를 비롯하여 각종 매체에서 이상적인 결혼이주여성의 모습을 제시함으로써 사회적 문제를 개인과 가족 차원의 문제로 환원해 버린다. 그러나 이것은 문제의 본질을 회피하는 것에 불과하다. 정작 주목해야 할 것은 한국사회의 구조적 문제와 한국인

25) 이명현, 「타자를 바라보는 두 가지 시선 : 공룡 둘리를 중심으로」, 『어문논집』 40, 중앙어문학회, 2009.3, 172쪽.

의 다문화에 대한 인식이다. 특히 현재 한국사회에 시급히 요청되는 것은 다문화에 대한 인식전환이다. 즉, 소수자가 한국사회로 동화되는 것이 아니라 기존의 한국사회 구성원들이 소수자를 그 자체로 인정하고 그들의 정체성을 존중해야 하는 것이다.

참고문헌

1. 기초자료 및 사료

『臺灣青年』『臺灣民報』『臺灣新民報』『興南新聞』
『三國史記』『三國遺事』『高麗史』『高麗史節要』『新增東國輿地勝覽』『宋史』
『民報』第1·2·3·4·5·6·7號

2. 국내 논저

Sleeter, *Multiculturalism, Globalization, and the Politics of Knowledge*, 한국교육과정학회, 한국초등교육학회 국제 컨퍼런스 발표 자료, 2008.

강성희, 「다문화가정 현황 및 지원 사례－강북구건강가정지원센터를 중심으로 : 다문화사회와 생활문화－아시아문화권의 소통과 공존을 위하여」, 『2009년도 대한가정학회 춘계학술대회 자료집』, 대한가정학회, 2009.

강연안, 『타인의 얼굴 : 레비나스의 철학』, 문학과지성사, 2005.

강영숙, 『리나』, 랜덤하우스코리아, 2006.

강정숙, 「새터민의 심리적 적응을 위한 셀프파워 증진 프로그램 개발」, 홍익대학교 박사논문, 2009.

강진구, 「구소련권 고려인 문학에 나타난 역사 복원 욕망 연구」, 『민족문학사연구』 제25집, 2004.

강진구, 「다문화 가정 자녀를 위한 학교적응 프로그램」, 『교육연구정보』 제54호, 2008.

강진구, 「한국소설에 나타난 이주노동자의 재현 양상」, 중앙어문회, 『語文論集』 제41집, 월인, 2009.

강희복, 「동양사상에서의 '같음'과 '다름'의 문제에 관해」, 오경석 외, 『한국에서의 다문화주의 : 현실과 쟁점』, 한울아카데미, 2007.

고원정, 『한국인』 2, 해냄, 2000.

고종석, 「고요한 밤 거룩한 밤」, 『파라 21』, 문학동네, 2004년 봄호.

권　리, 『왼손잡이 미스터 리』, 문학수첩, 2007.
권순희, 「다문화 가정을 위한 언어 교육 정책 모색 : 호주의 언어 교육 정책 검토를 중심으로」, 『국어교육학연구』 27, 국어교육학회, 2006.
金渭顯, 『高麗時代 對外關係史硏究』, 경인문화사, 2004.
金定慰, 「中世 中東文獻에 비친 韓國像」, 『한국사연구』 16, 한국사연구회, 1977.
金澈雄, 「고려와 大食의 교역과 교류」, 『문화사학』 25, 2006.
김　인, 「초등학교 다문화교육의 현황 및 지향점」, 『초등교육연구』 22(1), 2009, 23~42쪽.
김경신, 「다문화가족 사업평가 및 정책대안」, 『2009년도 한국가족학회 춘계학술대회 자료집』, 한국가족학회, 2009.
김규원, 「문화정체성과 세계화」, 『문화정책논총』 13집, 2001.
김남국, 「유럽에서 다문화의 도전과 대응」, 『국회도서관보』 제43권 제5호, 2006.
김남일, 「열린 사회 구현을 위한 외국인정책 방향」, 『한국사회학회2007 전기 사회학대회 발표 자료』, 2007, 147~179쪽.
김두현, 「淸末 楊度의 民族問題 認識과 立憲君主論」, 『서울대동양사학과논집』 제32집, 2008.
김미영, 「일제강점기 내선연애(결혼) 소설에 나타난 일본 여성에 관한 표상 연구」, 『우리말글』 41, 2007.
김민정 외, 「국제결혼 이주여성의 딜레마와 선택 : 베트남과 필리핀 이주여성의 사례를 중심으로」, 『한국문화인류학』 39-1, 한국문화인류학회, 2006.
김범수, 「일본 야마가타(山形)현의 다문화가족 지원시스템에 관한 사례연구」, 『다문화가족연구』, 평택대학교 다문화가족센터, 2007.4, 55~76쪽.
김복래, 「프랑스, 영국, 미국의 다문화주의에 대한 비교고찰 : 삼국의 이민통합정책을 중심으로」, 『유럽연구』 제27권 1호, 2009.
김복순, 「신라와 고려의 사상적 연속성과 독자성」, 『한국고대사연구』 54, 2009.
김사량, 「빛 속으로」, 『김사량 작품집』, 소담출판사, 2001.
김선희, 「관점과 관점치료」, 강원대학교 HK 인문치료사업단, 『인문치료』, 네오뮤즈, 2008.
______, 「니체에 있어서 관점과 해석의 문제」, 『해석학연구』 제19집, 한국해석학회, 2007.
______, 「마음치료, 철학적 대화인가 프로작인가? : 인문치료적 관점에서」, 『동서철학연구』 제53집, 한국동서철학회, 2009.
______, 「앎에 이르는 길로서 산파법, 변증법, 아이러니 : 소크라테스, 낭만주의, 헤겔, 키에르케고어를 중심으로」, 『동서철학연구』 제43집, 한국동서철학회, 2008.

______, 「인문치료, 감성에게 묻다 : 관점치료를 중심으로」, 『호남문화연구』 제45집, 전남대학교 호남학연구원, 2009.
______, 「인문치료에 있어서 앎의 방법 : 산파술, 변증법, 아이러니」, 김대기 외, 『인문치료학의 모색 : 인문학의 치유적 활용』, 강원대 출판부, 2008.
______, 「철학치유를 위한 서언 : 철학치유의 세 축으로서 자기인식, 자기배려, 대화」, 『철학연구』 제107집, 대한철학회, 2008.
김소영, 「다인종, 다문화사회 : 얼굴, 클로즈업, 괴물성」, 『작가세계』, 세계사, 2010년 봄호.
김수영, 「동화 이데올로기 : 그 이상과 현실의 변주」, 『한민족문화연구』 22, 2007.
김애령, 「이방인과 환대의 윤리」, 『철학과 현상학 연구』 제39집, 한국현상학회, 2008.
김연권, 「다문화교육 개념정립을 위한 시론」, 경기대학교 인문과학연구소 학술저널, 2007.
김연숙, 『레비나스의 타자윤리학』, 인간사랑, 2001.
김영경·김현아, 「새터민 동료상담자의 상담경험에 대한 질적 연구」, 『한국심리학회지 : 상담 및 심리치료』 21(4), 2009.
김영신, 『대만의 역사』, 지영사, 2000.
김용민·정상돈·원준호, 「갈등을 넘어 통일로 : 화해와 조화의 공동체를 위하여」, 통일부 통일교육원, 2004.
김용신, 「한국 사회의 다문화교육 지향과 실행 전략」, 『사회과교육』 48(1), 2009, 13~25쪽.
김유경, 「가족정책의 재조명과 과제(3): 다문화가족의 실태와 정책방향」, 『보건복지포럼』, 보건복지연구원, 2009, 29~52쪽.
김은미·양옥경·이해영, 『다문화사회, 한국』, 나남, 2009.
김재영, 「코끼리」, 『코끼리』, 실천문학사, 2005.
김정원 외, 『외국인근로자자녀 교육복지실태 분석 연구』, 한국교육개발원, 2005.
김정윤·유정갑·강석윤·박선아, 「북한이탈주민의 사회적응에 관한 연구」, 단국대학교 정책과학연구소, 2003.
김창현, 『고려 개경의 구조와 이념』, 신서원, 2002.
김학성, 「북한이탈주민(탈북이주자)의 남한사회적응에 관한 연구」, 서울대학교 행정대학원, 2000.
김한규, 『古代中國的世界秩序硏究』, 일조각, 1995.
김현아, 「양파같은 북한이탈주민의 심리－새터민 상담자의 역할과 과제 : 치료적 관계 형성을 중심으로」, 한국심리학회 일반심포지엄, 2007.
김현아·정성란, 「새터민 가족상담 모형 개발」, 『상담학연구』 9(3), 2008.

김형우, 「고려시대 연등회 연구 : 설행실태를 중심으로」, 『국사관논총』 55, 국사편찬위원회, 1994.
김홍운·김두정, 「한국 사회의 다문화 현상과 교육적 과제」, 『인문학연구』 제34권 제3호, 2007, 153~176쪽.
盧明鎬, 「高麗의 多元的 天下觀과 海東天子」, 『한국사연구』 105, 한국사연구회, 1999.
———, 「동명왕편과 이규보의 다원적 천하관」, 『진단학보』 83, 1997.
독고순, 「탈북주민의 가치성향에 대한 비교 연구」, 『한국사회학』 35(1), 2001.
류찬열, 「TV드라마에 재현된 국제결혼과 혼혈연구」, 『다문화콘텐츠연구』 1, 2009.
모선희·이인희·이선행·김성운, 「다문화가정의 문제점과 정책적 지원방안」, 『충남발전연구소기획연구 2008-02』, 충남발전연구소, 2009.
문경희, 「국제결혼 이주여성을 계기로 살펴보는 다문화주의(multiculturalism)와 한국의 다문화 현상」, 『21세기 정치학회보』 제16집(3호), 2006, 67~93쪽.
문형진, 「한국내 조선족 노동자들의 갈등사례에 관한 연구」, 『국제지역연구』 제12권 1호, 2008.
박 단, 「2005년 프랑스 '소요사태'와 무슬림 이민자 통합문제」, 『프랑스사연구』 14호, 2006.
———, 『프랑스의 문화전쟁 : 공화국과 이슬람』, 책세상, 2005.
박경태, 『소수자와 한국사회』, 후마니타스, 2008.
朴魯埻, 『高麗歌謠의 硏究』, 새문사, 1990.
박덕규, 『고양이 살리기』, 청동거울, 2005.
박미경, 「교사를 통해 본 다문화가정 유아의 특성 및 교사의 어려움」, 이화여자대학교 석사논문, 2007.
박미경·엄정애, 「결혼이민자 가정 유아의 유아교육기관 생활경험에 대한 질적 연구」, 『아동학회지』 제28권 2호, 아동학회, 2007, 115~136쪽.
박범신, 『고산자』, 문학동네, 2009.
———, 『나마스테』, 한겨레신문사, 2005.
———, 『촐라체』, 푸른숲, 2008.
박병석, 「중국의 국가, 국민 및 민족 명칭 고찰」, 『한국사회이론학회』 제26권, 2004.
박상수, 「중국 근대 '네이션' 개념의 수용과 변용」, 박상수 외, 『동아시아 근대 '네이션' 개념의 수용과 변용』, 고구려연구재단, 2005.
박선령, 「국민국가·경계·민족」, 『동양사학연구』 제81집, 2003.
박선영, 「다문화 교육 활동이 유아의 정서지능에 미치는 영향 : 문학과 음악의 통합적인 접근을 중심으로」, 신라대 석사논문, 2005.
박성혁·성상환·곽한영, 『우리나라 다문화교육정책 추진현황, 과제 및 성과 분석』,

교육인적자원부, 2007.
박용구, 「재일코리안의 문화적 갈등과 분화하는 정체성」, 『일어일문학연구』 제64집, 한국일어일문학회, 2008, 331~350쪽.
朴龍雲, 『高麗時代史』 下, 일지사, 1987.
박재영, 「유럽 다문화사회의 문화충돌 : 영국·프랑스·독일을 중심으로」, 중앙대학교 문화콘텐츠기술연구원 다문화콘텐츠연구사업단 편, 『다문화의 이해 : 주체와 타자의 존재방식과 재현양상』(다문화총서1), 도서출판 경진, 2009, 97~122쪽.
박정윤·강기정, 「결혼이민자 여성의 가족생활에 관한 사례연구 : 건강한 가정, 행복한 사회를 위한 비젼 선포」, 『대한가정학회지 창립 60주년 기념통합 포럼 자료집』, 대한가정학회, 2007.
박종철·김영윤·이우영, 「북한이탈주민의 사회적응에 관한 연구 : 실태조사 및 개선방안」, 민족통일연구원, 1996.
박찬옥, 「유아를 위한 세계 시민교육 활동, 우리는 서로 다르지만 함께 살아가요」, 『한국유아교육협회 40주년 기념 교사연수』, 중앙대학교, 2005년 7월 9일, 7~21쪽.
박형기, 「영어교육의 입장에서 비교한 한국문화와 미국문화의 특성」, 『영어교육』 23, 1982, 9~31쪽.
박형지·설혜심, 『제국주의와 여성성』, 아카넷, 2006.
방중영·허종국, 「族群·種族·民族 그리고 中華民族」, 『한국과 국제정치』 제28집, 1998.
배영동, 「中國近代 民族主義에 관한 一考察」, 『사대논문집』 제8권, 1982.
백지연, 「타자의 인식과 공공성의 성찰」, 『창작과비평』, 2009년 겨울호.
법무부, 「2008년 외국인 통계 결과」, 법무부 자료, 2008.
서동욱, 『차이와 타자』, 문학과지성사, 2000.
서울대학교 불어문화권연구소, 『프랑스 하나 그리고 여섯』, 강, 2004.
서현·이승은, 「농촌지역의 국제결혼 가정 자녀가 경험하는 어려움에 관한 연구」, 『열린유아교육연구』 제12권 4호, 열린유아교육학회, 2007, 25~47쪽.
석현호·정기선·장준오, 『外國人 勞動者의 勞使關係와 社會的 適應』, 집문당, 1998.
설동훈, 『외국인노동자와 한국사회』, 서울대 출판부, 1999.
______, 「외국인 노동자 문제의 배경」, 『실천문학』 74호, 실천문학사, 2004, 220~230쪽.
______, 「한국인 결혼이민자 가족 - 현황과 정책: 결혼인자가족 - 다양성과 공존을 향하여」, 『2006년도 한국가정관리학회 추계학술대회 자료집』, 한국가정관

리학회, 2006.
______, 『외국인노동자와 한국사회』, 서울대 출판부, 1999.
설용수, 『재중동포 조선족 이야기』, 미래문화사, 2004.
성규탁·한동우·김재엽, 『國內 外國人 勞動者의 問題와 對策』, 집문당, 1997.
성미영, 「청소년의 북한이탈주민 수용정도에 대한 연구」, 이화여자대학교 석사논문, 2002.
손석춘, 『한국 공론장의 구조변동』, 커뮤니케이션북스, 2005.
손준식, 「동화와 개화의 상흔 : 식민지 타이완의 일어」, 『식민주의와 언어』, 아름나무, 2007.
______, 「일본의 대만 식민지 지배 : 통치정책의 변화를 중심으로」, 『아시아문화』 18, 2002.
______, 「청대 타이완의 개발과 청조의 정책」, 『근대 동아시아 국제관계의 변모』, 혜안, 2002.
손철성, 「다문화주의와 관련된 몇 가지 쟁점들」, 『철학연구』 제107집(대한철학회논문집), 2008, 1~26쪽.
손홍규, 「이무기 사냥꾼」, 『문학동네』, 2005년 여름호.
신경희·양성은, 「국제결혼가족의 부부갈등에 관한 연구」, 『대한가정학회지』 제44권 5호, 2006, 1~8쪽.
신은영, 「중국의 개혁개방정책과 도시여성의 지위」, 『한국여성학』 제17호 1호, 2001.
신형미, 「탈북청소년을 위한 집단미술치료 체험연구」, 서울여자대학교 석사논문, 2006.
심신섭, 「남북통일과 남, 북한 주민들에 대한 이미지 : 대학생, 실향민, 귀순자, 배우자를 중심으로」, 고려대학교 박사논문, 1995.
심진경, 「식민/탈식민의 상상력과 연애소설의 성정치」, 『민족문학사연구』, 2005.
안지원, 『고려의 국가 불교의례와 문화』, 서울대 출판부, 2005.
양계민·정진경, 「북한이탈주민과의 접촉이 남한 사람들의 신뢰와 수용에 미치는 영향」, 『한국심리학회지 : 사회문제』 11(특별호), 2005.
양미애, 「프랑스의 이주민 갈등과 통합 : 마그렙 이주민을 중심으로」, 『프랑스학연구』 45집, 2008.
양영자, 『한국의 다문화교육 현황과 과제, 한국에서의 다문화주의』, 한울아카데미, 2007.
엄진한, 「프랑스 이민통합 모델의 위기와 이민문제의 정치화」, 『한국사회학』 제41집 3호, 2007.
여성가족부, 「결혼이민자 가족지원서비스 효율화 방안 연구」, 『여성가족부』, 2007.

여수경, 「한국체류 조선족의 갈등과 적응」, 『인문연구』 제48호, 영남대학교 인문과학연구소, 2005.
염상섭, 「남충서」, 『염상섭 전집』 9, 민음사, 1987.
______, 「이심」, 『염상섭 전집』 5, 민음사, 1988.
오강남, 「종교적 갈등과 그 극복의 길 : 한국에서의 불교와 기독교를 중심으로」, 한국학술협의회 편, 『지식의 지평』 제4호, 2008.
오경석 외, 『한국에서의 다문화 주의 : 현실과 쟁점』, 한울아카데미, 2007.
오경희, 「민족과 젠더의 경계에 선 여성의 이산 : 강경애의 『소금꽃』과 허련순의 『바람꽃』 비교」, 『아시아여성연구』 제46권 1호, 2007.
오상순, 「조선족 여성작가 허련순의 소설과 당대 남성작가들의 소설에 나타난 “뿌리찾기 의식” 연구」, 『여성문학연구』 제12권, 여성문학회, 2004.
오성배, 『코시안 아동의 성장과 환경에 관한 사례 연구』, 한국교육개발원, 2005.
오윤자, 「찾아가는 서비스를 통해 본 다문화가족지원 현황 : 서울지역의 D 다문화가족지원센터 방문교육사업을 중심으로」, 『2009년 한국가정관리학회 춘계학술대회자료집』, 한국가정관리학회, 2009.
오윤자·박선민·배지영, 「다문화가족지원 상담서비스 실태조사 연구」, 『2008년도 한국가정관리학회지 추계학술대회 자료집』, 한국가정관리학회, 2008.
오은순·강창동·진의남·김선혜·정진웅, 「다문화 교육을 위한 교수학습 지원 방안 연구(I)」, 『한국교육과정평가원 연구보고』 RRI 2007-2, 2007.
우남숙, 「한국 근대 국가론의 이론적 원형에 대한 연구 : 블룬츨리(J.K. Bluntschli)와 梁啓超의 有機體 국가론을 중심으로」, 『한국정치외교사논총』 제22집 1호, 2000.
우옥희, 「문제중심학습(Problem-Based Learning)이 학습자의 메타인지 수준에 따라 문제해결 과정에 미치는 효과」, 한국교원대학교 석사논문, 2000.
유네스코 아시아·태평양 국제이해교육원, 『다문화사회의 이해』, 동녘, 2008.
유명기(2002), 「민족과 국민사이에서: 한국체류 조선족들의 정체성 인식에 관하여」, 『한국문화인류학』 제35-1집, 한국문화인류학회.
윤여상, 『북한 이탈주민의 적응과 부적응』, 세명, 2001.
윤여상·김현아·한선영, 「남북 문화 간 통합을 위한 새터민 조력자의 교육모형 탐색」, 『아시아교육연구』 9(3), 1-28, 서울대학교 교육연구소, 2008.
윤인진, 「한국적 다문화주의의 전개와 특성 : 국가와 시민사회의 관계를 중심으로」, 『한국사회학』 제42집 2호, 2008, 72~103쪽.
______, 「소수자 연구 시각에서 본 북한이탈주민의 남한사회 적응 과정」, 경남대 북한대학원 학술회의 발표논문, 1999.
윤평중, 「담론에서 융합으로 : 지식 패러다임의 변환」, 『철학과 현실』 제76호, 철학문화연구소, 2008.
윤형숙, 「국제결혼배우자의 갈등과 적응」, 『한국의 소수자 실태와 전망』, 도서출판 한울, 2004.
이경재, 「네이션과 2000년대 한국소설」, 『문학수첩』, 2009년 겨울호.
이귀우, 「비판적 다문화 주의와 문학연구」, 『인문논총』 6집, 서울여자대학교 인문과학연구소, 1999, 59~75쪽.
이금순·김규륜·김영윤·안혜영·윤여상, 「북한이탈주민 사회적응 프로그램 연구」, 통일연구원, 2005.
이금순·최의철·임순희·이우영·김수암·윤여상·안혜영·김병로·오승렬, 「북한이탈주민의 사회적응 실태」, 통일연구원, 2004.
이기라·양창렬, 『공존의 기술, 방리유, 프랑스 공화주의의 이면』, 그린비, 2007.
이길용, 「일본의 다문화공생의 실태와 전망」, 중앙대학교 문화콘텐츠기술연구원 다문화콘텐츠 연구사업단 정기학술세미나 발표자료집, 2008, 70~100쪽.
이대환, 『큰돈과 콘돔』, 실천문학, 2008.
이명현, 「타자를 바라보는 두 가지 시선 : 공롱 둘리를 중심으로」, 『어문논집』 40, 중앙어문학회, 2009.
이명현, 「텔레비전 오락프로그램에 재현된 결혼이주여성」, 『다문화콘텐츠연구』 1호(통권 6호), 중앙대 문화콘텐츠기술연구원, 2009.
이상경, 「일제말기 소설에 나타난 '내선결혼'의 층위」, 『친일문학의 내적 논리』, 역락, 2003.
이선옥, 「한국에서의 이주노동운동과 다문화주의」, 오경석 외, 『한국에서의 다문화주의 현실과 쟁점』, 한울아카데미, 2007, 82~107쪽.
이순형 외, 『탈북 가족의 적응과 심리적 통합』, 서울대 출판부, 2007.
이승은·서현, 「결혼이민자 가정 유아들의 교육실태 및 교사들의 인식 : 전라남도 지역을 중심으로」, 『아동학회지』 제29권 4호, 아동학회, 2008, 147~166쪽.
이승훈, 『현대비평이론』, 태학사, 2001.
이양희·황소영·김진희·이혜숙·윤보람, 「다문화가정의 가족응집력과 가족적응력 및 아의 탄력성 간의 관계: 농촌 국제결혼자녀를 중심으로」, 『2008년도 한국가정관리학회 추계학술대회 자료집』, 한국가정관리학회, 2008.
이영주, 「다문화가족 아동의 특성에 따른 적응요인: 위험요인과 보호요인 분석」, 『한국가족복지학』 제13권 1호, 한국가족복지학회, 2008, 79~101쪽.
이용범, 「三國史記에 보이는 이슬람 商人의 무역품」, 『李弘稙博士回甲紀念論叢』, 1969.
이우영, 「북한문화의 수용실태 조사」, 통일연구원, 2001.
이유선, 『리차드 로티』, 이룸, 2003.

이인직, 「빈선랑(貧鮮郞)의 일미인(日美人)」, 권영민·김종욱·배경열 편, 『한국신소설선집』 2, 서울대 출판부, 2003.

이장호·김용범·김경웅, 「북한이탈주민의 사회적응을 위한 문화적 갈등의 해소방안 연구」, 한국문화정책개발원, 1997.

이재분·강순원·김혜원, 『다문화 가정 자녀 교육실태 연구 : 국제결혼가정을 중심으로』, 한국교육개발원, 2008.

李鎭漢, 「高麗時代 宋商 貿易의 再照明」, 『歷史敎育』 104, 역사교육연구회, 2007.

이춘복, 「개항과 청말 '민족국가' 관념의 형성 : 국가사로서 근대 '중국사'의 탄생을 중심으로」, 『중앙사론』 제27집, 2008.

______, 「청말 중국 근대 '民族' 개념 담론 연구」, 『중앙사론』 제29집, 2009.

이현정, 「조선족의 종족 정체성 형성 과정에 관한 연구」, 『비교문화연구』 제7집 2호, 서울대학교 비교문화연구소, 2001.

______, 『우리의 미래, 다문화에 달려 있다』, 원앤원북스, 2009.

이혜경, 「국가 간 노동이주와 국제결혼 가정의 문제 : 가족과 차이」, 『2004년도 한국가족학회 추계학술대회 자료집』, 한국가족학회, 2004.

______, 「물 한 모금」, 『틈새』, 창비, 2006.

이혜경·정기선·유명기·김민정, 「이주의 여성화와 초국가적 가족 : 조선족 사례를 중심으로」, 『한국사회학』 제40집 5호, 2006.

이호림, 『이매, 길을 묻다』, 아이엘앤피, 2008.

이효석, 『이효석 전집』, 창미사, 1983.

이희수, 『한·이슬람교류사』, 문덕사, 1991.

장명선·이옥경, 「서울시 다문화가족실태 및 지원체계 구축방안 연구」, 『서울여성가족재단』, 2008.

장영희, 「유아를 위한 다문화 교육의 개념 및 교수방법에 대한 이론적 고찰」, 『성신연구논문집』 제35집, 1997, 295~314쪽.

장온정·박정윤, 「결혼이민자가정의 한국인 남편의 결혼적응에 관한 연구」, 『가족과 문화』 제30권 1호, 2009, 1~19쪽.

장은영, 「고려 팔관회의 관광축제 특성」, 『관광학연구』 28권 2호(통권 47호), 한국관광학회, 2004.

전국다문화가족사업단, 「다문화가족지원센터 2008년 사업성과 및 평가」, 『전국다문화가족사업단』, 2008.

전상기, 「다문화시대의 중국 조선족의 운명 : 허련순의 『바람꽃』, 『누가 나비의 집을 보았을까』를 중심으로」, 『다문화 시대의 문화적 접근』, 문화콘텐츠R&D센터·아시아 디아스포라 연구소 학술대회 자료집, 2009.

전상인, 「앵그리(angry) 시대의 사회갈등과 사회통합」, 『철학과 현실』 제76호, 철학문화연구소, 2008.
전성태, 『늑대』, 창비, 2009.
전숙자·박은아·최윤정, 『다문화사회의 새로운 이해』, 그린, 2009.
전영준, 「한국의 다문화연구 현황」, 중앙대학교 문화콘텐츠기술연구원 다문화콘텐츠연구사업단 편, 『다문화의 이해 : 주체와 타자의 존재방식과 재현양상』(다문화총서1), 도서출판 경진, 2009, 198~211쪽.
______, 「신라사회에 유입된 서역 문물과 多文化的 요소의 검토」, 『新羅史學報』 15, 2009.
전우영·조은경, 「북한에 대한 고정관념과 통일에 대한 거리감」, 『한국심리학회지 : 사회 및 성격』 14(1), 2000.
정도상, 『찔레꽃』, 창비, 2008.
정영희, 「한국 텔레비전 드라마의 동시대 지형과 역사성」, 『한국언론학보』 53, 한국언론학회, 2009.
______, 『한국사회의 변화와 텔레비전 드라마에 대한 연구』, 고려대학교 박사논문, 2005.
정재식, 「성스러움의 독점과 공유 : 잃어버린 초월성을 찾아서」, 한국학술협의회 편, 『지식의 지평』 제4호, 2008.
정주신 편, 『현대 탈북자 문제의 이해』, 프리마북스, 2009.
정지호, 「梁啓超의 近代的 歷史敍述과 國民國家」, 『이화사학연구』 제32집, 2005.
조병한, 「청대 중국의 '통일적' 중화체계와 대외인식의 변동」, 『아시아문화』 제10호, 1994.
조상균, 「일본의 다문화정책과 재일동포의 인권」, 『민주주의와 인권』 제7권 1호, 전남대학교 5.18연구소, 2007, 347~383쪽.
조성은·정지영·김명희, 「다문화가족을 위한 건강가정지원센터의 기능과 역할」, 『2009년 대한가정학회, 한국몽골학회, 한국가족자원경영학회 공동학술대회자료집』, 대한가정학회, 2009.
조영달·박윤경·이정우 외, 『다문화교육 정책수립을 위한 기초 인식조사연구』, 교육인적자원부, 2007.
조영달·윤희원·박상철 외, 『다문화가정의 자녀교육 실태조사』, 교육인적자원부, 2006.
조윤정, 「내선결혼 소설에 나타난 사상과 욕망의 간극」, 『한국현대문학연구』 27, 2009.
조정아·임순희·정진경, 「새터민의 문화갈등과 문화적 통합 방안」, 한국여성개발원/통일연구원, 2006.
조진기, 「내선일체의 실천과 내선결혼소설」, 『한민족어문학』 50, 2007.

조혜영·이창호·권순희 외, 「다문화가족 자녀의 학교생활실태와 교사」, 『학생의 수용성 연구』, 한국여성정책연구원·한국청소년정책연구원, 2008.

주선미, 「공론장의 정치사회적 함의 : 지방정치 및 시민성과 관련하여」, 『한국 사회와 행정 연구』 제14권 제1호, 2003.

주효진, 「아시아의 다문화정책에 대한 비교 연구」, 한국행정학회 2008년도 추계학술대회 발표논문집, 2008, 89~104쪽.

지계순, 「영어교육의 관점에서 본 미국인의 문화가치 연구」, 『영어교육 연구』 26, 2003, 157~184쪽.

진은영, 「다문화주의와 급진적 인권」, 『철학』 제95집, 한국철학회, 2008년 여름호.

채정민, 「북한이탈주민의 남한 내 심리적 문화적응 기제와 적응행태」, 고려대학교 박사논문, 2003.

최강민, 『탈식민과 디아스포라 문학』, 제이앤씨, 2009.

崔圭成, 「대외관계」, 『한국사』 15, 국사편찬위원회, 1995.

최나야·우현경·정현심·박혜준·이순형, 「영유아기 자녀를 둔 다문화가정 어머니의 양육스트레스」, 『한국가정관리학회지』 제27권 2호, 한국가정관리학회, 2009, 255~268쪽.

최배영, 「여성 결혼이민자 대상 초급한국교재의 생활문화 내용분석」, 『한국가정관리학회지』 제27권 1호, 한국가정관리학회, 2009, 107~125쪽.

최선일, 「통일신라시대 梵鐘에 표현된 天人像 연구」, 『新羅史學報』 15, 2009.

최성환, 「다문화주의의 개념과 전망」, 중앙대학교 문화콘텐츠기술연구원 다문화콘텐츠연구사업단 편, 『다문화의 이해 : 주체와 타자의 존재방식과 재현양상』(다문화총서1), 도서출판 경진, 2009, 10~28쪽.

최연실, 「결혼이민여성의 일상과 발달과 적응 : 농촌거주 결혼이민여성의 결혼생활을 중심으로」, 『한국인간발달학회 창립 20주년 기념 추계학술심포지엄 자료집』, 한국인간발달학회, 2007.

______, 「유행인가 실행인가 : 가족연구에서의 다문화가족 담론분석과 성찰」, 『2009년도 한국가정관리학회 추계학술대회 자료집』, 한국가정관리학회, 2009.

최우길, 「중국 조선족 여류작가의 작품에 나타난 한국」, 국제어문학회 2008년 가을 학술대회 자료집, 국제어문학회, 2008.

최인표, 「고려 성종의 유교정치이념 채택과 역사적 의의」, 『국학연구』 5, 한국국학진흥원, 2004.

추명엽, 「고려전기 '번(蕃)' 인식과 동·서번의 형성」, 『역사와 현실』 43, 2002.

통일부 정책지원과, 「2010년도 북한이탈주민 지역적응센터 : 하나센터 업무 매뉴얼」, 하나센터 합동워크숍자료, 2010.01.08~09.

______________, 「지역적응센터 운영 방안」, 통일부, 하나센터 합동워크숍자료,

2010.01.08~09.
하세봉, 「대만의 식민지경험과 정체성」, 『비교문화연구』 16, 2004.
한건수, 「농촌지역 결혼 이민자 여성의 가족생활과 갈등 및 적응」, 『한국문화인류학』 39-1, 한국문화인류학회, 2006.
______, 「타자 만들기 : 한국 사회와 이주노동자의 재현」, 『한국의 소수자 실태와 전망』, 한울, 2004.
한국문화관광정책연구원, 『다문화정책의 방향과 문화적 지원 방안 연구』, 크리홍보, 2006.
한국보건사회연구원, 「다문화가족의 실태조사」, 『한국보건사회연구원』, 2008.
한국사연구회, 『개경의 생활사』, 휴머니스트, 2007.
___________, 『고려의 황도 개경』, 창작과비평사, 2002.
한민주, 「일제말기 소설 연구」, 서강대학교 박사논문, 2005.
한성열·이종한·금명자·채정민·이영희, 「남한주민과 북한이탈주민의 대인관계와 문화적응 향상을 위한 프로그램」, 『한국심리학회 : 사회문제』 13(2), 2007.
한승준, 「프랑스 동화주의 다문화정책의 위기와 재편에 관한 연구」, 『한국행정학보』 제42권 제3호, 2008.
행자부, 「2009년 지방자치단체 외국인주민 현황조사결과」, 행정안전부 자료, 2009.
허련순, 『바람꽃』, 범우사, 1996.
______, 『누가 나비의 집을 보았을까』, 인간과자연사, 2004.
許興植, 「『高麗史』地理志에 실린 名所와 山川壇廟와의 關係」, 『韓國史研究』 117, 한국사연구회, 2002.
홍기원, 「다문화사회의 정책과제와 방향 : 문화정책의 역할과 과제」, 『한국행정학회 학술대회 발표논문집』, 2007, 909~928쪽.
홍기혜, 「중국 조선족 여성과 한국 남성간의 결혼을 통해 본 이주의 성별 정치학」, 이화여자대학교 석사논문, 2000.
홍승표, 「유고사상을 통해 본 다문화사회」, 대한철학회 2008년 봄 학술대회, 『다문화 사회와 소수자』, 2008.
황석영, 『바리데기』, 창비, 2007.

3. 국외 논저

Assouline David, Mehdi Lallaoui, *Un siècle d'immigrations en France : 1945 à nos jours*, Paris, Syros, 1997.
Banks, J. A., *Multiethnic education: theory and practice*, Boston : Allyn and Bacon,

1988.

__________, "Multicultural education-history development, dimensions, and practice", In J. A. Banks & C. A. M Banks (Eds.), *Handbook of research on multicultural education*(2nd ed.) (3-29). JOSSEY_BASS, 2004.

__________, "Transforming the mainstream curriculum", *Education Leadership* 5(8), 1994, pp. 4~8.

__________, *Culturally responsive teaching : Theory, research, and practice*(*Multicultural Education Series*, No.8), NY: Teachers College, 2000.

Bennett, C. I., *Comprehensive multicultural education : theory and practice* (6th ed.), PEARSON, 2007.

Delisle, R., *How to use problem-based learning in the classroom, Alexandria*, Virginia USA: Association for Supervision and Curriculum Development, 1997.

Derman-Sparks, L & Force, A, B, C, T, "Anti-Bias Curriculum, Tools for empowering Young children", *NAEYC*, Washington, D, C, 1989.

E. Patricia Tsurumi, 林正芳 譯, 「日本教育和臺灣人的生活」, 『臺灣風物』 48卷 1期, 1997.

Gastaut Yvan, *L'immigration et l'opinion en France sous la 5e Rèpublique*, Paris, Seuli, 2000.

Guy Michaud et Alain Kimmel, *le nouveau Guide France*, Paris, Hachette, 1994.

han Kaspar Bluntschli, *The Theory of the State*(영문판), Batoche Books, 2000.

Hemstreet, S., *Using hypermedia to facilitate problem-based learning* [Online], Available, 1997.

Hinkel, E., "Objectivity and credibility in L1 and L2 academic writing", en Hinkel, E. (ed.), *Culture in second language teaching and learning*, Cambridge University Press, 1999.

Joseph R. Levenson, Coufucian China and its Modern Fate; *A Trilogy*, Vol.1, University of California Press, 1968.

Kachru, Y., "Culture, context, and writing", en Hinkel, E. (ed.), *Culture in second language teaching and learning*, Cambridge University Press, 1999.

Kim Sun-Hye, "Socratic Dialogue and Praxis reducing Conflicts : Challenge of Humanities Therapy", *Global COE Symposium*, COE Center, Osaka University, 2010.02.17.

Kramsch, C., *Context and culture in language teaching*, Oxford University Press, 1993.

L'Express, 'Vingt ans après la Marche des beurs', 2003.11.20.

Libération, 'Identité nationale selon Nicolas Sarkozy', 2009.11.2.

Manning, M. Lee & Baruth, L. G., *Multicultural Education of Children and Adolescents*, Boston : Allyn and Bacon, 1996.

Moran, P. R., *Teaching Culture : Perspectives in Practice*, Boston : Heinle & Heinle, 2001.

Morrison, G, S., *Early childhood Education Today*, 7th edition, Merrill, Prentice Hall, 1998.

Ouellet F., "L'éducation à la citoyenneté : pour contrer le 'scadale de l'intégralité'", in *Pédagogie collégiale*, Vol. 19, N° 19, 2005.

______, "L'éducation interculturelle et l'éducation citoyenneté; Quelques pistes pour s'orienter dans la diversité des conceptions", *VEL Enjeux*, n° 129, 2002.

______, "L'éducation interculturelle : les risque d'effets pervers", in *Intercuturelle : une question d'identité*, Québec, Musée de la civilisation, 1992.

Pagé, M., "Citoyennete et pluralisme des valeurs", dans GAGNON, F., McANDREW, M. et PAGE, M.(dir.), *Pluralisme, citoyennete et education*, Paris-Montreal, L'Harmattan, 1996.

______, "L'éducation a la citoyenneté devant la diversité des conceptions de la citoyenneté", *dans L'éducation à la citoyennéte*, M. Pagé, F. Ouellet et L. Cortesao (dir.), Sherbrooke, Editions du CRP, 2001.

Patrick Weil, *La Rèpublique et sa diversitè*, Paris, Seuil, 2005.

Ramsey, P. G., *Teaching and learning in a diverse world* (3rd ed.), TEACHERS COLLEGE PRESS, 2004.

Richards, J. C., Platt, J. & Platt, H., *Dictionary of Language Teaching and Applied Linguistics*, Singapore : Longman Singapore Publishers Pty Ltd, 1992.

Savery, I., & Duffy, T., "Problem-based Leaming : An instructional model and its constructivist framework", *Educational Technology*, 34(7), 1994, pp. 9~15.

______________, "Problem-based learning: An instructional model and its constructivist framework", *Educational Technology*, 35(5), 1995, pp. 31~38.

Semprini A., *Le multiculturalisme*, Paris, PUF, 1997.

Sören Kierkegaard, *Philosophische Brosamen*, München : dtv, 2005.

Stinson, J. & Milter, R., *Problem-based Learning in Business Education : Curriculum Design and Implementation*, Printed from internet, 1994.

Vygotsky, L. S., *Mind in society : The development of higher mental processes*, Cambridge, MA: Harvard University Press, 1978.

Wong, Young-tsu : Revisionilism reconsidered : k'ang Yu-wei and reform movement of 1898, *The journal of Asian Studies* vol.51 No.3, 1992.

加藤千香子, 「『多文化共生』への道程と新自由主義の時代」, 朴鐘碩·上野千鶴子 他著, 崔勝久·加藤千香子 編, 『日本における多文化共生とは何か : 在日の経験から』, 新曜社, 2008a, 11~31쪽.

_________, 「日本社会と『共生』の再定義へ」, 朴鐘碩·上野千鶴子 他著, 崔勝久·加藤千香子 編, 『日本における多文化共生とは何か : 在日の経験から』, 新曜社, 2008b, 242~251쪽.

簡炯仁, 『臺灣開發與族群』, 臺北 : 前衛出版社, 1995.

______, 『臺灣民衆黨』, 臺北 : 稻鄕出版社, 2001.

江丙坤, 『臺灣田賦改革事業之硏究』, 臺北 : 臺灣銀行經濟硏究室, 1972.

康有爲, 『不幸而言中不聽則國亡』, 蔣貴麟整理, 『康南海先生遺稿匯刊』 第16冊, (臺)宏業書局, 1976.

邱敏捷, 「論日治時期臺灣語言政策」, 『臺灣風物』 48卷 3期, 1998.

駒井洋, 『多文化社会への道』, 明石書店, 2003.

金侖貞, 『多文化共生教育とアイデンティティ』, 明石書店, 2007.

金天明·王慶仁, 「'民族'一詞在我國的出現及其使用問題」, 『社會科學輯刊』 第4期, 1981.

戴國煇, 魏廷朝 譯, 『臺灣總體相』, 臺北 : 遠流出版公司, 1992.

那特硜(독), 馮自由 역, 『政治學』(상권·제1편), 廣智書局, 1902.

臺灣行政長官公署統計室 編, 『臺灣省五十一年來統計提要』, 臺北, 1946.

馬君武, 『馬君武集』, 華中師範大學出版社, 1991.

毛受敏浩·鈴木江里子 編著, 『国際交流·協力活動入門講座Ⅳ : 「多文化パワー」社会』, 明石書店, 2007.

伯盖司(미), 譯書彙編社 역, 「政治學」, 『譯書彙編』 第1期, 1900.

梶田孝道, 「『多文化主義』のジレンマ」, 『世界』, 1992年9月号, 48~65쪽.

方維規, 「論近代思想史的 '民族', 'Nation' 與 '中國'」, 『二十一世紀』 第3期(인터넷판), 2002년 6월 29일.

블룬칠리, 梁啓超 역, 『國家論』, 『淸議報』 第1·2·11·15~31冊(1899), 中華書局(영인본), 1991.

山川均, 蕉農 譯, 「日本帝國主義鐵蹄下的臺灣」, 王曉波 編, 『臺灣的殖民地傷痕』, 臺北 : 帕米爾書店, 1985.

上野千鶴子, 「共生を考える」, 朴鐘碩·上野千鶴子 他著, 崔勝久·加藤千香子 編,

『日本における多文化共生とは何か：在日の経験から』, 新曜社, 2008, 192~237쪽.

徐龍達,「多文化共生社会への展望：定住外国人の市民的権利の獲得と今後の展望」, 徐龍達·遠山淳·橋内武 編著,『多文化共生社会への展望』, 日本評論社, 2000a, 1~18쪽.

______,「共生社会への地方参政権：定住外国人の市民的権利の獲得と今後の展望」, 徐龍達·遠山淳·橋内武 編著,『多文化共生社会への展望』, 日本評論社, 2000b, 19~49쪽.

徐龍達·遠山淳·橋内武 編著,『多文化共生社会への展望』, 日本評論社, 2000.

徐迅,『民族主義』(政治思潮叢書), 中國社會科學出版社, 1998.

西川長夫, 渡辺公三, ガバン·マコーマック 編著,『多文化主義·多言語主義の現在』, 人文書院, 1997.

小澤有作,「日本植民地教育政策論：日本語教育政策を中心にして」, (東京都立大學)『人文學報』 82, 1971.

孫中山,『孫中山全集』 第1卷, 中華書局, 1985.

矢内原忠雄 著, 周憲文 譯,『日本帝國主義下之臺灣』, 臺北：帕米爾書店, 1987.

沈松橋,「我以我血薦軒轅：黃帝神話與晚淸的國族建構」,『臺灣社會研究季刊』(臺北) 第28期, 1997.

若林正丈,「臺灣抗日運動中的‘中國座標’與‘臺灣座標’」,『當代』 17, 1987.

梁啓超,『飮氷室合集』 文集, 中華書局, 1994.

楊度,『楊度集』, 湖南人民出版社, 1986.

嚴復,『嚴復集』 第4·5冊, 中華書局, 1986.

吳密察,『臺灣近代史研究』, 臺北：稻鄕出版社, 1994.

王詩琅 外 編,『臺灣史』, 臺中：臺灣省文獻委員會, 1977.

王忍之 編,『辛亥革命前十年時論選集』 第1卷上·第2卷下·第3卷, 三聯書店, 1960.

王憲明,『從甄克思的A Short History of Politics到嚴復譯『社會通詮』』, 北京大學博士學位論文, 2003.

王曉波,『臺灣意識的歷史考察』, 臺北：海峽學術出版社, 2001.

李筱峰,「一百年來臺灣的政治運動中的國家認同」, 張炎憲 外 編,『臺灣近百年史論文集』, 臺北：吳三連臺灣史料基金, 1996.

林柏維,『臺灣文化協會滄桑』, 臺北：臺原出版社, 1998.

張明 主編,『知識分子立場：民族主義與轉型期中國的命運』, 時代文藝出版社, 2000.

章太炎,『章太炎全集』, 中華書局, 1997.

鄭大華,『中國近代史上的民族主義』, 社會科學文獻出版社, 2007.

周婉窈, 「臺灣人第一次的‘國語’經驗：析論日治末期的日語運動及其問題」, 『新史學』 6卷2期, 1995.
周婉窈, 『日據時代的臺灣議會設置請願運動』, 臺北：自立晚報系文化出版部, 1898.
朱執信, 『朱執信集』(上集), 中華書局, 1979.
陳其南, 『臺灣的傳統中國社會』, 臺北：允晨文化實業公司, 1987.
陳天華, 『陳天華集』, 遙寧人民出版社, 1994.
陳翠蓮, 『臺灣人的抵抗與認同, 1920~1950』, 臺北：遠流出版公司, 2008.
川村千鶴子, 「ディアスポラ接触：地域が日本を越えるとき」, 川村千鶴子 編著, 『「移民国家日本」と多文化共生論ー多文化都市·新宿の深層』, 明石書店, 2008, 75~110쪽.
村上嘉英, 「日本人の臺灣における閩南語研究」, 『日本文化』 45, 1966.
崔勝久, 「『共生の街』川崎を問う」, 朴鐘碩·上野千鶴子 他著, 崔勝久·加藤千香子 編, 『日本における多文化共生とは何か：在日の経験から』, 新曜社, 2008, 151~190쪽.
夏良才, 「〈民約論〉在中國的傳播」, 黃德偉 編, 『盧梭在中國』(文化研究叢刊), 香港大學比較文學系, 1997.
黃昭堂, 黃英哲 譯, 『臺灣總督府』, 臺北：前衛出版社, 1994.
黃秀政 外, 『臺灣史』, 臺北：五南圖書出版, 2002.
黃俊傑, 『臺灣意識與臺灣文化』, 臺北：臺灣大學出版中心, 2006.
綛谷智雄, 「外国籍住民への排除と同化の圧力」, 朴一·太田修他, 『「マンガ嫌韓流」のここがデタラメ』, コモンズ, 2006, 151~172쪽.
蔵田雅彦, 「アジアの民族共生と在日韓朝鮮人」, 徐龍達·遠山淳·橋内武 編著, 『多文化共生社会への展望』, 日本評論社, 2000, 84~93쪽.
______, 「多文化主義国家オーストラリアの誕生とその現在」, 西川長夫, 渡辺公三, ガバン·マコーマック 編著, 『多文化主義·多言語主義の現在』, 人文書院, 1997, 147~164쪽.

4. 국내 번역

Andrea Samprini, 이산호·김휘택 역, 『다문화주의 : 인문학을 통한 다문화주의의 비판적 해석』, 도서출판 경진, 2010.
Hans-Ulrich Wehler, 이용일 역, 『허구의 민족주의』, 푸른역사, 2007.
James A. Banks, 모경환·최충옥·김명정 역, 『다문화교육 입문』, 아카데미프레스, 2008.

강상중, 이경모 역, 『오리엔탈리즘을 넘어서』, 이산, 2003.
데이비드 데레비, 정준형 역, 『우리와 그들, 무리짓기에 대한 착각』, 에코리브르, 2007.
드바쉬 & 퐁티에, 김지은 외 2인 역, 『프랑스 사회와 문화』 I, 서울대 출판부, 2004.
라이너 촐, 최성환 역, 『오늘날 연대란 무엇인가』, 한울, 2008.
레이 초우, 정재서 역, 『원시적 열정』, 이산, 2004.
마르코 마르티니엘로, 윤진 역, 『현대사회와 다문화주의』, 한울, 2007.
__________, 『현대사회와 다문화주의 : 다르게, 평등하게 살기』, 한울, 2002.
마이클 왈쩌, 송재우 역, 『관용에 대하여』, 미토, 2004.
사이토 준이치, 윤대석·류수연·윤미란 역, 『민주적 공공성』, 도서출판 이음.
西川長夫(1998), 윤대석 역, 『國民國家論の射程』, 『국민이라는 괴물』, 소명출판, 2002.
앤서니 기든스, 이윤희·이현희 역, 『포스트모더니티』, 민영사, 1991.
에마뉘엘·레비나스, 서동욱 역, 존재에서 존재자로』, 민음사, 2003.
옌스 푀르스터, 장혜경 역, 『바보들의 심리학』, 웅진씽크빅, 2008.
오트프리트 회페, 박종대 역, 『정의(Gerechtigkeit) : 인류의 가장 소중한 유산』, EJB, 2004.
위르겐 하버마스, 한승완 역, 『공론장의 구조변동 : 부르주아 사회의 한 범주에 관한 연구』, 나남출판, 2001.
이광수, 이경훈 편역, 『진정 마음이 만나서야말로』, 평민사, 1985.
이효석, 「푸른탑」, 정창희 역, 『새롭게 완성한 이효석 전집』 4, 창미사, 2003.
주완요, 손준식 외 역, 『대만 아름다운 섬 슬픈 역사』, 신구문화사, 2003.
坂元ひろ子, 양일모·조경란 역, 『중국 민족주의의 신화』, 지식의풍경, 2006.
피터 B. 라베, 김수배 역, 『철학상담의 이론과 실제』, 시그마프레스, 2010.
콰메 앤터니 애피아, 실천철학연구회 역, 『세계시민주의』, 바이북스, 2008.
최정희, 김재용·김미란 편역, 「환영 속의 병사」, 『식민주의와 협력』, 역락, 2003.
한설야, 김재용 외 편역, 「그림자」, 『식민주의의 협력과 저항』, 역락, 2003.

5. 신문기사 및 웹사이트

http://www.cha.go.kr(문화재청)
http://www.edb.utexas.edu/mmresearch/Students97/Hemstreet/index.htm.

http://www.immigration.go.kr(출입국 외국인 정책본부)
http://www.itkc.or.kr(한국고전번역원)
http://www.kbs.co.kr/(KBS)
http://www.mw.go.kr/(보건복지가족부)
김영진, 「선한 의지의 강박 아닐까」(『씨네 21』 710호, 2010년 07월 10일자), http://www.cine21.com/Article/article_view.php?mm=005003026&article _id=56871
김정희, 「프랑스 통합정책의 실패」, 중앙일보, 2005.11.8.
김지미, 「동정하지 말 것, 존중할 것」(『씨네 21』 707호, 2010년 06월 18일자), http://www.cine21.com/Article/article_view.php?mm=005004001&article _id=56724
안수찬, 「냄새나는 한국의 인종차별」(『한겨레 21』 773호, 2009년 08월 14일자), http://h21.hani.co.kr/arti/society/society_general/25561.html
______, 「더러운 X, 왜 외국X 만나고 다니냐」(『한겨레 21』 778호, 2009년 09월 17일자), http://h21.hani.co.kr/arti/society/society_general/25776.html
이동진, 「반두비의 감독, 신동일의 전쟁」, http://news.naver.com/main/read.nhn?mode=LSD&mid=sec&sid1=106&oid=263&aid=0000000376

발표지면

제1부 다문화주의의 이해

다문화주의와 타자의 문제 (최성환)
:『다문화콘텐츠연구』 1호(2009년 상반기)

프랑스의 문화다양성과 사회통합정책 (이산호)
:『다문화연구』 창간호(2008)

하버마스의 공론장과 프랑스의 다문화 정책 (김휘택)
:『다문화콘텐츠연구』 2호(2009년 하반기)

일본 사회의 '다문화공생'의 의미와 다문화공생사회로의 과제 (이길용)
:『日本硏究』 제28집(2010년 2월)

일제 하 '대만의식'의 형성 배경과 그 성격 (손준식)
:『중앙사론』 제31집(2010년 6월)

중국 근대 지식인들의 '민족국가' 인식 (이춘복)
:『다문화콘텐츠연구』 3호(2010년 상반기)

고려시대 팔관회의 설행과 국제문화교류 (전영준)
『다문화콘텐츠연구』 제3호(2010년 상반기)

제2부 다문화주의의 실제

다문화가족지원센터의 다문화가정을 위한 지원서비스 (박정윤)
:『다문화콘텐츠연구』 2호(2009년 하반기)

북한이탈주민 사회적응의 철학 치료적 접근 (김선희)
:『다문화콘텐츠연구』 제3호(2010년 상반기)

유아기에 적합한 다문화교육 (신현경)
: 『다문화콘텐츠연구』 제2호(2009년 하반기)

다문화 영어교육을 위한 교수-학습 방안 연구 (백현기)
: 『다문화콘텐츠연구』 제2호(2009년 하반기)

동화, 정복, 번역 (김주리)
: 『다문화콘텐츠연구』 제3호(2010년 상반기)

모국 체험이 조선족 정체성에 미친 영향 연구 (강진구)
: 『다문화콘텐츠연구』 제2호(2009년 하반기)

'경계(境界)'의 보편성과 특수성 (김효석)
: 『다문화콘텐츠연구』 제2호(2009년 하반기)

『나마스테』에 나타난 외국인 노동자의 재현 양상 (홍원경)
: 『다문화콘텐츠연구』 제2호(2009년 하반기)

2000년대 한국영화에 나타난 이주노동자의 재현 양상 연구 (류찬열)
: 『다문화콘텐츠연구』 제3호(2010년 상반기)

농촌드라마 〈산너머 남촌에는〉에 재현된 결혼이주여성 (이명현)
: 『다문화콘텐츠연구』 제3호(2010년 상반기)

지은이 소개

강진구 중앙대학교 문화콘텐츠기술연구원 연구교수

김선희 강원대학교 인문과학연구소 HK연구교수

김주리 동덕여자대학교 전임강사

김효석 강원대학교 강사

김휘택 중앙대학교 문화콘텐츠기술연구원 연구교수

류찬열 중앙대학교 문화콘텐츠기술연구원 연구교수

박정윤 중앙대학교 가족복지학과 교수

백현기 전주교육대학교 학술연구교수

손준식 중앙대학교 역사학과 교수

신현경 자연인재교육원 연구위원

이길용 중앙대학교 일어일문학과 조교수

이명현 중앙대학교 문화콘텐츠기술연구원 연구교수

이산호 중앙대학교 불어불문학과 교수

이춘복 중앙대학교 문화콘텐츠기술연구원 연구교수

전영준 중앙대학교 문화콘텐츠기술연구원 연구교수

최성환 중앙대학교 철학과 교수

홍원경 남서울대학교 강사

다문화총서 2

다문화주의의 이론과 실제

Theory & Actuality of Multiculturalism

1판 1쇄 인쇄_2010년 09월 20일
1판 1쇄 발행_2010년 09월 30일

엮은이_문화콘텐츠기술연구원 다문화콘텐츠연구사업단
펴낸이_양 정 섭
기획·마케팅_노경민 김현아 주재명
디자인_김미미
경영지원_조기호

펴낸곳_도서출판 경진
등 록_제2010-000004호
주 소_경기도 광명시 소하동 1272번지 우림필유 101-212
블로그_http://kyungjinmunhwa.tistory.com
이메일_wekorea@paran.com

공급처_(주)글로벌콘텐츠출판그룹
대 표_홍 정 표
주 소_서울특별시 강동구 길동 349-6 정일빌딩 401호
전 화_02-488-3280
팩 스_02-488-3281
홈페이지_http://www.gcbook.co.kr

값 19,000원
ISBN 978-89-5996-093-4 93300